文旅南京

王丽 主编

天下文枢

南京大学出版社

图书在版编目（CIP）数据

文旅南京 / 王丽主编 . -- 南京 : 南京大学出版社，
2023.7

ISBN 978-7-305-26670-6

Ⅰ.①文… Ⅱ.①王… Ⅲ.①旅游指南—南京 Ⅳ.
①K928.953.1

中国国家版本馆 CIP 数据核字（2023）第 029501 号

出版发行　南京大学出版社
社　　　址　南京市汉口路 22 号　　邮　　编　210093
出 版 人　金鑫荣

书　　　名　文旅南京
主　　编　王　丽
责任编辑　巩奚若

照　　排　南京观止堂
印　　刷　南京爱德印刷有限公司
开　　本　718×1000　1/16　印张　32.5　字数　585 千
版　　次　2023 年 7 月第 1 版　2023 年 7 月第 1 次印刷
ISBN　978-7-305-26670-6
定　　价　158.00 元

网　　址　http://www.njupco.com
官方微博　http://weibo.com/njupco
官方微信　njupress
销售咨询　（025）83594756

前言

南京地处宁镇扬丘陵地区,低山缓岗,龙盘虎踞,万里长江穿城而过,栖霞山、牛首山、幕府山、狮子山、清凉山、鸡笼山环峙城区,秦淮河、玄武湖、莫愁湖盘旋其间,造就以山、水、城、林为大格局的奇致景观。作为拥有灿烂文化和深厚历史底蕴的古都,南京孕育了众多的名胜古迹,自古就有"金陵四十景""金陵四十八景"之说,春游"牛首烟岚",夏赏"钟阜晴云",秋登"栖霞圣境",冬观"石城霁雪"。近年来,南京市积极贯彻新发展理念,加快推进文化和旅游融合发展,文化软实力、旅游吸引力和城市影响力全面提升,正在努力成为设施完善、产品丰富、环境优良、美誉度高的旅游"国家中心城市",迈向更具影响力的世界文学之都、世界历史文化名城和世界知名旅游城市!

2016年,三江学院受委托对全市旅游景区(点)的导游词进行了全面的梳理和修订,组织完成了《畅游南京》的编写,该书出版后得到业内外的一致认可和高度好评。随着共建"一带一路"、长江经济带发展、长三角一体化发展等国家战略的落实,新型城镇化、乡村振兴战略、生态文明建设等持续推进,南京市文旅产业全面推进,呈现出新的发展态势。本书依托当前文旅资源特征和最新成果,在《畅游南京》框架上进行了补充调整和修改更新,形成了全新的《文旅南京》。

本书参考《南京市"十四五"文化和旅游发展规划》中的"一城一环两带两片"的文旅发展空间布局，从旅游空间结构现状出发，尊重而不拘泥于行政区划的界限，以区域文旅资源融合为核心内容，方便相近、相关景区（点）的旅游线路组合，将全书分为主城风貌篇、滨江风采篇、江南风韵篇、江北风情篇，每个篇章再根据区域旅游资源级别进行分类介绍，构筑了一个结构清晰、体系完整的文旅南京全貌。

　　考虑到新时代导游人员学习的新变化和本地居民对文旅消费等多方面需求，本书不仅突出南京传统旅游景区的亮点，还重点关注了一些新兴旅游景区（景点）的看点和文化内涵，对南京市文旅资源进行了全景式解读，详细介绍了主要的旅游景区、休闲景点、旅游度假区和发展成熟的乡村旅游点，对一些代表性的区域特色美食、住宿接待设施等进行了介绍，全面展示了南京文旅的风采。本书既能够作为旅游从业人员的工具用书，也能帮助广大读者、游客全面系统地走进南京、了解南京。

　　在本书编写过程中，南京市和南京各区文旅主管部门及各旅游景区（点）给予了大力支持和帮助，为本书提供了大量的基础资料和图片素材。初稿完成后本书得到了邢定康、沙润、章锦河、王芳、戴斌、张承强等诸多高校和旅游行业资深专家学者的指导和审读，并获得了宝贵意见；南京旅游学会、三江学院和南京大学出版社的有关人员也对本书的完成给予了大力支持，在此深表感谢！

王丽

目录

南京

概况

南京，简称宁，江苏省省会，东倚钟山，怀抱长江，六朝古都，人杰地灵。

南京市地处长江下游，江苏省西南部，东起东经 119° 14′，西抵东经 118° 22′，南起北纬 31° 14′，北迄北纬 32° 37′，东西最大横距约 70 千米，南北最大纵距约 150 千米，市域平面呈南北长、东西窄展开，总面积 6587.02 平方千米。南京以低山缓岗为主，属宁镇扬丘陵区，主城东部的钟山，主峰海拔 448.9 米，为市域最高峰，气势雄伟；江南的栖霞山、幕府山、汤山、青龙山、牛首山和江北的老山等名山横亘市域中部；南部的横山、东庐山与六合北部低山丘陵遥相呼应。全市湖泊、水库棋布，河流网织，水域面积达 11% 以上。长江南京段长约 97 千米，从西南滚滚奔腾而来，向东滔滔而去，浩荡磅礴，万吨海轮可终年通航；滁河与秦淮河分别从北、南汇入长江；玄武湖、莫愁湖、固城湖、石臼湖、金牛湖等湖泊点缀于大江南北。群山环抱，江湖萦绕，组成一曲山川河湖纵横交错的交响诗。

南京属亚热带季风气候，四季分明，雨水充沛。历史上夏天的南京曾有"火炉"之称，但近年来，南京的高温程度和高温天数均已明显降低，"火炉"已成往事。南京地热资源丰富，著名的有汤山温泉、汤泉温泉等。南京春秋短、冬夏长，冬夏温差显著，四季各有特色，皆宜旅游。

"江南佳丽地，金陵帝王州"，南京是著名的历史文化名城，也是中国四大古都之一。东郊汤山出土了距今约60万年的"南京猿人"完整的头骨化石，证明南京很早就有了人类的足迹。6000多年前，南京鼓楼西侧的北阴阳营和玄武湖畔、长江岸边开始出现新石器时代的原始村落，聚居着南京的初民。3000多年前，沿江河地带已经分布着相当密集的青铜时代居民聚落，尤以秦淮河中游的湖熟镇一带较为集中，称为"湖熟文化"。

公元前472年，越王勾践灭吴后，在今中华门西南侧建城，开创了南京的城垣史。公元前333年，楚威王大败越国，于石头山筑城置金陵邑，金陵之称因此得名。秦始皇统一全国后，东巡南略，数过南京，压王气，断长垄，开淮水（今秦淮河），设置江乘，改邑秣陵。秦末项梁、项羽率八千子弟由此过江逐鹿中原，开西楚霸业。三国鼎立之初，公元229年，孙权在武昌称帝，9月即迁都于此，称作建业，为南京"六朝古都"之始。公元317年，西晋琅琊王司马睿建立东晋政权，以建康（今南京）为国都，这是南京城市发展史上的第一个高峰时期。此后，南朝宋、齐、梁、陈相继定都建康，史称"六代豪华"，南京由此有"六朝古都"的美称。

公元937年，南京成为南唐的首都，称江宁府，这是南京城市发展史上的第二个高峰期。宋代，这里是昇州、江宁府，北宋时的政治改革家、诗人王安石数返金陵，晚年定居于此，游遍南京的山川名胜，在文学史上留下诸多名篇巨制。此外如苏轼、陆游、辛弃疾等，也为南京写下了优美诗篇。民族英雄岳飞，三过建康，在南郊将军山中与金人开展激烈的战斗，至今故垒萧萧，依稀可辨。

公元1368年，朱元璋在应天府称帝，建立明朝，改"应天"为"南京"，南京城第一次成为大一统王朝的首都。由此，南京城市发展进入又一高峰期，经明洪武、建文、永乐三朝在南京53年的经营，这里成为全国最繁华的政治、经济和文化中心，也是当时世界第一大城。

公元1840年，西方列强的大炮轰开清朝闭关自守的国门，1842年在南京下关长江江面的英舰康华丽号上，清朝政府签订第一个丧权辱国的中英《南京条约》，从而掀开近代史的第一页。公元1853年，洪秀全领导的太平军攻克南京，定都于此，南京改名天京。1912年元旦，中华民国成立，孙中山在南京就任中华民国临时政府大总统。1927年4月，南京国民政府定南京为首都。"钟山风雨起苍黄，百万雄师过大江"，1949年4月23日南京解放，一部中国近代史从在南京签订第一个不平等条约开始，也在这里渐渐画上句号。

作为历史文化名城，南京名称之多，不仅在我国，而且在世界各国古都中也属罕见，仅历代县以上建置的名称就有金陵、秣陵、江乘、湖熟、建业、建康、江宁、白下、上元、集庆、应天、天京等40多个。

南京市现辖11个区，分别是玄武区、秦淮区、建邺区、鼓楼区、雨花台区、栖霞区、江宁区、浦口区、六合区、溧水区和高淳区。2015年6月27日国务院批复设立国家级新区——江北新区，江北新区位于南京市长江以北，包括浦口区、六合区和栖霞区八卦洲街道。南京是长江三角洲的重要组成部分，也是国际上看好的21世纪亚洲及环太平洋地区最具发展前景的城市之一。南京工业经济实力雄厚，门类齐全，以电子信息、汽车、石化、钢铁四大产业为支柱产业，并积极拓展新能源、新材料、生物医药、新型光电、环保装备、航空航天、轨道交通装备、先进船舶制造等八大新兴产业领域。

南京是长江流域的四大中心城市之一，铁路、公路、航空、水运、管道等运输方式齐备，是我国东西水运大动脉长江与南北陆运大动脉京沪铁路的交会点，素有"东南门户，南北咽喉"之称。近年来，已形成以南京为中心，到上海、杭州、合肥等地"1小时铁路交通圈"。2011年建成的南京南站，汇集京沪、沪宁、宁杭等多条铁路客运线路，还开通了至欧亚各国的铁路国际联运班列，已成为亚洲最大的交通枢纽之一。南京作为国家级公路主枢纽城市，形成以南京为核心，辐射镇江、扬州、淮安、马鞍山等8个周边城市的"一小时都市圈"。南京禄口国际机场与法兰克福、阿姆斯特丹、温哥华、洛杉矶、芝加哥、莫斯科、东京、大阪、新加坡、曼谷、金边、首尔和香港、澳门、台北等国内外70多个城市或地区通航。南京港是我国率先跨入亿吨级的江海型内河港之一，拥有万吨级泊位44个，可对外辐射80个国家或地区的160个港口，已成为长江三角洲及长江流域货物集散、江海换装、水陆中转的多功能江海型枢纽港。南京市内交通也非常便捷，现有700多条公交线路，并开通了多条直达郊区各美丽乡村的旅游巴士；截至2021年，南京地铁共有11条线路在运营，线路总长427.1千米。

南京是一座文化名城，是中华文化的发源和繁荣地之一，魏晋风骨、六朝遗韵乃至唐宋以来的诗词歌赋、话本辞章，积淀造就了今日南京的文脉，"书圣"王羲之、"画圣"顾恺之、"诗仙"李白、"词帝"李煜、"唐宋八大家"之一王安石，以及当代书画家林散之、徐悲鸿、刘海粟、傅抱石等无不与南京息息相关。南京历史底蕴深厚，文化遗产丰富，是全国首批公布的历史文化名城之一，包括世界文化遗产——明孝陵，非物质文化遗产——南京云锦、金陵刻经、南京剪纸、古琴（金陵琴派），世界记忆遗产——南京大屠杀档案；中国非物质文化遗产——金箔锻制技艺、秦淮灯会、南京白局、东坝大马灯、金银细工制作技艺等 13 个项目。

南京是世界文学之都。魏晋南北朝时期，衣冠南渡，南京成为延续中华文化的一个重要支点。在南京诞生了中国文学史上第一部文学理论专著《文心雕龙》、第一部诗歌评论专著《诗品》、现存年代最早的文学总集《昭明文选》等，为中国的文学理论研究奠定了基础；第一部志人小说《世说新语》标志着小说开始将关注点从鬼神转向活生生的人；南朝宋的国子学专设文学馆，文学教育开始出现；田园诗、山水诗等诗歌形式繁盛一时，七言诗也开始发展起来，为唐诗的辉煌打下了基础。此后，南京虽然屡遭战乱，但文脉延续千年而未绝。李白的"凤去台空江自流"，刘禹锡笔下的"旧时王谢堂前燕"，杜牧"烟笼寒水月笼沙"的秦淮掠影……有唐一代，金陵怀古成为文学母题，名篇佳句层出不穷，更诞生了"青梅竹马""画龙点睛""两小无猜"等家喻户晓的成语典故。南唐后主写下的"流水落花春去也，天上人间""问君能有几多愁，恰似一江春水向东流"等名句广为传唱，为之后词在宋代的蓬勃发展起到了承上启下的作用。明清时期，市民文学兴起，孔尚任的《桃花扇》、李渔的《闲情偶记》、吴敬梓的《儒林外史》及四大名著之一《红楼梦》等，或是在南京完成，或是与南京有着深深的联系。进入近代，余光中、朱自清等文学大家都在南京留下了自己的墨迹。美国女作家赛珍珠更是在南京写就了获诺贝尔文学奖的长篇小说《大地》，南京的书香墨韵开始播撒向海外。2019 年年 10 月，南京被联合国教科文组织列入世界"文学之都"，成为首个被列入世界"文学之都"的中国城市。

南京旅游资源丰富，作为拥有灿烂文化和深厚历史底蕴的古都，孕育出众多的名胜古迹。目前，南京有国家等级旅游景区 56 家，其中钟山风景名胜区—中山陵园风景区、夫子庙—秦淮风光带风景名胜区为国家 AAAAA 级旅游景区，雨花台风景区、中国近代史遗址博物馆（总统府景区）、阅江楼景区、玄武湖景区、朝天宫景区、明文化村（阳山碑材）景区、梅园新村纪念馆、栖霞山风景区等 25 家为 AAAA 级景区；拥有雨花台烈士陵园、梅园新村纪念馆、侵华日军南京大屠杀遇难同胞纪念馆、渡江胜利纪念馆 4 处国家级红色旅游景区（点），在革命史中占有重要地位。南京每年都要举办多项大型旅游节庆活动，如梅花节、夫子庙灯会等丰富多彩的旅游节庆活动，不仅营造了南京欢乐祥和的旅游氛围，也促进了南京旅游市场的发展。

　　曾经的南京，以瑰丽夺人的风物、余音绕梁的辞章、卓尔不凡的气质和波澜壮阔的成就，成为屹立在长江之畔历经风雨的沧桑古城。今天的南京，古老而又充满活力，历史文化名城和现代都市重合交融在一起，山水城林，交相辉映，是著名的绿色之都、文化之都、文学之都、拥江发展之都。未来，南京将是一座"经济发展更具活力、文化特色更加鲜明、人居环境更为优美、社会更加和谐"的世界知名文化旅游城市。

主城风貌篇

　　本区涵盖了玄武、鼓楼、秦淮、建邺、雨花台五个市辖区的主要景点。主城文化旅游区是全市旅游业的核心和龙头，高品质旅游资源及旅游服务设施、旅游组织、旅游交通均集中于本区。区域内，钟山风景名胜区、夫子庙—秦淮风光带、玄武湖景区等自然风光旖旎，人文景观集萃；明孝陵景区、明城墙风光带、明故宫遗址等明文化景区荟萃；侵华日军南京大屠杀遇难同胞纪念馆、雨花台风景区、梅园新村纪念馆等红色旅游地交相辉映；南京博物院、中国科举博物馆、朝天宫景区（南京市博物馆）等博物馆旅游资源丰富。该区还聚集了南京大学、东南大学、南京师范大学、南京理工大学、南京航空航天大学、中国科学院南京分院、中国科学院紫金山天文台等多所百年名校和科研院所。

　　作为全市旅游产业的核心区，主城文化旅游区正逐渐从观光型旅游地向休闲度假目的地转移，打造了诸如老门东历史文化街区、熙南里历史文化休闲街区等休闲旅游品牌。作为城市核心区，南京主城文化旅游区引领和带动了南京旅游的全面发展，为建设一个经济强、百姓富、环境美、社会文明程度高的新南京做出了巨大贡献。

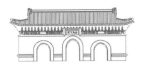

钟山风景名胜区
中山陵园风景区

钟山又名紫金山，位于南京城东，自古被誉为"江南四大名山"之一，有"钟山龙蟠"之美誉，是"国家重点风景名胜区"。钟山风景名胜区面积约 34 平方千米，其中，中山陵园风景区是钟山风景名胜区的重要组成部分，占地约 31 平方千米，是国家 AAAAA 级旅游景区。钟山风景名胜区有各类名胜古迹 200 多处，其中，世界文化遗产 1 处，全国重点文物保护单位 16 处，省市级文物保护单位 29 处，其间山、水、城、林浑然一体，自然景观丰富优美，文化底蕴博大深厚。

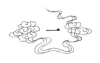 **中山陵景区**

中山陵

中山陵位于紫金山南坡，是孙中山先生的长眠之地。

1866 年 11 月 12 日，孙中山先生出生于广东省香山县（今中山市）翠亨村，早年求学海外，1892 年毕业于香港西医书院，并在澳门、广州等地行医，因目睹清政府的腐败，特别是中日甲午战争中清政府屈膝求和，孙中山义愤填膺，决心推翻清政府，从此放弃行医，专事革命。

1912 年 3 月 10 日，孙中山来到紫金山，看到这里背负青山、前临平川，气势十分雄伟，便笑对左右说："待我他日辞世后，愿向国民乞此一抔土，以安置躯壳尔。"孙中山先生临终前谈起要葬于南京时指出："吾死之后，可葬于南京紫金山，因南京为临时政府成立之地，

◎中山陵

所以不可忘辛亥革命也。"这就明确指出了孙中山自选墓葬地的根本原因。

　　中山陵的设计者是吕彦直，他设计的中山陵墓平面图呈"警钟"形，给人以警钟长鸣、发人深省之感。从设计图形来看，祭堂外观给人以庄严肃穆之感，祭堂与墓室分开，祭堂在前，墓室在后，使谒陵者依次瞻仰。整个建筑朴实坚固，合于中国观念，又糅合了西方建筑精神。

　　孝经鼎　中山陵广场南端的正中，屹立着一座紫铜鼎。鼎台基座为八角形，高3米，分3层，每一层的四周围有苏州花岗石筑的石栏，石台内部为钢筋混凝土结构。石台上立有一尊双耳三足的紫铜宝鼎，鼎高4.25米，腹径1.21米，重达1万斤，是中山陵纪念性建筑之一。宝鼎是1933年的广州中山大学校长戴季陶先生携全体师生捐赠的，鼎内置有一个六角形铜牌，上刻戴季陶母亲黄氏老夫人手书的《孝经》全文，因此，宝鼎又被称为孝经鼎。

　　博爱坊　博爱坊是中山陵的入口处的一座花岗石牌坊，建于1930年。牌坊上端正中的横楣上，镶嵌有石额一方，上面镌刻着孙中山手书的"博爱"两个字，所以被称为"博爱坊"。

◎博爱坊

　　墓道　穿过博爱坊就是墓道。墓道长 480 米，分左、中、右三道，中道宽 12 米，钢筋水泥路面，左右两道宽 4.2 米，柏油路面。中道和左右两道之间，由南向北对称地排列着五对长方形的绿化带，绿化带内栽植了两排雪松和四排桧柏。如今，松柏已成参天大树，高大挺拔。

　　陵门　墓道尽头的单檐歇山顶建筑是陵门，它是陵区的正门。陵门高 16.5 米，宽 27 米，进深 8.8 米，用福建花岗岩建造而成，门开三拱，中门横额上镌刻有孙中山先生手书的"天下为公"四个大字。

　　碑亭　走出陵门，便可见碑亭。碑亭为重檐歇山顶建筑，碑亭内立有一块石碑，碑高 8.1 米，宽 4 米，上刻"中国国民党葬总理孙先生于此中华民国十八年六月一日"24 个颜体镏金大字，为当时四大书法家之一的谭延闿手书。

　　台阶　过了碑亭，迎面的石阶层层叠叠，从碑亭到祭堂前平台共有台阶 290 级，石阶全部由苏州金山花岗石建造而成，是中山陵建筑中的重要组成部分。这些石阶的两侧栽植着桧柏、枫树、石楠、海棠等树木，终年常青。石阶间的平台上还陈列着一些纪念品，丰富了石阶的景观：在第五层平台上有一对大铜鼎，上面刻着"奉安大典"四个篆字；第七段平台的两侧，有一对人造石仿铜狮子；在最高一层平台正面两侧有一对青石古鼎，是由孙中山先生的儿子孙科所赠。从平台进入祭堂，还需再登 9 级石阶，这样从广场直达祭堂一共是 392 级石阶。

祭堂 台阶的尽头就是中山陵的主体部分——祭堂和墓室。祭堂长 30 米，宽 25 米，高 29 米，是一座融合中西建筑风格的宫殿式建筑。屋顶为中国传统的重檐歇山式，上覆蓝色琉璃瓦，外壁用香港花岗岩建造。祭堂门楣上方从东到西分别刻有"民族""民生""民权"六个阳篆字，中门的上下檐之间还嵌有孙中山先生手书的"天地正气"四个金字的直额。祭堂左右两侧，矗立着一对用福建花岗石雕琢而成的高大华表。

祭堂以云南产黑色大理石铺地，四周是 12 根直径 0.8 米的青岛黑色花岗石柱，四隐八现。祭堂正中是孙中山先生着长袍马褂的全身坐像，像高 4.6 米，由当时著名的法国雕刻家保罗·兰多斯基用意大利白石雕刻而成，1930 年由法国运抵中山陵，总造价 150 万法郎。坐像底座四侧，有以孙中山从事革命活动为内容的六幅浮雕。

墓室 祭堂后有两重墓门，第一道门为两扇美国造的紫铜保险门，门上的门钉和铜环上的神兽富有中国传统特色，门额上镌刻孙中山手书的"浩气长存"四字横额；第二道门为独扇铜门，上刻"孙中山先生之墓"七个篆字。

穿过两道门便进入墓室。墓室是封闭的半球形建筑，墓室中间是一个圆形大理石墓圹，直径 4.3 米，深 1.6 米，四周是精致的白色大理石栏杆，中间是孙中山先生穿中山装的大理石卧像，这是捷克雕塑家高崎根据孙中山的遗体形象按 1：1 的比例雕刻的。孙中山先生的遗体由一具美国制造的铜棺盛殓，安放在墓圹下 5 米深处长方形的墓穴内。

行健亭

行健亭坐落于中山陵西南，陵园路与通往明陵路的交会处，是从中山陵到明孝陵的必经之地。"行健"二字，出自"天行健，君子以自强不息；地势坤，君子以厚德载物"。行健亭建于 1931 年至 1933

年，是一座纪念性建筑。行健亭是一个重檐攒尖顶方形亭，亭边长 9.3
米，高 12 米，亭的每个角有 4 根支柱，4 个角共 16 根柱，均饰以红漆。
行健亭为钢筋水泥构筑，外形美观，坚固实用。亭内横梁、额枋、藻井、
雀替都饰以彩绘，两重亭顶均覆以蓝色琉璃瓦。红柱蓝瓦的行健亭，
在蓊郁的树木之间显得格外夺目。行健亭四周，设有水泥栏杆，高 40
厘米，可供游人坐憩。

◎音乐台

音乐台

音乐台位于中山陵广场东南的绿色盆地之中，建于 1932 年至 1933 年，由我国著名建筑大师关颂声和杨廷宝设计。音乐台占地面积 4200 多平方米，全部以钢筋混凝土建造而成。音乐台的平面呈半圆形，圆心处呈梅花形舞台造型，舞台背部是弧形大照壁，可汇集音浪，照

壁宽 16.7 米，高 11.3 米，用水泥假石镶面，照壁顶端雕刻回龙花纹，花纹下是三个石塑的龙头，内有水管，水从龙头口中喷出注入台下的水池中，场景优美动人。舞台前是一汪月牙形荷花池，池底有伏泉，池水清澈，终年不涸。池前依坡就势，修整成半径 56.9 米的半圆形坡状大草坪，草坪分割成 12 块小扇形草坪，草坪上设置木凳，作为听众席，可容纳 3000 余名观众。草坪外缘是一圈钢筋水泥回廊，回廊长 150 米，宽 6 米，上架花棚，下置石凳，可供游人休憩。整个音乐台与周围环境和谐统一，是中山陵重要的纪念性建筑。

光化亭

　　光化亭位于中山陵广场东侧的小山丘上，是孙中山先生奉安大典时，由华侨赠款建造。该亭于 1931 年夏开工，后因运送石料的船只沉没，延误了工期，直至 1934 年夏才修成。光化亭是八角形石亭，高 12.2 米，为保证石亭的稳固，亭基全部挖到岩石层。亭下两层平台，下层对边距 22 米，上层对边距 12.6 米，亭顶为两层重檐顶。光化亭内共有圆形柱 12 根，外圈 8 根，内圈 4 根，内圈沿柱设有石凳，每根圆柱均由一块完整的石料打磨而成，柱端以 3 寸长的榫头对接，所有的石料拼接处用铜栓插入接头，缝隙用铅填满，将石料构件接合成完整的建筑。光化亭由著名建筑师刘敦桢设计，这是刘敦桢第一次运用中国古代建筑艺术理论创作设计，因此对建造工艺要求十分严格，材料全部选用福建产的上等花岗石石料，850 吨石料经过石匠们的精心雕凿，不施一根铁钉，利用屋脊、屋面、檐椽、斗拱、梁柱、雀替、藻井等装饰部件，巧妙组合成这座中国传统的八角形石亭。光化亭在中山陵众多纪念性建筑中最为精美，亭身通体灰白，高雅庄重，周围林木花草繁茂，在一片翠绿中点缀着白色的光化亭更显优雅。

仰止亭

　　仰止亭坐落于中山陵东面二道沟北的梅岭上，东与光化亭相邻，南与流徽榭相望。仰止亭建于 1930 年至 1932 年，由著名建筑师刘敦桢设计，叶恭绰捐资建造，是中山陵园内唯一一座由个人捐建的纪念性建筑。此亭为正方形，四角攒尖顶，高 6.7 米，边长 5 米，钢筋混凝土结构。屋面覆蓝色琉璃瓦，朱红色立柱，额枋、雀替、檐椽、藻井等均施彩绘，四周台阶用苏州花岗岩砌筑。亭子的南面额枋上书有"仰止亭"三字，由叶恭绰起名。"仰止"出自《诗经·小雅》中的"高山仰止，景行行止"。

流徽榭

流徽榭建于中山陵二道沟筑坝蓄水的人工湖之上，俗称中山陵水榭，建于 1932 年，是中山陵纪念性建筑之一。流徽榭为长方形亭子，由钢筋水泥构筑，榭长 14 米，宽 10 米，红色立柱，卷棚式顶，上覆乳白色琉璃瓦。水榭四周有 1 米高的栏杆，游人可在此凭栏眺望紫金山的湖光山色，榭内设有水泥座栏，供游人坐憩。流徽榭三面环水，只有南面有石阶与驳岸相接。流徽榭所在之处山清水秀，湖平如镜，乳白色的水榭倒映入湖，衬以绿树蓝天，景色宜人。"流徽榭"三字楷书匾额由徐向前元帅题写。

◎流徽榭

◎孙中山纪念馆

孙中山纪念馆

　　孙中山纪念馆位于中山陵东侧，建成于 1987 年 5 月，1989 年 5 月 30 日正式对外开放。这里是收集、整理、研究、展示孙中山先生及与其有关的著作、文物和史料，开展爱国主义教育活动的地方，也是中山陵对外宣传和文化交流的重要窗口。纪念馆主体建筑由藏经楼、《三民主义》碑廊和纪念广场组成。

藏经楼 藏经楼是一座中国传统宫殿式建筑，是中山陵纪念性建筑之一。1935 年由中国佛教会募捐而建，著名建筑师卢树森设计，于1936 年冬完工。藏经楼落成后，曾珍藏了全国各地佛教界人士赠送的珍贵佛经和文物。抗日战争期间，藏经楼遭到侵华日军的严重破坏，僧房、碑廊被毁，佛经和文物也不知去向。

1955 年，南京市人民政府拨专款修复了藏经楼主楼，并将其改作江苏省国画院。1982 年到 1989 年期间，国家和地方先后拨款 200多万元修复主楼，重建僧房、碑廊以及环形道路。修复后的藏经楼雕梁画栋，面积达 7000 余平方米，整体建筑基本保持了原有的建筑风格。

在藏经楼广场中央的石阶中段，矗立着孙中山先生的站立铜像。铜像高 2.9 米，重 1 吨多，以孙中山先生向全国民众发表演讲的姿势为造型塑造，气势磅礴，栩栩如生。

藏经楼主楼是一座重檐歇山式宫殿建筑，分三层，钢筋水泥构筑。楼层挑檐飞角，楼顶覆盖绿色琉璃瓦，主脊与垂脊以龙凤狮头相吻合，正脊中央饰有紫铜回轮华盖，梁、柱、额枋均饰以彩绘，整座建筑富丽堂皇。三楼正中悬有一方直额，上书"藏经楼"三字，大门门楣横匾上书有"孙中山纪念馆"六个大字。

《三民主义》碑廊 《三民主义》碑廊位于藏经楼后，建于 1936年，长 125 米，左右对称，是国内罕见的大型碑廊。廊壁嵌有河南嵩山青石 138 块，上面刻有《三民主义》全文，共十六讲，十五万五千字，由 14 位民国时期的书法家书写。碑刻全部为楷书阴刻，风格各异，造诣精湛，具有较高的艺术价值，后碑廊遭到不同程度的破坏。1986 年，经国家文物局批准修复，根据碑刻原文及拓本，逐一按原样重刻，并且镶配玻璃框加以保护。

中山书院 中山书院位于藏经楼西侧的丛林间，是孙中山纪念馆的附属机构，于 1995 年 3 月 12 日孙中山逝世 70 周年纪念日正式开放。目前，中山书院主要用于举行孙中山先生的纪念活动，举办学术研究和文化交流会。书院是一座二层仿古式建筑，建筑面积 2800 多平方米。一楼正中安置了孙中山先生半身像；西厅陈列的是各种版本的孙中山著作、孙中山研究的学术著作、中山陵文史书刊等，墙壁上悬有孙中山各个时代的大型照片；东厅陈列着中山陵收藏的书画精品。书院二楼为会议接待厅。

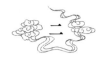

二 明孝陵景区

明孝陵

明孝陵位于紫金山南麓独龙阜玩珠峰下，是明朝开国皇帝朱元璋与皇后马氏的陵寝。朱元璋原名朱重八，1328 年生于安徽濠州（今凤阳县）一个贫苦农民家庭，7 岁时曾做过牧童，17 岁时因父母及兄弟死于瘟疫，走投无路出家在皇觉寺做和尚。1352 年，25 岁的朱元璋参加了元末郭子兴的农民起义军——红巾军。他的才干在军中得到了充分施展，他作战英勇，遇事沉着，足智多谋，再加上粗通文墨，所以很快就受到郭子兴的重用，郭子兴还把养女马氏嫁给了他，马氏就是日后辅佐朱元璋成就帝业的一代贤后——马皇后。1356 年朱元璋带兵攻下南京，1364 年自称为"吴王"。1368 年在南京登基称帝，国号"明"，建元"洪武"。朱元璋在位 31 年，终年 71 岁。

明孝陵始建于明洪武十四年（1381 年），至明永乐十一年（1413 年）建成"大明孝陵神功圣德碑"，整个孝陵建成，历时 30 余年。虽历经 600 多年沧桑，但明孝陵主体建筑犹存，历史风貌依然，是中国现存建筑规模最大的帝王陵墓之一。

明孝陵开创的帝陵体制影响了明清两代帝王陵寝的格局，在帝陵的发展史上具有里程碑的意义。2003 年 7 月，作为"中国明清皇家陵寝"的扩展项目，南京明孝陵被列入世界遗产名录，成为古都南京的第一处"世界文化遗产"。

现在明孝陵的建筑范围东起孝陵卫，南到卫岗下马坊，西抵城墙边，北达独龙阜半山腰。从陵区入口下马坊到朱元璋地宫所在的宝城，纵深近 3000 米。其实明代的孝陵占地更广，据史料记载，围绕陵园一周的红墙达 22.5 千米，大约是明代南京城墙总长的三分之二。除了朱元璋和皇后马氏的合葬墓外，周边还坐落着朱元璋最钟爱的长子懿文太子朱标的陵寝明东陵、嫔妃墓园以及徐达、常遇春等十几位明初开国功臣陵墓，它们共同拱卫着孝陵。

下马坊遗址公园　下马坊是明孝陵的起点，它是明代谒陵的必经之地。下马坊的标志性建筑是一座一间两柱的冲天式石牌坊，额上正反均横刻"诸司官员下马"六字楷书。据《明会典》记载："洪武二十六年令，车马过陵者、守陵官民入陵者百步外下马，违者以大不敬论。"这座牌坊即依此设立，故称下马坊。

在下马坊旁边还有两块明代的石碑，一块是明嘉靖十年（1531年）所立的神烈山碑，这块石碑在下马坊东36米处，为当年改钟山为神烈山时而立，碑通高4米，碑额篆刻"圣旨"二字，碑面阴文线刻"神烈山"三个字。原建有碑亭，现仅存四角石柱础。另一块是明崇祯十四年（1641年）所立的"禁约碑"，通高2.95米，宽5.31米，碑首雕有二龙攫珠，碑面镌刻南京神宫监奉皇帝敕谕而制定的禁止损坏明孝陵及谒陵条款。

明朝历代，孝陵重地均驻兵守卫，设置了孝陵卫，属禁区。卫是明代军事基层组织，孝陵卫辖士兵5600名，长官为指挥使，官阶为正三品。今孝陵卫一带即当年守陵部队驻地，也因此得名。清咸丰年间，这里曾是清军江南大营所在地。

2007年，中山陵园管理局对下马坊地区进行了环境综合整治，建造下马坊遗址公园，在遗址公园内新增了观音阁、"奉旨蠲免三则碑"、孝陵卫大营等景观。如今的下马坊已是一座对游客、市民免费开放的公园。

大金门　大金门位于下马坊西北约755米处，是进入明孝陵的第一道大门，坐北朝南，开三券拱门。明代大金门上覆黄色琉璃瓦，正面还有朱漆大门。现在朱漆大门早已不见踪影，连上面的顶也荡然无存，只留下了石头和砖的结构。大金门的下部为石造须弥座，束腰部分是浅雕椀花，上部砌砖。大金门的东、西两侧原与皇墙相接，现在山墙上仍留有连接的痕迹。

四方城　穿过大金门，就能看到"大明孝陵神功圣德碑"碑亭。碑亭为正方形，原来的木结构重檐歇山顶早已坍塌，只留下四壁和四券门，所以南京的老百姓都形象地称它为"四方城"。为更好地保护四方城，使其避免雨水侵蚀，现在四方城加上了金黄色琉璃瓦的重檐歇山顶，内部绘制蓝绿色彩漆图案。2013年7月1日，四方城加顶工程完毕对公众开放，这座历经600多年风雨的四方城终于重现当年的容光。

四方城内的"大明孝陵神功圣德碑"是永乐十一年（1413年）明成祖朱棣为朱元璋立的，碑通高8.78米，是南京地区现存体量最大的古碑。碑文由朱棣亲自撰写，颂扬其父亲一生的神功圣德，全碑楷书阴刻，共2746字。

如此巨大的碑身、碑帽在古代是怎么垒到碑座上去的呢？古人是用堆土法，即先在碑座周围堆上土使之与碑座相平并夯实，再将碑石运到碑座上，最后撤去周围的土，一座高大的碑就矗立起来了。

御河桥 御河桥俗称红桥，是明孝陵的第一道排水系统。桥下的小溪古代称"霹雳沟"，夏季大雨过后，山流下注，声响如雷，因此得名。原桥已毁，现在的桥是后造的一座水泥桥，通过御河桥便到达明孝陵的神道。

石象路 明孝陵的神道分为两段，穿过御河桥来到的是孝陵神道的第一段——石象路。石象路长 615 米，两侧分别竖立着六种十二对石兽，每种两对，两蹲两立，依次是狮子、獬豸、骆驼、大象、麒麟和马。这些石兽不仅体现了皇家陵寝的礼仪要求，而且还各自蕴含深刻的寓意。

第一种石兽是狮子，狮子为百兽之王，在此显示了帝王的威严，是皇权的象征。第二种石兽獬豸因为头上有一只独角，所以又被称为独角兽，它是古代传说中能明辨是非的护法神兽，代表的是明辨是非、执法公正，所以放置獬豸在此，是为了标榜朱元璋曾是执法如山的圣明天子。第三种是沙漠之舟——骆驼，骆驼来自中国广袤的北疆，在此增加了陵墓的威严气势，还含有明代国力强盛、江山辽阔、皇帝威震四方的寓意。接下来的是大象，大象是周边国家送来的贡物，是异邦进献给明朝的珍贵动物。麒麟是中国传统文化中的瑞祥之物，是传说中的"四灵"之首，它是一种不食生物的仁兽，含有歌颂明太祖的

◎石像路

"仁德"、治下天下太平的意思。最后一种是石马，马是最驯良的动物，它不仅是古代重要的交通工具，还是古代帝王南征北战的重要坐骑，因此大部分的古代帝王陵墓中都有石马。

这些石兽全部都由整块巨石雕刻而成，每个都有几十吨重，在缺乏现代化运输设备的明朝，它们是如何被运到这里的呢？其实采用的是"冻冰滚木"的方法。冬季上冻时，用泼水成冰的方法冻成一条冰道，再将滚木置于石兽下，将石兽前拉后推拖到这里。不单是石兽，明孝陵内的其他重物也基本采用这种运输方法。相信人们在欣赏着惟妙惟肖、栩栩如生的石兽的同时，也会不禁对中国古代工匠的智慧叹为观止。

翁仲路　在石象路的尽头，陵道转向东北，进入神道的第二段——翁仲路。翁仲路的入口处立有一对石柱，叫作望柱，也称华表、表或标。望柱在古代通常作为陵墓、宫殿、宗庙的标识物。这两根望柱呈六棱柱形，高 6.52 米，造型高耸挺拔，柱体六面装饰有婀娜婉转的云龙纹，柱头为浮雕云纹，上下连成一片。柱身线条活泼华丽，是明初的石雕艺术精品。通常望柱位于神道的最前端，而明孝陵的望柱位于神道的中间，这也是明孝陵神道的一个特色。

在翁仲路上站立着文臣和武将各 2 对，共 8 尊。文臣身穿朝服，手持朝笏，端庄肃穆；武将身披甲胄，手持金吾，威武雄壮。仔细看还会发现在文臣和武将中，既有年轻的，又有年长的，区别就在于年长的下巴上有胡须。

这条神道为何称为翁仲路呢？其实翁仲是秦始皇时的一名大力士，全名阮翁仲。相传他身长 1 丈 3 尺，骁勇无比，秦始皇令翁仲镇守临洮，威震匈奴。翁仲死后，秦始皇为其铸铜像，置于咸阳宫司马门外，匈奴人来咸阳，远见铜像，还以为是真的阮翁仲，不敢靠近。于是后人就把立于宫阙、庙堂和陵墓前的铜人或石人称为"翁仲"了。

翁仲路东侧的小山名为"梅花山"，山上有东吴大帝孙权的陵墓遗址。

棂星门　神道的尽头是棂星门。棂星门又被称为龙凤门，是一处重要的礼仪性建筑。这里的柱础和石鼓都是明代的原物，而三间两垣的门是 2007 年中山陵园管理局在考古清理的基础上，根据柱础的形式复建的。

金水桥　穿过棂星门，来到金水桥，金水桥又叫内御河五龙桥。金水桥原有五座：正中的叫御路桥，古代专供皇帝行走，桥栏上装饰有龙凤图案；左右是王公桥，供宗室亲王走；最外面为品级桥，是供文武大臣走的。五桥后来毁于太平天国战火中，后又重新修建，但只修复了三座。现在我们看到的桥面栏杆是后来配制的，只有桥基和两岸石堤是原物。桥下的金水除了美观外，还有防火之用。

文武方门　走过金水桥，就来到明孝陵陵宫区的正大门——文武方门。明代的"文武方门"毁于清朝咸丰年间的战火，同治年间清政府曾出资对其进行修缮，但只是将原来的三大二小五个门改建为一个正门，并将门额"文武方门"替换为刻有"明孝陵"字样的门额。1998年年底，中山陵园管理局在考古调查的基础上，依据明代孝陵规制，复建五门，加顶覆瓦，恢复了文武方门的建筑原貌。

特别告示碑　在文武方门东侧，竖有一方"特别告示碑"，这是由两江洋务总局道台和江宁府知府于清朝宣统元年（1909年）树立的，碑文用日、德、意、英、法、俄六国文字撰写了关于保护孝陵的告示。

碑殿　孝陵一共有三进院落，进入文武方门是第一进院落。东西两侧原有御厨、宰牲亭、具服殿和东西井亭等建筑物。近年来，经考古勘探和清理，发现并整理出了御厨和具服殿基址。御厨坐东朝西，面阔五开间。御厨前有一井亭，井亭平面呈六边形，亭周围内外有两圈柱础，柱础石保存完好。西面的具服殿是供皇帝谒陵时驻足休息和更衣的地方，现已无迹可考。

面对文武方门的建筑是碑殿，因殿中立有康熙、乾隆皇帝题字的碑刻而得名。殿内共有五块石碑，中部三块，后部东西两侧各有卧碑一块。碑殿在明代时是享殿前门，后在战火中损毁，现在的碑殿建于清代。正中一块石碑，碑高3.85米，宽1.42米，上刻"治隆唐宋"四个大字，为康熙三十八年（1699年），康熙第三次南巡谒明孝陵时亲手书写，以颂扬明太祖朱元璋的功绩超过了唐太宗李世民和宋太祖赵匡胤。"治隆唐宋"碑东西两侧是乾隆南巡晋谒孝陵时的题诗。后面的卧碑分别记述了康熙第一次、第三次谒陵的盛况。

走出碑殿，在东西两侧各可见一座神帛炉，由黄绿琉璃件组装而成，小巧玲珑，主要用来焚烧祭祀时用的神帛和祝版，这是2006年由中山陵园管理局依照北京明十三陵神帛炉的样式于旧址上重建的。

享殿　走出碑殿便进入明孝陵的第二进院落，前方的建筑就是享殿，享殿原名孝陵殿，是孝陵原来的主体建筑，供奉朱元璋和马皇后神主牌位。享殿于清咸丰三年（1853年）毁于兵火，从殿基上仍然保存着的柱础推断，当年的享殿是面阔九间、进深五间的巨大建筑，其规模与北京十三陵明成祖长陵的祾恩殿相似。现在的这座单檐歇山式三开间小殿是清同治年间经过两次重修而成的，当时的清政府已经内外交困，财源枯竭，最终只能草草了事。现殿内可以看到朱元璋肖像，上面写着"开基定制"，左右两侧提一副对联："戡乱安民，得统正还符汉祖；立纲陈纪，遗模远更胜唐宗。"这幅像是 1980 年修整明孝陵时，按清末的肖像重新复制的。

在享殿前后各有踏跺三道，中央踏跺上置陛石三块，从上到下依次为"二龙戏珠""日照山河""天马行空"。在殿基上共有 56 根直径 0.91 米的石柱础，由此我们不难想象当年这座殿宇的宏大规模，据记载，这些支撑起高大殿宇的柱子，都是取材于南方深林中的名贵树种金丝楠木。

内红门 穿过享殿便是殿后门，习惯称内红门，这道门将陵宫分为"前朝"和"后寝"。孝陵的前朝是祭祀的场所，后寝是朱元璋和皇后亡灵的安息之地，由少数守灵太监在内部守护，除皇帝和经特许的大臣之外，一般人不得入内。

升仙桥 升仙桥为石制单券拱桥，长 57.5 米，宽 26.6 米，两侧石栏、螭首多残毁，2006 年中山陵园管理局对此进行了接补修复。桥身体量宏大，结构牢固，做工细腻精致，是明初桥梁建筑中的杰作。

方城明楼 方城明楼是陵区的重要标志性建筑。方城是宝顶前的一座大型条石建筑，方城的下部为石须弥座，在束腰部分刻绶带纹和方胜纹，方城的东西两侧有"八字墙"，墙面四角饰有砖雕花纹，这些都是明初原物，历经 600 多年仍然精致生动。在方城正中有一高大的拱门，拱门内是一深长的隧道，共有 54 级台阶。隧道前后原先有门，现仅存门臼石等遗迹。

走出隧道，可以看到前方墙壁上"此山明太祖之墓"七个楷体大字。折而向上，即是明楼。明楼平面呈长方形，东西长 39.15 米，南

◎方城明楼

北宽 18.4 米。南面开拱门三个，东、西、北三面各开拱门一个，楼内以方砖铺地。明楼顶部原来为重檐九脊，覆黄色琉璃瓦，飞檐翘角，十分壮观。明楼屋顶毁于太平天国的一场战火，徒剩四壁。2008 年，中山陵园管理局对明楼实施加顶保护工程，加顶后明楼不仅气势壮观，而且有效地解除了雨水侵蚀的安全隐患。

宝城宝顶　明楼之后就是宝城宝顶的所在地了。所谓宝顶，是指一个直径 325 米到 400 米的圆形大土丘，宝城是指环绕宝顶周围约 1 千米长的砖墙。宝城内中部隆起，坟丘利用独龙阜山岗，依山就势而筑。考古调查发现，坟丘上面加筑了卵石层，以防雨水冲刷，同时也可防盗。宝顶外侧开挖了排水沟渠，局部地区还加砌了沟渠石岸。宝城顶部有马道和垛口，以作巡视防卫之用。宝城宝顶的皇陵形制由朱元璋创立，它开创了明清五百多年帝王陵墓的规制，其最大的特点就在于前方后圆。略有区别的是，明代宝顶大致为圆形，而清代宝顶改为椭圆形。

宝顶之上树木参天，下面就是埋葬朱元璋与马皇后的地宫。1999 年年初，南京市文物局组织对明孝陵进行了调查勘探，并用高科技精密磁测技术探明，朱元璋与马皇后的玄宫就在明孝陵独龙阜玩珠峰下数十米深处，至今保存完好，未被盗掘过。

梅花山与梅花谷公园

梅花山　南京梅花山位于明孝陵石象路旁，处于神道的环抱之中，现有面积 1533 亩，山上植梅近 4 万株，367 个品种，与上海淀山湖梅园、无锡梅园和武汉东湖梅园并称"中国四大梅园"，居四大梅园之首。

梅花是南京市的市花。南京人植梅、探梅、赏梅的悠久历史可追溯至六朝时期。明朝时，钟山脚下有一处赏梅胜地，名叫梅花坞。据明代冯梦祯《灵谷寺探梅记》记载："越灵谷而东二里许，北行百步，达梅花下。"梅花坞是明代宫廷的梅园，所结梅子供太庙祭祀皇帝的祖宗之用，每株梅树上都悬挂着"御用"二字的木牌。明代刑律严酷，游人虽多，但无人敢攀枝摘花，因此梅花茂盛，参差错落，不下千株。清朝以后，梅花坞逐渐湮没。

今天的梅花山，其规模已远远胜过当年的梅花坞。新中国成立后，中山陵园管理局在梅花山大量植梅，目前梅花山拥有世界上已发现和培育的绝大多数品种的梅花，而且很多都是梅中极品。每当春季梅花盛开

©梅花山

之时，万株梅花竞相开放，层层叠叠，云蒸霞蔚，繁花满山，一片香海，前来探梅、赏梅者多达四五十万人，游客络绎不绝。南京梅花山最珍贵的梅花品种是"别角晚水"，"别角晚水"是真梅系直枝梅类宫粉型的优良品种，花期一般在二月下旬至三月上旬，花呈淡玫瑰红色，浅碗状，花瓣层层叠叠，多达45瓣，内有碎瓣婆娑飞舞，十分漂亮。"别角晚水"是"梅花院士"陈俊愉先生于20世纪90年代在梅花山调研时发现并命名的。因其开放时常有花瓣开得不完全周正，花瓣边缘常有凹陷，故称之为鳖脚，又因花期较晚，花色水红，碎瓣流动，因此取名"鳖脚晚水"，后取其谐音为"别角晚水"。"别角晚水"花香浓郁，颜色鲜艳，性状优良，又因数量稀少而更显珍贵，是梅花山的"镇山之宝"。

梅花山上除了遍植的梅花，还建有一座廊亭，廊亭北面横额上有孙科手书的"放鹤"二字，此处又名"观梅轩"。在观梅轩的对面有座飞檐翘角的亭子——博爱阁，博爱阁1993年由时任台湾海峡两岸商务协调会会长的张平沼先生出资10万美元建造。

现在每年二、三月份，姹紫嫣红的梅花漫山开遍时，南京都会举办梅花节。自1996年以来，南京国际梅花节吸引了越来越多的海内外游客。梅花节是南京市人民政府举办的开春第一个国家级大型旅游节庆活动，经过多年的打造，梅花节已由单纯的踏青赏梅活动发展成为融探花赏景、休闲娱乐、歌舞演出、文化展览、商贸交流等于一体的盛会。作为梅花节的主会场，南京梅花山是国内唯一一处位于世界遗产景区内的赏梅胜地，在全国赏梅胜地中，无论是植梅的历史、规模、数量还是品种，皆堪称魁首，是名副其实的"天下第一梅山"。

梅花谷公园　梅花谷公园在原梅花山的基础上扩建而成，扩建后的梅花山和梅花谷绵延相连，相继建成的惟秀亭、台想昭明、梅花妆韵、生态湿地、落羽杉林、长生鹿苑等文化景点和生态景观，丰富了梅文化的研究与展示。

长生鹿苑　长生鹿苑位于明孝陵梅花谷"台想昭明"东侧，燕雀湖北岸，占地面积约5000平方米，目前有梅花鹿40头，其中白鹿6头。

自古以来，鹿就是一种祥瑞的象征，鹿寓意长寿，且"鹿"与"禄"谐音，象征官运亨通。明太祖朱元璋建造明孝陵时，在孝陵陵区内养鹿千头，鹿的脖子上挂有银牌，上有"长生"字样，所以后人称孝陵鹿为"长生鹿"或"银牌鹿"。"长生鹿"在明代被严加保护，蓄息数百年，康熙帝谒陵时尚有鹿穿梭于林间，后期惜未延续下来。

2020年5月，南京市政协十四届三次会议分组讨论和专题议政会委员对市政府工作意见建议任务分解方案提出"恢复明孝陵的鹿苑，为南京的梅花文化添光增色"。"长生鹿苑"的建设使孝陵增添了更多生趣，让游客们在这里体验到人与自然的无障碍交流。

中国南京梅花艺术中心 中国南京梅花艺术中心建成于 2009 年，是以研究梅花文化、传播梅花精神文化为主题的综合性场馆，经 2013 年、2019 年两次迭代，现占地面积 35000 平方米，建筑面积达 1500 平方米，已成为国内规模最大、展示内容最丰富的梅花主题艺术中心。每年梅花节期间，中心都会举办精品梅盆景展、插花艺术展、雨花石展、书画展等一系列文化活动。它的落成，进一步发挥了南京梅花山在中国梅花栽培科研、科普教育、精神文化传播等方面的优势和作用。

梅花艺术中心展示的梅花盆景绝大多数都是金陵派的盆景，金陵盆景有着源远流长的历史，是园艺工作者在汲取了南京深厚的人文艺术营养和金陵画派艺术风格的基础上，博采众长而形成的，主张因材施异、就势造型，结合绑扎定型，辅以修剪，形成了"浅盆薄土，裸根露干，浮云飘逸，形态自然"的特点。梅花盆景更是结合梅花的清芬玉洁、坚韧顽强来进行制作，以"老干掩盖，苔藓封枝，盘根错节，疏花点点"为佳品。

东吴大帝孙权纪念馆

孙权是建都南京的第一人，也是安葬在钟山的第一位帝王。孙权（182～252 年），字仲谋，吴郡富春（今浙江富阳）人。东汉末年，

◎东吴大帝孙权纪念馆

孙权继承父兄未竟事业，统领江东。建安十六年（211年），吴主孙权把政治中心从京口（今镇江）迁往秣陵（今南京），定都南京，这是南京历史上第一次被定为国都，是南京城市史上的重要转折。在位期间，孙权以南京为统治中心，大规模开发江南，对长江流域的经济发展做出重要贡献，为我国经济重心的南移奠定了基础。神凤元年（252年），孙权病逝，享年71岁，葬蒋山（今钟山），谥号大皇帝，庙号太祖，史称东吴大帝。

为纪念孙权葬于梅花山，1993年梅花山东麓建造了孙权故事园，2012年改建为东吴大帝孙权纪念馆，项目占地8000平方米，建筑面积1683平方米。纪念馆采用院落式组合和汉代南朝江南民居的建筑风格，突出了汉代建筑古朴雄浑的特点，体现出东吴建筑文化主题。馆内陈列内容包含"英雄少年""三国争雄""建都立业""魂系钟山"四部分，以图文、视频、场景组合的形式，介绍了孙权的主要事迹，再现孙权与三国、孙权与南京、孙权与钟山的历史画卷。为最大限度地还原历史，工作人员还远赴孙权家乡浙江富阳、赤壁古战场等地寻找资料。

纪念馆主题展厅采用智慧化的展陈方式，用电子小人书、影子戏等手段全新演绎"赔了夫人又折兵""刘备相亲"等历史典故，并通过电子屏、图片、文字等方式介绍了孙权在南京兴修水利、推动农耕、发展学术、供奉佛教的历史。为增加游客的互动体验，展厅中配备触摸屏，安装了《草船借箭》《华容道》等互动游戏。纪念馆内还播放3D电影《东吴大帝》，该片由中央新闻纪录电影制片厂制作，片长15分钟，讲述了三国时期东吴大帝孙权割据江东、建都南京、发展东南的历史业绩，场面大气磅礴，震撼视听。

红楼艺文苑

为纪念曹雪芹的文学名著《红楼梦》与古金陵的历史渊源，中山陵园管理局于1997年春，在风景秀丽的钟山南麓建成了以实物场景反映《红楼梦》艺术风格的现代造型艺术馆——红楼艺文苑。红楼艺文苑位于梅花山东北角，占地约7.5万平方米。

红楼艺文苑是一座用植物造景来表现《红楼梦》场景的写意山水园林，参照《红楼梦》前八十回中最精彩的章回作为园内的意境单元，以自然山水为骨架，采用太湖石、黄石、南京地区的地带性植被及部分仿古建筑、雕塑作为置景材料，是一处古朴自然、体现红楼文化和浓郁江南风格的园林景观。全园分为十二个意境单元：太虚幻境、芙蓉仙境、芦雪联吟、海棠吟社、药园沉醉、沁芳钓台、桃翠分花、潇湘竹韵、香丘、梨园雏莺、红楼艺文馆和香草园。红楼艺文苑以园林为载体表现《红楼梦》，是钟山风景名胜区的重要组成部分，具有较高的艺术价值。

明东陵遗址

明东陵是明代开国皇帝朱元璋的长子朱标的陵寝，位于孝陵陵宫东垣以东约 60 米处。东陵的总体布局与明孝陵相似，但规模较小，由陵园、陵寝大门、享殿前门、享殿以及地宫等建筑构成，主要建筑在一条南北轴线上分布。东陵原陵寝围墙平面前尖后方，呈龟背形，格局特殊，是目前全国所知的皇家陵墓平面布局中唯一一个采用该形态的。

东陵经考古调查，没有发现单独的神道石刻和御桥，护陵御河从东陵以东流经孝陵陵宫前的金水桥下，将孝陵和东陵环绕在同一陵御内。这说明东陵和孝陵共用一条主神道。孝陵的这一布局特征开创了第一代皇帝陵寝的神道与后世子孙共用的制度，并被北京明十三陵所继承。

东陵的陵寝建筑实际上是一座太子陵的建制，因此陵寝中没有明楼及方城，主体建筑多用绿色琉璃瓦，但是从明到清，朱标先后三次获得"帝号"，从这个意义上说，明东陵应当具备"帝陵"的历史地位，所以将明东陵称为明代第 19 座帝陵具有相当的合理性。

历经 600 多年的风风雨雨，今天的东陵已难觅当年的雄伟建筑，现在仅存前门基址、排水设施以及门殿月台基址等多处遗址，景区通过考古清理，对东陵以遗址公园的形式进行保护和展示，最大限度地保持了它的历史感。

紫霞湖

紫霞湖位于明孝陵东北，是一个深藏于山间林海中的人工蓄水湖泊。紫霞湖面积约 67 亩，常年蓄水量达 22 万立方米，因与紫霞洞相连而得名。紫霞洞原名朱湖洞，是道书中所说的"第三十一洞天"。

©紫霞湖

元末道士周颠隐居洞中，朱元璋做皇帝后，封他为紫霞真人，紫霞洞因此得名。紫霞湖湖水清澈，周围林木蓊郁，山清水碧，风景佳丽。

正气亭

正气亭坐落在紫霞湖北岸的半山坡上，建于 1947 年。亭为方形，边长 7.7 米，钢筋水泥结构，重檐攒尖顶，上覆琉璃瓦，基座以苏州花岗岩承载，亭前有石阶直达紫霞湖。

三 灵谷景区

灵谷寺

灵谷寺的前身开善寺是梁武帝萧衍的女儿永定公主为其老师宝志和尚在圆寂后建造的寺庙。南唐时称开善道场，宋朝称太平兴国寺，明初称蒋山寺。寺庙原址位于钟山南麓独龙阜玩珠峰下，也就是现在明孝陵的所在地，明太祖朱元璋相中了这块风水宝地，遂决定迁走寺庙，建造孝陵。朱元璋亲自选定了现在的位置建造规模宏大的新寺，为其命名"灵谷寺"，并手书"天下第一禅林"匾额悬于山门。关于"灵谷"二字，从朱元璋《游新庵记》中可以得到解释："钟山之阳有谷，谷有灵泉。"对此，后人也多有解释，但总符合"山有灵气，谷有仙水"的说法。几经历史变迁，现在的灵谷寺是一个集寺庙、公墓和公园为一体的综合性景区。

明初时灵谷寺规模庞大，占地 500 亩，有寺僧 1000 多人，下辖定林寺等 12 座下院。可惜到了清朝初年，几次战火使灵谷寺遭到严重破坏，直至康乾时期，灵谷寺才得以修复。康熙在第六次下江南时游览灵谷寺，亲笔为灵谷寺题写了寺额"灵谷禅林"；乾隆皇帝六下江南，每次都来灵谷寺，并在重刻的三绝碑上御书"净土指南"。清代的灵谷寺，规模虽不及明代，但仍不失为金陵大刹。然而太平天国时期，清军与太平军在钟山下长达十年的战争使灵谷寺遭到了空前的破坏，除无梁殿因砖石结构得以保存之外，其他建筑都成了一片废墟。

改革开放后，为了还原历史原貌，中山陵园管理局分批分期维修了很多遭到损坏的建筑，并将景区的桂花在原来 4000 余株的基础上，发展到了现在的万株桂园，占地 1700 亩，桂花 18000 多株。每到农历八月，金桂飘香，景区都会在这里举办桂花节。

迎驾桥 据传清朝乾隆皇帝下江南游灵谷寺，灵谷寺住持率众僧在这座小桥边恭迎圣驾，因此得名。

万工池 寺庙前的这一潭月牙形水池，名叫万工池。据说，灵谷寺初建时，明太祖朱元璋前来巡视，因金刚殿前太过空旷，缺少景致，于是派万名军工挖出一座水池，万工池之名由此而来。万工池挖出的土堆在池南，成为一座小丘，这样，寺前有山有水，形成人为的山水风景。万工池东西长 100 米，南北最宽处 46 米，面积 6.6 亩。池的驳岸原为砖石砌制，1984 年改筑虎皮石坡。

红山门 红山门位于万工池北侧，因外墙是红色而得名，这里是明朝时金刚殿的旧址。正中门额上的"灵谷胜境"四个大字，由现代书法家钱松嵒先生书写。红山门为单檐庑殿顶，上覆绿色琉璃瓦，下辟三券拱门。门前有一对石狮，东西两侧的门洞可供车马出入，门洞之上分别题有"松涛""泉韵"。

◎红山门

牌坊　穿过红山门，走在青石甬道上，两侧松柏参天，桂树浓荫。这里原来是灵谷寺天王殿的旧址。牌坊台基长 32.7 米，宽 16.6 米，牌坊高 10 米，共五间，全部由钢筋混凝土构筑，基座外镶花岗石，绿色琉璃瓦覆顶，形制与北京明十三陵的五门牌楼相同。

无梁殿　灵谷寺宏伟的庙宇建筑几乎都毁于战火，只有一栋建筑因为采用砖石拱券结构，建造时没有使用一根梁木，得以在战火中幸存下来，这就是无梁殿。无梁殿是灵谷景区唯一一座明代建筑。

无梁殿建于 1381 年，因为没有梁木而被称为"无梁殿"，又因为殿内原先供奉无量寿佛，也就是阿弥陀佛，而被称为"无量殿"。太平天国时期的战火使无梁殿"半就摧毁"，虽拱券的券筒及四壁尚存，但殿顶已毁，不复存在。1928 年，南京国民政府曾对无梁殿进行修缮。

无梁殿东西长 50 米，南北宽 34 米，面阔五间，进深三间，殿顶重檐九脊，上盖灰黑色筒瓦。正脊上竖有三个喇嘛塔，殿内是砖砌的券洞穹窿，五间三进，每间一券，侧面三进各为一纵列式大筒券。中间一券最大，宽 11.4 米，高 14 米，顶部开有一个"升天孔"，主要起采光的作用，殿内中央原本供奉着无量寿佛，"升天孔"同时也形成顶上佛光的效果。前后两券较小，宽 4.88 米，高 7 米。东、西山墙内壁上端的垛向里叠砌，层层挑出，达 1 米之多，欲坠而不落，令人叫绝。

一号公墓　无梁殿后半圆形花坛草坪，明朝时是灵谷寺五方殿的旧址。公墓于 1931 年 3 月动工，到 1935 年 11 月完工，历时四年多。公墓东西两侧各有一碑柱，是第十九路军和第五路军淞沪抗战阵亡将士纪念碑。现在，这两座碑已成为南京市抗日战争纪念地之一。当时在距一号公墓 300 米左右，还建有二号公墓和三号公墓，呈钝角三角形的布局，二号公墓后改为邓演达墓，三号公墓已废，旧址位于志公殿向西几十米处。

灵谷寺庙　现在灵谷景区内仍有一座寺庙，但这座寺院已不是明清时期的那座皇帝御赐寺名的金陵大刹了。今天的灵谷寺实际上是一座龙王庙，后改名为灵谷寺。今天的灵谷寺虽然不是当年的灵谷寺，但现在的寺内供奉着玄奘法师的顶骨舍利，更显光彩夺目。玄奘法师的顶骨舍利不仅是灵谷寺的镇寺之宝，也是中国佛教界的至宝。

松风阁　绕过公墓围墙，正前方的二层建筑名为松风阁，原址是明代律堂。松风阁按中国传统建筑形式设计，东西长 41.7 米，南北宽 19.7 米，庑殿顶，上覆绿色琉璃瓦，内为走马楼形式。新中国成立后，松风阁进行了重新整修，现在"松风阁"三个字的门额是由中山园陵管理处第一任处长高艺林所题，如今的松风阁已成为南京市民主党派之家。

南京市民主党派之家 松风阁内的南京市民主党派之家是学习中国新型政党制度的重要课堂，是展示南京多党合作和政治协商制度成果的重要窗口，展陈面积达 1138 平方米，于 2021 年 4 月 30 日正式揭牌。

灵谷塔 灵谷塔位于整个灵谷寺景区中轴线末端，是南京地区最高、最精美的宝塔，由美国建筑师茂非和中国建筑师董大酉设计。建于 1931 年至 1933 年，总造价 35.5 万元。

灵谷塔高 60 米，九层八面，建造在直径 30.4 米的大平台上，塔基外侧围以雕花石栏杆。整座塔由钢筋混凝土与苏州金山花岗石建造，底层直径 14 米，向上逐层缩小至顶层直径 9 米，每层都以绿色琉璃瓦作披檐，外有走廊，围以石栏，便于游人凭栏赏景。塔顶覆盖绿色琉璃瓦，飞檐翘角，正中塔尖上竖有镀金相轮，金光灿灿。塔内正中有螺旋形扶梯通往塔顶，共 252 级。

志公殿、三绝碑 志公殿位于松风阁西侧，殿中央的黑色石碑就是三绝碑，石碑上刻有吴道子所画的宝公像、李白所作的像赞以及颜

◎灵谷塔

真卿所书的赞词，吴道子、李白与颜真卿三人都是唐代大家，所以后人称这块石碑为"唐贤三绝碑"。可惜的是，唐代的原碑在宋朝末年毁于兵火，元朝重刻后又加了赵孟頫所题的"宝公菩萨十二时歌"，元末明初和清朝初年的战火使其又遭到两次毁损，乾隆时第三次重刻，碑额上端又加了乾隆皇帝手书的"净土指南"四个字。之后，三绝碑再遭毁坏，20世纪30年代又再次重刻，就是现在的这块碑了。

志公殿里原先供奉了宝志的画像，所以志公殿又称像堂。宝志是南朝齐梁年间的一位高僧，他不畏强权、惩恶扬善，巧妙地与腐败的朝廷周旋，得到世人的尊敬，是传说中"济公和尚"的原形。宝志圆寂后，梁武帝与永定公主出资造寺建塔。志公殿内后壁左右两边还各嵌有一块石碑，东侧为洪武十五年礼部尚书刘仲质撰写的《迁葬记》，西侧为1941年汪伪时重修的《宝公塔记》，对宝公塔的历次迁葬的原因、经过做了详细的记载。志公殿前有两件明代遗物，一件是地上的一块叉形铸铁，名曰"飞来剪"，又名"双铁镇"，这是明初建灵谷寺时用来举重提物的工具；另外一件是蟠龙石，其实是碑帽、上面刻有两条巨龙蟠绕，生动精美。

八功德水

八功德水又名龙池，是钟山古代的一处胜迹。据古书记载，此水具有"一清、二冷、三香、四柔、五甘、六净、七不饐、八除病"八种功效，所以称为八功德水。建谭延闿墓时，为了保留这一名胜，特在池边加筑了石栏，池中镶龙头两只，同时疏通泉源，使池水终年不竭。

从这里路分两道，正北方向是谭延闿墓的墓道，向东是邓演达墓。

谭延闿墓、灵谷深松

谭延闿墓坐落在灵谷寺东北，占地面积300亩，建于1931年至1932年年底。谭延闿墓的起点是八功德水北面的汉白玉石墓碑，墓碑上写有"灵谷深松"四字，墓碑之下是龟趺座，四周围有石栏。墓前精雕的汉白玉祭台，原是北京圆明园的文物。墓的东西两侧，各有一座方亭，可供谒陵者休息。

◎谭延闿墓、灵谷深松

邓演达墓

邓演达墓的墓道入口处是一片草坪，以十字形的水泥甬道分割，邓演达墓就筑于甬道尽头的水泥平台中央。墓前竖有花岗石墓碑，高 4.8 米，宽 1.2 米，正面镌刻由人大原副委员长、政协原副主席、原中侨委主任何香凝女士题写的"邓演达烈士之墓"七个镏金大字，背面刻的是中国农工民主党中央委员会撰写的碑文。

◎邓演达墓

四 头陀岭景区

头陀岭

头陀岭位于钟山主峰西侧，海拔 425 米，因古时岭上有头陀寺而得名，1994 年辟为头陀岭景区。岭上巨石壁立，山峰险峻，无限风光尽在其中，是居高临下饱览湖光山色的绝佳之处。景区内有山晓亭、白云亭、刘基洞、弹琴石、白云泉、黑龙潭、太子岩、一人泉等景点，紫金山观光索道的终点也设于此。

紫金山索道于 2017 年重新对外开放，目前的全线长度为 2139 米，设 52 个吊厢，采用 360 度观景模式，特别在玻璃中添加了隔热材料，隔热性能非常好。

坐在吊厢里，紫金山迤逦如画的自然美景渐次展开，能见度好的时候还能看见远处的紫霞湖、明孝陵、中山陵等景点。随着吊厢的缓慢上升，视野越来越开阔，山峦形胜，城市风光尽收眼底，令人心旷神怡。

1995 年江南第一弥勒佛"落户"头陀岭，这尊铜像的落座点正是头陀岭古头陀寺遗址所在地。

刘基洞位于钟山主峰北麓的岩壁间，因刘基曾藏身此处而得名。刘基（1311 ～ 1375 年），字伯温，浙江青田人，隐居时为朱元璋任用至金陵，佐成帝业，封诚意侯，晚年遭构陷，忧愤而卒。刘基洞洞口狭窄，仅容一人通过，数步之后豁然开朗。洞内约有 20 多平方米，冬暖夏凉，白昼有一束阳光从崖石裂缝间射入，形成一线天的景象。现在洞口石壁上"刘基洞"三字，系当代书法家黄鸿仪所书。洞西侧是刘基与童子对弈图石雕，洞下方有刘基庙，塑刘基石雕坐像，供游人观赏。

紫金山天文台

紫金山天文台位于紫金山第三峰、海拔 245 米的天堡山上，是中国科学院直属单位，成立于 1950 年 5 月 20 日。紫金山天文台是我国自己建立的第一个现代天文学研究机构，它的建成标志着新中国现代天文学研究的开始，中国现代天文学的许多分支学科和天文台站大多

◎紫金山天文台

从这里诞生、组建和拓展，因此被誉为"中国现代天文学的摇篮"。

紫金山天文台整体按轴线对称布置，中轴的大门为中式三间四柱式牌楼，上覆蓝色琉璃瓦，跨于高峻的石阶之上，直达大圆顶观象台。台基与外墙采用就地开采的毛石砌筑，朴实厚重，与周围环境浑然一体。

紫金山天文台在做好天文学研究的同时，十分重视科学普及工作，充分利用天文台雄厚的科研实力、丰富的科普资源和独特的自然风景资源，积极开展天文科普活动。1994 年紫金山天文台成立了天文科普部，将明清古天文仪器陈列地和风景优美的区域划为参观区，正式向社会开放。游客可以在影视厅、天文图片展厅以及中外天文邮票展厅观看天文科普录像、学习天文知识，在天文历史陈列馆了解古代天文历史与发展，使用天文仪器探索外太空的神秘。天气好的时候，还能借助色球望远镜观看太阳的黑子活动。科普参观之余，游客可以参观太平天国时期的天堡城遗迹，能见度好的时候，站在这里登高远眺，南京城市新貌、长江雄姿一览无余。

经过几十年的发展，现在的紫金山天文台获得诸多国家级称号，是全国重点文物保护单位、全国科普教育基地、全国青少年科技教育基地和全国青少年走进科学世界科技活动示范基地。可以说，紫金山天文台是一个集知识学习与游览观光于一体的佳地。

天堡城

紫金山天文台所在的山峰上曾有一座天堡城，它与山下的地堡城是太平天国保卫天京的军事要塞。

明代建造的南京城墙，高大坚固，环城筑有护城河，从此使南京城成为一座易守难攻的坚固城堡。唯有东北紫金山龙膊子（又有人称"龙脖子"）一隅，有旱路可通，因而这里成为南京攻防战中兵家必争之地。1853 年，太平天国建都南京后就在此建造天堡城和地堡城，天堡城雄踞紫金山峰，居高临下，俯瞰金陵，可严密监视城外的一举一动，地堡城则地处紫金山麓与南京城墙之间，城里就是富贵山，这里是山南与山北之间必经的唯一隘口，俗名龙膊子，可见形势之险要。太平天国在此筑地堡城，与天堡城上下呼应，互为掎角之势，只要能守住天堡城和地堡城，就能有效地遏阻敌人的进攻，确保天京固若金汤。

天堡城原来东西宽 62 米，南北长 37 米，东、西、南三面均有进出口，现在仅存天文台西南角还能看到部分用大石块垒成的天堡城遗址。

在山脚下地堡城乘坐缆车，15 分钟到站，穿过林间小路即可到达紫金山天文台参观。1956 年，天堡城被列为江苏省文物保护单位。

◎紫金山索道

五 其他

美龄宫

　　美龄宫因为建在小红山上，又称"小红山官邸"，俗称"美龄宫"。美龄宫始建于 1931 年，主楼是一座中国古代宫殿式建筑，雕梁画栋，飞檐翘角，1984 年起正式对游人开放。1991 年美龄宫被国家建设部评为中国近代优秀建筑，2001 年被国家文物局列为国家级重点文物保护单位。

◎美龄宫

廖仲恺、何香凝墓

　　廖仲恺、何香凝墓位于紫金山天文台所在的西峰南麓，坐北朝南，东毗明孝陵，西接古城垣，面对燕雀湖，肃穆幽静，秀丽典雅，由中山陵的设计者、著名设计师吕彦直担任陵墓设计。墓园占地 20 余亩，整个墓区的布局对称严谨，气势恢宏。墓碑与墓冢位于墓园最高处，建造在 330 平方米的平台上。墓冢为钢筋混凝土建造，总高 7.4 米，上半部呈半球形，直径 9 米，下半部为八角形，四周环绕 24 根圆形混凝土柱。墓前的石碑高 8.2 米。墓园内墓道的尽头有一座半圆形平台，平台中间原有一座八角形墓表亭，亭内嵌有八块花岗石碑，上面镌刻着廖仲恺生平事迹。1972 年廖仲恺墓地成为合葬墓后，该亭被拆除，八块花岗石碑被妥善保存。廖仲恺、何香凝墓现为全国重点文物保护单位。

钟山体育运动公园

钟山体育运动公园位于钟灵毓秀的钟山风景区，建成于 2008 年，占地面积约 140 公顷，其中水域面积约 5.84 公顷。改造后的钟山体育运动公园，绿草如茵，林木层峦，山水掩映，使游人在游、观、听、嗅、思、整体活动中领略到"身并于山，耳属于泉，目光于林，足涉于坪，鼻慧于空音，思虑冲于高深"的感受。

◎钟山体育运动公园

中山植物园

南京中山植物园为我国第一座规范化建设的植物园。现与江苏省中国科学院植物研究所为园、所一体的统一机构，是一座享誉中外，集科研、科普和游览于一体的综合性现代化植物园。

植物园的前身为"总理陵园纪念植物园"，建于 1929 年；植物研究所的前身是南京国民政府中央研究院自然历史博物馆，始于 1929 年 1 月。1954 年，植物园由中国科学院植物分类研究所华东工作站接管和重建，隶属中国科学院，被定名为中国科学院植物研究所南京中山植物园，开始实行植物园与植物所园、所一体的体制。1970 年划归江苏省管理，1993 年实行江苏省与中国科学院的双重管理，定名为江苏省中国科学院植物研究所，亦名南京中山植物园。

植物园坐落于钟山风景区内，占地 206 公顷，背倚苍翠巍峨的钟山，面临波光潋滟的前湖，傍依古老壮观的明城墙，东毗世界文化遗产明孝陵，遥对闻名中外的中山陵。园中气候温和，植被茂盛，融山、水、城、林于一体，秀色天成，风光旖旎，为新金陵四十八景之"植物阆苑"。植物园目前收集、保存植物 10000 余种（含品种），建有 21 个专类园，分为南北两园。北园作为我国中、北亚热带植物研究中心，主要以对我国中、北亚热带植物资源的收集、引种、开发利用和保护

◎绣球玉簪园

为主要目标，在植物分类、药用植物、经济植物、观赏植物、植物化学、植物环境和物种保护研究等方面取得了丰硕成果，并建成植物分类系统园、树木园、松柏园、蔷薇园、球宿根花卉园、红枫岗等专类园区，拥有馆藏标本 80 万份。南园以植物博物馆为中心，辅以盲人植物园、禾草园、水生园、蕨类植物园等特色专类园。

既有园林外貌，又有科学内涵的南京中山植物园是一个"植物王国"和"绿色宝库"，是人们认识大自然的窗口，是开展科学传播的理想园地。先后被授予"全国科普教育基地""全国青少年科技教育基地""江苏省科普基地"等称号。是一座享誉中外，集科研、科普和游览于一体的综合性现代化植物园。

白马公园

白马公园位于南京市玄武区钟山风景区，公园充分结合园区内人文景观和地势地貌，集中展示了原散落于南京四周的 1000 多件古代石刻文物，形成了一座融知识性、观赏性和休闲性于一体，既有浓郁历史文化氛围，又有鲜明现代气息的石刻主题公园。

"白马"之称谓源自东汉末年秣陵尉蒋子文的神话传说。据《搜神记》记载，蒋子文，广陵（今扬州）人，汉末为秣陵尉，追逐强盗至钟山脚下，战死。东吴初年，有官员看见蒋子文在大道上乘坐白马、手执白羽扇、侍从左右跟随的幻象，和生前一模一样，于是奏请皇帝为蒋子文立庙堂，并将钟山改名蒋山。白马村、蒋王庙也作为地名保存至今。

白马公园石刻总体上以宫廷石刻、陵墓石刻、宗教石刻、民间建筑石刻这四大类型为代表，展示出古都南京丰厚的历史资源和独特的文化风貌。从年代上看，白马石刻上起六朝，下至明清，几乎涵盖了近两千年的石刻艺术演变历程，反映出中国古代石刻艺术文化的精妙。

秦淮风光带
夫子庙

　　南京历史上的宫殿和官署大多位于城北地区，如南朝皇宫在台城一带，明代皇宫在中山门明故宫一带，距城南最近的南唐皇宫位于内桥以北一带。故而老南京人习惯将白下路以北的地区称为"城北"，白下路以南至中华门一带称为"老城南"，这里是古都南京的市井繁华之地，AAAAA级风景区夫子庙—秦淮风光带就位于"老城南"。老城南历史上一直以夫子庙和"十里秦淮"沿岸为轴线，构成了千古南京都市"人烟凑集，金粉楼台"的画卷。

 # 夫子庙儒学文化中轴线

　　南京夫子庙又称孔庙、文庙，始建于宋仁宗景祐元年（1034年），是在东晋学宫的基础上扩建而成的。夫子庙七毁七建，最后一次毁于1937年日本侵略军的炮火。1984年，南京市人民政府对夫子庙进行了大规模的开发建设，建成了以夫子庙为中心、以秦淮河为轴线的夫子庙—秦淮风光带。这里是祭祀我国古代著名思想家、教育家、儒家学派创始人——孔子的庙宇，也是古代祭祀圣贤、学习礼仪、讲书传经的地方。夫

◎夫子庙

　　子庙是孔子及其儒家文化对中国产生深刻影响的历史见证，是一座文化的宝藏，承载着历史，印证着文明。

　　南京夫子庙地处南京东南方位，立于秦淮河畔，它在世界孔庙中享有崇高的地位。其中一个显著的特点是南京夫子庙（文庙）、学宫、贡院沿秦淮河北岸而建，勾勒出一条祭孔、入学、科考的历史文脉。文庙和学宫都有千年历史，江南贡院是明清两代全国最大的科举考场，也是考上状元最多的贡院。所以，夫子庙被称为南京历史、文化的发源地之一。古往今来，大批的文人墨客来夫子庙尊拜孔子，缅怀圣贤先哲，感悟仁爱精神，传承历史文化。

明清两代，南京为江南省（即现在的江苏省、安徽省和上海市部分地区）省府所在地。江南省的学子们纷纷来到夫子庙，或求学于学宫和书院，或前来备考，参加三年一次的科考。而在学习和科考之余，学子们还可以到秦淮河南岸的酒楼、琴社、茶馆等地休闲会友。长久以来，南京夫子庙被誉为"衣冠文物，盛于江南；文采风流，甲于海内"，形成了儒学文化、科举文化的主流文脉，也形成了南京夫子庙特有的"庙、市、街、景合一"的特点。

在夫子庙儒学文化中轴线上依次有大照壁、泮池、天下文枢坊、棂星门、大成门、大成殿、东南第一学、明德堂、钟鼓楼、尊经阁、卫山、敬一亭等景点，长310米，方位约为东南135度，与本初子午线平行。南京夫子庙按照孔庙"中轴分明，左右对称"的建筑规制，沿中轴线南北纵深发展，主体建筑及附属建筑严格对称，遵循伦理秩序，突出居中为尊的构图法则。

泮池

在世界各地2000多座孔庙的规制中都有泮池。"泮池"的意思是"泮宫之池"，周朝礼制中规定天子之学为"雍"，诸侯之学为"泮"。南京夫子庙的泮池，是世界孔庙中唯一一座以天然活水作为泮池的，这条活水就是秦淮河。明清两代，称考中秀才为"入泮"，只有入泮，才算是有了"功名"。

大照壁

　　泮池南岸的大照壁始建于明万历年间 (1575 年)，照壁长达 110 米，高 10 米，为全国照壁之最。照壁是中国古建筑和孔庙建筑的规制之一，位于夫子庙的最南端。在孔庙建筑规制中，照壁称为"万仞宫墙"，古时"七尺为一仞"，"万仞宫墙"寓意孔子思想博大精深。大照壁上的"二龙戏珠"是国家级非物质文化遗产，由秦淮灯彩艺人精心设计和制作，是南京夫子庙的标志性景观。龙珠，也称火球，是能聚光引火的宝物，"二龙戏珠"寓意着太平盛世，光明普照大地。

夫子庙中心广场

　　泮池北岸的广场是夫子庙中心广场，这里有多处与孔子文化有关的建筑，如魁星亭、天下文枢坊、聚星亭、棂星门等。

　　魁星亭　临泮池而立的"魁星亭"是夫子庙的标志性建筑。魁星亭又称魁光阁、文星阁，始建于清乾隆年间，是孔庙、学宫的配套建筑之一。在我国民间传说中，文昌帝是专司考试的神仙，是读书应举的保护神，备受学子们的尊崇与膜拜。科举时代，阁内曾供奉着"魁星点斗"塑像，供学子们祭祀，祈求金榜题名、科考夺魁。

　　天下文枢坊　与泮池、照壁相对的是"天下文枢"坊，"天下文枢"的寓意是此处是天下文化的中心。"天下文枢"四个字选自颜真卿字帖，他的书法被称为"颜体"，与柳公权并称"颜柳"，有"颜筋""柳骨"之美誉。牌坊三门四柱，坊顶置天楼，斗拱翘檐，青瓦压脊，坊柱丹红，坊额青底金字。这里原为步入文庙甬道的起点。

　　聚星亭　聚星亭六角飞檐、古朴大方，外表看似双层飞檐翘角，其实只有一层。聚星亭始建于明朝万历十四年（1586 年），"聚星亭"名称取"人才荟萃，群星毕集"之意。20 世纪 80 年代初，夫子庙原来的建筑物几乎不存，现在的聚星亭于 1983 年由江苏省园林设计大师叶菊华设计重修，她依据老照片上人与亭子的比例和亭子的本身高度，再从亭子上瓦的数量、大小、型号来推算设计，最终施工时发现柱距与地下的地基完全一样，说明推算完全正确。

　　棂星门　广场北面六柱三门的冲天式石碑坊，便是孔庙的第一道大门"棂星门"。棂星门中门刻有清代书法家王澍书写的"棂星门"

◎棂星门

篆文。棂星就是天田星，古代，凡祭天，先祭棂星。把此牌坊取名为棂星门，寓意着"天地君亲师，尊孔如尊天"，以显示孔子在人们心目中至高无上的地位，也凸显了孔庙的祭祀规格。棂星门牌坊始建于明成化十六年（1480 年），门柱呈华表式，柱脚前后饰回纹石，中间两楹为水磨雕花壁，雕饰牡丹花图案，象征着吉祥如意。

孔庙

与棂星门相对的是大成门。"大成"出自孟子"孔子之谓集大成"一语，意思是说孔子集古圣先贤之大成。古时，此门只有祭孔时才开启。门内东西两侧仿孔庙规制，各辟一道小门，称持敬门。古代到此朝圣和春秋祭祀孔子时，只有官员可以由大成门出入，一般士子只能从两旁的持敬门进出。大成门上方的"夫子庙"三字横匾，由全国政协原副主席、中国佛教协会原会长赵朴初题写。

《重修夫子庙记》碑 大成门内的汉白玉大照碑就是《重修夫子庙记》碑。照碑在孔庙规制中起到遮挡、欲扬先抑的作用，这块照碑长 4 米，高 2 米，重 10 吨。碑文由南京师范大学教授钟振振题写，记载了夫子庙重新建造的经过。纵观全国孔庙和学宫历史，南京夫子庙"毁"和"重建"的次数之多全国罕见，而每次重建，都在原址上严格按照孔庙、学宫的规制进行复建。1984 年，南京市白下区（现秦淮区）人民政府严格按照原有建筑艺术风貌、空间格局、建筑风格、尺度和色彩以及"前庙后学"的规制，恢复和重建了南京夫子庙和学宫，再现了夫子庙人文荟萃、商肆繁盛、文脉深厚的风貌。

甬道 大成门后直通大成殿的这条路，被称为"甬道"。在甬道的两侧，有八尊汉白玉石像，每尊石像高1.8米，仿真人制作，惟妙惟肖。孔子是中国伟大的教育家，开创了"有教无类、因材施教"的先河。他自办私学，培养出"弟子三千，七十二贤士，十二哲和四亚圣"，而这八尊石像便是"孔门十二哲"中的八位，分别是闵损、冉耕、冉求、端木赐、冉雍、宰予、仲由、言偃。作为孔子的杰出弟子，他们为儒家思想的传播做出了很大贡献。

两庑 甬道两侧为两庑，也称厢房。古时两庑供奉的是孔子门下弟子七十二贤牌位，并存放祭祀、礼仪、乐舞用具等。在孔庙中主祭的是孔子，并以"先贤先儒"从祀。两庑现为石刻展览，陈列有赵朴初、林散之、武中奇等著名书法家有关夫子庙的墨宝石碑30余块，记载了千年夫子庙的悠久历史。

丹墀 古代祭孔大典和春秋祭祀孔子时，主祭人要身着特制的古装祭服，宣读祭文，向孔子及"四配"（孔子高徒）、"十二哲"（孔家子弟）牌位行三拜九叩礼，还配有乐队和舞队表演，以歌颂孔子的功绩，所以每个孔庙的大成殿前都建有丹墀，用于祭孔时的乐舞表演。现在全国各地的孔庙，每年都要在9月28日孔子诞辰这一天举办祭孔活动，以纪念孔子。

孔子青铜像 露台正中央一尊孔子青铜像，高4.18米，重2.5吨，由南京晨光机器厂制造。晨光机器厂前身是清末时李鸿章开办的金陵机器制造局，它的开办是我国近代工业开端的标志。

大成殿 大成殿是孔庙的主殿，南京夫子庙大成殿的建筑规制沿用古代孔庙"九五之尊"的建筑规格，即大成殿面阔五间，东西两庑面阔九间，以体现对孔子的尊崇。大成殿为重檐歇山顶，上覆青色小瓦，清秀随和。"大成殿"三个金色大字由外交部前部长姬鹏飞亲笔手书，大殿左右两侧悬挂着巨幅楹联"德侔天地，道贯古今；删述六经，垂宪万世"，是对孔子一生的精辟概括。整座建筑重檐飞翘，斗拱交错，气势雄伟。

大成殿中央悬挂着巨幅孔子画像，高6.5米，宽3.15米，由现代著名画家王宏喜参照唐代画家吴道子所画的孔子像绘制而成，是全国最大的孔子画像。画中的孔子一身布衣，两手上下叠置交错在一起，似乎正在与门生们聆听交流。画像上方牌匾上的"万世师表"四个字为康熙皇帝御笔题写。"万世师表"的意思是孔子在道德学问上，永远是我们学习的榜样。

殿内还供奉有"四亚圣"的汉白玉雕像,"四亚圣"指的是颜回、曾参、孔伋、孟轲。"四亚圣"在孔庙受祭祀的人物中,地位仅次于孔子。

孔子圣迹图 在大成殿周围的墙上有38幅彩玉镶嵌的《孔子圣迹图》壁画,这38幅壁画是夫子庙的镇庙之宝,被誉为"世界唯一的、价值最高的、工艺最精湛的"中国孔庙杰作。

1997年,南京市秦淮区政府邀请全国儒学专家学者挖掘整理了孔子一生中最具教育意义、最典型的生平事迹,设计和制作了《孔子圣迹图》图册。同时与浙江乐清彩玉制作厂家合作,聘用300名玉雕大师和工匠,用鸡血石、寿山石、彩玉、黄金等珍贵彩玉石材和贵金属,耗时近两年,制作了38幅彩玉镶嵌《孔子圣迹图》。《孔子圣迹图》上有人物408个,作品玉雕技艺高超,做工精细,人物栩栩如生,色泽自然,富有立体感,属大型玉雕作品中的精品。

《孔子圣迹图》集中反映了孔子的政治生涯、教育生涯以及孔子作为儒家学派创始人的不平凡人生经历。孔子3岁时父亲去世,17岁母亲去世,从小挑起生活的重担,做过委吏(管理仓库)、乘田(掌管牛羊);15岁开始学习知识与做人准则;他"三十而立",开始授徒讲学,开创了"有教无类,因材施教"的先河;50岁时周游列国;68岁时结束周游列国生涯,晚年开始删诗书,定礼乐,整理编撰了《春秋》《诗》《书》《礼》《乐》《易》六部著作,流传至今,被视为儒家经典。孔子73岁时去世,葬于山东曲阜孔林。纵观孔子的一生,他出身贫寒,为宣扬自己的主张,周游列国,奔波一生,虽然晚年生活清贫,但他的思想却影响了中华民族两千五百多年,对中华民族紧密凝聚在一起,成为闻名海内外的礼仪之邦有着重要贡献。

石碑 走出大成殿,可以看到四块石碑,分别是《孔子问礼图碑》《集庆孔子庙碑》《封至圣夫人碑》和《封四氏碑》,其中以《孔子问礼图碑》最为著名。

◎孔子胜迹图——
《尼山致祷》

该碑刻于南朝齐永明二年（484年），记载了公元前518年，孔子为了考察典章制度，从山东曲阜来到洛阳，向老子求礼问教的情景。石碑图文清晰可辨，是难得的珍贵文物。

《集庆孔子庙碑》《封四氏碑》和《封至圣夫人碑》都是元代碑刻，是南京仅存的三块元代碑。其中《集庆孔子庙碑》的碑文是元朝至大二年（1309年）重建孔庙时由卢挚撰写的，到元至顺元年（1330年），由纯斋王公书写刻石。该碑的核心内容是皇帝下诏书，提出"以兴学作士为王政"，意思是治理国家应以培养人才和教育为重。《封四氏碑》刻于元至顺二年（1331年），记载了文宗皇帝诏示——加封颜回、曾参、孔伋和孟轲为四亚圣的旨文。最后一块《封至圣夫人碑》也是刻于元至顺二年（1331年），记载了文宗皇帝颁旨加封孔子的夫人为至圣夫人的旨文。

孔庙石碑是儒家文化的石质史书，它所传达的历史信息是最直接，也是最真实的。游客在参观夫子庙的过程中可以读碑怀古，品文赏字。南京夫子庙和学宫石碑，从朝代上看，上起南北朝时期，下迄元、明、清三朝，时空跨度达1500年之久。依碑的类型来说，有祭孔碑、孔庙记碑、学宫碑等；依字体类型，有篆、隶、楷等字体，这些都具有极高的书法艺术和历史价值，也是孔庙文化内涵的重要组成部分。

学宫

古代读书人考中秀才后就正式进入学宫学习。学宫又称泮宫，取"教化黎民如泮水一样源远流长"之意。古代的学宫是教育圣地，是本省的最高学府，也是学子登科出人头地必跃的龙门。明代之前，学宫是为科举输送考生的途径之一；明代之后，进学宫学习成为科举的必由之路。学子们进入学宫后，他们的求学生涯才能与科举、仕途紧密联系起来。学子们带着"万般皆下品，唯有读书高""圣贤之地、读圣贤书、成圣贤之士"的愿望，纷纷来到学宫学习。

据史料记载，南京夫子庙学宫始建于北宋景祐元年（1034年），距今已有近一千年的历史。从学宫的历史变迁看，南宋时为建康府学，明初为国子学，清同治四年改为江宁府学和上元县学等。值得一提的是，夫子庙学宫明初为国子学，国子学是中国古代的官学，是中国古代教育体系中的最高学府。古时国子学有三大功能，一是协助国家举行科举考试；二是负责国家最优秀学子的教育工作；三是培养学子们的德行、

◎学宫

操守。

　　"自古江南多才子"，夫子庙学宫培养了大批安邦治国的名臣、教育家、文学家和艺术家。三任江宁知府的王安石、南宋爱国忠臣文天祥、《桃花扇》作者孔尚任、清代著名文学家袁枚、中国古典名著《儒林外史》作者吴敬梓、民族英雄邓廷桢、清代名臣林则徐等历史名人，都曾在学宫里或者学习、受训过，或者担任过教师。800多年来，从科举时代全国最大的科举考场——江南贡院，共走出700多位状元、10万个进士。整个清代，全国共选拔出114位状元，其中有58位是从江南贡院考上状元的，占总数的一半以上。这些状元和进士大部分通过不同途径在学宫内学习、受训。明代朱元璋皇帝，清代康熙皇帝、乾隆皇帝等曾多次视察学宫。可以说夫子庙学宫是古代培养人才的摇篮。

　　南京夫子庙学宫布局为二进二院式，第一进以明德堂为主体，与东西两厢组成四合院；第二进以尊经阁为主体，与两厢组成四合院。古时候，还包括东西甬道（现为东、西市场）、青云楼、崇圣祠，其规模为东南各省学宫之冠。

　　玉兔泉　1984年南京夫子庙第八次复建，施工队伍在学宫进行勘探时，挖出一眼清透的泉水，经专家考证，此处正为夫子庙学宫"玉兔泉"所在地。

　　古代夫子庙学宫也是学子们学习和生活的地方，"玉兔泉"便是他们唯一的生活用水来源。玉兔泉清澈透明，水质上乘，加上学宫又培养和造就了大批的经国人才，后人根据"智者乐水，仁者乐山"，将玉兔泉改为"智慧之泉"，又称"智泉"。

玉兔泉旁的石碑是《筹措朝考盘费碑》，该碑立于清光绪十二年（1886年），碑文记载了李鸿章、左宗棠等人筹捐白银一万余两，作为江宁附属七县考生赴京会试公车经费的经过。

东南第一学　南京是江南省省府所在地，也是明清两代全国科举考试的最大考场——江南贡院所在地，加上明清两代规定"科举必入学校"。所以，来自中国东南地区的学子们，纷纷来到夫子庙学宫进行学习和受训。由此，夫子庙学宫被誉为"东南第一学"，意思是说，夫子庙学宫是中国东南地区水平最高的学校。现在大家看到的"东南第一学"五个金色大字，是南京的状元秦大士所书。

学宫院落　学宫的两侧厢房原为学宫的教室，古时称四书斋，分别称"志道""据德""依仁""游艺"。学宫开设共6门课程，分别是"礼、乐、射、御、书、数"，这是古代学生要掌握的六项基本才能。学宫的学习制度分为四项：一是月考、季考制度，优秀者经府学复试，合格者给予奖励；二是每月的朔、望（农历初一、十五）要到孔庙拜谒孔子，礼毕后齐聚明德堂听教谕、训导，也就是集中讲课；三是在"四书斋"分班、分科上课，有疑问可向老师请教；四是每月逢十日，学子们到尊经阁听老师讲授四书五经。由此可见，古代学子们学习的内容绝对不比今天的学生少，而且也强调"德、智、体"全

◎东南第一学

面发展。

学宫里除了文生（秀才）外，还有武生，也就是武秀才。武生的入学考试有内场、外场之分，外场考射箭与骑术，内场考文墨武经。武经考试内容有 7 项，包括《孙子兵法》《太公六韬》等，经内外场考试合格后，方可录取。录取之后，入学宫学习练武三年，再经考试，考中后才能成为武举人。

学宫内还有许多著名的主考官和教师。清末四大名臣林则徐、曾国藩、李鸿章、左宗棠都曾担任过江南贡院的监考官。清代著名文学家、江宁县知县袁枚是学宫的教师，每月都去学宫授课，南京籍状元秦大士就是他的得意门生。

明代学宫碑与清代学宫碑　为了规范学子的学习生活，朱元璋命礼部以夫子庙学宫为规范，向全国颁发了学宫及各地府学、县学、书院、学道的规章，并将刻有规章的石碑嵌置在明德堂的左右两侧，史称明代学规，又称"卧碑"，类似于现在的学生守则。

夫子庙明代学宫碑，采用昂贵的青石材为原料精心设计制作而成，旨在传承和保护博大精深的儒家文化，教育和启发当代学子们，以史为镜，正心修身。明代学宫碑中刻有朱元璋命礼部颁发的学宫碑全文。

清代夫子庙学宫碑是清同治年间，由顺治皇帝命礼部向全国学校颁布的。清代学宫碑与明代学宫碑相比，主要增加了尊敬和爱戴父母以及爱国利民的内容。

今天看来，学宫条规有其进步的一面，如要求学生做有利于国家和人民的事，学业有成后要做一名好官，学习要不耻下问，但也有封建糟粕，反映了明清两代文化统治的严酷。

习礼亭、仰圣亭　学宫右侧是习礼亭，摆放着礼运钟。钟为我国古代"八音"乐器之首，南京夫子庙的礼运钟声音浑厚悠扬，与苏州寒山寺的"夜半钟声到客船"有异曲同工之妙。礼运钟是 1999 年为纪念孔子诞辰 2550 周年而铸造的，钟的上半部刻画的是孔子周游列国的场景，中间是孔子《礼运》中的铭文，下半部是麒麟吉祥如意的图案，"礼运钟"三个字由孔子第 77 代嫡孙女孔德懋题写。

学宫左侧"仰圣亭"内置有圣音鼓。古时候有"晨钟暮鼓"的礼仪。圣音鼓由青铜铸造，也是为了纪念孔子诞辰 2550 周年而造的。青铜鼓是春秋时期举行雅乐活动的乐器，鼓声浑厚，威震四方。

明德堂　明德堂是学宫的主体建筑，坐北朝南，历经明、清几度兴废，直至清同治八年（1869 年）重建。明德堂三个字的匾额是南宋宰相文天祥题写的。

明德堂是学子集中上课和集会的地方，每月朔、望朝圣后，学子们在此集会，训导师宣讲圣教和上谕。唐宋八大家之一的王安石19岁开始在学宫学习，"手不释卷"，孜孜以求，是学宫的优等学生。

编钟编磬演出　进入"明德堂"，可以看到各种古代乐器的陈列，有编钟、编磬和古代"八音"乐器等。古代祭孔是除祭天、祭地之外的一个重大祭祀典礼，祭孔大典上有歌、舞、乐三位一体的祭孔乐舞配合，编钟、编磬和古代"八音"是乐舞表演的主要乐器。据说，孔子听了传说是虞舜时代的音乐，痴迷到"三月不知肉"的地步。

学宫把明德堂开辟为"雅乐宫"，整理编排了以"祭孔乐舞"为题材的编钟、编磬实景演出，演奏精心编排的中国经典曲目，如《茉莉花》《秦淮吟》等。

舞台正上方"金声玉振"四字匾额为清代乾隆皇帝所赐，源自《孟子》："孔子之谓集大成。集大成者，金声而玉振也。金声也者，始条理也；玉振之也者，终条理也。""金声玉振"原本表示古代奏乐的全过程，以悬挂的大钟领起，以打击磬结束。这里用"金声玉振"寓意孔子的思想有条有理、有始有终。

尊经阁

走出学宫，便可见尊经阁。尊经阁是一座重檐丁字脊歇山顶的三层古建筑，"尊经阁"三字由我国书坛女杰萧娴题写。尊经阁名称的

◎尊经阁

意思是"以经为尊"。尊经阁始建于明朝中期，咸丰年间毁于战火。清同治八年（1869年）由曾国藩、李鸿章相继扩建重建。清同治八年，这里开办了"尊经书院"，由当时儒学的大师、"停艇听笛"典故的主人——薛时雨任书院山长。书院是地方士绅开设的儒学讲习场所，类似于现在的私立大学，也是科举时代培养人才的途径之一。尊经书院古时为南京八大书院之一，名噪一时。

位于尊经阁一楼的中国书院历史陈列馆，通过杏坛回眸、规学明德、革故鼎新三个章节展示了中国书院的发展与变迁。

南京的书院最早始于宋代，明清时期，在全国书院普及态势之下更是得到了快速增长，先后出现了钟山书院、尊经书院、惜阴书院等众多著名书院。这些书院为南京地区的人才培养做出过重要贡献，见证了南京书院教育的辉煌成就。

如今，大多数地区的古代书院遗址已成为人们了解中国书院教育历史的窗口，今天在这里举办中国书院历史陈列展，意在回顾书院千年历史的同时，唤起国人继承和发扬中国古代书院曾承载的百家争鸣和实事求是的治学风尚，从而坚定教育强国的信念，为实现中华民族伟大复兴努力奋斗。

敬一亭

敬一亭是孔庙北端的最后一组建筑，所在的小山坡称"卫山"。敬一亭建于明嘉靖七年（1528年），是国子监、学宫校长的办公地点。"敬一亭"三字的精髓在于"一"字，"敬一亭"之"一"字，寓意着"一以贯之""天人合一""天地一理"的意思，这是对儒学的专一敬仰之意，也反映出了汉代董仲舒提出的"罢黜百家，独尊儒术"的主张。

敬一亭前有后人复刻的中国十大名碑之一《天发神谶碑》，又名《天玺纪功碑》〔三国时东

◎敬一亭

吴（276年）孙皓所刻〕，也是南京地区年代最早的碑刻之一。石碑记载了东吴末帝孙皓其家四代的功绩，东晋时石碑自折为三段，后人便称为"三段碑"。元至治二年（1322年）石碑移至学宫内，后又移至尊经阁。"三段碑"内容虽然充满"天发神文"等迷信色彩，但它的书法却被后世推崇备至。

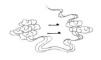

二　南京中国科举博物馆

　　南京中国科举博物馆是建在中国古代最大的科举考场江南贡院遗址之上的，中国唯一一座全面系统反映中国延续千年、影响深远的科举制度与科举文化的国家级科举博物馆。它位于夫子庙东侧，占地面积约2.63万平方米。博物馆以南京江南贡院历史遗迹为基础，在修缮保护明远楼、飞虹桥等遗存的前提下建设而成，集科举文物保护中心、科举制度研究中心、科举文化展示中心以及科举文化相关产业为一体。

　　作为中国历史上影响最大的两大科举考场之一（另一个为北京顺天贡院，现已无存），江南贡院不仅奠定了南京天下文枢的地位，也是中国科举制度的活化石。南京有东南文教中心——夫子庙、东南最早的官办学校——学宫，大街小巷也都有科举时代衍生出的地名，如三元巷、焦状元巷、文思巷、上江考棚、下江考棚等，南京堪称中国科举文化城。在这里建造的南京中国科举博物馆，不仅能让游客了解到江南贡院的历史，领略科举制度的发展历程，感受古代知识分子从寒窗苦读到鏖战科场，直至中举做官的心路历程，还能体验古代丰富多彩的科举习俗，深化对博大精深的中华文化的认识。

◎南京中国科举博物馆

　　南京中国科举博物馆项目由地下科举文化展陈区域、江南贡院明远楼遗址保护区域和南苑及魁光阁科举民俗体验区域三大板块组成。

地下科举文化展陈区域

　　地下科举文化展陈区域共有四层，分别为负四层的为国求贤展区、鱼龙变化展区，负三层的金榜题名展区，负二层的源远流长展区、负一层的特展厅。地下科举文化展陈区域共展出648件（套）馆藏文物，其中有一级文物5件（套）、二级文物19件（套）、三级文物124件（套），另有61件（套）借展文物。该区域以图片、文字、文物及高科技声、光、电相结合的形式详细介绍了中国1300年科举制度史。

　　地下展陈区从千年科举史中隋炀帝、唐太宗、宋太祖、元仁宗、明太祖、清乾隆这六位对科举发展产生重要影响的帝王展开，以帝王的开创性来讲述科举制的产生、发展与兴衰过程。

　　史学上，隋炀帝在大业元年（605年）创立的进士科被视作科举制度诞生的标志，开凿了大运河的隋炀帝，也开通了一条读书人应试从政的通道。

　　唐太宗爱才惜才，他即位后不仅增加科举录取名额，还创立"投牒自荐"制度，广招英才，打破了应试者的门第限制。

◎地下科举文化展陈区域

　　宋、元时代科举制度进入了改革与发展时期。宋太祖将开科取士、录取倚重文官作为主要手段来加强中央集权，将殿试常态化。殿试常态化之后，进士们名义上都是由皇帝亲自录取的，是"天子门生"，不再与考官存在座主门生的私人关系，这样不仅整肃了官场的风气，还大大提升了进士录取的公正性，有利于选拔真正优秀的人才，强化皇权。

　　元仁宗对科举制度的贡献在于，他在皇庆二年（1313年）力排众议，将废弃了三十多年的科举制重新启动实施。元代在殿试（当时称御试）时，根据各民族的不同情况，分左榜（汉人、南人）和右榜（蒙古人、色目人）录取，而蒙古、色目等少数民族参加科举时，考试内容均为程朱理学，这对于巩固国家统一，促进民族文化交流与民族融合有着极大的推动作用。

　　明代科举制度发展进入鼎盛时期。明太祖朱元璋曾因自觉科举选拔出来的年轻士子能力缺乏而一度将其中止，直到洪武十五年（1382年）才将科举制度确立为"永制"，并对乡试、会试、殿试的各环节都明确规制，开创了庶吉士等新制度。明代在科举考试内容方面进一步强调必须"代圣人立言"，即以朱熹等对四书五经的注解观点为依据，不得任意发挥。为便于阅卷，科举答题采用八股文。这些措施，一方面使得科举考试愈加规范，但另一方面钳制士人思想的弊端也越来越明显。

清代时的科举制度集前朝之大成，发展趋于成熟。清代科举实行满、汉分榜制，还有满蒙文字翻译科。乾隆时设立了严密的搜检制度，同时专门实行分省配额制，在会试一级，增加少数民族或偏远地区的进士比例，比如为考生数量相对较少的台湾保留至少一个进士名额。这些措施增强了士人对中央的向心力。

中国的科举考试从隋代设进士科开始，到明清时形成了程序渐趋复杂的四级考试，科举考试需经过报考，然后参加童试、乡试、会试及殿试，科举制度日趋严格，士子们登科及第的考试历程艰辛。

报考是迈向科举之途的第一道门槛，为保证选拔的人才具有良好的道德品质，科举制度对报考者的身份等做出了一些限制，如丁忧（父母去世未满三年）之人不能报考等，考生须当堂亲笔填写个人与家庭的详细信息，条件合格方可报考。

童试是第一级考试，应试者不论年龄大小统称童生，"行年七十尚称童，可云寿考；到老五经还未熟，不愧书生"就是讽刺那些年事已高却仍为童生的考生。通过童试即可进入所在地府、州、县学成为生员，俗称"秀才"。秀才在拜见县令等地方官时不必下跪，连家中大门也能比普通百姓高上三寸。可见，即使是最基础的功名，也足以让读书人夸耀乡里。

乡试是明清时在南京、北京等各省省府举行的选拔举人的考试。通过童试的科举生员，就有资格在本省参加乡试。乡试时间在八月，故又被称为秋闱、秋试，分三场进行。此外如皇帝结婚、过生日、登位等增加的考试叫恩科。乡试考取的叫举人，第一名称解元，举人具备了做官的资格，可出任知县等职。

明清各省新科举人和历科举人，都有资格于乡试次年入京参加会试。会试录取者称为贡士。由于清代殿试只排名不淘汰，所以通过会试后可以说已经是进士，一般称"中式进士"，第一名称"会元"，也称"贡元"。明清会试考试，首场考四书文三篇，五言八韵诗一首；第二场五经文各一篇；第三场策问五道，内容包括经史、时务、政治等，考生答题要求也与乡试相同。贡士必须参加殿试才能入翰林。

殿试是科举中的最高一级考试，因在朝廷官殿内举行，故称殿试，由皇帝亲自主考，亦称御试、廷试。明清殿试的考试内容为时务策一道。"时务"即当朝的时政；"策"是策问，考生发表自己的看法，称为"对策"。策题一般由内阁或读卷大臣预先拟好，再由皇帝钦定；考生根据策题，撰写千字以上的对策。殿试考取的进士，是唐、宋、明、清各代高级官员的主要来源。

殿试后还要举行由皇帝宣布新科进士名次的典礼，称之为"传胪"。钦点状元、榜眼、探花和其他进士，并赐宴庆祝，即"琼林宴"，明清称"恩荣宴"。状元领诸进士拜谢皇恩后，到长安左门外观看金榜及回家的过程，被称为"状元游街"。这是古代读书人梦寐以求的荣耀时刻，所谓"春风得意马蹄疾，一日看尽长安花"，就是唐代诗人孟郊登科后打马游街得意心情的写照。

地下展陈区内陈列了与科举有关的实物或模型，如报考时的亲供单、具保结单，举人旗，江南贡院模型，会试朱卷，李鸿章、左宗棠等的集资碑复制品，殿试卷，朝考捷报图等，展示了古代严苛的科举考试制度全貌。

展出文物中，"清道光钱福昌'榜眼及第'描金浮雕龙纹木匾"是一级文物，匾额红底金字，匾额上部和左右装饰有镂空龙纹图案，图案正中有一枚印章图案，匾额下方则装饰着镂空的鹿和寿桃的图案。匾额正中书写"钦点榜眼及第"，两侧的文字为"大清咸丰六年丙辰科殿试第一甲第二名孙毓汶"。制作该匾额是为了庆祝孙毓汶考中榜眼及第。

另一件"清嘉庆二十二年庄瑶折页殿试卷"是一件二级文物，庄瑶殿试卷是本科进士庄陔兰的祖辈、嘉庆进士庄瑶的殿试卷，该试卷长258厘米，高44厘米，宽10.7厘米。卷首一句"第贰甲第贰拾玖名"的字样，内侧有庄瑶中秀才、中举人和参加会试的年份，后附有庄瑶曾祖父、祖父、父亲姓名。此卷上下加盖"弥封官关防"之印，卷背接缝处盖礼部之印，八名读卷大臣之姓氏按任官大小次序排列在卷背，卷底有朱文大木记戳，写着礼部仪制清吏司两名印卷官的姓名。殿试是科举中最高一级的考试，考生的殿试卷在阅卷结束之后，都要被锁在皇宫大内存档。庄瑶殿试卷至今保存完整，试卷格式严格规制，字数符合要求限制，内容既有高度又符合要求，避皇帝讳、避圣人讳、避经典讳，而且书法水平超拔，达到了令人难以企及的高度。

在中国漫长的封建历史中，读书、考试、做官几乎是读书人的唯一出路。科举制度诞生后的 1300 多年间，涉足科举者数不胜数。唐宋以来，几乎每一位知识分子都曾与科举考试结缘，几乎每一位成功的政治家、思想家、文学家或史学家，都曾有过读书应试的经历。展厅选取了从唐代至清代，涉及政治、经济、文化等各领域的代表性人物，如白居易、杜甫、王安石、郑板桥，通过他们的科举之路介绍中国科举制度对文人发展的影响。

1300 年的中国科举制度影响巨大，也吸引了诸多远邦近邻的读书人。他们长途跋涉到中国留学，参加科举考试，登上中国科举金榜后，有的荣归故里，有的在中国入仕，有的在中国长期生活。《历朝外籍人进士登科简表》就记录了古代日本、新罗、百济、高句丽、安南、大食等国人士参加科考和进士登科的概况。

中国科举文化对东亚文明的发展有着重大而直接的影响。日本在公元 7～8 世纪效仿唐制，以科举取士。考试内容、方法与评卷标准与唐代科举基本相同。但是由于多数应试者都来自专门招收品官子弟的大学寮，日本科举为贵族所把持，江户时代（1603～1868 年）之后，日本再未实行科举制度。朝鲜（今朝鲜和韩国）科举效仿唐代科举而建立，始于 958 年，至 1894 年停废，前后延续了 936 年，是除中国以外，实行科举时间最长、制度最为完善的国家。越南自公元 1075 年起效仿中国实行科举，至 1919 年停废，是东亚诸国中实行科举最晚、停废科举最晚的国家。从越南的科举题名碑照片中可以看到，碑刻雕刻精致，规模整齐，可见科举制度当时在越南的地位之重。

18 世纪，以科举为核心的中国文官制度和中国文明，对法国著名启蒙思想家伏尔泰、孟德斯鸠、狄德罗、卢梭等影响深远。法国吸取了科举以考试选拔文官的观念，于 1791 年开始实行文官考试制度。

自 17 世纪英国资产阶级革命起，人文主义、平等思想在欧洲广泛传播，打破传统封建世袭，按才能而非血统选拔官员的做法也渐渐为人们所认可。19 世纪中叶，东印度公司仿效科举实行文官考试制度。在考察东印度公司的考试选才制度基础上，英国于 1855 年开始实行文官考试制度，此举对世界各国的文官制度产生了重要影响。

美国于 1883 年通过文官考试法案，1893 年文官考试制度正式确立。美国的文官考试制度是仿效英国的产物，因此中国的科举制度也间接影响过美国。

在数码体验厅，可以通过数码触屏进行互动，为游客提供学习科举知识的机会，激发游客对千年科举的关注与兴趣。数码厅内的知识问答可以让游客重温中国科举知识，题目答对后还可以留下一张登科的古装照片，这种智慧化的互动形式对增加游客游览兴趣，普及科举知识起到了很好的作用。

江南贡院明远楼遗址保护区域

江南贡院始建于南宋乾道四年（1168 年）。在科举兴盛的明清时期，江南贡院与北京顺天贡院并称为中国古代两大科举考场，明清时这里一直是苏、皖两省士子参加乡试的场所。历史上从江南贡院走出去的名人比比皆是，唐寅、吴承恩、徐光启、郑燮、方苞、顾炎武、邓廷桢等都在此应试，林则徐、左宗棠、李鸿章等都在这里担任过考官。因此，江南贡院也被人们称为"中国古代官员的摇篮"。

江南贡院在清代同治末年达到鼎盛，共有号舍 20644 间，总面积达 30 万平方米，一度成为中国历史上影响最大、规模最大的科举考场。因科举考试于 1905 年被废除，民国七年（1918 年），中华民国政府下令"拆贡院、辟市场"，仅留下江南贡院中心部分"供后人观瞻"。

明远楼　明远楼始建于明嘉靖十三年（1534 年），这里原为江南贡院的中心，也是贡院中最高的一座建筑。科考期间，监临、监试、巡缉等官员登楼昼夜查望，"白天摇旗示警，夜间举灯求援"，以防考生骚乱、作弊。

◎明远楼

至公堂 至公堂是古代监临、提调、掌卷、受卷等外帘官员聚会、办公之地。

从宋代开始，考生交卷之后需要糊名誊录，类似现代考试的密封试卷。明清时期，乡试、会试考试官员有内外帘之分。外帘是试卷处理和考场工作人员办公、聚会的场所。考生交卷后，试卷进内帘校阅之前，需要在外帘经过受卷、弥封、誊录和对读四道处理程序，最终将墨卷存在外帘，经过对读的朱卷交给内帘考官评阅。为明确各部门的责任，明清要求承担不同工作的人员使用不同颜色的笔，外帘知贡举、监临官、监试官、提调官、受卷官、弥封官、誊录官、对读官、外收掌官皆用紫笔，誊录书手用朱笔。为防止考场工作人员篡改考生答卷，外帘官员俱不准携带墨笔入闱。

凡是没有被主考官录取的试卷都称为"落卷"。自康熙五十年（1711年）起，乡试、会试发榜前，主考官还要在落卷中寻找优秀的试卷，称之为"搜落卷""搜房"。搜落卷既可以防止遗漏真才，又可以监督同考官阅卷，提高阅卷质量。清代徐一士《一士类稿》记载了左宗棠应湖南乡试，被徐法绩搜落卷搜出来，取为第18名。

走进至公堂，可见至公堂正上方悬挂林则徐"为国求贤"匾额，两楹立柱悬有明代大学士杨士气所撰对联："号列东西，两道文光齐射斗；帘分内外，一毫关节不通风。"至公堂中央是御制宸翰碑，碑文为康熙御制，上书："人才当义取，王道岂分更。放利来多怨，徇私有恶声。文综濂洛理，士仰楷模情。若问生前事，尚怜死后名。"以此告诫考场官员们不可徇私舞弊，否则必然留下千古骂名。

号舍遗址 江南贡院在原号舍遗址上复建了部分号舍。号舍是考生考试和住宿之所，三面有墙，一面敞开。每间号舍宽三尺，深四尺，后墙高八尺，前檐约高六尺。在两边砖墙上离地一尺五寸高和二尺五寸高的地方分别留有一道砖托，用于搁号板用。号板由两块木板组成，每块一寸八分厚。考生根据需要移动号板的位置，既可以成为考试用的书桌，亦能成为休息、睡觉的小床。号舍是用最简洁的设计、最节约的材料建造的最适合科举考试的场所，既为考生提供独立答卷的空间，也能满足考生在考场过夜的需求，是中国科举制度的最有代表性的有形标志。

江南贡院明远楼遗址保护区域在复建与修复的过程中，曾出土众多遗迹。1988年，明远楼至至公堂的轴线两侧发掘出两口古井，保存完好，水质清澈，应为明清时期江南贡院外帘官员饮水及消防之用。2014年，在对明远楼进行恢复性修缮时，发现墙体中有明代城砖，与

其他时期砖块混搭、砌筑。有关原始照片资料及残留印迹显示，明远楼曾带有彩绘，此外在号舍遗址区域内还有"拆贡院，辟市场"后留下的建筑以及印迹。

江南贡院现存 25 块从明直至民国（1457～1922 年）记载着历代江南贡院重大事件的碑刻。其中《应天府新建贡院记》《增修应天府乡试院记》《江宁重修贡院记》《重修江南贡院碑记》《金陵贡院遗迹碑记》等，记载了江南贡院的迁址、新建、整修、扩建、拆毁的全过程。《壬午科两大主考公正廉明碑记》《江南贡院主考题名记》《筹措朝考盘费碑》《万寿科题名记》《颂德碑》等，主要记载了江南贡院部分主考、中举考生姓名及清代江南贡院主考、监临官员的清正廉明事迹。《御制宸翰》《铁保手书》《乙卯贡院诗》《祖洛诗刻》等，着重反映了从康熙皇帝到大臣名士对科举制度及亲历江南乡试的感慨与抒怀。《金陵贡院遗迹碑记》则记载着江南贡院在科举制废除后，如何由"数百年文战之场，一旦尽归商战"的全过程。这些贡院碑刻详细地记载了江南贡院的历史兴衰、历代扩建、维修情况以及考官题名等，是研究明清贡院建制沿革和科举情况的实物资料。

南苑及魁光阁科举民俗体验区域

魁光阁　中国古代读书人对掌管科举文事的文昌君、魁星顶礼膜拜，希望能在考场中得到文昌、魁星的保佑，顺利通过考试。因此不少贡院、书院等地都有文昌阁、魁星楼等建筑，这些建筑是所在地方文风的历史见证。

魁光阁内一般供奉魁星，相传魁星是主宰文运和文章兴旺的神灵。江南贡院的魁光阁内供奉的魁星为金丝楠木质地，一手拿毛笔，一手托砚，一脚立于鳌鱼头之上，另一只脚踢着天上的北斗七星，寓意"独占鳌头""才高八斗"。

科举民俗体验区　对科场功名的期望还被附加到了中国传统民俗中，日常饮食、婚姻、娱乐等各方面都印有科举的烙印。现在很多地方还留有用科举名称命名的食品，如"状元红""状元豆"等，古城开封现在还有"进士糕"与"状元饼"等传统名点。体验区展示的"状元跨马"糕模、"蟾宫折桂"糕模、"一路连科"糕模、象牙状元筹、博状元饼等都是饮食民俗受科举制度影响的见证。

"久旱逢甘霖，他乡遇故知。洞房花烛夜，金榜题名时。"在中国传统社会，婚姻与科考都是士人生活中的头等大事。结婚易有，但登科却不常有，于是在婚姻中，不少人便试图与科举挂钩，由此形成一些与婚姻相关的习俗。科举及第者为社会所推崇，不但新科进士成为未婚女子追求的对象，甚至认为与秀才接触都可以给女子带来好运，因此有的地方结婚娶媳妇也叫"小登科"。

科举在社会民众心中有着无可替代的地位，因此科举考试的程序、功名等科举元素也被泛化为民间习尚，为普通百姓所热衷。宋代各地祈祷神灵，询问科名前程之风颇盛，每当大比之年，士人祈祷，赴之如织。考试前后士子去文昌庙、关帝庙抽签问卜也是科举时代的流行风俗，为的是求得金榜题名的吉兆。

外甥上学，娘舅家送托包、送至学堂的习俗，是苏州地区古代社会科举极盛之产物。作家包天笑在其《钏影楼回忆录》一书中写道："我上学的仪式，颇为隆重""先已通知了外祖家，祖家的男佣沈寿，到了那天的清早，便挑了一担东西来。一头是一只小书箱，一部四书，一匣方块字，还有文房四宝、笔筒、笔架、墨床、水盂，一应俱全。那一头是一盘定胜糕和一盘粽子，上学时送糕粽，谐音是'高中'，那都是科举时代的吉语。而且这一盘粽子很特别，里面有一只粽子，裹成四方形的，名为'印粽'；有两只粽子，裹成笔管形的，名为'笔粽'，谐音是'必中'。"

秦淮灯彩甲天下，灯彩中《喜得连科》《一路连科》《三元及第》《独占鳌头》《鲤鱼跳龙门》等题材也都与科举有关。

此外，东西官廨还陈列了许多与武举考试的相关内容；南苑还有

◎南苑

南闱放榜图，展示了江南贡院考生及地方百姓观榜之景象。

南京中国科举博物馆的三个展陈区域互为补充，构成一体，观众在参观体验中，如同翻阅一部生动而完整的科举文化史。

三　瞻园

瞻园始建于明嘉靖年间，为明代开国元勋中山王徐达的府邸西花园，距今已有500多年的历史。乾隆下江南时，曾驻跸斯园，并赐匾瞻园。清朝时期这里先后为江南布政使、安徽布政使、江宁布政使的衙署所在地。太平天国时期这里又先后居住过东王杨秀清、夏官副丞相赖汉英和幼西王萧有和。瞻园为南京仅存的两座明清古典园林之一，占地面积2.5万平方米，由太平天国历史博物馆展览区和园林区两部分组成。太平天国历史博物馆是我国唯一一家研究、陈列、收藏太平天国历史文物的专业博物馆。瞻园园林堂宇阔深、园沼秀异、夙负盛名，清时与上海豫园，苏州拙政园、留园，无锡寄畅园并称"江南五大名园"，并有"金陵第一园"的美誉。

太平天国历史博物馆

在太平天国历史博物馆展厅中央的是太平天国天王洪秀全的半身塑像。洪秀全（1814～1864年），出生于广东花县（广州市花都区）一个农民家庭，他自幼读书，但屡试不中。1843年，他受到梁发编写的宣传基督教教义的小册子《劝世良言》的影响，创立了拜上帝教，之后他深入广西、广东交界的紫荆山区传教，并于1851年1月11日在广西桂平金田村起义，至此太平天国农民运动拉开了序幕。

该区的展览分"金田起义""定鼎金陵""北伐西征""天京事变""挺进苏浙""天京沦陷""历史影响"7个单元。

金田起义　该单元主要介绍了太平天国起义的背景。太平天国起

◎太平天国历史博物馆

义前的清朝已处于封建社会的没落时期，鸦片战争失败后的破产农民与清朝贵族和地主阶级奢华生活形成鲜明对比，在层层盘剥下，很多人被迫出卖赖以生存的土地。1851年1月11日，洪秀全率领两万多民众在广西桂平金田村结营起义，3月23日在武宣东乡登极称天王，建号"太平天国"。

定鼎金陵　1853年3月19日，太平军攻克南京，改称天京，建立了与清王朝对峙的农民政权。该单元通过图版、实物等形式介绍了太平天国定都南京后为了稳定政权而实施的一系列措施，如《天朝田亩制度》《安抚四民诰谕》《钦定士阶条例》等制度。展出的还有太平天国时期的建筑照片，天王洪秀全"旨准"玺拓本，以及反映社会经济生活的缂丝椅披、"合挥"（即今天的结婚证）、钱币、纳粮执照、田凭、商凭等文物。展品中有一本1853年太平天国颁行的印书《建天京于金陵论》，该书从地形、物产、风俗、宗教等方面论证了建都南京的正确性和重要性。这本原刻印书是2017年从安徽征集而得，现为国家一级文物。

北伐西征　该单元以进军图的形式介绍了太平天国的两项重要军事活动：北伐和西征。为推翻清政府的统治，1853年5月8日，太平军从扬州出发北伐，两年时间里，转战江苏、安徽、河南、山西、河北、山东六省，到达天津附近，令清政府大为恐慌。但是由于北伐军孤军深入，后援不继，1855年3月，在清军的前后夹击下北伐军全军覆没。1853年6月3日，太平军由天京溯江西进开始西征，经过两年多激战开辟了安徽、江西和湖北东部大片根据地，取得了西征的胜利。

天京事变 太平军 1856 年 4 月和 6 月接连击破围攻天京的清军江北大营和江南大营，自此，太平天国进入鼎盛时期。此时杨秀清居功自傲，激化领导集团内部的矛盾。1856 年 9 月 2 日，北王韦昌辉回京袭杀杨秀清及其眷属、属官和部众两万余人；同年 11 月 2 日，洪秀全又将滥杀无辜的韦昌辉诛杀。翼王石达开回京辅政后，因遭洪秀全猜忌，于 1857 年 5 月率领 10 余万大军远征不归。这就是著名的"天京事变"。"天京事变"是太平天国由盛转衰的重大转折点。

挺进苏浙 天京事变后，洪秀全大权独揽，重建军事指挥中枢。陈玉成、李秀成等年轻将领力挽狂澜，1858 年，太平军二破清军江北大营，打通长江南北通道；取得三河大捷，重振军威。1860 年 3 月，为解天京之围，太平军以"围魏救赵"之计奇袭杭州，分敌兵力，力解京围。同年 5 月，二破江南大营，乘势东征苏浙，建立苏福省和浙江天省。

天京沦陷 1860 年清廷任命曾国藩为两江总督，镇压太平军。之后，安庆、苏州等外围屏障相继失守，天京形势岌岌可危。1864 年，钟山要塞天堡城、地堡城相继失守。7 月 19 日，太平门城墙被轰塌 20 余丈，湘军蜂拥而入，天京沦陷。天京沦陷后，湘军在城内大肆劫掠，纵火灭迹。洪秀全苦心经营的人间天国在烟焰烈火中化为灰烬。

历史影响 太平天国最后虽以失败而告终，但其历时 14 载，攻克 600 余城，席卷大半个中国，建立了与清政府相对峙的农民政权。在其影响下，全国各地农民起义风起云涌，沉重打击了清王朝的腐朽统治，极大推动了中国近代的历史进程。

园林区

瞻园"堂宇阔深，园沼秀异"，尤其以石为胜，既保留了明清园林风格和建筑特色的历史原貌，又汲取了我国造园艺术中南方之秀、北方之雄的精华，兼容并蓄，宛若天成。鬼斧神工的北宋湖石绝品，别具匠心的叠掇手法，在中国造园史上独树一帜。园林分东、西、北三部分，西部园林中的主体建筑静妙堂将全园分为南北两部分，南小北大，北静南幽。南北各有一假山和水池，以溪水相连，隔水相望，相映成趣。

静妙堂 静妙堂位于南北假山之间，是前为水榭后为厅堂的鸳鸯厅结构，古朴典雅，装修精美。晚清，李宗羲为藩江宁时，重修瞻园，

©晓园

取名"静妙堂",取其"静坐观众妙,得此壮胜迹"之意。游历其间,远眺南山树木葱茏,瀑布飞泻,俯视池水碧波粼粼,红鱼遨游,此为瞻园景观绝佳之处。

南假山 南假山由东南大学刘敦桢教授设计。假山秀姿裸露,由危崖、溶洞、蹬道、石矶、奇石、水洞、瀑布组合而成,素有"南京群玉峰"的美誉,它以"土包石,石包土"相互交替使用,造型上采取矮山伴高山,错落有致的叠山手法,叠成绝壁、主峰、次峰、洞龛、钟乳石、山谷、洞壑等。山顶有暗泉,形成一道闪银溅珠的瀑布,其下间以步石,将池面一分为二。洞龛悬石重重,池水渗入如天然溶洞,洞壁上苔藓斑斑,藤蕨四垂,洞中听泉,意趣深远。山上植红枫和银杏,铺地黑松,岩石间增植葛藤,山后多高大乔木,形成了古木参天的山林气氛。

西假山 西假山位于园西侧。李渔曾在《闲情偶寄》中写道:"小山用石,大山用土。"西假山以土为山,间以湖石、沟壑、洞穴,漫山的竹林树木得以滋生,充满自然野趣。西假山上有岁寒亭、扇亭等建筑。岁寒亭因亭旁种植有松、竹、梅岁寒三友而得名。相传扇亭所在位置曾有一铜亭,亭子周围的柱子均由白铜铸造,亭子下方有一山洞,洞内可燃烧炭火,即使在寒冷的冬天,坐在亭内也不会感到寒冷。

北假山 北假山以形态多变的太湖石堆成,保留了明代"一卷代山,一勺代水"的叠石掇山的技法。临水有石矶、石壁,环山有蹬道,山谷有旱桥,纵深有洞壑,山顶有平台,山腹中有磐石、伏虎诸洞。北假山完好地保留了明代风格,是园林假山中的珍品。山上有指月峰、拜石等;山下有石矶,环山临水,自然生动。南部临水处的石矶为明代遗物,分上下两叠,高低错落,宛自天成。此假山景面构图、叠石技巧,堪称江南一绝。北假山东北凹入,形成一道水湾,周围危崖峭壁,与北山形成呼应,北山东北角的一湾碧水与山前曲桥内的一水口,一大一小,一动一静,营造出"水随山转,山因水活"的美妙境界。

翼然亭 翼然亭在瞻园草坪之北,是瞻园旧十八景之一,亭角微微起翘,如燕雀在阳光下悠然自得地展翅飞翔,因此取名"翼然"。登亭眺望,园内景致尽收眼底,成为东瞻园最佳观赏点。"翼然亭"三字由我国著名的书法家启功书写。

延晖亭 延晖亭的位置巧妙,每当夕阳西下,瞻园内最后一抹余晖总会在这里消失,因此取名延晖亭,意为延迟太阳的光辉。"延晖亭"

三字是由我国著名书法家沙曼翁题写的。

一览阁 一览阁为瞻园最高建筑，登临其间，俯瞰园中景致，湖光山色一览无余。袁枚登临一览云："妙绝瞻园景，平章颇费心。一楼春雨足，三寸落花深。"何宾笙赞叹道："远笼钟阜近吞江，一览楼中景入窗。此是秣陵名胜地，许多王气洒能降。"

环碧山房 环碧山房坐西面东，屋前为绿波荡漾的碧荷池，周围古树苍翠，楼台倒影，山池之美，犹如图画。环碧山房前、后檐的卷棚顶和大面积的平台设计，取自袁江《瞻园图》，是赏月观水的上佳之地。

逐月楼 逐月楼为登高观景的两层五开间歇山式建筑，这里处于园林的正北端，为清代著名文人袁枚《瞻园十咏》所咏之北楼。当年袁枚曾写下"北斗挂高楼，江山一望收。白云檐外宿，清露槛前流"的诗句。它也是北园中体量最大的一座建筑。

抱石轩 登抱石轩南眺，碧水奇石、亭台廊榭历历在目。静坐轩中，可细品袁枚咏"抱石轩"之意境："一轩当石起，紧抱丈人峰。花月分窗入，烟萝合户封。坐怜红日瘦，行觉绿阴浓。鸟问幽栖客，人间隔几重？"

船舫 船舫和春波亭遥相呼应，形成对景。船舫三面临水，舫首东侧仿跳板之意，设平桥与岸相连。舫首开敞，筑一小月台，可品茗赏景；舱中落地花格窗，造型古朴高雅。船舫上"盈盈一水间"的匾额由清代著名书法家杨沂孙题写，以颜、柳之楷为体，又取各家之长，使圆浑之劲，用藏锋之功，寓巧于拙，自成风格。"盈盈一水间，脉脉不得语"出自南朝梁萧统编《文选》收录的《古诗十九首》。

延安殿 延安殿位于江宁布政使衙署中轴线第五进，为二层小楼，面积483平方米，专门祭祀中山王徐达及王妃。延安殿匾额由著名书法家尉天池题写。现延安殿内为"明中山王徐达文物史料展"，通过壁画图说和文物史料展示徐达一生的杰出功绩和军事才能。

明志楼 明志楼位于江宁布政使衙署建筑中轴线北端。登临四望，既可赏园内美景，亦可观园外风光。"非淡泊无以明志，非宁静无以致远"，故名"明志"。现设有"清江宁布政使衙署文物史料展"，全面展示瞻园作为布政使衙署200余年间的发展变迁和历史文脉。

甘棠楼 "甘棠"语出《诗经》："蔽芾甘棠，勿翦勿伐，召伯所茇。"后人常以"甘棠"赞颂地方官吏之有惠政于民也。在清代文人咏瞻园诗中多以"甘棠"喻布政使及其惠政，如章藻功《侍御龚蘅圃瞻园忆旧诗跋》："瞻园者，中山之私第，方伯之官衙。故国崇勋，废为离黍，兴朝良翰，盛有甘棠。"

瞻园作为江南一代名园，风景优美，布局合理。整座园林既有人文景观，又有自然景观，令人心旷神怡，赏心悦目，无愧"金陵第一园"的美誉。

四　秦淮画舫游

内秦淮河全长 4.8 千米，史称"十里秦淮"，是夫子庙—秦淮风光带精华所在，沿岸有东水关遗址公园、吴敬梓故居、桃叶渡、白鹭洲公园等景点。乘坐画舫，泛舟秦淮，欣赏沿岸的名人故居、历史遗迹、著名桥梁、江南名园以及秦淮灯彩，聆听历史典故、逸闻趣事，令人流连沉醉。如今"乘画舫、游秦淮"已成为游客来南京首选活动。

◎内秦淮河

内秦淮河

秦淮河，古名"龙藏浦"，又名"淮水""小江"。相传当年秦始皇东巡时，望金陵上空紫气升腾，以为王气，于是"凿方山，断长垄为渎入于江，以泄王气"。到了唐代，根据秦始皇凿山开河的典故，便将淮水赋名为"秦淮"，并一直沿用至今。秦淮河是南京的"母亲河"，全长110千米，有两处源头，东源发自句容宝华山，南源发自溧水东庐山。秦淮河从南京的通济门外分为两支，流经城壕的一支绕城入江，称外秦淮，外秦淮河是护城河；另一支经东水关入城，到淮清桥，与青溪交汇，流经文源桥、文德桥、武定桥、朱雀桥、镇淮桥转向西北过新桥，再经上浮桥、下浮桥，经西水关出城，这条称内秦淮。十里秦淮是秦淮风光精华所在，沿途有东水关遗址、秦淮水亭、桃叶渡、白鹭洲公园、江南贡院、王导谢安纪念馆、李香君故居、瞻园、秦大士故居、中华门城堡、糖坊廊河房、泾县会馆、吴家账房、钓鱼台河房等诸多景点，故得"十里秦淮，十里珠帘"之美誉。

东水关遗址　东水关遗址位于通济门大桥西侧，是秦淮河流入南京城的人口，也是南京古城墙唯一的水路入口，又被称为"上水门"。杨吴大和四年（932年），金陵府尹徐知诰下令扩建金陵城，为控制秦淮河的水位，始建东水关。明太祖朱元璋定都南京后建造南京城，将东水关辟为通济水关。通济水关原来共有三层，每层11券，共33券，券又被称为"偃月洞"。最上层由于战乱而毁坏，现在能看到的是中层和下层。在古代，上面两层用于安置守城的将士和储藏物资，最下层主要用于调节内秦淮河水位，防止河水倒灌入城，引起洪涝灾害。

东水关遗址于2001年进行重修，建成后的东水关遗址公园占地4.15公顷，其中陆地面积2.6公顷，水域面积1.55公顷。重修后的东水关遗址集"古"于一体，通过"古闸""古桥""古墙""古河"这"四古"展现新的面貌，焕发新的生机。

古闸由上首闸和下首闸构成，下首闸建于清朝，民国时期为了便于运输，又建了上首闸。现在虽然已没有船只经过，但两座白色的闸门巍然矗立于内、外秦淮河的交汇之处，给人以独特的怀旧感。

古桥指的是古九龙桥，桥长84米，宽13米，建于明朝初期，是古代从通济门进入南京城的咽喉要道。朱元璋为"锁"住大明朝的"风水"，给桥起名"九龙桥"，希望借助龙的神奇力量"镇住南京的风水"，以保大明朝的宏伟基业代代相传。清朝康熙皇帝、乾隆皇帝巡访江南时，都是从九龙桥进入南京城的。2001年修复东水关时，保留了九龙桥的基础，桥面重新铺上大青石，在桥两侧镶上80个莲花彩云雕石栏杆，桥的两端安装了4个雕花石鼓，整座桥用了近4000吨石料，而桥的基础丝毫未动，由此可见古人造桥的精湛技术和过硬质量。

古河是东水关下绵延数百里的秦淮河，它记录了南京城千年的世事沧桑，见证了历史朝代的变迁、物尽人移。

古墙是东水关所在的南京古城墙，距今已有600多年的历史，站在东水关遗址城墙的最高处，东水关雄伟壮丽的景色尽收眼底，南京城今日的繁华与东水关磅礴的气势交相辉映。

在东水关遗址公园中，还可以看到刻有清代诗人汪懋麟《秦淮灯船歌》的诗壁。在东水关码头的一侧立有朱自清和俞平伯两位老先生的青铜雕像。1923年夏夜，朱自清和俞平伯就是在这里泛舟游览秦淮河，写下同名散文《桨声灯影里的秦淮河》，风格不同，各有千秋，成为现代文学史上的一段佳话。1982年8月，东水关被列为南京市文物保护单位。

◎东水关

文源桥 文源桥原名"黄公桥"，为纪念洪武二十四年的状元黄观而建。明初安徽贵池人黄观原住东石坝街，因其在乡试、会试、殿试中均考第一，称"三元及第"，再加上秀才一级的三场考试，总共是六场第一，后人送他一副对联"三元天下有，六首世间无"。靖难之变时朱棣大肆杀戮，黄观力主反对，他的夫人被俘后逃脱，在淮清桥跳秦淮河自尽。黄观闻讯,在贵池面向金陵投河而死,后人便在他曾居住之处建黄公祠,又在此处建黄公桥以示纪念。1997年,黄公桥更名为"文源桥",与"文德桥"相呼应,寓意中国传统儒家文化源远流长。

平江桥 明代永乐年间平江伯陈暄的私家宅地就在桥边,后人便将该桥命名为平江桥。古代平江桥不对普通百姓开放,只对每三年来江南贡院赶考的考生们开放,以示国家对人才的重视。考生们就是在这座桥上接受检查、搜身,以防夹带。桥身两侧分别刻有一幅浮雕。一幅是考生观榜图,描绘了考生在发榜后看榜的情景,另一幅是江南贡院的旧貌图。

文德桥 文德桥位于夫子庙泮池西侧,始建于明万历年间,"文德"二字取自儒家思想"文章道德天下第一"。文德桥是秦淮河上最有名的一座桥,在文德桥上可以看到"文德分月"的奇观。文德桥的位置与结构特别,它与本初子午线平行,每年农历十一月十五的子时(夜里11点到凌晨1点),明月当空,人立桥上,自顾无影,文德桥将天上的满月一分为二,桥的东西两边各有一半,这就是著名的"文德分月"。清代文学家吴敬梓漫步文德桥时见此奇观,不禁咏诗一首:"天涯羁旅客,此夜共婵娟,底事秦淮水,不为人月圆。"正因为此,每年此时,桥上赏月之人不计其数,以致无数次将桥栏杆挤塌,所以老南京人有一句俗语,叫"文德桥的栏杆——靠不住"。

镇淮桥 镇淮桥位于中华门城堡正前方,始建于唐天祐十一年(914年),为南唐御街直达南门外长干里的必经之路,与南唐正宫宫门、南门在一条南北中轴线上。因其位置重要,历代官府皆对其修缮。镇淮桥原为木架桥,后修建为三孔石拱桥。镇淮桥交通量繁重,1995年镇淮东、西桥建成后,车辆分流,该桥仅为出入中华门城堡之用。桥侧灯彩装饰,夜晚流光溢彩,桥东还辟有古雅典丽的中华门画舫亲水码头,游客可以从这里登船游览秦淮风光。

朱雀桥 朱雀桥始建于六朝时期,是当时秦淮河上最大、最繁华的一座浮桥。朱雀是南方的方位神,朱雀桥正好在南京正南方。唐代诗人刘禹锡的《金陵五题·乌衣巷》中"朱雀桥边野草花,乌衣巷口夕阳斜。旧时王谢堂前燕,飞入寻常百姓家"提及的正是这座朱雀桥,也正是这首千古传咏的名作,使朱雀桥名声大噪,盛传于世。

武定桥 武定桥初建于明代,取"文能安邦,武能定国"之意。现在的武定桥是一座新旧结合的桥,中间是旧桥,距今已有600多年的历史。两边的新桥是在2001年为了拓宽马路、缓解旧桥的压力而修建的。明朝开国皇帝朱元璋规定，文官过文德桥必须下轿，武官过武定桥必须下马，以示尊重。

文正桥　文正桥的前身是一座铁路桥，是为贯穿市区的"京市小火车"跨秦淮河而修建的。新中国成立后小火车被拆除，铁路桥改为人行桥，定名文正桥，寓意"夫子儒学内涵，科举考试为金陵文化正统、正宗"之意。

秦淮水亭（吴敬梓故居）

吴敬梓故居位于南京青溪与秦淮河交界处，毗邻古桃叶渡，名为秦淮水亭。

吴敬梓（1701～1754年），字敏轩，号粒民，安徽全椒人，著名的讽刺小说家，晚年自称"文木老人"，又称"秦淮寓客"。雍正十一年（1733年）春天，吴敬梓移家南京，定居"秦淮水亭"。吴敬梓在宅内布置书斋"文木山房"，并常留友朋在此饮酒。吴敬梓先后在秦淮水亭居住了19年之久，在这里完成了我国著名的长篇讽刺小说《儒林外史》。

为纪念这位伟大的文学家，人们在内秦淮河边建造了吴敬梓纪念馆。这座吴敬梓故居最为接近历史上吴敬梓"秦淮水亭"的位置，占地约八百平方米，坐北朝南。院内有竹林，曲径东北角立文木亭，参

◎吴敬梓故居

天古树与花墙竹篱错落成趣。馆内首次还原了吴敬梓的生平经历,再现《儒林外史》中一个个脍炙人口的故事。

吴敬梓故居大门为黑漆的双亭式大门,两侧有当代书法名家萧娴七十九岁时所书的一副对联"儒冠不保千金产,稗说长传一部书",铁画银钩,雄浑苍劲,高度概括了这位"万斛愁肠,一身侠骨"的风流雅士的生平和成就。门楣之上黑底金色横匾上书"吴敬梓故居"五个字,为北宋文学家、书法家黄庭坚集字书体,古朴典雅,格外醒目。

整个故居呈长方形,南半部分为古桃叶渡,立有"桃叶渡"大字石碑,其后是一座精美的石牌坊。

北半部分是吴敬梓故居建筑群,洗砚池周围太湖石点缀其间,错落有致。池后文木亭翼然而立,柱联上书吴敬梓的著名诗句:"有瑰意与琦行;无捷径以窘步。"亭旁丛丛凤尾竹,枝细叶密,青翠欲滴,生机盎然。文木亭以北为碑廊,里面展示了吴敬梓有代表性生活片段的名家绘画。碑廊前,竖有一尊用花岗石雕刻的吴敬梓立像,连同底座通高 2 米。吴敬梓立身穿长袍,体瘦面朗,仪态轩昂,右手按在平展于石面的书页之上,深邃的目光凝视着桃叶古渡,表现出狷介豪放、不慕荣利的刚正气质。

往北就是仿明清亭榭式的"秦淮水亭"。秦淮水亭共两层,第一层展示的是吴敬梓的生平家世以及家乡安徽全椒乡野的景物图片。第二层是《儒林外史》的各种版本和插图,以及根据《儒林外史》有关章节绘制的连环画作品《儒林外史》的有关研究文章。

吴敬梓移家南京后寓居于秦淮水亭,随着接触面的扩大,进一步拓宽了吴敬梓的视野。当年吴敬梓靠典衣卖文或朋友接济,过着清贫的生活,在历经世态炎凉、看透八股取士的腐朽性之后,他的创作热情更加高涨,约于乾隆元年(1736 年)动笔创作《儒林外史》,此时的吴敬梓 35 岁。书中大多数人物和情节以秦淮河为背景,语言幽默诙谐,有力地揭示了封建社会知识分子因追求功名富贵、沉湎于八股文而酿成的人生悲剧,以此抨击清代"盛世"下的社会危机。鲁迅先生评价《儒林外史》是中国古典小说中最能"公心讽世"的作品。

桃叶渡

桃叶渡位于青溪与秦淮河交汇处的秦淮河北岸,又名南浦渡,是南京古代著名的乘船送别渡口,早在公元 280 年的西晋时期就已经很

◎桃叶渡

有名气，清代又被誉为金陵四十八景之一，雅名"桃渡临流"。相传桃叶渡因东晋大书法家王献之在此迎接其爱妾桃叶而得名。古代秦淮河水面宽阔，大约是现在的三倍，秦淮河上此处附近没有桥，行人过河必须靠摆渡，遇风浪常会翻船，王献之为安慰其爱妾桃叶便送给她一首《桃叶辞》："桃叶复桃叶，渡江不用楫。但渡无所苦，我自迎接汝。"桃叶为答谢王献之的一片深情，回赠一首诗："桃叶映红花，无风自婀娜。春花映何限，感郎独采我。"此后，桃叶渡便成为南京人心目中的爱情渡口，南浦渡的名称也就被桃叶渡所取代。李白、李贺、李商隐等众多文人墨客都曾在此吟咏桃叶渡。

如今，桃叶渡已经建设为桃叶渡街区，打造了永熙茶楼、微停吧、贡茶院、桃叶渡客栈、桃叶渡文化艺术馆等休闲娱乐项目，成为南京市民休闲、娱乐的去处。

白鹭洲公园

白鹭洲公园地处南京城南夫子庙闹市区，交通便利。它东靠明城墙，南临长乐路，西接平江府路，北止长白街，公园占地 229.41 亩，水面约 57.35 亩，是南京城南地区最大的公园。白鹭洲公园原是明朝开国功臣徐达的私家花园，因其功高盖世，朱元璋赐"中山王"称号，又因徐达曾官拜太傅，所以公园在历史上还曾被称为"徐太傅园""徐中山园"。徐达后裔徐天赐将该园扩建，建成当时南京"最大而雄爽"的园林，取名"东园"。这处山、水、城、林自成一体的自然风光园林，虽不是烟波浩渺，但汲取传统文化精华，以独特的人文资源为依托，集观赏性、娱乐性、互动性为一体，是秦淮风光带上的一颗璀璨明珠。

整个公园以大水面为中心，将公园分为十大景区，其中"春水垂杨""辛夷挺秀""红杏试雨""夭桃吐艳"合称"鹭洲春日四景"，最为著名。水街七雅是体现历史文化韵味的核心景区，以"传统七雅——琴棋书画歌舞茶"为特色，融合传统歌舞表演、书画展览、特色餐饮品尝、民间技艺展示等多种旅游功能，是一处品味高雅的文化休闲场所。游人可以乘画舫由秦淮河直接进入公园，欣赏自然美景，感受历史脉动，品味文化神韵。

一鉴堂　一鉴堂是明代东园的主体建筑，旧址位于心远楼的北面，是园主人接待亲朋好友、举办文酒之会的场所。一鉴堂的名称及其意境取自南宋理学家朱熹《观书有感》中的"半亩方塘一鉴开，天光云影共徘徊"。

围墙壁画　心远楼的东边围墙上是壁画，有文徵明的《东园图》《武宗皇帝垂钓》《朱元璋赐东园》《马湘兰画兰花》《吴承恩拜寿》等，再现了当年发生在公园内的一些奇闻逸事。在壁画栈桥上，可以饱览整个湖面景色，绿树成荫，湖水绿如蓝，造化有意，鬼斧神工。

徐天赐与吴承恩雕像　在荷塘边的人物雕像是徐达的六世孙徐天赐与《西游记》的作者吴承恩。徐天赐与吴承恩是好友，两人经常在东园内饮酒赋诗，吴承恩是当时国子监的太学生，文名响彻南京，徐天赐也是文武全才，二人关系十分密切。徐天赐在东园过六十和七十大寿，吴承恩都前来庆祝，还留下祝寿文章。

二水桥　雕像旁边的单拱桥名为"二水桥"，桥名取自李白的诗句"三山半落青天外，二水中分白鹭洲"。清末民初，东园故址湖中有洲，洲边芦苇摇曳，堪比长江边上的白鹭洲，当时金陵的文人雅士大多汇集于此，吟诗作词。1924年，当地士绅打算修缮东园故址，建一座茶社，意外发现墙内有一块刻有李白《登金陵凤凰台》的石碑，碑上有"三山半落青天外，二水中分白鹭洲"的诗句，茶社经营者仰慕李白诗句，将茶社改为"白鹭洲茶社"。1927年国民政府接管东园，正式将该处辟为"白鹭洲公园"。虽然李白诗句中的白鹭洲指的是南京江东门外长江边的白鹭洲，但此时东园故址白鹭在洲边飞翔，景观与长江边的白鹭洲极为相似，所以当时有人写了一副对联"此地为中山故苑，其名出太白遗诗"，点明了东园与白鹭洲的关系。

白鹭岛景区　湖中一片树木葱郁的小岛便是白鹭岛景区。白鹭岛是一个自然形成的小岛，岛上山势自然，树木葱郁，山顶为全园制高点。岛上的携秀阁是眺望全园景色的最佳场所，在白鹭岛西侧临水而建的是春在阁，意思是春天常驻此阁。春在阁是一处饮酒品茗的幽静之所，古时候一些文人常聚于此，喝茶聊天。

烟雨轩　烟雨轩是供游客观赏公园湖面景色的佳处，烟雨轩亭身两侧的对联"烟雨轩前好听雨，藕香居内辨荷香"巧妙地将东园故址内的两处景点"藕香居"和"烟雨轩"串联起来。

状元桥　烟雨轩后的一座精致小桥名为"状元桥"，始建于明中期，原为东园内的一座佚名桥，是观景和喂食金鱼的地方。明万历年间焦竑客居南京，常在此桥上读书，并于万历十七年（1589年）考取状元；清乾隆年间，秦大士来到秦淮河畔，每日来此攻书苦读，乾隆十七年（1752年）考中状元，所以民间称此桥为"状元桥"。桥面刻独占鳌头，栏杆刻有蝙蝠，寓意保佑学子金榜题名。

◎二水桥

公园内水面面积较大，水面以聚为主，又迂回曲折，把全园陆地分隔成多片，使主要游览区都成水中之洲，或隐或显，似断若续，视觉上山重水复，回环蕴蓄。架设在水域之上的 13 座桥，既可以沟通各洲间的交通，又自成一景，是白鹭洲公园的一大特色。这些桥根据所处特定环境而建，体量、形式、高度各异，有三曲、七曲平桥，单孔、七孔拱桥，桥上建亭，结构有石质、钢筋混凝土等，丰富多彩。

徐辉祖雕像 十三座桥中的印月桥边有座雕塑，雕刻的是一位身穿盔甲、满目愤慨的大将军，他就是徐达的长子、文武全才的徐辉祖。当年燕王朱棣从北京打向南京时，建文帝命徐辉祖出征阻挡燕军，徐辉祖重创燕军，使朱棣的军队屡屡遭挫。朱棣攻克南京当上皇帝后要杀徐辉祖，但朱棣的徐皇后是徐辉祖的姐姐，她拿出朱元璋赐给徐家的丹书铁券，朱棣无奈，便将徐辉祖监禁于此，一代名将至死都未能跨出白鹭洲一步。

湘兰苑 明清时期秦淮八艳之首马湘兰的故居"湘兰苑"也位于公园内。马湘兰（1547 ～ 1604 年），苏州人，秉性灵秀，才貌双全，能诗善画，尤擅画兰竹，故有"湘兰"之称。马湘兰 17 岁时爱上自己老师王百谷，王百谷却娶了富家千金为妻，马湘兰失望地离开苏州来到南京谋生，成为秦淮名伎。王百谷七十大寿时，马湘兰集资买船载歌伎数十人，前往苏州置酒祝寿，"宴饮累月，歌舞达旦"，归后一病不起，终年 57 岁，死后就葬在鹫峰寺附近。

玩月桥 马湘兰故宅前的石拱桥叫玩月桥，始建于明中期，是当年马湘兰与文人士子对月赋诗、绘画弹唱的地方。当年岸上游人栉比，水上碧波荡漾，桥上人流如织，是秦淮河畔中秋赏月的胜地之一。

浣花桥 古时的秦淮河畔佳丽如云，白鹭洲花圃四季如春，秦淮河畔的女子经常来这里踏青，游赏景色，采摘鲜花，在桥边临水嬉戏，用湖水洗去花朵、花叶上的泥土，"浣花桥"由此得名。

长桥 与浣花桥一河相隔不远处有一座造型别致的桥，这便是公园中最别致、最具南京风情的桥——长桥。当年长桥周边有富乐院（俗称旧院，艺伎馆）、东花园、鹫峰寺、回光寺、乐王庙以及秦淮河畔的茶楼酒肆、河房河厅等游乐设施，分布面积数十公顷，形成以长桥为中心的休闲娱乐中心区。每到大比之年，各地士子前来江南贡院应试，隔水相望的长桥游览区更是灯红酒绿、美女如云，热闹非凡。"长桥艳赏"是明代"旧金陵四十八景"之一，也是当时十里秦淮最为繁华的地段。夫子庙闹市区通过长桥把白鹭洲和富乐院连接起来，人们可以在繁华中享受宁静，宁静中感受优雅。

白鹭塔　白鹭塔又名"白塔"，是公园标志性建筑。明宣德六年（1431年），工部利用建大报恩寺的剩余材料在旧院与东园之间的交界处建了一座寺庙，名"回光寺"，并建一塔，即"白塔"。明万历年间，因在旧院与东园之间拓建贯通南北的官街，就将回光寺与白塔拆迁至东园境内。清朝以后东园圮废，而白塔尚存。白塔至清晚期圮废，现东园故址重建白塔，再现贯穿明清两代的这一著名景点。

古鹫峰寺　古鹫峰寺建于明天顺年间，是为了纪念唐代名僧鹫峰大师所建，至今已有500多年的历史。当年鹫峰寺规模甚大，寺院东侧有禅院僧房九间，寺后有水塘，相传为著名书法家颜真卿当年奉敕设置的放生池遗址，叫"鱼极乐国"。在放生池的周围还刻有颜真卿的墨宝"环海为池，固天布河，动植依仁，飞沉受获"，引得善男信女们纷至沓来。因此，当时建寺时，在池前建造了颜鲁公祠。

鹫峰寺在清代因年久失修，几乎荒废。乾隆末年，达宗法师曾来南京任住持，他以光复寺院为己任，经过十余年的努力，鹫峰寺焕然一新。清末民初之时，寺院发生大火，焚烧大半，之后僧侣还俗，一代名刹荡然无存。近年来，在南京市政府的支持下，有关部门对鹫峰古寺进行了保护维修，修旧如旧，重现了当年宝刹雄姿。

水街 水街是公园倚明城墙、临水而建的一条休闲街区。夫子庙、秦淮河两岸，车水马龙，人声鼎沸，体现的是市井繁华，而白鹭洲公园水街体现的则是清雅秀丽、亲切宜人的高雅氛围，也体现了公园文化的韵味。水街七雅以"李渔文化"为主题，融合了传统的歌舞、观演、书画展览、特色餐饮、民间技艺等多种旅游功能，园内的建筑以明清风格"青砖小瓦马头墙，回廊挂落花格窗"为特点，为游客提供了一处静心品味休闲的场所。

糖坊廊河房

河房指的是秦淮河两旁的房舍。秦淮河房的建筑风格和南京古民居房的建筑风格一致，因为临水而建，所以在设计时加入了一些因地制宜的元素，比如有的河房因为河岸不太牢固，要先对河岸加固，也就是驳岸；有的房子要在水面上加个露台，就会把露台的桩打到河里。

糖坊廊 61 号河房被认为是南京内秦淮河现存河房建筑中保存最完好、历史文化价值最高的一处，也是中国唯一的"菱形"河房。该河

©水街

◎糖坊廊河房　　　　　　　　◎泾县会馆

房由陶氏建于清代中晚期，因此又称陶氏河房，现仍为其私宅。建筑由跑马楼两进和河厅一进组成，平面呈菱形，其地砖及部分房屋构件亦呈菱形，大门位于西侧中部。糖坊廊河房的扇扇门窗，从上到下构图形式统一，但花纹无一雷同，细节上非常考究。

泾县会馆

　　泾县会馆坐落在大百花巷13、15号，看似不起眼，实则赫赫有名，已有200多年的历史。当年，安徽泾县商人遍布全国，为了方便联络，互相帮衬，他们在各地建立会馆。清朝嘉庆十一年（1806年），泾县同乡在百花巷建了泾县会馆，会馆充满了徽派建筑的浓郁色彩。每到乡试年，泾县会馆里住满了泾县来南京赶考的秀才。他们吃喝不愁，还能在小巷里埋头读书。一旦这些秀才考中举人，登上黄榜，就会反过来资助会馆。现在泾县会馆是南京市文物保护单位。

吴家账房

　　清末民初时，钓鱼台 83 号、85 号、87 号的主人姓吴，这里曾是一家经销南京云锦的公司，被当地人称作"吴家账房"。南京云锦因为色彩鲜艳、美若云霞而得名，被誉为"锦中之锦""东方瑰宝""中华一绝"。像吴家账房这样经销云锦的店家在秦淮河边还有不少，他们把门西一带机房生产的云锦集中收购，上缴朝廷，多余的再远销海内外。历经 200 多年的沧桑岁月，吴家账房至今保存完好，现为南京市文物保护单位。

◎吴家账房

钓鱼台河房

　　钓鱼台河房位于钓鱼台 192 号、196 号，镇淮桥西堍至新桥南堍，距中华门向西约 0.5 千米，为典型明清河房建筑。河房占地面积 297 平方米，前迎钓鱼台，后临秦淮河。

　　据考，钓鱼台河房原为孔子后裔、明万历年间编修孔贞运旧居。孔贞运为孔子的第 63 代孙，他于明朝万历四十七年（1619 年）考中榜眼，崇祯初年入阁部，官运亨通，一直做到内阁首辅，故人称"孔阁部"，民间又称"孔天官"。孔贞运旧居原占地庞大，因其曾任明朝高官，故老南京人称孔家住宅为"天官宅""孔天官家"。太平天国时期，孔宅一度为英王陈玉成府邸。太平天国失败后，这里又作为曾国藩、

◎钓鱼台河房

曾国荃的临时驻所。曾氏北上任职后，这里为湘军官员所得。

1992年钓鱼台河房被列为南京市文物保护单位，2002年被列为江苏省文物保护单位。

西水关

西水关是十里秦淮的终点，十里秦淮从这里流出城，然后与外秦淮河汇合，再流向长江。

六朝时期的南京是都城，城市迅猛发展，秦淮地区有大市和横塘两大集市，横塘就是指从中华门到水西门、莫愁湖之间的商业区。那时西水关地区货集如山，是吞吐量最大的码头，百业兴旺，一片繁荣。在大道、水边一座座酒楼鳞次栉比，人文荟萃，远胜于东水关地区，是老秦淮地区商贸、文化最集中的地区之一。

"十里秦淮，十里珠帘"，秦淮河悠久的历史、深厚的文化积淀、众多的名胜古迹，汇集着说不完的逸闻掌故，点缀着众多的名胜。"十里秦淮"是一条迷人的河，浪漫的河，繁华的河，人文的河。

◎西水关

玄武湖景区

　　玄武湖景区是国家级风景名胜区钟山的重要组成部分，是国家 AAAA 级旅游景区、国家重点公园、国家水利风景区。玄武湖是燕山造山运动时形成的构造湖，距今已有近 100 万年的历史。自先秦时期的"桑泊"开始，玄武湖先后有秣陵湖、蒋陵湖、后湖、练湖、北湖等名称，玄武湖之名始于南朝宋文帝元嘉二十三年（446 年）。

　　玄武湖景区地理位置优越，年适游日达 320 天左右。景区总面积 5.13 平方千米，其中湖面积 3.78 平方千米，陆地面积 1.35 平方千米。景区由"五洲""一园""一路"组成，"五洲"即环洲、樱洲、梁洲、菱洲、翠洲，"一园"是情侣园，"一路"为环湖路。玄武湖五洲之间桥堤相通，别具其胜，景区内历史人文古迹荟萃，山水城林相融之美彰显。

环洲

环洲曾名龙引洲、长洲、亚洲，1935 年 7 月始称环洲。"洲形屈曲如半环，樱洲亦为其所环抱，游人过此，辄生曲径通幽之感，因改环洲。"环洲总面积 12.77 公顷，是一条形如玉环的陆洲，从南北两面伸入湖中，因其形曲如环，环抱樱洲而得名。碧波拍岸，杨柳依依，微风拂来，宛如烟云舒卷，故有"环洲烟雨"之称。洲上古迹众多，其中郭璞墩、喇嘛庙、童子拜观音石最为著名。

郭璞墩　郭璞墩位于环洲西段，是两晋时期著名文学家、训诂学家郭璞的衣冠冢，1992 年被列为南京市文物保护单位。"吴宫花草埋幽径，晋代衣冠成古丘。"李白诗中的"晋代衣冠"即指此处。郭璞（276~324 年），字景纯，山西闻喜人，好经术，博学有高才，而讷于言论，辞赋为中兴之冠。好古文奇字，妙于阴阳算历。注释《尔雅》《山海经》及《楚辞》等古籍，皆传于世。著《洞林》等书，被尊奉为风水学鼻祖。东晋大将军王敦将举兵谋逆，命郭璞占筮。郭璞直言"无成"。王敦遂将其杀害，时年四十九。王敦叛乱平灭后，郭璞被追封弘农太守。

喇嘛庙和诺那塔　喇嘛庙、诺那塔位于环洲东端，建于 1937 年，2012 年被列为南京市文物保护单位。喇嘛庙是一座面阔三间的单檐歇山式殿堂，形制古朴；诺那塔九级六面，仿唐宋风格，底级四面镌刻碑文，系居正所撰并书的《普佑法师塔碑铭》。

假山瀑布（童子和观音石）　假山瀑布建于 1954 年，是新中国成立后玄武湖建造的第一个景点，1992 年被列为南京市文物保护单位。此处假山瀑布通过叠石成山、凿池引水，形成山为干、水为脉的山水园林景观，营造出瀑布凌空、三叠而下的意境。假山前有两石，系北宋花石纲遗物，因其形态酷似童子叩拜观音而得名。较大一石高 6.3 米，宽 0.9 米，为"观音石"；小的高 4.2 米，宽 0.8 米，为"童子石"，它们具有"瘦、透、漏、皱"的典型特征，是太湖石中罕见的珍品。

米芾拜石　米芾拜石位于环洲北端。米芾是宋代书画家，玩石如醉如痴。相传米芾见奇石便"三拜九叩"，故有"米芾拜石"的典故。米芾拜石景点由三块天然巨石组成，最重的达 36 吨，三块巨石巧妙地组合成一幅"米芾拜石"画像图，景点由此而得名。

莲花广场　莲花广场位于玄武湖核心区域，集舞台、音乐喷泉等为一体，占地约 5000 平方米，可容纳观众 3000 余人，是南京知名的户外演出场地，曾承接中国南京世界历史文化名城博览会开幕式、庆祝新中国成立 70 周年群众联欢等重要活动。广场以荷叶、荷花造型构图，以荷花仙子、荷花童子雕塑为标志，音乐喷泉总规模约 1680 平方米，以"莲韵、听潮、筑梦"为主题，通过数控喷泉、变频跑泉、莲花喷泉等近 10 种喷泉水型与灯光音响系统配合，进行水景编排表演。

月季园　月季园是中国园林大师朱有玠先生主持设计的作品，于 20 世纪 60 年代建成。园区因地制宜，构思巧妙，围绕一株 200 多年的银杏树，通过配建圆形的木香花架共同组成花心，四周的花田恰似一片片花瓣，正如一朵盛开的月季花。园区占地约 7200 平方米，现有月季 9000 余株，400 多个品种，涵盖了树状月季、藤本月季、大花月季、微型月季等类别。木香瀑布、月季花海、银杏秋色，从初春到深秋，五彩斑斓，景色各异，是南京市著名的月季专类园。

翠虹堤　翠虹堤连接梁洲和环洲，堤长二百余尺（约 65 米），"夹以蒲莲榆柳，翠色可爱，隐隐一长虹也"，故名翠虹堤。明弘治年间，梁洲已无空地，黄册库房开始向环洲转移，故有此堤。"积雨深秋湖水平，翠虹堤畔柳珠莹。郭岗浴雾悬天语，陵趾连云护帝京。"（明代胡继先《玄湖秋雨》）翠虹堤从梁洲始，向玄武门延伸，明嘉靖三年（1524 年）延伸至郭璞墩，清宣统元年（1909 年）延伸至玄武门。

梁洲

　　梁洲曾名老洲、旧洲、祖洲、莲花洲和美洲，面积 8.81 公顷，是玄武湖最早开辟的一个洲，为南朝梁昭明太子编《文选》的读书处，有"梁园"之称，故称梁洲。此洲擅全湖之胜，开明代后湖黄册库之滥觞。洲上人文荟萃，分布着明后湖黄册库遗址展馆、湖神庙遗址、玄武广场、金陵盆景园、览胜楼、闻鸡亭、友谊厅等景点。每年一度的玄武湖菊展在此举行，有"梁洲秋菊"之美称。

　　明后湖黄册库遗址展馆　明后湖黄册库遗址展馆于 2022 年元旦正式开馆，总建筑面积约 770 平方米，是展示明代黄册库文化、明代南京文化乃至明代历史文化的重要窗口。黄册库，是国家存放全国户口赋役档案的地方，因造册的册籍均使用黄色封面，故称黄册。明后湖黄册库遗址展馆分后湖黄册库和黄册历史文化两个展厅，以图文、视频、实物、实景展示相结合，通过天下禁地、湖祭文化、黄册来源、册库经费、册库防卫、册库逸闻、黄册制度等多个板块，立体展现出明朝国家档案馆——后湖黄册库这一中国档案史上的奇迹。

　　湖神庙遗址　洪武三年（1370 年），朱元璋下旨在此设坛祭泰厉，泰厉是古代帝王的七祀之一。因辟建黄册库，祭祀泰厉的典礼另行择址举行，神祠得以保留。弘治三年（1490 年），明孝宗下旨春秋祭后湖黄册库土地神。民间传说，神祠是洪武年间为纪念一毛姓老人而建，又称为"毛老人庙"，后改称湖神庙。太平天国期间，湖神庙遭战争破坏，同治九年（1870 年），两江总督曾国藩下令重建，留存至今。

　　铜钩井　铜钩井掘于明代，水质"清冽晶莹，沁心适口"，因掘井时得一具铜钩而得名。铜钩井井沿有铁笔篆书"铜钩井"三字，并有附文："大明丁丑，掘井湖上，深二丈余，获铜钩一具，并以是名，似前写舆。巴江廖纶。"

　　玄武广场　玄武广场总占地面积约 3000 平方米，位于梁洲西侧，由牌坊、玄武雕塑及四象坊组成。牌坊正面书写"玄武"，背面书写"湖以神名"；四象坊四面分别书写"青龙""白虎""朱雀""玄武"，体现四象文化。公元 320 年，晋元帝司马睿因湖在宫城之北，改称北湖。446 年南朝宋文帝刘义隆下诏筑北堤，浚北湖，造华林园，使张永监统，改北湖为玄武湖，构建都城四神布局。

　　玄武雕塑是玄武广场的核心景观，于 2021 年 2 月 6 日落成。此雕塑以明代鎏金铜玄武为原型，采用铸铜工艺，长 2.7 米，宽 2.1 米，总高度 3.75 米，重 990 千克。玄武是中国古代神话中四大神兽之一，形为龟蛇，是二十八宿按东南西北分为四象中的北方七宿的总称，为北方之神。玄武于五行主水，故为水神。玄武还被民间百姓赋予多种美好寓意，比如增福加寿、风调雨顺等，也是长寿安康的象征，被视为吉祥长寿的瑞物。

金陵盆景园　金陵盆景园位于梁洲北端，始建于 1979 年，前身为玄武湖盆景园，曾多次举办过全国及省市级的花卉盆景展览活动。2013 年盆景园进行扩建，扩建后的面积达 12380 平方米。盆景园常年展出五针松、黑松、刺柏、三角枫、榆树、雀梅等盆景品种，历史最久的盆景已有约 150 年。园区由室内展馆、室外展区、水上展区、服务区四大区域组成，整个盆景园与周边山水融合，园中假山流水、观景亭墙、古典庭院以及主题盆景绿地等组成的园林景观步移景异，具有典型的江南园林特色。目前盆景园已成为展示与交流金陵盆景艺术的重要窗口，是全国具有较高影响力的盆景专类园。

玄武湖明梅　玄武湖明梅至今已有 600 多年历史，是玄武湖的梅王，苍劲嶙峋，枯而不死；花重瓣，极香，亦属珍品，历经风吹雨打，至今还在岁岁作花。

柳湾观鱼　观鱼池位于梁洲北端，1979 年建成，占地 867 平方米。是一座方形翼角的仿古穿斗式水榭，下衬一潭清水，静坐榭内，游鱼跳跃，柳丝贴水，颇有情趣。

览胜楼　览胜楼位于梁洲北端，最早为南朝宋孝武帝刘骏为观看水军训练而建。清宣统元年（1909 年），新军统制徐绍桢重建此楼，建筑面积 175 平方米，为徐绍桢邀集文人雅士联吟结社之所，称为"湖山览胜楼"。该楼重檐拱斗，图案彩绘，为二层四角攒尖式建筑。2006 年览胜楼被列为南京市文物保护单位。

友谊厅　友谊厅位于梁洲北端，建于 1941 年，面积 180 平方米。初名"涵碧轩"，1947 年 4 月改名"玄武厅"。1953 年 2 月 22 日下午，毛泽东主席在陈毅、谭震林的陪同下来到玄武湖参观游览，并在玄武厅接见了江苏省和南京市主要党政领导人。1971 年 3 月 2 日上午，柬埔寨首相西哈努克亲王在周恩来总理的陪同下，在玄武厅内观看了南京小红花艺术团的文艺演出。20 世纪 60 年代至 70 年代，党和国家领导人朱德、刘少奇、邓小平、陈毅、叶剑英等陪同外国元首及国际友人来玄武湖观光游览时，均在玄武厅驻足休息，畅谈国际形势。玄武厅见证了老一辈无产阶级革命家的外交风云，也展示了我国同世界各国人民之间的友好往来。后玄武厅改称为"友谊厅"，象征着中国人民和世界各国人民之间的友谊。

闻鸡亭 闻鸡亭位于梁洲北端，重檐四边。南朝时，齐武帝"颇喜游宴、雕绮之事"，常夜率宫女去玄武湖北岸一带打猎。每当齐武帝一行至玄武湖北岸时，便会听到鸡笼山的鸡鸣之声，"鸡鸣埭"因此而来。唐代诗人李商隐在《南朝》中写道："玄武湖中玉漏催，鸡鸣埭口绣襦回。"民国时期，梁洲建造了闻鸡亭，如今闻鸡亭已成了人们闻鸡起舞、报效祖国的一种象征。

翠洲

翠洲曾称荒洲、非洲，1935年7月改称翠洲。"洲上修竹亭亭，纵横数亩，晓烟残照，翠色浮空，且钟山东峙，苍翠欲流，与洲间之竹翠相混合，浓翠可掬，因此改称翠洲。"翠洲位于玄武湖东，面积6.59公顷。洲上修竹亭亭、雪松如盖、翠色浮空。翠洲风光幽静，别具一格。长堤卧波，绿带缭绕，苍松、翠柏、嫩柳、淡竹构成了"翠洲云树"的特色。

留东同学会旧址 1931年9月18日，"九·一八"事件爆发，一批在全国各地担任国民政府军政界要职、原留学日本学习军事的同学，相继聚集首都南京，联名上疏蒋介石要求对日宣战。但蒋介石奉行"攘外必先安内"，置民意、士气于不顾，继续进行内战。同学们的满腔热情和抗日愿望未能得到实现，在离开南京前夕，学员们各自捐款，共同组建了"留日陆海空军同学会"，会址就选定在玄武湖翠洲。1935年，"留日陆海空军同学会"大楼建成，建筑主体为二层，钢筋水泥结构，是一座典型的欧式风格建筑。在这座新落成的小楼内奉祀着吴禄贞和蔡锷，成为"吴蔡合祠"。日军占领南京后，留东同学会大楼遭到了破坏。1945年，抗日战争胜利后，蒋介石政府还都南京，留东同学会俱乐部被励志社接管，辟为"励志社翠洲招待所"，用于招待军界高层和美军官兵。新中国建立后，留东同学会主楼辟建为"少年之家"，供青少年在此举办各类活动。2006年被列为南京市文物保护单位，2008年被列为南京重要近现代建筑。

华梓园 华梓园于2001年建成，占地366平方米。2001年，为迎接第六届世界华商大会在南京召开，景区在翠洲建造以世界华侨、华人、华商的故乡情结为主题的专类园。华梓园由主题雕塑、世界华商世纪寄语碑和同心桥等组成。该园标志性主题雕塑——"心"，既象征着海外侨胞赤子之心，又如同一块红罗帕，传递着亲人间的相互思念之情。国务院原副总理钱其琛亲笔题名的"侨之魂"三个字，雕刻于巨型花岗石上，充分表达了主题雕塑的深刻内涵，寄托了华夏儿女的思乡之情、赤子之心。

菱洲

菱洲曾称太平洲、菱洲、澳洲，1935年7月改称菱洲。"洲外原多产红菱，湖民向称菱洲，因菱米可供民食，为副产物之一。今仍沿用旧名，一以存民意，二以念民生也。"菱洲面积为10.42公顷，是湖中形成较晚的一个洲，位于玄武湖东南，东面濒临钟山，有"千云非一状"的钟山云霞，自古就有"菱洲山岚"的美名。

菱洲生态乐园 菱洲生态乐园于2018年6月正式建成，前身是玄武湖动物园、鸟类生态园，是老南京人的经典记忆。乐园生态环境优美，游乐项目众多，颇受游客喜爱。

双龙戏珠绿雕 双龙戏珠绿雕于1984年首建，是为了迎接新中国成立35周年，与玄武门城楼一同建设的玄武湖标志性景点，是许多南京人童年的美好记忆。该绿雕2010年拆除，2019年重建，重建后的双龙戏珠全长42米，高5.6米，由300万株五色草和佛甲草装点而成，是玄武湖景区最大的绿雕。目前南京市最大的绿雕是位于鼓楼广场的孔雀绿雕，它们隔着明城墙成对称之势，恰似龙凤呈祥。

台菱花架 台菱花架建于1957年，占地6400平方米，分置在台菱堤两侧，花架上爬满凌霄花等爬藤植物。这里是观赏钟山风景的绝佳观赏点，向东可欣赏到钟山与小九华山的景色，向西可以领略鸡鸣寺与落日风光。

樱洲

樱洲曾称新洲、欧洲，1935年7月改称樱洲。樱洲总面积6.59公顷，在环洲环抱之中，是四面环水的洲中之洲。相传南唐灭亡，后主李煜被俘后，被软禁在此。到清代洲上册库尽毁，樱桃极多，春风三月，绿醉红酣，颇饶艳趣，及至初夏，则朱实累累。"六朝烟水最迷人，玄武樱桃可染唇"，玄武湖樱桃色红味美，是玄武湖三大特产之一，被尊为"金陵五大名果"之一。1911年，华侨革命飞行团成立，孙中山亲自下令在樱洲建民国初期南京的第一个飞机场。1933 年，民国中央电影摄影场在这里建摄影基地，建成了当时国内最新式、最重要的有声电影场。今天，樱洲是南京樱花品种的集中地，种植樱花 1000 余株，品种 20 多个。每当大地回春，樱花缀满枝头，一片绯红，如火似霞，遂有"樱洲花海"的美誉。

樱洲长廊　樱洲长廊始建于 1954 年，是宋庆龄用获得的国际和平奖奖金捐建的。因宋庆龄时任中苏友好协会会长，所以建成后的长廊被命名为"中苏友好长廊"，西端则称之为"中苏友好画廊"。樱洲长廊初为竹木结构，1963 年在原地改建为钢筋混凝土结构，现为玄武湖文化展示长廊。

樱桥　樱桥又名为鹤桥、放鹤桥，连通环洲和樱洲，修建于明嘉靖年间。明朝时玄武湖是黄册库，游人禁不得入，此桥附近内湖水域是白鹤的栖息地，故桥以鹤名。

樱桃园　樱洲最初因种植樱桃而闻名，康熙第五次南巡途经江宁（南京）时，江宁织造曹寅派人连夜前往玄武湖采摘樱桃进献给康熙，康熙甚喜，自此玄武湖樱桃成为清代贡品。1934 年朱自清曾来此一游，并在《南京》中写道："湖上的樱桃最出名，樱桃熟时，游人在树下现买、现摘、现吃，谈着、笑着，多热闹的。"2017 年，玄武湖将樱洲樱桃主要种植区改建为樱桃园。

藏春亭　2017 年，景区在樱洲核心位置增建重檐赏樱亭——藏春亭。登上藏春亭，近览樱洲全景，远望钟山晴岚。每当樱花盛开时，樱洲一片花海，层层樱花灿若云霞，玄武湖春天最美的景色尽藏于此。

友谊林　友谊林位于樱洲长廊南侧，集中了世界多国友好城市代表团历年种植的友谊树，是改革开放以来南京对外友好往来的象征。友谊林种有美国圣路易斯、日本北海道、意大利佛罗伦萨、荷兰埃因霍温、德国莱比锡、墨西哥墨西卡利和塞浦路斯利马索尔等城市的友谊树 40 余株，至今存活下来的有马褂木、四照花树、红枫、银杏等品种。

情侣园

情侣园位于玄武湖东岸，在原药物园基础上改建而成，是南京著名的婚庆文化主题园。情侣园外借紫金山玄武湖之美景，内有流水回绕，小桥曲径，花木葱郁，景色优雅宜人。1964 年，朝鲜所赠的花木均种植在情侣园，因而当时称情侣园为"中朝友谊园"。1975 年在此筹建百草园，1983 年正式对外开放，并更名为园林药物园，由中国著名的园林设计大师朱有玠先生主持规划设计。药物园以植物造景为主体，以当地野生药用植物资源为主要造景材料，集观赏价值与实用价值为一体。1993 年更名为情侣园（花卉公园）。

环湖路

环湖路全长约 9.8 千米，是南京马拉松的必经赛段，被评为 2020 江苏省最美跑步线路之一，被誉为国内十大跑步胜地之一。环湖路依偎明城墙，穿越十里长堤，沿途景点星罗棋布，玄武门、明城探幽、玄圃、武庙古闸、古阅武台、情侣园、采菊向秋、湖田轩、后湖印月、杉林氧吧等景点散落其间，别有风韵。

玄武门　玄武门位于玄武湖西，始建于 1909 年。1908 年举办"南洋劝业会"，为方便中外宾客游览玄武湖，在明城墙上开辟一座新门，称丰润门。丰润门的开辟，标志着玄武湖正式成为近代历史上的"公园"。1928 年 4 月，"丰润门"改称"玄武门"。1929 年，蔡元培先生应邀书写了"玄武门"三字。

杉林氧吧　杉林氧吧位于玄武门入口北侧，长约 600 米，栽植了大量有"活化石"之称的水杉，形成了一个天然的氧吧，是一个充满自然情趣的休闲漫步场所。

明城探幽　明城探幽（解放门—太平门段）长 1300 余米，一侧为古朴延绵的明城墙，另一侧为碧波荡漾的玄武湖，紫萼、鸢尾、万年青、

玄武门

石蒜、吉祥草等耐荫地被布满园区，宁静而幽雅。

古阅武台 古阅武台位于覆舟山北麓明城墙下，建于2010年，为单体两层架空临水建筑，面积约为600平方米。玄武湖在古代是水军操练和阅武之地，水上阅兵始于东吴，盛于南朝。古阅武台依据历史上帝王在玄武湖阅水军时的盛况而建，采用六朝建筑风格。极目远眺，仿佛"五百楼船十万兵"之阅武盛景历历在目。

武庙闸 武庙闸是玄武湖主要的出水口之一，是连通南京城南北水系的节点，也是南京最早的水关，最初建于三国东吴时期。明太祖朱元璋利用秦淮河和玄武湖等水系作为护城河，为控制城内河道的水位，避免水患，在玄武湖设置水关武庙闸。武庙闸民间俗称台城水关，清代制图中则称其为北水。武庙闸的工程设计在当时是世界一流水平，至今仍在使用。1986年新建了三曲长廊、观景轩、方亭、赑屃驮碑等建筑。

玄圃 玄圃位于鸡笼山北麓的玄武湖环湖路上，占地面积约10000平方米，由天籁清音馆、净明精舍、明月轩、婉转廊等六朝风格的建筑群组成，是玄武湖的六朝文化地标。古玄圃是六朝时期太子居住的东宫，据《景定建康志》所载，"其地在今府城东北隅"，即今在鸡笼山南麓。现玄圃建于2010年，虽易地重建，建设理念却与古玄圃相同，皆筑地为池，叠泉为源，聚石引水，曲折穿绕，植物开涧，繁密有致，浑若自然，充分体现了六朝时期崇尚自然、表现自然的园林风格。

湖田鹭影 湖田鹭影位于玄武湖西北隅，南京城北金川河和北护城河出水口之间。太平门至神策门段明城墙依湖而建，在此由西而北改变方向，形成湖湾，容易淤积。在明代湖中近岸处有飞云汀、聚凫汀，到清代此处与岸相连被称作后湖洲，成为湖田，直到20世纪60年代至70年代仍有人耕种。现在，这里是以几个小岛组成的城市小微湿地，一年四季鸥鹭燕雀成群，是鸳鸯、鸬鹚等候鸟的过冬地。

水岸听风 水岸听风是十里长堤中段一个延伸至湖面的木质栈台，是央视影音直播中国的取景点之一。站在这里，可以感受玄武湖深厚的历史文化底蕴，将玄武湖、三藏塔、明城墙、鸡鸣寺等景点尽收眼底，城市与湖水交错间蕴藏着别样风情，是城市天际线的最佳观景点。

采菊向秋 采菊向秋靠近和平门区域，是玄武湖菊花传统种植区域。该区域占地面积约4.8万平方米，主要由采菊向秋、咏菊赏秋、写菊惜秋三个景观区域组成。园区与明城墙相连，恢复了历史护城河道，配设了菊圃菊舍，融入了六朝元素的主建筑菊裳苑、写菊廊等景观建筑，城河一体，湖光山色，沿明城墙闲庭信步，但见护城河畔野菊交相，可近观桑泊，远眺钟山。

雨花台位于南京城南中华门外 1 千米处，占地面积 153.7 公顷，有各类林木 30 余万株，绿化覆盖率达 90% 以上。

公元前 1147 年，周太王长子泰伯来到长江流域传礼授农，成为江南大地的人文始祖，后人在此建"泰伯祠"以纪念他；公元前 472 年，越王勾践在此地筑"越城"，登高览胜；三国东吴时，因山岗上遍布五彩斑斓的石子，这里又称石子岗、玛瑙岗、聚宝山；南朝梁武帝时期，高僧云光法师在此设坛讲经，感动上苍，落花如雨，"雨花台"之名据说便是由此得来。其实，雨花台的真正得名与这里的地质层有关。雨花台所处位置曾是古长江的河道，后来由于地壳变动，江道北移，造成砾石沉积，地质上称为"雨花石层"。这里地势相对较高，又盛产雨花石，故称雨花台。明、清两代，景区内的"雨花说法"和"木末风高"分别被列为"金陵十八景"和"金陵四十八景"之一。雨花台的美景引得历代文人墨客乃至帝王将相竞相吟咏，从李白、王安石、陆游、朱元璋、康熙、乾隆到鲁迅、田汉、郭沫若、刘海粟，都留下了赞美雨花台的优美诗篇。

雨花台是南京城南的一处制高点，地理位置重要，成为历代兵家必争之地。东吴孙策在这里攻破刘繇，东晋豫章太守梅颐曾在此抵抗外族入侵，南宋抗金名将岳飞在此痛击金兵，太平天国天京保卫，辛亥革命讨伐清兵，抗日战争"南京保卫战"，都曾在此掀起连天烽火。1927 年以后，雨花台沦为国民党统治者屠杀共产党人和革命志士的刑场。

根据"先绿化、后建设"的方针，从 1949 至 1979 年，雨花台风景区主要进行大规模的绿化造林工作，共栽植雪松、龙柏、桂花、红枫等 300 余种，共 30 余万株；自 20 世纪 70 年代末至 90 年代中期，又陆续兴建了大规模的纪念建筑群；自 90 年代中期至今，开始按照江苏省政府批准的《雨花台风景名胜区总体规划》，进行景区景点建设。

北大门立柱　北大门两端分别矗立着高大的花岗岩石柱，石柱高度为 11.7 米，象征 1917 年 11 月 7 日在俄国爆发的十月革命。石柱上方镶嵌了两个巨大的石花圈。

烈士就义群雕　烈士就义群雕位于雨花台北大门，呈浅赭色，由大小 179 块花岗岩拼装组成，总重量 1374 吨，1979 年落成。花岗岩具有坚硬、庄重、浑厚、朴素、敦实的品格，因此雨花台许多建筑都采用了花岗岩建造，这也充分体现了烈士的精神和后人继承先烈遗志的决心，同时也展示了雨花台建筑的独特风格。烈士就义群雕由我国著名美学家王朝闻、雕塑家刘开渠等人指导，北京、广州、上海、南京等地的雕塑家集体创作完成。来自北京的 41 位能工巧匠承担了雕像的雕刻任务，他们全部参加过毛主席纪念堂的建设，其中 7 人参加了毛主席坐像的雕刻工作。群雕采用上实下虚的手法，着力刻画人物的眼神和面部表情，塑造了九位烈士就义前的不屈形象。这座雕像之所以选择九位烈士，是因为在中国传统文化中，九有"为大至多"的含义，表明牺牲在雨花台的烈士有许许多多。

雨花台烈士纪念碑　纪念碑于 1989 年落成。为建此碑，1980 年 4 月在全国范围内征集设计方案，引起社会强烈反响，共征得 578 个设计方案。现在的纪念碑由中国工程院院士、东南大学教授齐康设计。纪念碑高耸在雨花台的主峰，由两层平台托起，有 100 级台阶，沿着

◎烈士就义群雕

石阶一步步走向纪念碑，正如走向更加崇高的精神境界。纪念碑高42.3 米，寓意 1949 年 4 月 23 日南京解放。纪念碑按照中国传统的竖式造型，由碑额、碑身、碑座组成，碑额是抽象了的屋顶，如红旗，似火炬。碑身正面是邓小平手书的"雨花台烈士纪念碑"八个镶金大字，背面是江苏省人民政府、南京市人民政府撰写的碑文，由武中奇书写。碑座前伫立着一座以"坚贞不屈"为主题的青铜圆雕，再现了烈士们宁死不屈的英雄形象。

倒影池　倒影池长 72 米，宽 26 米。建筑学家根据原有地形，运用物理学折光原理，巧妙地将纪念碑、纪念馆的影像在池中南北两端水面上显现出来，形成独特的景致，供人们欣赏。倒影池东西两侧，雪松、龙柏、红枫、海棠排列有序；蔷薇、爬山虎、云南黄馨顺坡披挂；斜坡草坪，绿茵掩映，四时花草姹紫嫣红。倒影池南北两端各有一块花岗岩和大理石质地的照壁，在北面的照壁上用汉、壮、蒙、维、藏五种民族文字镌刻着《国际歌》，南面的照壁则用五种文字镌刻着中华人民共和国国歌。倒影池南端两侧有两座高 5.5 米的圆雕相对肃然矗立，一位战士手握钢枪肃立，一位女性扶手胸前，两人神情严肃，目光柔和，表达了人民群众缅怀先烈、继承遗志的主题。

纪念桥　纪念桥将倒影池、纪念馆连接为一体。能工巧匠们在原有的雨花湖上用钢筋混凝土修建了这座双曲不等跨拱桥。桥长 103 米，宽 16 米。桥的两侧以卧式花岗石坡面为栏，上面饰有花岗岩花圈 24 个，凝重厚实，别致新颖。走在桥上给人一种开敞的空间感，它既是一座桥，

◎倒影池

◎雨花台烈士纪念馆

下面是碧波荡漾的湖水，又是一条甬道，通向绿树环抱中的纪念馆。

纪念馆　穿过纪念桥，就来到了雨花台烈士纪念馆，古朴典雅的雨花台烈士纪念馆于 1988 年正式对外开放，是著名建筑大师杨廷宝先生生前设计的最后一座建筑。纪念馆建筑平面呈"凹"字形，是一座具有民族风格的现代建筑，屋顶采用了中国传统古建筑的重檐形式，加以简化，轮廓简洁而庄重，富有纪念性的美感。屋面特制的白色琉璃瓦、白色马赛克饰面的外墙、白色大理石窗框以及白色栏杆，使整个建筑呈现出浑然一体的白色，与馆周围的绿色树林形成明显对比，在阳光下显得分外巍峨壮丽。纪念馆东西长 90 米，南北两翼各伸展 49 米，主堡高 26 米，南北两侧门楣上嵌有"日月同辉"花岗石浮雕，象征着烈士精神与河山共存，与日月同辉，这也是纪念馆的馆徽。门庭南上方刻有邓小平手书的馆名"雨花台烈士纪念馆"八个镏金大字。

纪念馆主体展陈以"信仰的力量——雨花英烈生平事迹展"为主题，本着"见人见物见精神"的布展理念，展陈了 179 位雨花英烈的生平事迹。展陈总面积 4550 平方米，以中国共产党领导新民主主义革命的历史进程为主线，分为序厅、基本陈列、弘扬厅等主要部分，另设有前厅、缅怀厅、家书厅等重点空间。

忠魂亭　忠魂亭是由南京市 30 万党员捐款 240 万元于 1996 年修建的，主体建筑长宽各 5.8 米，高 8.3 米，亭帽上镌凿的"忠魂亭"三个烫金大字为江泽民题写。忠魂亭位于雨花台中轴线的最南端，由忠魂亭、忠魂广场、《思源曲》水池、《忠魂颂》四部分组成。忠魂广场位于忠魂亭和纪念馆之间，占地面积 3000 平方米。《思源曲》寓意"饮水思源、纪念先烈"，水池东西两侧是《忠魂颂》浮雕，主题是"狱中斗争"和"刑场就义"。2010 年，忠魂亭前增加了一个新的园林种植小品——花钟，不仅能准确计时，还在每天上午的 9 点至下午 6 点每隔 3 小时就响起一首动听的歌曲——《小小的雨花石》。在忠魂亭前设置花钟，也代表着岁月流逝，但记忆永恒。

在全长 1500 米的中轴线上，由北向南，烈士就义群雕、烈士纪念碑、倒影池、纪念桥、纪念馆、忠魂亭依次展开。这组巧夺天工的纪念建筑群以庄严宏大的气势、大气磅礴的力量，在 1999 年"国际建筑师协会大会"上荣获"艺术创作成就奖"；2016 年 9 月，入选"中国 20 世纪建筑遗产名录"。

雨花茶　雨花茶发源于南京，是中国十大名茶之一，它形似松针，条索紧直，色绿似翠，挺拔秀丽，色、香、味、形俱美，深得人们青睐。雨花茶一经问世就以其独一无二的精神蕴含、富有象征意义的独特外形和纯粹内质，成为当代茶文化园地中的一朵奇葩。1958 年，为了纪念在雨花台牺牲的革命先烈，江苏省委提出创制一种名特茶，研制成功后就以"雨花"命名，使人饮茶思源。根据江苏省委决定，江苏省农林厅组织全省的十多位制茶高手，进行反复试验。为体现"雨花茶"的纪念意义和红色内涵，针对茶叶的外形进行反复试验，最终决定把茶叶制成松针形，以象征着革命先烈精神万古长青。

雨花石博物馆　博物馆位于雨花台风景区东侧，馆名由著名书法家武中奇书写。雨花石含有玛瑙和玉髓的成分，也称为雨花玛瑙。苏东坡曾赞它："纹如指上螺"，它以晶莹的质地、丰富的色彩、奇妙的纹理、生动的形象被称为"天赐国宝，中华一绝"。雨花石博物馆的展览将红色主题融入其中，共分为雨花石之源、雨花石之美、雨花石之赏、雨花石之颂四个部分，从科学、艺术以及其文化的渊源流变几个方面，全方位、多角度展示了雨花石的独特神韵和丰富的人文蕴含。

江南第二泉　在雨花台，除了有好茶，还有一股清泉，号称"江南第二泉"。东晋时这里建有高座寺，至宋时因祈望天下太平，改为永宁寺，江南第二泉就位于永宁寺中，当时被称为"永宁泉"，此泉大旱不涸，清冽甘美，为金陵名泉之首。以此泉泡茶，茶水丝丝甜意，香醇绵长。南宋著名爱国诗人陆游到此品饮后备加赞赏，赋其名"二泉"，"江南第二泉"的牌额是当代著名书法家萧娴所写。

高座寺遗址　高座寺是古城金陵的名寺之一，这座古典庭院式建筑是明朝修复的高座寺的一部分。高座寺的历史可以追溯到东晋时期，当时西域僧人帛尸黎密多罗常在雨花台一带寺院说法修行，因他佛学知识渊博，为当时丞相王导所敬，称其为"高座道人"。在王导的影响下，当时的许多达官贵人纷纷前来听他讲经说道，一时间高朋满座。据说，这就是成语"高朋满座"的最初出处。帛尸黎密多罗死后就葬于雨花台，为纪念他，东晋时在此建高座寺。

唐朝大诗人李白之侄中孚也曾在高座寺出家，当年李白来金陵游历时就住在高座寺，并写下了《登梅冈望金陵赠族侄高座寺僧中孚》的诗篇。

乾隆御碑　乾隆御碑是乾隆皇帝于1751年、1762年、1765年游雨花台时所题诗句的碑刻。乾隆在位期间，曾六下江南，三上雨花台。在这通御碑上，留下了乾隆三上雨花台题咏的4首诗。碑额刻有二龙戏珠图案，尽显帝王之荣华，皇家之风范。碑身正面和背面所刻诗句是乾隆十六年初（1751年）第一次南巡游雨花台时所题，正面题诗为："崇冈跋马晚春晴，凭览遗台触慨情。便果云光致花雨，可能末路救台城。"右侧和左侧分别是他第二次、第三次游雨花台时所题诗词。

梅岗　雨花台梅岗，又称梅岭岗。东晋初期，胡人压境，都城南迁，豫章太守梅赜带兵抵抗，屯营于此。为了纪念梅赜将军的高风亮节，后人在岗上建梅将军庙，广植梅花，遂称为梅岗。到明清时，这里已

◎梅岗

形成梅海，与钟山脚下的梅林成为南京东郊、南郊两大赏梅胜地。

为重振梅岭雄风，1999 年雨花台风景区在此复建，梅岗由"访梅亭""问梅阁""寒香轩""曲廊"四部分组成，曲折幽深的长廊与周边的千树梅花相映成趣，现为南京市的重要赏梅之地。

雨花阁 雨花阁坐落于古雨花台遗址上，传说这里就是云光法师的讲经处，雨花台风景名胜区根据传说于 1997 年 4 月复建成了这座仿明清式古典园林建筑。该阁坐北朝南，占地 720 平方米，建筑面积 1429 平方米，整体呈八角形，三层四重檐，高 34 米。一层大厅有云光法师讲经座像一尊，安放于莲花座上，辅以莲花灯、雨花石和散落的花瓣，再现了云光讲经说法感动上苍"天花乱坠"的曼妙意境。阁内的墙壁上绘制反映雨花台 3000 年历史的 13 幅壁画，追寻雨花台古文化的源头之地。登临阁顶，可俯视雨花台风景区之景观、南京古都之新貌，领略当年云雾缭绕、落花如雨之情和一览众山小之意。

二忠祠 "二忠祠"前身是"褒忠祠"。公元 1129 年，金兵入侵建康，宋高宗移驾浙西，留守将领杜充降金。唯建康通判杨邦乂被俘后拒不降金，骂贼不绝，被剖腹取心于雨花台。第二年，宋高宗念其高风亮节，赐其谥号"忠襄"，并下令造墓、立碑、建祠。1131 年在雨花台建祠，赐名"褒忠祠"，其墓、碑现位于景区内二泉后山。抗元英雄文天祥从小就敬佩杨邦乂，150 年后，文天祥被俘押解经过此处，曾赋诗怀念杨邦乂，之后在燕京（北京）就义。后人认为杨、文二人同为江西吉水人，志同道合，彪炳千秋，便将二公同祭于祠内，人称"二忠祠"。

离雨花台不远处有一座桥叫铁心桥，铁心桥名字的由来，就与杨邦乂有关。相传，杨邦乂被处死后，附近百姓出于爱戴，趁夜色悄悄偷其尸体运往韩府山安葬。当尸体运至一座小石桥时，由于路颠桥窄，杨邦乂的心不慎颠落在桥上，人们急忙拾起，发现此心坚硬如铁。为纪念这位民族英雄，人们将此桥命名为铁心桥。如今铁心桥已不仅是指这座桥了，已成为南京的一方地名。

木末亭 在清金陵四十八景中，有景名为"木末风高"，说的就是位于雨花台东岗之巅的木末亭。历史上，雨花台是"江南三分有其一"的登高览胜之地，雨花台东岗"平台高起帝城外"，北可远眺钟山，西能遥望长江，龙盘虎踞之势宛如天成；向下则可近俯古城金陵，六朝烟云、市井风情又尽收眼底。南京最早的城垣"越城"就建在其脚下，在六朝乐府名歌和唐诗中被反复吟咏的南京古长干里，也与它只有咫尺之遥。李白在著名的古乐府《长干行》中留下了这样脍炙人口的诗句：

"郎骑竹马来，绕床弄青梅。同居长干里，两小无嫌猜。""青梅竹马""两小无猜"的故事就发生在这里至中华门一带。

木末亭明代即有，"木末"二字最早见于屈原的《九歌·湘君》，意为树梢，在这里是极言其高。这里的高不仅是指视野开阔，万象环集，金陵胜景可一览无余，同时也有追慕明代大忠臣方孝孺的高风亮节之意。方孝孺之墓就在木末亭之北的山脚下。

六朝雨花凝天地神韵，一部青史铸千秋圣台。如今，雨花台烈士陵园是全国规模最大的纪念性陵园之一，全国重点文物保护单位、全国爱国主义教育示范基地、国家级烈士纪念设施、首批中国20世纪建筑遗产、全国文明单位、全国红色旅游经典景区、全国首批AAAA级风景旅游区等，雨花台已成为一座以自然山林为依托，融自然风光和人文景观为一体的全国独具特色的纪念性风景名胜区，吸引着游客来此观光览胜。

中国近代史遗址博物馆
总统府景区

屹立于南京长江路的总统府古建筑群，距今已经有 600 多年的历史。明朝初年，这里曾是陈理的归德侯府和朱高煦的汉王府。清朝为江南总督署、两江总督署，也是江宁织造署的一部分。康熙、乾隆皇帝下江南时，均以此处为"行宫"。太平天国时期，天王洪秀全在此兴建了规模宏大的天朝宫殿。此后，曾国藩又在此处重建两江总督署，李鸿章、刘坤一、沈葆桢、左宗棠、张之洞、端方等清朝重臣均在此担任过两江总督。1912 年 1 月 1 日，孙中山先生在此就任中华民国临时大总统，建立了中国历史上第一个共和制政府——中华民国临时政府。1912 年 4 月孙中山先生卸任以后，这里成立了南京留守府，先后为江苏讨袁军总司令部、北洋政府江苏都督府、江苏督军署、副总统府、宣抚使署等机构。1927 年 4 月，国民政府成立，同年 9 月，由南京丁家桥原"江苏省议会"移驻这里办公，一直到 1937 年 11 月西迁重庆。日军占领南京后，这里沦为中华民国维新政府行政院和汪伪政权的交通部、铁道部和考试院所在地。1946 年国民政府还都南京后，这里又重新成为国民政府的所在地。1948 年 5 月 20 日，蒋介石就职中华民国总统，将这里更名为"总统府"。1949 年 4 月 23 日凌晨，中国人民解放军占领总统府。总统府以其悠久的历史，被称为"中国近代史遗址博物馆"，是中国近代史结束的地方。

总统府门楼是总统府的标志性建筑，原址为两江总督署大门，太平天国时期为天王府"真神荣光门"（又称为"皇天门"或"凤门"）。1927 年国民政府成立后，蒋介石认为原来的木门有碍国府观瞻，于1929 年 10 月下令拆除两江总督署辕门，新建了这座门楼。大门是一座西式二层建筑，采用了当时引进的钢筋混凝土结构，造型严谨，朝南立面的外部采用标准的八根罗马爱奥尼柱式结构，整个裸露部分均做天然石料状处理。门楼上面为阶梯形女儿墙，正中为一旗杆。门楼立面向南开有三樘拱形门，三樘（每樘双扇）黑色铸铁连顶镂空铁大门，向内开启。门拱的中心嵌有拱心石，立面上有巴洛克风格的线脚。从大门内侧看是三座矩形门。1948 年 5 月，"行宪"国大召开，蒋介石、李宗仁分别当选总统、副总统。因时间仓促，就由兼任考试院副院长的周钟岳赶写了"总统府"三字，用木头锯出，再将表面贴金箔，挂在总统府的门楼上。1949 年 4 月 23 日，解放军占领总统府，南京解放，不久门楼上"总统府"三个大字也被摘下。我们现在看到的这扇大铁门也并非原来的大门，现在这座大铁门和门楼上"总统府"三个字是2002 年根据史料复制的。

总统府建筑群共分中轴游览线、以煦园为核心的西游览线以及以东花园为核心的东游览线三条线路。

中轴游览线

中线参观线路从大堂开始，经清两江总督署史料展馆、洪秀全与天朝宫殿历史文物陈列馆、礼堂、中堂、会客厅、政务局楼，直至子超楼。

大堂 大门正对面是大堂，也是太平天国天王府的金龙殿旧址。金龙殿又称"荣光大殿"，当年的荣光大殿梁栋涂金，饰以龙凤，四壁彩绘，富丽堂皇，是洪秀全大朝之地。史料记载，洪秀全死后，身裹黄缎，就埋在金龙殿的宝座下面。曾国荃攻陷天京，大肆掠夺后火烧天王府，洪秀全的遗体也被焚尸扬灰。曾国藩将其翻盖为两江总督署大堂。民国时，这里是举行重大礼仪活动的场所。1912 年，孙中山就任中华民国临时大总统的典礼就在大堂举行，后因天冷移至大堂后的西暖阁。1927 年国民政府定都南京后，这里作为国民政府的大堂，此后，大堂一直被国民政府和总统府沿用，至今保存完好。大堂内正梁上悬挂孙中山手书的"天下为公"蓝底银字匾。东西各有一空心砖

◎大堂

门，内外均有砖雕匾额，上书"清崎""琼树""飞黄""璇霤"。大堂内清代的建筑风格保存完好，墙壁上有六幅大型油画，分别是《天国风云》《敕治两江》《共和肇始》《国府西迁》《国共合作》《煦园曙光》。

清两江总督署史料展馆　该馆馆名由著名清史专家戴逸先生题写。两江是指当时的江南省和江西省，总督是地方最高长官，通常兼兵部尚书衔和右都御史衔，文官从一品，其职为"厘治军民、察举官吏、修饬封疆"，职权仅次于直隶总督。这个展览将视角首次对准了清代的封疆大吏，记载了林则徐、张之洞等人的史迹。两江总督史料陈列分三个部分：第一部分是总督花厅，模拟的是两江总督署花厅，这里当时是总督升堂前稍事准备和休息的地方，也是宾朋幕僚会谈的场所。第二部分为史料陈列，从敕治两江、官府旧址、兵火劫掠、同光重修四个部分介绍了两江总督署的发展历程。第三部分是复制的两江总督署大堂，大堂是举行礼仪、迎接圣旨和进行祭拜活动的地方，是总督权威的象征。悬挂于大堂上方的匾额"惠洽两江"为乾隆所题。

洪秀全与天朝宫殿历史文物陈列馆　该陈列馆按太平天国时期的形制仿建，内容共分四个部分：第一部分是太平天国历史简介，介绍了从 1851 年洪秀全在广西金田起义开始，1853 年定都南京并改南京为天京，直至 1864 年太平天国失败的历史事件。第二部分复原了天王机密室、天王书房、天王宝座及天朝宫殿内宫，这是洪秀全与重臣商议大事、批阅文书和休息的地方。第三部分是史料陈列，以定都天京、社会风情、资政建制、天京内讧、天国倾覆为内容，系统介绍了轰轰烈烈的太平天国14年的兴衰史。第四部分是天朝宫殿，用模型向人们展现了太平天国时天朝宫殿的全貌。整个天朝宫殿气势雄伟，殿宇巍峨，可惜被曾国荃率领的湘军在攻克天京后一把大火烧了七天七夜，"十年壮丽天王府，化作荒庄野鸽飞"。

礼堂　由大堂向北，走过一段穿堂，便来到高大宽敞的国民政府礼堂。这座礼堂原为两江总督署大堂西暖阁的一部分。1929年的"国军编遣会议"、国民政府和中央党部联合举行的"总理纪念周"、1946年"还都"后的"五五茶会"、1948年5月蒋介石就任总统的觐贺仪式等许多重要活动，都在这个礼堂举行，国民政府其他的院、部、会也常借用这所礼堂开会。今天的礼堂现状除讲台外，基本是20世纪40年代后期的格局。

中堂　中堂的大厅是太平天国时期金龙殿后的内宫建筑、清两江总督署和民国时期的二堂，1935年8月在建造国民政府办公楼时进行改建，是外国使节谒见中国政要的地方，他们由这里再到礼堂递交国书和举行觐见仪式。

会客厅　会客厅门前的五级台阶看似平常，却是当年国民政府主席林森和总统蒋介石等政界要员会见宾客摄影留念的地方。在国民政府时期，会客厅西边一间是外宾接待室，国民政府先后在这里同美、日等国签订了《中美友好通商航海条约》等许多条约，蒋介石曾在这里会见过马歇尔、司徒雷登、魏德迈等美国政要。会客厅东边一间是内宾接待室，1946年7月1日上午，蒋介石在此与以周恩来为首席代表的中共和谈代表团举行会谈；1949年4月，代总统李宗仁在这里会见参加国共和谈的邵力子、章士钊等著名民主人士。

子超楼　子超楼是总统府的主要建筑之一，位于总统府中轴线北端，由虞炳烈主持设计。这幢办公大楼在国民政府主席林森任上所建，林森字子超，因此该楼称子超楼。楼前两棵雪松，为林森手植，树苗从印度进口，价格昂贵，以寸计金。"子超楼"主体五层，局部六层，建筑简洁明快，色调和谐。南面是硕大的玻璃钢窗，装饰不多，但线条清晰。整个墙面凸出的立柱部位都贴有浅咖啡色耐火砖片，其他地方用立体花纹的彩色水沙石粉面，富有层次感。

子超楼一楼原为国民政府文官处，后成为总统府文书局的办公室。二楼朝北两间为秘书长办公室，秘书长掌管负责文书局、政务局、印铸局、日常事务、重要文稿等。紧挨秘书长办公室的是副总统李宗仁的办公室，不过李宗仁与蒋介石政见相左，故常在傅厚岗官邸办公，这间办公室也成虚设。南面套房为蒋介石的办公室，共有三间：一间为办公室，临窗摆放写字台，配特制的皮转椅，天花顶悬法国产的精美吊灯，桌上有一本台历，日期仍然显示的是 1949 年 4 月 23 日，南京的解放日，历史在这里定格；办公室东间为蒋介石的休息室，配有卫生间；西间为书房和接待室。三楼是国务会议厅，是全楼最大的一间，面积约有 200 平方米，正北墙上有一汉白玉条石匾，上有林森亲笔书写的"忠孝仁爱信义和平"，横匾上方有孙中山像。屋顶有法国制造的吊灯，室内清一色长桌配高靠背皮椅，正中朝南是蒋介石的专席。国务会议组成人员为正副总统、五院院长、当然委员和另设委员，每两周开会一次，主要讨论制定立法原则、施政方针、军政大计、财政计划预算、官员任免和总统交议之事等内容。

东游览线

东游览线由北向南行进，依次经过国民政府行政院、复园、陶林二公祠、太平天国百年起义纪念碑、"勋高柱石"碑亭、马厩等。

行政院 行政院前的"行政院"三个大字为第一任院长谭延闿手书。行政院由北楼和南楼两座楼组成，现内部和外观已按原貌复原。行政院北楼建于 1928 年，共二层，是行政院的主要办公楼。行政院的南楼建于 1934 年 6 月，同时又新修了大门、卫士室、弧形照墙、喷水池等建筑，特别是弧形照墙，是根据地形与原存建筑设计的，在民国建筑中从未出现过。

复园 又称东花园，原为清两江总督署和太平天国时期东苑的一部分。由于战火毁坏等原因，园中仅存古井、古树等，现在复园中的园林建筑是 2002 年根据史料复原的。

陶林二公祠 这座青砖小院是一座祭祀祠堂，里面供奉的是两位著名的两江总督：陶澍和林则徐。陶澍（1779～1839 年），湖南安化人，道光年间任两江总督，在任期间倡海运、改漕粮、革盐政，多有德政善举，后举荐林则徐为其后任。林则徐（1785～1850 年），福建侯官县人，是著名的民族英雄。他在江苏期间，勤于政，在水利、减漕、救灾、缓赋等方面做了大量事关民生的工作。这座祠堂就是左宗棠在光绪九年（1883年），为纪念陶澍、林则徐所建。

原祠堂距总统府东南角数百米，2001年因市政建设需要被拆除，2007年移建于此。移建过程中，将原建筑构件拆下来后，一一编号，重新拼装，力求保持原先建筑风格。祠堂是南京市文物保护单位，祠堂牌匾是国家图书馆原馆长任继愈先生所题写。

太平天国起义百年纪念碑　太平天国起义百年纪念碑是一方汉白玉石碑。碑额上风起云涌，碑座上波涛翻滚，寓意1851年爆发的震惊世界的太平天国农民起义撼动了腐朽没落的清王朝，加速了中国封建专制制度的崩溃。

碑题是郭沫若所写，碑文是太平天国史学专家罗尔纲撰文，全文383个字，对太平天国起义产生的作用及意义做出了极高的评价。此碑原立于总统府大门正对面，因市政建设需要，2003年移立至此。

"勋高柱石"碑亭　在"陶林二公祠"东面的绿树丛中，掩映着一座亭子，亭中立有"勋高柱石"碑。碑体通高3.6米，宽1.2米，厚26厘米。这块"勋高柱石"碑与两江总督曾国藩有关。曾国藩是湖南湘乡人，同进士出身。曾先后三次担任两江总督，他带领湘军镇压了太平天国农民起义，让风雨飘摇的清王朝又延续了几十年。朝廷为了表彰他，加太子太保，封一等侯爵。在两江总督任上，他力主对外开放，引进西方先进的科学技术，与李鸿章等人创办了江南制造总局等军事工业，并开创留学西方的先河。在为人处世、修身治家方面，他极力推崇儒家礼教。

同治九年(1870年)，曾国藩最后一次出任两江总督，行前朝觐同治皇帝，那天正好是他六十大寿，16岁的同治皇帝特地赏赐给他御笔手书的"勋高柱石"四个字。"勋高"是指曾国藩镇压了太平天国，功勋卓著；"柱石"比喻总督东南，坚如磐石。曾国藩来到南京任职后，就将"勋高柱石"刻成碑立于两江总督署内，一来显示自己的荣耀，二来不给政敌留以口实。后此碑年久湮没，1990年发掘出土，2002年移立原处。

马厩　东苑的马厩是清朝和太平天国时期养马的地方，西边一排是养马人的住所。当时，所有的马都有编号，有专用马，有公用马。官员出行先要到马厩登记，然后根据官职大小领走自己的坐骑，用完后把马交回，销去记录。到了国民政府时期，包括孙中山先生在内也要这样做，孙中山的坐骑是7号。后来，汽车逐渐取代了马匹，国民政府时期这里就成了交通队、军乐队、警卫队的宿舍。现在的马厩是根据史料复原的。

西游览线

清朝时煦园是两江总督署花园，清康熙年间，曹玺、曹寅父子（曹雪芹的曾祖父、祖父）曾在设于煦园的江宁织造署任职。太平天国时期，煦园是天朝宫殿的西花园，并予以扩建。清军破城时煦园被毁，曾国藩于同治九年（1870 年）重建。“煦”为温暖、和煦之意，这是一座典型的官府园林，因其位于总统府西侧，大家习惯称之为“西花园”。煦园至今还保留诸多遗址景点，如漪澜阁、夕佳楼、忘飞阁、不系舟、桐音馆、鸳鸯亭等。

门前小院　东侧外门原为歇轿处，门额砖刻“璇厵”，内门额刻“飞黄”，均为清末两江总督署遗物。进入东侧外门，是一个三角形的小院落，粉墙上洞开一园门，上额题“煦园”。别看它只是个小院落，却是整个园林的“序”，园门上点明“煦园”，为开题。小院高墙，有利于游人收缩视线，从心理上做好细品慢究的准备。从园林艺术而言，高墙真正的功用是遮挡，符合古人含蓄、不张扬的思想。为避免呆板，高墙的墙脊做成波浪形，称为游龙脊，因其状若云头，又称为“云墙”或“龙墙”。园门呈圆形，称为月亮门、月洞门或月门。透过园门远观园内景色，如对明镜，意趣无穷。

枫桥夜泊碑　从月门入园，右边有一碑亭，内有一块汉白玉石碑。石碑正面镌唐代张继《枫桥夜泊》诗：“月落乌啼霜满天，江枫渔火对愁眠。姑苏城外寒山寺，夜半钟声到客船。”碑的背面有清末学者俞樾考证该诗的碑文，侧面为江苏巡抚陈夔龙写的跋文。此碑是汪伪政权中无良文人江亢虎仿照苏州寒山寺碑复制的。

月门左边是一座由太湖石堆成的假山，山上有六角亭一座，有石阶可登顶，此谓“开门有山，入门见亭”。假山有如影壁，用来隔景，可造成悬念，激发游兴。

桐音馆　假山西北侧是“桐音馆”。桐音出典于《后汉书·蔡邕传》：“吴人有烧桐爨者，邕闻火烈之声，知其良木，因请而裁为琴，果有美音，而其尾犹焦，故时人名曰‘焦尾琴’。”所以桐音即琴音。这里还有一个故事，说俞伯牙抚琴，唯钟子期闻而知雅意，有高山流水之想，俞遂引钟为知音。钟死后，伯牙因知音已逝，从此不再抚琴，所以琴音又引申为知音。故桐音者，知音也。这是主人款待知心好友的地方。"桐音馆"三字为已故著名书法家林散之题写。

鸳鸯亭 假山西面有一双顶方胜亭，俗称"鸳鸯亭"。方胜，又称双菱，指两菱形相叠。亭基方胜，上为双顶，远观似双亭并立，近看却一亭独伫，小巧玲珑，颇为别致。飞檐翘角，如欲飞的鸳鸯，在枇杷树和桂花树的掩映下，更显生动。走进方胜亭，东观假山上的六角亭，西览水池中的不系舟，又是一处左右逢源的佳景。

不系舟 园中的湖泊形似一个巨大的花瓶，名为"太平湖"，取意平安太平。湖中石舫名为"不系舟"，是清乾隆十一年（1746 年）两江总督尹继善为迎接乾隆皇帝南巡而造的，也是煦园中唯一具有北方清代官衙风格的建筑。"不系舟"由乾隆命名，其意为江山社稷稳如磐石。现在的匾额是当代书法家费新我手书。太平天国时期，曾对石舫加以重修，除石舫底座无法改变原貌外，舫体的上半部全部拆除重建。建成后，舫身上下均描金绘凤，木雕精美，含义深刻。洪秀全常在此舫休息。1864 年清兵破城，石舫被烧，唯一保存的只有石舫的底座，这也是总统府中年代最久的建筑遗存，曾国藩重修总督署时又将其恢复原状。石舫门楣上雕有牡丹、仙鹤、万年青，寓意富贵长寿。

漪澜阁 与不系舟遥相对应的是漪澜阁。漪澜阁是一座单层歇山

◎漪澜阁

◎夕佳楼

◎忘飞阁

顶的中式园林建筑，清同治九年（1870 年）重建。该阁四面环水，栅栏环绕，八只憨态可掬的小石狮盘坐栏上。漪澜阁以两座石拱小桥与岸相接，阁顶飞檐挂角，屋脊正中有一葫芦瓶，传为盛水容器，为镇火之宝物。漪澜阁南面的露台可作拜月及听曲之用，中秋之夜以女人为主祭祭祀月神，男人陪祭，祭品多为月饼、水果、菱藕之类。祭毕可边吃边赏月，同时请乐师隔水奏乐，乐曲声从水面传来，格外清润悦耳，称为"水音"。

夕佳楼　太平湖西畔是夕佳楼，为二层歇山式，重檐卷棚顶，重建于清同治九年（1870 年），因落日时余晖洒满小楼，景致绝佳，故以此为名。楼顶屋檐高高耸起，楼外三面临水，有走廊环绕，灵秀而雅致。

忘飞阁　夕佳楼的对景是湖东侧的忘飞阁，这是一座单层歇山顶的中式园林建筑，由构筑精巧的三楹小屋组成，因景致优美，飞禽水鸟到此往往"乐而忘飞"。正中一间深入水中，三面临水迎风，屋檐两侧有卷曲成梅花绽放枝头状的木雕，上各有两只喜鹊，称为喜鹊登枝，又称为"喜上梅（眉）梢"，故又名"喜上眉梢榭"。

棕榈亭　忘飞阁东南有一草棚名棕榈亭。棕榈亭以树木原干为柱，棕榈为盖，本色本样，未髹油漆，十分古拙。亭中置一块巨大的扁平太湖石，形如屏障，中有一圆形大洞，仿佛嵌入一镜，故称"一鉴石"。唐代魏徵是一个敢于直谏的大臣，他死后，唐太宗李世民感叹魏徵死后他少了"一鉴"，"一鉴石"借此意得名。

望亭　在水池西南有一四方亭，名为"望亭"。此亭上虚下实，上部为望楼，地势最高，能俯视全园；下部为方室，即"印心石屋"碑亭。亭正中有一方砖壁，一面为二龙戏珠浮雕，另一面嵌道光年间两江总督陶澍故里《资江印心石屋山水全图》和陶澍呈给道光的谢恩奏折。碑高 48 厘米，宽 155 厘米。

天发神谶碑　夕佳楼后廊壁上嵌有一碑，称"天发神谶碑"，它原是东吴后主孙皓所刻"天玺记功碑"，因发现时已断为三截，故又有"三段碑"之名。碑文意为上天保佑吴国江山稳固。此碑系宣统元年（1909 年）两江总督端方复制，碑文用篆文笔法写隶书，笔致苍润古朴，后代书法家称其如折古剑，如断玉簪，是罕见的书法珍品。

北行可见御碑亭，内存乾隆皇帝赐萨载和书麟这两位两江总督的诗碑，其一已断，但字迹明晰。

孙中山起居室　煦园北面还有一座两层中式建筑，建筑为小青瓦木结构硬山顶。该建筑建于 1909 年，原为清朝两江总督高级幕僚的住所。1912 年 1 月至 4 月，孙中山担任中华民国临时大总统期间在此居住，孙中山的原配夫人卢慕贞女士和两位女儿也曾在此与中山先生相聚。楼上是盥洗室、餐厅和卧室，楼下是会客室、穿堂和厨房。

临时大总统办公室　煦园旁边有一处院落，里面有一幢黄色西式平房，原为两江总督端方建造的花厅，1912 年孙中山就任中华民国临时大总统，即以此为大总统办公室。平房坐北朝南，七开间。正中一间为穿堂，其西三开间是会议室，其东依次为小会议室兼临时大总统会客室、办公室、休息室。

临时大总统办公室南门的黄色西式建筑，是大总统府秘书处遗

◎临时大总统办公室

址。秘书处是南京临时政府总统府的常务办事机构，承担着文告撰拟、文件收发、档案保管、纪要编录以及接待宾客等事项，可以说是总统府的中枢所在。现在我们见到的这栋建筑是 2002 年根据历史照片重建的，这里陈列的是"孙中山与南京临时政府文物史料展"。

　　总统府自明初以来，经历了明、清、太平天国、中华民国几个时期，以诸多保存完好的近代中西建筑遗存、国内独一无二的历史文化氛围、珍贵的文物和史料、风景优美的自然环境，成为一部极其生动的中国近代史的教科书。

朝天宫景区
南京市博物馆

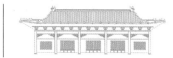

　　南京市博物馆位于南京市秦淮区朝天宫内，于1973年正式成立，2014年成为南京市博物总馆的分支机构。南京市博物馆是一座综合性历史艺术类博物馆，是全国重点文物保护单位、国家一级博物馆、国家AAAA级旅游景区、江苏省爱国主义教育基地。

　　朝天宫背依冶山，前临运渎，依山而建，红墙黄瓦，屋宇轩昂，是江南地区现存规模最大、建筑等级最高、保存最为完好的一组明清官式古建筑，素有"金陵第一胜迹"的美誉。这里环境优美，展览丰富，是了解南京古都历史的最佳场所。南京市博物馆根据馆藏文物的特点，结合历史文献在朝天宫内设有多个专题展览，如"胜迹千年——朝天宫历史沿革展""龙蟠虎踞——南京城市史展""云裳簪影——宋明服饰展""玉堂佳器——馆藏精品文物展"等，展出的文物与南京历史息息相关，是古都南京辉煌历史的见证。

朝天宫所在的山叫"冶山"，距今已有二千多年历史。春秋时期，传说吴王夫差曾在这里铸剑，冶山因此而得名。三国东吴时期，孙权在此设置冶官，将冶山作为东吴制造兵器、生活用品和金属货币的重要场所。东晋初年，丞相王导在这里建造私人别墅，取名"西园"。南朝宋明帝泰始六年（470 年）在冶山建立了"总明观"，是当时的社会科学研究机构。从唐代到太平天国定都南京，冶山一直是道家圣地，曾经是太清宫、紫极宫、天庆观、玄妙观、朝天宫的所在地。明洪武十七年（1384 年）太祖朱元璋下诏改建，并赐名为"朝天宫"。明代的朝天宫既是皇室贵族焚香祈福的道场，也是春节、冬至、皇帝生日这三大节前文武百官演习朝拜天子礼仪的场所。太平天国时期，朝天宫被改为生产、储藏火药的作坊"红粉衙"。清同治五年（1866 年）两江总督曾国藩将朝天宫重建为文庙，用以祭拜孔子，同时把位于成贤街的"江宁府学"迁到此地，形成了中为文庙，东为府学，西为卞公祠的格局，保留至今。

现在的朝天宫东起王府大街，西至莫愁路东侧，北延伸到秣陵路以南，南至建业路以北，占地 5 万平方米。中轴线上的主要建筑有万仞宫墙、泮池、棂星门、大成门、大成殿、崇圣殿等，这些建筑至今保存完好。朝天宫是南京著名的风景名胜地，"冶山西峙"为清代的金陵四十八景之一，历史上曾吸引了众多的文人雅士前来游历。翻看南京地方典籍，有关朝天宫的人文掌故留传至今，如"郭文举读书台""梦笔驿""王谢登高处""忠孝泉井""府学镛钟"等。

万仞宫墙　"万仞宫墙"照壁是朝天宫最南端的建筑。照壁全长近百米，南侧有四个砖刻大字"万仞宫墙"，每个字约 1 米见方。仞是度量单位，我国古代八尺或七尺为一仞。"万仞宫墙"出自《论语·子张篇》"夫子之墙数仞，不得其门而入"，意思是赞喻孔子知识渊博，道德文章水平非常高。宫墙两侧各有牌坊一座，三间三拱门，中门较高大，上面有砖刻横额，东为"德配天地"，西为"道贯古今"，均为赞誉孔子之意，相传为曾国藩所书。东西牌坊外原各有下马碑一块，现仅存西边一块，上刻"文武官员军民人等至此下马"，碑高 2.8 米，宽 0.62 米，厚 0.31 米，文字系双钩楷书。现在朝天宫附近的"东止马营""西止马营"街巷名称，均因此碑而得名。

泮池　万仞宫墙内侧是一半圆形水池，周围有白石栏杆，称为"泮池", 是文庙标志性建筑之一。泮池的意思是"泮宫之池", 泮宫是古代的国家高等学府, 因此, 泮池是官学的标志。

棂星门 棂星门与"万仞宫墙"照壁隔泮池相对, 是文庙大门, 面阔 15.5 米。"棂星"是古代传说中的文星, 以"棂星"为文庙大门命名, 意思是文庙府学培养的人才为国家所用。

一进院落 穿过棂星门来到文庙的一进院落, 院落的东西两边各有一间厢房, 东边为文吏斋、司神库, 西侧为武官斋、宰牲亭。文吏斋、武官斋是文武官员参加祭孔典礼时休息、斋戒、沐浴的地方, 司神库、宰牲亭分别为存放孔子神主牌位和制作三牲供品的地方。

大成门 沿中轴线拾级而上, 正对的门就是大成门。"大成"取自《孟子》中"孔子之谓集大成"。因为古代门两旁曾陈放紫戟等用作迎接封建帝王或钦差大臣用的仪仗, 所以大成门又称为戟门。大成门面阔 29 米, 分左中右三门, 中门专供皇帝出入, 亲王、郡王走左右两门, 一般官员只能走戟门两端的"金声"和"玉振"小门。

胜迹千年——朝天宫历史展览 "胜迹千年——朝天宫历史展览"位于大成门后二进院落的西厢房。该展览分为"冶城春秋""朝天云阁""人文掌故"三个单元, 分别介绍朝天宫的历史沿革、现状和历史上的掌故、诗文。

大成殿 穿过二进院落就是大成殿。大成殿是朝天宫的主体建筑, 重檐歇山顶, 面阔 43.3 米, 进深 18.76 米。大殿前宽敞的露台四周有石质雕栏, 四角刻有螭首。大成殿前后台阶的中央都有龙陛的浮雕, 龙角已被磨损。自明代洪武十七年(1384 年)起, 朝天宫一直为皇家专用道场。成化年间朝天宫进行大规模重修, 竣工后大学士商辂撰写了《奉敕重建朝天宫碑》碑文, 该碑就位于大成殿露台东侧。石碑高近 6 米, 分碑首、碑身、碑座三部分。碑首浮雕云龙纹, 碑身两边装饰龙纹, 碑座为龟趺。碑文有 1000 余字, 记载了明初朝天宫的用途、规模以及重修的始末, 是研究明代朝天宫沿革、规制、布局的重要史料。在古代, 大成殿是祭祀孔子的地方。

龙蟠虎踞——南京城市史展 走过大成殿来到朝天宫的第三进院落, 院落的西厢房现在是"龙蟠虎踞——南京城市史展"的展厅。展览按照历史发展的脉络, 分为"从远古到秦汉""六朝""隋唐宋元""明清""民国"五个单元, 全面表现南京人杰地灵、文化积淀深厚的历史与文化, 重点展示了南京历史上的重大事件和重要人物。在陈列内容上突破文物展品的局限性, 大量采用文献、照片、档案等历史资料; 在陈列形式上大胆尝试多种陈列语言和新技术、新材料, 运用复原场景和创作画等形式重现历史。

崇圣殿　走出展厅，可见崇圣殿。崇圣殿又称先贤祠，面阔 36.53 米，进深 16.15 米，歇山顶，建筑风格与大成殿相似。殿内原有神龛，陈放历代先贤牌位。现在的崇圣殿为"云裳簪影——馆藏宋明服饰展"展厅，展示了馆藏宋、明时代的服装与各种佩饰，其中各种服装、鞋袜 20 余件，各种金、银、玉首饰、佩饰 100 余件。

多功能展厅　崇圣殿以西是多功能展厅，这里会不定期举办特别展览。多功能展厅楼上是"玉堂佳器——馆藏精品文物展"，展厅以江南古建筑室内风格为基调，展陈面积 800 平方米。展览精选馆藏精品文物 20 余件套，集中展示了馆藏文物中最精华的部分，包括镇馆之宝元青花萧何月下追韩信图梅瓶等。展厅内部设计采用典型的江南多进穿堂式格局，根据文物不同的材质和特点，以两到三件一组的形式，分别陈列在十多个主题空间内，使观众在参观时有移步换景、渐入佳境之感。

飞云阁　飞云阁高二层，阁正中悬挂清道光年间举人莫友芝的篆书"飞云阁"匾额。"飞云阁"三字是比喻建筑凌空飞起，若在云端。后人曾盛赞此楼："钟阜群峰，窥窗排闼。朝烟霏青，夕霞酿紫，如置席间，诚奇景也。"

御碑亭　御碑亭为八角攒尖顶，亭内有一块石碑，通高 3.28 米，宽 0.64 米，厚 0.23 米。石碑的四面及背面的碑额上都刻有清朝乾隆所书诗句。乾隆皇帝多次下江南，曾五次游览朝天宫，每一次来都吟诗一首。

敬一亭　拾级而上，来到冶山最高处，这里矗立着八角形的敬一亭。据《明史》记载，明朝嘉靖帝曾撰写过一篇箴言《敬一箴》，要求天下恪守孔子的圣人之道，各地学宫纷纷将这篇箴言刻成石碑，建亭供奉，所建的亭子被称为"敬一亭"，是文庙标志性建筑。

竹林七贤石雕　东山园林中有一组石雕，刻画的是嵇康、阮籍、山涛、向秀、刘伶、王戎、阮咸七位东晋时期著名的隐士，他们崇尚老庄，生活上不拘礼法，追求清静无为，经常聚集于竹林之中，喝酒玩乐，被世人称为"竹林七贤"。这组石雕生动再现了竹林七贤的名士风度。

今天的南京市博物馆担负着南京地区文物的保护与保管重任，博物馆利用朝天宫古建筑群特有的文化氛围，以丰富的文物、文献资料及研究成果为基础，展示南京城市历史发展的进程，吸引着海内外无数的寻访者领略南京古都文化的精髓，欣赏南京历史文明的宝藏。

梅园新村纪念馆

梅园新村纪念馆，全称中国共产党代表团梅园新村纪念馆，位于南京市长江路东端梅园新村街道，是纪念以周恩来为代表的中共代表团于 1946 年 5 月至 1947 年 3 月，在南京与国民党政府进行和平谈判的革命纪念馆。周恩来率领中共代表团在这里与国民党政府进行的长达十个多月的和平谈判，为中国人民解放事业留下了不朽的一页。1960 年在这里筹建中共代表团梅园新村纪念馆，1978 年正式对外开放；1990 年兴建了国共南京谈判史料陈列馆；1998 年在周恩来百年诞辰之际，又建成了周恩来图书馆，以缅怀和研究伟人的丰功伟绩和崇高品质。

纪念馆由国共南京谈判史料陈列馆、周恩来图书馆、中共代表团办事处旧址组成，是全国优秀的爱国主义教育基地之一。

国共南京谈判史料陈列馆

陈列馆是一座富有地方特色的现代化建筑，由庄重的展厅和典雅的庭院组成。建筑创作既强调历史环境的再现，又考虑与周围环境相协调，曾获 1993 年全国优秀建筑设计一等奖。

周恩来铜像　陈列馆庭院中的周恩来铜像由南京晨光机械厂制造，高 3.2 米，重 900 公斤，以周恩来步出梅园新村 30 号的一张照片为原型，展现了周恩来坚定、沉着、机智、从容的革命家风度。铜像下没有基座，铜像脚踩红色花岗岩铺成的道路，仿佛他正迈步向我们走来，象征着周恩来一生所走过的红色革命道路，表现了他一生密切联系群众的优良作风。铜像后上方

◎周恩来铜像

墙面上许多镶着玻璃的小窗孔，是用夸张的手法表现了当年特务们监视的眼睛。下面石刻镂空窗上雕着的梅花图案，象征着周恩来等老一辈革命家处险不惊、傲霜斗雪的英雄气概和坚强意志。

拱门　铜像后面高大的拱门是以梅园新村 30 号的大门为原型，采用虚实结合的手法构造的，拱门上方一组黑色铁花拱圈门头线的图案，又使大家感觉到这仍是现实生活中一扇普通的大门。

◎汉白玉浮雕

汉白玉浮雕　陈列馆展厅中央的汉白玉浮雕高 6.5 米，宽 3.3 米，雕刻的是中共代表团领导成员与工作人员的形象，从下往上依次为：周恩来、邓颖超、董必武、吴玉章、叶剑英、陆定一、李维汉。代表团对内称中共中央南京局，位于代表团领导成员之后的是南京局组织部长钱瑛，她左边是协助周恩来工作的廖承志。后面三位刻画的是代表团工作人员的形象，没有具体的姓名。

史料陈列　2018 年 1 月 8 日，"梅园风范——

中共代表团在南京"基本陈列在中共代表团梅园新村纪念馆史料陈列馆开展。该展览为中共代表团梅园新村纪念馆基本陈列，主要展示以周恩来为代表的中共代表团于1946年5月至1947年3月与国民党政府进行和平谈判的历史。展览分为"为了和平，进行重庆谈判""进驻梅园，开启南京续谈""审时度势，力控严峻局势""扩大统战，开辟第二条战线""坦诚相待，从容应对调解""抵制国大，使中共赢得人心"六个单元。

"为了和平，进行重庆谈判" 1945年8月，毛泽东、周恩来、王若飞代表中共中央赴重庆和国民党政府进行和平谈判，双方达成和平建国协议，签署了《双十协定》。此后，又召开由国民党、共产党、民主同盟、青年党及无党派人士代表参加的政治协商会议，讨论和平建国方案及召开国民大会等各项问题。

"进驻梅园，开启南京续谈" 在国民党政府还都南京的同时，1946年5月3日，周恩来率中共代表团由重庆迁抵南京，进驻梅园新村，继续与国民党政府进行和平谈判。谈判期间，在南京成立了中共中央南京局（对外称中共代表团），在上海设立了代表团驻沪办事处（对外称周公馆，对内称上海工委）。中共中央南京局是统管整个南方地区党组织的秘密领导机关，也是唯一设在国统区的中央地方局，在历史上发挥了极其重要的作用。

该部分展出了中共代表团进驻梅园，开展工作，与国民党政府斡旋、斗争，和日常生活相关的地图、照片、物品以及场景复原模型等，有国民党政府给中共代表团成员颁发的户口卡、周恩来使用过的小皮箱、写有"天作之合"的红绸等。

◎小皮箱

"审时度势，力控严峻局势" 为化解愈来愈严峻的国内局势，避免内战，实现国内和平统一，国共双方在美国政府代表的调停下，在南京围绕中原战事、东北休战、黄河归故等问题进行多次重要谈判，史称国共南京谈判。

1946年5月，国、共、美三方代表在赴宣化店的途中遇上了大暴雨，到了黄陂县（现武汉市黄陂区）十棵松河边时，山洪冲断了桥梁，汽车无法过河。周恩来为了争取时间请来当地的老百姓，把吉普车连同坐在车里的美方代表抬过了河，国民党代表是由当地百姓背过河的。当周恩来走向河边时，农民争着要背他，周恩来却坚持自己过河，于是脱下鞋袜、长裤，赤脚蹚过这条一百多米宽、水深及腰的河流。当时，美方代表白鲁德激动地拍下了这张珍贵的照片，这是周恩来等中国共产党人克己奉公、严格自律、不搞特殊化的务实勤廉工作作风的真实写照。

为停止东北内战，在周恩来的据理力争和马歇尔的斡旋下，蒋介石被迫同意东北休战15天进行谈判，后又延期8天。1946年6月6日，国民党政府被迫同意举行三人会议，国共双方发表东北休战公报。7月2日，周恩来会见蒋介石，双方商定，由国民党政府派陈诚、王世杰、邵力子，中共派周恩来、董必武，组成五人小组直接会谈。由于国民党政府仍然坚持无理要求，五人会谈没有结果。

周恩来始终坚持人民利益高于一切，始终坚持"为民"的思想精神。1938年，为了阻止日军的进攻，国民党在花园口的南岸炸开了堤坝，使黄河水由原来往东北方向经山东流入渤海，改东南方向流入长江。在抗战期间，黄河故道两岸形成了大片解放区；抗战胜利后，国民党提出黄河堵口复堤工程，要在花园口抛石，使黄河水回归故道，以此达到冲垮和削弱解放区的目的。但这样会造成新的黄泛区，给生活在黄河故道解放区的700万人民带来深重灾难。中国共产党考虑到百姓的疾苦，要求先复堤后堵口。7月18日，周恩来在上海与"联总""行总"的代表就黄河堵口复堤工程进行了谈判，并亲赴花园口进行实地视察，最终取得了堵口复堤工程延期，同时争取到了救济物资运往解放区。

"扩大统战，开辟第二条战线" 国共南京谈判期间，中共代表团在国统区积极宣传党的政策，广泛发动群众，开展爱国民主运动，揭露国民党政府假和谈、真内战的阴谋，团结各界人士，开辟第二条战线，使中国共产党赢得人心，为解放战争取得最后胜利做出不可磨灭的贡献。

中共代表团迁来南京后，购置中山路360号房屋，开设门市部，经销《新华日报》《群众》等报刊。代表团新闻组的同志还每天抄收延安发来的新闻，然后编印《新华社通讯稿》分送到各处去，向广大人民群众宣传共产党的主张和当时的一些事实真相。

1946 年夏天的一个晚上，周恩来和邓颖超在新街口一家冷饮店休息时，偶遇 5 名国民党飞行员。这 5 名飞行员对共产党主张和平民主的真诚态度非常敬佩，他们很想请周恩来签名留念，但当时没带笔记本，只好在五张全新的五百元法币上，请周恩来签名，周恩来欣然应允，在法币上一一写下"周恩来"三个字。这次偶然的相遇，也使他们更加坚定了向往光明、要求进步的决心。内战爆发后，五位飞行员毅然脱离了国民党空军，其中一位飞行员林雨水参加了震惊中外的"两航起义"。这张有周恩来亲笔签名的法币，多年来一直跟随着林雨水，现为国家一级文物。

"坦诚相待，从容应对调解" 谈判中，以周恩来为代表的中共代表团尊重美方代表、"第三方面"人士的调解努力，与他们真诚相待，在他们有原则错误时，则坦诚相见，说理批评。针对美方，指出其既居中调停又偏袒援助蒋介石的两面性；对"第三方面"人士则帮助其克服动摇性。最终，在事实面前，美方代表不得不宣布调停失败，绝大多数"第三方面"人士也认清了国民党"真内战，假和平"的本质。

全面内战爆发之后，国共和谈的希望越发渺茫。1946 年 7 月，美国政府任命司徒雷登为驻华大使，来华协助马歇尔调解中国内战，周恩来对司徒雷登的到来表示了欢迎。在谈判过程中，周恩来向马歇尔强调了中共的原则立场。虽然，国共谈判以失败告终，但美国特使马歇尔对周恩来的品德和才能非常敬佩，称"周恩来将军不愧为世界上第一流外交家"。为表示对周恩来的敬意，他特地送给周恩来一只手提式公文包，皮包表面有烫金英文"马歇尔将军赠周恩来将军"。谈判期间，周恩来经常使用这只皮包，现在这只公文包被定为国家一级文物。1946 年 10 月 8 日，马歇尔、司徒雷登发表联合声明，宣告调解陷入僵局。

当时国内的一些民主人士和民主团体组成了第三方面，竭力在国共两党间奔走调解，希望双方能够恢复和谈。为了团结第三方面人士，中共决定接受第三方面调解。1946 年 10 月 18 日，在第三方面代表的参与下，国共双方在上海进行了非正式的商谈。10 月 21 日，商谈移至南京举行。周恩来乘专机回到南京时，国民党代表孙科、邵力子等到机场迎接。但是由于当时国民党政府在政治上、军事上都占有优势，因此对和谈毫无诚意，最终第三方面调解宣告失败。

"抵制国大，使中共赢得人心" 国民党政府坚持独裁政策，不顾中国共产党、中国民主同盟和全国人民的坚决反对，于1946年11月15日召开一党包办的"国民大会"，一手关闭了和谈之门，国共和谈最终破裂，中共代表团被迫撤返延安。但是，这场谈判斗争使中共赢得了人心，为最终打败国民党军队，推翻国民党统治，奠定了坚实的政治基础和广泛的群众基础。

周恩来图书馆

周恩来图书馆是1998年江苏省暨南京纪念周恩来百年诞辰的重点工程，位于陈列馆北面，梅园新村30号的西南角，占地面积855平方米，建筑面积1280平方米，由四幢民国初期民居式小楼改建组合而成，分上下两层，内设展厅、阅览厅、音像资料厅、采编室、书库等。图书馆主要收藏周恩来的论著、文献、照片、音像资料以及介绍他的生平、思想的书刊、资料等，现藏书数万册。在中共中央文献研究室的指导下，周恩来图书馆成为全国第一家周恩来图书馆资料研究中心。

◎周恩来图书馆

◎梅园新村 30 号

中共代表团办事处旧址

梅园新村 30 号　梅园新村 30 号，是当年周恩来和邓颖超办公居住的地方。当年，梅园新村 30 号和 17 号是国民党政府指定中共代表团居住地，因此在中共代表团没有到达南京前，国民党政府就已经在这所房子的周围布置许多特务监视站。距离梅园新村 30 号最近的就是梅园新村 31 号特务监视站，他们利用两扇窗户偷看、偷听代表团的活动情况。不仅如此，国民党政府还派遣许多化了装的流动特务，化装成算命先生、皮匠、卖报的、拉黄包车的，跟踪和盯梢来访的民主人士、新闻记者。1946 年 5 月 3 日，中共代表团到达南京梅园新村，工作人员采取了一些措施。首先，将 30 号的院墙齐砖印的位置加高了近原来的一倍，又在对面原先是平房的传达室上加盖了一层小阁楼，这样不仅挡住了部分监视视线，而且做保卫的同志也可以在小阁楼的临街窗口观察到街头巷尾特务们的活动情况。

中共代表团是 1947 年 3 月 7 日离开南京的，距今已经半个多世纪过去了，但是整个办公原址仍然保持当年的原样。门前有两棵柏树、一株垂丝海棠、四棵石榴树和葡萄藤等，这里的一草一木都是周恩来和邓颖超亲自培土、浇水栽种的。

梅园新村 30 号是一幢典雅的欧美式建筑，上面三间低矮的小阁楼是中共代表团的机要科和秘书科。当年，为了防止梅园新村 31 号特务的偷看，不得不将唯一通风的窗户日夜关上，还要蒙上黑、红两层窗帘，当时正值炎热夏季，工作人员每天都是汗流浃背坚持工作。

当年，在代表团的会客室里，周恩来、董必武常在这里会见一些来访的民主人士、新闻记者、国际友人以及国民党的谈判代表。

代表团的小餐室是招待客人吃饭用的，平日里，周恩来会去梅园新村17号的大饭厅与大家一起用餐。桌椅、报架都是当年的原物。

汽车间里面是美国别尔克小轿车，它是现在的别克牌汽车。这辆小轿车是国共南京谈判期间周恩来乘坐过的。他经常乘坐这辆小轿车外出与国民党代表谈判，护送民主人士、地下党员到达安全的地方，还在车内会见过中共特殊党员张克侠。当时张克侠的公开身份是国民党徐州第三绥靖区的副司令，他是电影《佩剑将军》中贺坚的原型。这辆小轿车被列为国家一级文物。

梅园新村35号　梅园新村35号是董必武、廖承志、钱瑛、李维汉四位同志办公、居住的地方。当年代表团由于住房拥挤，就以廖承志夫人经普椿的私人名义买下了35号。代表团在这个小院里加盖了这两座对称的小平房，既挡住了31号窗口的特务监视视线，也解决了住房问题。左边小间是当年宋平等同志办公的政治研究室，右边一间住着董必武的警卫员刘国安，楼上居住的是李维汉和钱瑛两位同志，楼下这间是廖承志的办公室和卧室。廖承志是代表团的对外发言人之一，当年他主要负责宣传和外事工作。

董必武办公室桌上的公文包是1945年其代表解放区人民去美国旧金山参加联合国成立大会时使用的，谈判期间一直用它。当年，董必武的学习兴趣很广，除了学习马列著作外，还有英文、哲学、历史等，他学习过的书籍还在这里。相通的一小间是董必武的卧室。虽然只有8个平方米，当年却居住着他和夫人何莲芝以及三个孩子一家五口人。床上的用具都是他们全家使用了二十多年的，里面床上的印花床单由于使用了多年，一再缝补，最后何莲芝同志只好将它从中间剪开，把两边好一点的再对缝起来，继续使用。

梅园新村17号　梅园新村17号是当年代表团的办事机构驻地。右边这幢房子楼上有代表团的军事组、妇女组、党派组和电讯室。楼下是小会议室、新闻组、新华通讯社南京分社抄报室、十八集团军驻京办事处处长办公室和卧室以及外事组的办公室和卧室。左边这幢房子的楼上是代表团同志们的宿舍，楼下是大饭厅。国民党政府召开了一党包办的"国民大会"的第二天，周恩来就是在这里举行了告别性的最后一次记者招待会。

　　历史跨过了大半个世纪，梅园新村纪念馆充分展示了中共代表团在梅园新村的斗争生活，先后被授予全国中小学爱国主义教育基地、全国爱国主义教育示范基地、全国廉政文化教育基地、全国红色旅游经典景区、国家 AAAA 级旅游景区、国家一级博物馆、江苏省廉政教育基地等荣誉称号。

侵华日军南京大屠杀遇难同胞纪念馆

侵华日军南京大屠杀遇难同胞纪念馆 1985 年 8 月 15 日正式建成开放，是建立在南京大屠杀江东门集体屠杀和万人坑遗址之上的遗址性历史博物馆，是国家一级博物馆、AAAA 级旅游景区、全国爱国主义教育基地、全国重点文物保护单位。纪念馆整体造型为"和平之舟"，整个纪念馆包括雕塑广场、公祭广场、南京大屠杀史实展、遗址区、和平公园区等。

雕塑广场

进入纪念馆入口后的第一个广场是雕塑广场，第一系列是"家破人亡"，雕塑高 12.13 米，塑造的是一位受难的母亲怀抱着死去的孩子仰天长啸的情景；第二个系列是"市民逃难"，由十座铜质雕塑构成，每座雕塑都是根据历史事实和幸存者证言创作而成的，再现了当年南京人民逃难的情景；第三个系列是"冤魂的呐喊"，雕塑被劈成两块三角形棱块，上刻有呐喊浮雕，左上方是一只伸向苍天呐喊的手，寓示着无数亡灵的喊冤与呐喊、挣扎与反抗。该群雕塑由中国雕塑

院院长吴为山创作，获"新中国城市雕塑建设成就奖"。

公祭广场

每年的 12 月 13 日，南京大屠杀死难者国家公祭仪式就在公祭广场举行。可以看到整个广场以灰色的基配石铺地，营造了一个没有生命的空间。

国家公祭鼎　广场上的大鼎是国家公祭鼎，2014 年 12 月 13 日，在南京大屠杀死难者国家公祭仪式上，国家主席习近平与南京大屠杀幸存者代表夏淑琴、死难者遗属代表阮泽宇共同为国家公祭鼎揭幕。该鼎以东周时期用来祭祀的"楚大鼎"为原型重新设计制造而成，鼎呈深古铜色，鼎上颈部和两耳侧面纹饰以南京的市树——松树为图案元素，象征着绿色与和平。铜质底座铸有南京城墙图案，鼎足上端采用犀角纹，下端为象腿足形，粗犷有力，象征中华民族在历史记忆中觉醒。鼎正面 160 字的骈文为祭文，鼎背后两侧用白话文记叙了南京大屠杀死难者国家公祭日的设立。

灾难之墙　远处黑色的墙叫作灾难之墙，上面刻有中、英、日、德、韩、西班牙等十二种文字的"遇难者 300000"，灾难之墙的左侧是一个十字架型的标志碑，上面刻有一排阿拉伯数字"1937.12.13—1938.1"，这是南京大屠杀的六周时间，该碑下铺着一层层碎石，意味着纪念馆是建立在万人坑遗址之上的。灾难之墙的右侧是一个寓意为"倒下的 300000"的抽象雕塑，由三根黑色的三棱柱和五个褐红色的圆圈组成了三十万的数字，中间为一个倒下的"人字"横梁，钟架上挂的是和平大钟，警示人们不忘国耻！

南京大屠杀史实展

在史料陈列厅内，通过录像、文字、图片、实物等多种方式展示了侵华日军在南京犯下的滔天罪行，时刻提醒人们勿忘国耻。

门厅　进入史料陈列厅，迎面看到一块黑色石板上用中、英、日三种文字书写了展览主题"南京大屠杀史实展"。黑底白字寓意黑的就是黑的，白的就是白的，铁的历史事实决不允许否认和歪曲。继续向前，是一面巨大的档案墙，里面是 12000 多盒有关南京大屠杀幸存者、死难者以及第三方证人的档案。前方看到的是"12 秒"流星装置，用流星坠落指代生命的逝去。

序厅 序厅周围是南京大屠杀幸存者照片墙，共展出 1213 张照片。左右两边黑白照片是已离世的幸存者，前方彩色照片是截至 2017 年 9 月 30 日登记在册的在世幸存者，每当有幸存者离去，其对应的照片灯箱会随之熄灭。

基本陈列厅 基本陈列厅共分八部分，分别以南京沦陷前的中国形势、日军进犯南京与南京保卫战、日军在南京的暴行、人道主义救援、世界所了解的事实与日本的掩饰、大屠杀后的南京、战后调查与审判、人类记忆和平愿景为主题，系统地介绍了 1937 年南京大屠杀发生的历史，并通过实物、照片、日记以及遇难者遗骸等形式记录下日军侵华的史实和他们的暴行。

19 世纪下半叶，日本军国主义思想抬头，逐步走上侵略扩张道路。近代中国闭关自守，积贫积弱，遭到了日本的一系列侵略。1937 年 7 月 7 日卢沟桥事变，日军全面侵华战争开始。1937 年 8 月 13 日，日军在上海发动"八·一三"事变，占领上海之后兵分三路进攻南京，在途中先后侵占苏州、无锡、常州等地。日军所到之处，大肆烧杀淫掠，江南民众陷入悲惨境地。1937 年 8 月 15 日开始，日军飞机又对南京进行了数月之久的轰炸，致使南京城遭受了严重的毁坏。

1937 年 11 月 7 日，日本最高军事当局以松井石根为司令官，下辖上海派遣军和第十军，集中兵力围攻南京。11 月 20 日，国民政府宣告迁都重庆，同时任命唐生智为卫戍司令长官，投入 10 余万兵力，守卫南京。12 月 1 日，日本参谋本部下达了进攻南京的作战命令，20 多万日军展开了向南京的进攻。1937 年 12 月 10 日，日本开始对南京城发动总攻击，中国守军在各个战线与日军展开了顽强的战斗，其中包括激战紫金山、血战光华门、激战雨花台、搏击赛公桥、退守长江边。12 月 13 日，南京沦陷。

日军在相继侵占中华门、光华门、中山门、太平门等城门后，在南京城内外展开了为期六周的大屠杀。被俘的已解除武装的中国军人、留在国际安全区维持秩序手无寸铁的中国警察、无辜的市民都成了日军屠杀的对象。南京城的大街小巷、庭院住宅、寺庙庵堂、村庄田野尸体横陈、哀鸿遍野。日军在进行疯狂屠杀的同时还在南京大肆奸淫妇女，上至年逾古稀的老人，下至未成年的幼女，都成为他们发泄兽欲的对象。

此外，日军还大肆抢劫财物，所到之处，不论私人住宅，或机关、商店、仓库，十室九空。南京的文物以及图书也成了日军掠夺的对象，日军特务科在南京竺桥地质陈列馆设立的"图书委员会"，专事抢劫中国的图书文物，集中运走。仅国立图书馆就被日军掠夺图书资料80余万册，日军用三百多辆卡车运往码头，再经水路运往日本。

南京沦陷前，有数十位外籍人士和一大批勇敢的中国人冒着生命危险留在南京，利用中立国国民和国际红十字委员等特殊身份在南京建立安全区和难民营，在中国人民最危难的时刻给予国际人道主义援助，保护中国人民的生命财产。这些外籍人士来自美国、德国、丹麦等地，当中有大家熟知的约翰·拉贝先生、魏特琳女士等。对于南京大屠杀，拉贝曾说过这样一句经典的话："可以宽恕，但不可以忘却。"美国传教士魏特琳当时在金陵女子学院（今南京师范大学）任教，她在该校设立了难民营，保护和救助了九千多妇女和儿童，但是因为高度的精神紧张，她患了严重的精神忧郁症，回美国后医治无效，在家中打开煤气自杀。她曾留下遗嘱："如果我还有一条生命，仍然会为中国人服务。"在魏特琳的墓碑上镌刻着四个中文汉字——金陵永生。

日军在南京不断施暴，在宣传上却进行"和平南京"的宣传。日本炮制的一些"和平南京"的假新闻在日本国内的报纸上被肆意登载。

日军在进行南京大屠杀的同时，为了掩盖事实，对南京大屠杀遇难者采取了抛尸长江、放火焚烧、就地掩埋等方式进行毁尸灭迹。在1937年的12月至1938年11月期间，红十字会、崇善堂等8家慈善团体参与了遇难者遗体的掩埋，先后累计掩埋遗体达19万余具。

中国人民为了抵抗日军的侵略进行了不挠的斗争，经过14年浴血抗战，终于取得了抗日战争的伟大胜利。1945年9月9日，中国战区日本投降典礼在南京举行，日本中国派遣军司令官冈村宁次在投降书上签字，中国人民终于取得抗日战争的胜利。

1946年1月19日，中国、苏联、美国、英国、法国等11个国家在日本东京设立了远东国际军事法庭，对28名甲级战犯进行审判。其中，南京大屠杀案主犯松井石根也被押入受审，法庭经过调查判定松井石根有罪，判处绞刑。在长达1213页的远东国际军事法庭判决书中，用两个专章的篇幅，作了题为"攻击南京"和"南京大屠杀"的判词。

中国审判战犯军事法庭对南京大屠杀案做了专门的调查和整理，法庭经过调查判定："日军在南京集体屠杀28案，屠杀人数达19万人以上；零散屠杀858案，确认被零散屠杀、尸体经慈善团体掩埋的就达15万人之多。日军在南京屠杀总人数在三十万人以上。"

历史是不能被忘记的。南京大屠杀是中华民族的一场灾难，是一段刻骨铭心的国耻，也是兽性扼杀人性、野蛮虐杀文明的一种法西斯暴行。1985 年 8 月 15 日，南京市人民政府在当年侵华日军江东门集体屠杀及遇难同胞丛葬地遗址之上，建立了侵华日军南京大屠杀遇难同胞纪念馆。纪念馆建成以后，海内外各界人士纷纷来到纪念馆参观、悼念，用不同的形式表达勿忘历史、珍爱和平的心声。

展馆内还有一堵镌刻着"前事不忘，后事之师"八个大字的高墙，这是 1972 年中日邦交正常化时中国总理周恩来提出的，这也是纪念馆的建馆理念与目的之一。

南京大屠杀江东门遗址区

遗址区以南京大屠杀江东门集体屠杀和万人坑遗址为核心，并通过雕像、诗碑、纪念碑、浮雕等方式，深深表达了对遇难同胞的缅怀之情。

"历史证人的脚印"铜板路于 2002 年 12 月 13 日落成，长 40 米，宽 1.6 米，筑有南京大屠杀部分幸存者和中国曾经参加远东国际军事法庭的共 222 位历史证人的脚印。

遗址的石壁墙上，镌刻着邓小平亲笔题写的馆名——侵华日军南京大屠杀遇难同胞纪念馆。在墙的右侧，用中、英、日三国文字镌刻着一排黑色大字"遇难者 300000"，多次出现的"遇难者 300000"时刻提醒着前来祭奠的人们不能忘记历史。

遗址区总体呈纪念性墓地的设计风格，称为墓地广场。墓地广场上以鹅卵石铺地，寸草不生，象征着累累白骨，象征着死亡，而两边翠绿的草坪和院墙外的常青树又象征着生命力和抗争精神，生与死在这里形成了强烈的对比，生与死的主题展示仅一线之隔。几株枯树，既代表着南京城当年有三分之一的建筑物被烧毁，又点缀了凄惨的氛围。在遗址院落内，有枯树、鹅卵石、断墙，有 17 块遇难同胞纪念碑、浮雕墙、"母亲的呼唤"立雕、遇难同胞名单墙、遇难同胞遗骨陈列室、万人坑遗址，这些共同组成了墓地广场，体现了一幅悲凉凄惨的场景。

17 块遇难同胞纪念碑 院内小道两旁安放着 17 块小型碑雕，碑上分别刻着鱼雷营、中山码头、燕子矶、草鞋峡、上新河、江东门等 17 处南京大屠杀遇难同胞纪念碑的碑文，这里是全市各地所立遇难同胞纪念碑的缩影和集中陈列。

浮雕墙 浮雕墙由一组二十多尊青铜雕塑组合而成，长 70 米，高 2.6 米，由南京艺术学院钱大经创作，共分为劫难、屠杀、毁尸、祭奠四个部分。"劫难"反映了南京城沦陷前后的情景，"屠杀"用艺术的手法再现了侵华日军烧、杀、淫、掠的暴行，"毁尸"表现了尸山火海的骇人景象，"祭奠"则是反映灾难过后，幸存者之痛。站在浮雕墙边，南京大屠杀的惨烈场景仿佛就在眼前，这也是在提醒我们不忘历史。

"母亲的呼唤"立雕　"母亲的呼唤"立雕高4米，由花岗石雕刻而成，雕塑是一位中国20世纪30年代母亲的形象。这是以当年留在南京的美国传教士约翰·马吉先生现场拍摄录像中的一位手拄竹棍、寻找亲人的老妈妈为原型设计制作的。她神情悲愤，左手向前伸着，似乎正在寻找和呼唤失去的亲人，右手攥紧拳头，表示她内心的愤怒。

遇难同胞名单墙　遇难同胞名单墙原长43米、高3.5米，花岗岩材质，老百姓称之为"哭墙"。经过1995年、2007年、2011年和2013年四次扩建镌刻，"哭墙"现全长69.5米，刻有10665名南京大屠杀遇难者的名单，他们是30多万遇难者的代表。

遇难同胞遗骨陈列室　遇难同胞遗骨陈列室东侧室用青灰色大理石贴面，外形如同棺椁。这里陈列的照片有当年挖掘时从现场拍摄的，有群众自发来现场参观的，有新闻单位现场采访的，也有藤原彰等日本专家学者来到现场调查取证的。

遇难同胞遗骨陈列室内陈列的是1984年首次发掘遗骸的过程中发现的遗物，有日军啤酒瓶、刺刀，有遇难者鞋底、纽扣、皮带环等物品，还有1984年从"万人坑"中挖掘出的部分遇难者遗骨，是侵华日军暴行的铁证。

1998年4月至1999年12月，在"万人坑"遗址新发掘出遇难者遗骨，遗骨分7层排列，表层达208具，占地170平方米。这批遗骨分布零乱，有的严重扭曲变形，有的伴有弹穿刀刺痕迹，男女老幼均有，经过法医学、考古学和史学等多科专家的考证，这批遗骨被确认为南京大屠杀遇难者遗骨。

同时在万人坑遗址中发掘出来的，还有遇难者佩带的顶针、铜簪、婴幼儿虎头帽上的铜纽扣、铜钱等遗物，以及侵华日军残害中国人时使用的子弹、子弹壳、断刀和铁钉，还有大批贝壳、螺蛳壳等。这些都陈列在万人坑文物柜中。

祭场　来到祭场，在黑色的花岗岩石碑前，燃烧着长明火，围在祭场两边的是一块块被折断的无字纪念碑，它们象征着被剥夺生命的遇难者身躯。在这里，人们通过献花圈、默哀等形式，寄托对遇难者的哀思和反对战争、祈祷和平的信念。

冥思厅　冥思厅入口处刻着"让白骨得以入睡，让冤魂能够安眠，把屠刀化铸警钟，把逝名刻作史鉴，让孩童不再恐惧，让母亲不再泣叹，让战争远离人类，让和平洒满人间"。冥思厅由镜面花岗岩贴面构成了一个深沉的发人深思的悼念环境，在这里，人们可以为遇难者点上一盏红红的烛灯，把它放在流水里，让摇曳的烛光祈祷国运昌盛、世界和平。

和平公园区

走出冥思厅，来到景观平台，一抹光亮突然出现在眼前，仿佛从黑暗走向了光明。绿色是生命的象征，由绿色的草皮、灌木以及雪松、白皮松、银杏、水杉等高大树木组成的和平公园，构建了一片生机勃勃、安宁祥和的景观。公园内黑色花岗岩铺面的水池长 160 米，平静、整洁的水面像一面巨大的镜子。冥思厅和胜利之墙投影在水面上，仿佛映照着过去的历史；绿色的树丛、草地和蓝天白云投影在水里，象征着祥和的今天和希望的明天；高大的汉白玉雕塑《和平》的倒影在水中更点缀了和平公园的主题。

胜利之墙　"胜利之墙"由著名雕塑家吴为山主持创作设计，墙上的浮雕以象征胜利的 V 字造型向两边延展，右翼意在黄河咆哮的节律声中，中国军民冒着敌人的炮火前进，表现了中华民族不畏强暴和反对侵略的坚强意志；左翼则以长江滚滚浪涛为背景，通过对欢庆胜利人群的刻画，表现了取得独立与自由的中国人民扬眉吐气的精神面貌；中心点塑造了一位脚踏侵略者钢盔和屠刀、吹响胜利号角的中国军人，点明了胜利的主题。整座浮雕长 140 米，以大气磅礴的艺术手法予人以视觉震撼，表达了中国人民取得抗战胜利的喜悦之情。

和平雕塑　《和平》雕塑是由我国著名雕塑家、沈阳鲁迅美术学院孙家彬主持创作设计的，它由手托和平鸽的母亲与期盼和平的儿童组成，以艺术形式表达中国人民痛恨战争与屠杀、追求和平与发展、期盼人类美好未来的心愿。雕塑总高 30 米，寓意纪念南京大屠杀中遇难的 30 万同胞；正面有 9 级台阶，象征人类将走向持久的世界和平。

紫金草花园和日本友人植树林　在和平公园区内还有紫金草花园和日本友人植树林。紫金草生长于南京紫金山下，南京人习惯称它"二月兰"。1939 年日本军医山口诚太郎在紫金山采下花种，带回日本种植，取名"紫金草"。战后，山口出于对战争的反省，致力于在日本推广普及种植此花。如今，紫金草已开遍日本各地，被视为"和平之花"。

2007 年，山口诚太郎的儿子山口裕在纪念馆捐建了"紫金草花园"，紫金草又回到了它的故乡。这些寄托着中日两国人民和平友好心愿的和平之花在这里年年开花，岁岁结籽。2008 年，日本和平友好人士再次倡议并捐资在紫金草花园内塑造"紫金花女孩"铜像，进一步丰富"和平之花"的内涵。该铜像高 1.17 米，表现的是抗日战争时期一个七八岁的南京女孩，站立在周围开满紫金花的一块山石上，睁大双眼看着这个战乱的世界，稚嫩而天真的脸上蒙上一层淡淡的忧伤；她手举一束紫金花，置身在漫山遍野的紫金花丛中，脸上出现了些许笑意，象征着对美好和平的向往和祈愿。

南京科技馆

南京科技馆坐落于风景秀丽的雨花台区、美丽的花神湖畔，于2005年10月建成，是国家AAAA级旅游景区。南京科技馆由科技馆主体场馆、科技影院及风景秀丽的园区组成。南京科技馆建筑面积3.3万平方米，主体场馆建筑面积约为3万平方米，常设展厅面积约为1.7万平方米。南京科技馆主体场馆常设展区包括设置在负一楼的公共安全教育馆、临时展览区和4D影院，一楼的基础科学展区和少儿科普体验区，二楼的机器人展区、能源与环境展区、无人机飞训馆和信息与技术展区，三楼的南京市中小学科技创新中心。全馆共有展品展项300余件套，且70%的展品展项为可参与、可体验、可互动的项目。主体场馆外设置有球幕影院和3D数字影院。南京科技馆主体场馆的设计灵感来源于法国小说家凡尔纳的《海底两万里》中那艘神秘的航行器，围绕在主体场馆外一圈四百米长的镜湖，更是为科技馆增添灵秀之气，寓意着在科技的海洋中探索遨游。

IMAX球幕影院　该影院由IMAX球幕影院和4D立体动感影院组成。IMAX球幕影院源自英文"Image Maxium"，即图像最大化的意思，它是目前世界上最好的影像系统。它拥有最大的银幕、最清晰的图像、最高的精密度、功率最强的放映设备以及最高级的六声道多喇叭音响系统。IMAX电影在国外被誉为"电影的终极体验"，南京科技馆的IMAX球幕影院是中国的第3家。IMAX影院是一座半球型的建筑。它的球幕直径为21米，倾斜度为30度，可容纳235位观

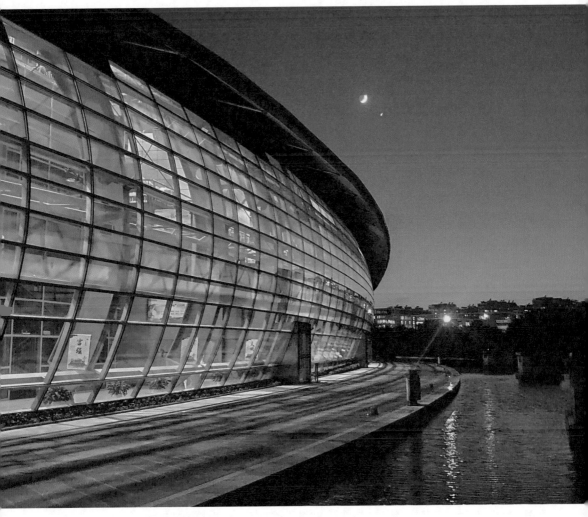

◎南京科技馆

众同时观看。放映时，电影放映机由升降机上升到影院中央的放映窗口，影像通过 165 度的鱼眼镜头将 70 毫米的影片放映到球幕上，清晰的稳定画面覆盖率达 85% 以上。倾斜式的球幕让仰面观看的观众感觉四周都被画面所包容，恍如置身于画面之中，有一种在空中自由自在飘浮的感觉。

南京市中小学科技创新中心展区　该展区建筑面积约 1000 平方米，分为常设展厅、星光秀场和创新工坊三个功能区，承载着成果展示和普及教育两大功能，助力南京市中小学生科技创新素养进一步提升。

能源与环境展区　能源与环境展区的核心是聚焦"能源"与"环境"，引导观众了解能源的历史和能源概况，深入思考由能源引发的环境问题及改善措施，畅想未来能源形式，共建和谐、美丽的生存环境。展区面积680平方米，共有22件展品，设置了"能源之路""环境警示""能源新貌""明日能源"四个分主题。

信息与技术展区　该展区2022年6月改造完成，总面积600平方米，共计25件展品。在智能时代的今天，信息工程已经涵盖了社会的诸多方面。在未来的生活中，我们将会利用5G通信、云计算、大数据、AI智能等先进技术，实现物联化、互联化、智慧化模式下的服务管理。这个展厅的主题名为"智慧·互联"，分为"信息时代""智能AI""数字南京"三个展区，旨在向大家诠释科技是促进人类社会发展的核心，以科学方法和科学精神的角度，对生活中应用的前沿科技进行展示解读，帮助大家理解信息技术带来的影响，一起展望未来世界的美好愿景。

机器人展区　该展厅2017年完成升级改造。整个机器人展区占地面积500平方米，包含了10余件机器人展品，以机器人发展历程为主线，通过设置4个单元、30余个知识点，从机器人的由来、发展历程到最新机器人科技及成果等方面，系统地介绍了机器人的基本科技知识，为广大观众了解机器人、走近机器人，特别是为广大青少年朋友感知机器人，培养对机器人科技知识的兴趣，打开了一扇明亮之窗。

基础科学展区　本展区于2018年9月完成改造，总面积800平方米，内容根据小学新课表内容所设计。该展区通过"数学之美""物理之炫""化学之奇""生命之重"四个分主题，着眼于每个学科的特质，以57件可参与、可互动的展品传播与公众日常生活息息相关的科学知识，普及物质的运动规律、生命活动的现象和特征，并阐述当今基础科学的发展趋势和应用。展厅通过不同颜色对四个主题进行划分，黄色区域是数学之美，橙色代表着物理之炫，化学之奇是绿色，而最后的红色是生命之重。

少儿科普体验区　该展区为老展区升级改造项目，建筑面积1600平方米，共设置了4大主题板块，分别为"运动的物质""绚丽的生命""神奇的宇宙"及"伟大的工程"，共计展品72件。本展区以小学生和3～6岁学龄前儿童为主要受众群体，结合教育部《义务教育小学科学课程标准》《幼儿园教育指导纲要（试行）》《3—6岁儿童学习与发展指南》为参考，遵循游玩和科普相结合的原则，向人们诠释物质科学、生命科学、地球与宇宙科学、技术与工程等领域的相关知识点，为少年儿童遨游在科学的海洋点亮一座灯塔。四大主题展区采用了鲜明的色调，明亮的色系既能够吸引儿童的注意力，又可以激发儿童对科学的探究欲。

南京公共安全教育馆 南京公共安全教育馆是经南京市委、市政府批准，在南京市科协的配合下，由南京市人民防空办公室投资建设，展区面积5000平方米。南京公共安全教育馆紧扣公共安全的鲜明主题，体现南京人防特色，采用声、光、电、影视互动等现代的高科技展示手段，突出知识性、趣味性、体验性、互动性，全方位介绍了公共安全科普知识和应急自救、互救技能教育的含义，是集展览馆、科技馆、博物馆功能为一体的公共安全教育场馆。公共安全教育馆分为一厅十一个区，即序厅和人民防空、交通安全、消防安全、社会治安、用电安全、4D影院、自然灾害、卫生健康、核生化知识、生产、生活安全和地震体验展区，展现人防发展历史与建设成就，宣传防空、防灾有关知识和防护技能，让观众亲身参与，努力提高中小学生和广大市民防空、防灾观念，熟悉、掌握公共安全应急避灾逃生、自救互救技能。

南京应急教育馆 南京应急教育馆2020年改造完成，展馆面积约260平方米，展厅主要空间分为左侧"安全教育体验空间"和右侧"科普知识空间"。近年来，习近平总书记多次强调应急管理工作的重要性，尤其是要"充分发挥我国应急管理体系特色和优势，积极推进我国应急管理体系和能力现代化"，在习近平总书记的指示和国家应急管理部的领导下，南京市应急管理局先后开展了"百万市民应急知识宣传""中小学及万家企业应急演练"等群众性宣传教育活动。为了更好地开展群众性科普教育活动，在社会广泛宣扬应急管理思维，科技馆应急局展厅项目应运而生。整体展厅主要面向于中小学生以及家长等社会群众，通过互动性展项把一些"生硬"的科普知识变"生动"，潜移默化地向社会民众宣扬应急科普的一些基础知识，营造社会整体的安全氛围。

南京科技馆是一座集科技、人文、艺术、旅游为一体的科技化主题公园，现在已经成为南京市及周边城市青少年儿童最喜爱的科普教育场所之一。

红山森林
动物园

南京市红山森林动物园坐落于南京城北，占地面积约 1020 亩，是集野生动物保护、动物科普教育、科学技术研究及娱乐休闲四大职能为一体的综合性公园，同时是国家 AAAA 级旅游景区、全国野生动物保护科普教育基地和江苏省、南京市野生动物救护中心。该园区内 30 个设计新颖的动物场馆依山营建，错落有致，汇聚着世界各地具有代表性的珍稀动物 260 多种、3000 余头（只）。有亚洲象、长颈鹿、斑马、袋鼠、美洲豹、猩猩等动物，还有大熊猫、金丝猴、长臂猿、丹顶鹤、东北虎、扬子鳄等国家一级保护动物。

红山动物园吸取了国内外先进动物园的建园理念，制定野生动物种群发展规划，加大动物繁育的科研工作力度，实施动物场馆生态化改造，加强动物丰容驯化；相继改造建设了"澳洲生态展区""狼谷生态展区""犀鸟园生态展区""亚洲象生态展区""细尾獴展区"。通过动物场馆生态化改造，逐步提升动物福利，改变单纯的圈养动物模式，让动物在自然的环境中能够更加展现出自然习性。

红山动物园生态科普教育工作走在全国动物园前列，连续多年举办各类以动物保护为主题的科普教育活动，内容生动、形式多样，深受广大游客好评，取得显著的社会效益。近些年，动物园保护教育工作者携带自编的保护教育材料走入校园，为学生们宣传动物保护知识，在园区内开展各项保护教育的基础上进一步延伸，以走进学校开展动物生态保护教育为手段，让孩子们在校园里也可以接收到生态科普教育的相关信息，从而激发他们爱护动物、保护环境的热情。

◎大熊猫

南京博物院

南京博物院成立于1933年，前身是国立中央博物院筹备处，是我国第一座由国家投资兴建的大型综合类博物馆。全院建筑面积84800平方米，展厅面积26000平方米，形成了包括历史馆、特展馆、艺术馆、数字馆、民国馆和非遗馆在内的"一院六馆"格局。现有院藏43万余件（套），上起旧石器时代，下迄当代。南京博物院始终秉承"提倡科学研究，辅助公众教育，以适当之陈列展览，图智识之增进"的立院宗旨，向建设"国内领先、国际一流"博物馆目标稳步迈进。

历史馆 历史馆内常设"江苏古代文明展"，全方位呈现江苏地区古代文明的发展历程。江苏位于中国东部，傍江临海，有着悠久的历史，素称"鱼米之乡"，其所在的长江流域与其他大河流域一起，共同孕育了中华民族灿烂的文明。江苏的历史发展极具经济发达、文化繁荣的特色，展览通过大量的文物和标本"直接说话"，探索江苏古代文明，体味传统、文化与艺术的魅力。

特展馆 特展馆内设10个展厅，用于举办临展与特展，展示院藏以及国内外文化艺术精品。特展馆重点打造国内外精品展览和以院藏宫廷文物为主的专题展："盛世华彩""走近佛前""陈设清宫""精准与华美"。

艺术馆 艺术馆有 8 个展厅，按照艺术品的分类设古代绘画、历代书法、历代雕塑等专题陈列，常年展出，同时设立傅抱石绘画馆、陈之佛绘画馆、苏天赐油画馆、吴为山雕塑馆等名人艺术专馆对公众开放。

数字馆 数字馆由实体展馆和网络虚拟馆构成，以网络参观和现场体验相结合的方式，给观众带来对中华文明的全新体验。利用网络和图像识别技术将实体展馆的线索和内容延续到网络虚拟馆，不仅在线复原了实体展馆，而且以网络为平台集合大众智慧精粹和情感，打造"永远延续的博物馆"。

民国馆 民国馆通过对老南京街巷的情景再现，直观展示民国时期南京的市民生活，再现了那段传统与现代、东方与西方交融的时代画面。

非遗馆 非遗馆即江苏非物质文化遗产展示馆，集中展示江苏省入选人类非物质文化遗产代表作名录和国家级非物质文化遗产代表性项目名录的项目，以此弘扬中华民族的优秀传统文化。除了对江苏非遗项目的基本介绍外，还有热闹的民俗活动、传统手工艺的活态展示和传统的口头表演。

◎南京博物院

大报恩寺遗址景区

大报恩寺遗址景区位于南京中华门外，北邻外秦淮河，南接雨花台，东至"1865园区"，西至雨花路，是夫子庙一秦淮风光带的重要组成部分。整个景区占地面积约200亩，其中一期为大报恩寺遗址景区核心区，包括遗址保护区、地宫文物区、报恩体验区及大报恩塔等。

大报恩寺遗址是国内现存"规格最高、规模最大、保存最完整"的中国古代寺庙遗址，景区内保护性展示了大报恩寺遗址中的三大殿遗址、千年地宫和画廊遗址，以及从地宫中出土的石函、铁函、七宝阿育王塔、金棺银椁等世界级宝物。2007年，南京市委、市政府启动了大报恩寺项目重建工作，并开始为期3年的考古发掘；2011年被评为"2010年度全国十大考古新发现"、全国重点文物保护单位；2017年被评定为国家AAAA级景区；2020年获评国家二级博物馆。

圣地广场及室外部分

大报恩巨石碑　大报恩巨石碑的正面为著名书法家孙晓云题写的"大报恩圣地"，背面镌刻着由南京大学程章灿执笔、著名书法家孙晓云题写的《金陵大报恩寺遗址碑记》，记载了大报恩寺前世今生1700多年的历史。

大报恩寺是南京历史最为悠久的佛教寺庙，千余年间，屡建屡毁，寺名亦屡屡更易。东吴赤乌年间（238～250年），孙权建建初寺及阿育王塔，为江南塔寺之始，有"江南第一寺"之称。建初寺是继洛

◎大报恩寺遗址景区

阳白马寺之后的中国第二座寺庙，也是中国南方地区的首座寺庙；晋太康年间（280～289年）复建并改名长干寺；宋天禧元年（1017年），长干寺改称天禧寺，寺塔易名"圣感"；元至元二十五年（1288年），诏改天禧寺为"元兴慈恩旌忠教寺"，改塔名为"慈恩塔"；明永乐六年（1408年）毁于火灾；永乐十年（1412年）明成祖朱棣敕工部于原址重建，明成祖以纪念明太祖和马皇后为名，命工部于此重建大报恩寺及九层琉璃宝塔，"依大内图式，造九级五色琉璃塔，曰第一塔，寺曰大报恩寺"；之后大报恩寺与报恩塔几经损毁与修建，至咸丰四年（1854年），毁于战火。

香水河、香水河桥　明代大报恩寺规模宏大，周长达"九里十三步"。当年朱棣要求大报恩寺工程要"高壮坚丽，度越前代"，并准许"宫阙规制"，所以当年大报恩寺按照皇家建筑规制建设，建造了御道、香水河及香水河桥。香水河连通秦淮河，在古代，百姓可以从四面八方乘船而来，在此上岸。

御道及御碑遗址　御道是从山门进入寺庙的主干道，与皇宫御道规制相同。原来的御道有 7 米宽，现存遗址 1 米左右。御道左右两侧有对称布置的两座碑亭，南北两侧相距约 100 米。南碑于永乐二十二年二月立，碑文由朱棣亲自撰写，详细说明了他建造大报恩寺的目的是报"父母大恩"，该碑在太平天国时期的战火中毁坏遗失，只剩下驮碑用的石赑屃。北碑于宣德三年三月十五日立，是大报恩寺建成时，朱棣的孙子明宣宗朱瞻基所立，目的是向太祖、成祖和仁宗三位先帝告成，歌颂他们的功德。

北馆

北画廊　明清时期的大报恩寺为廊院式格局，用两侧走廊将中轴线上的主要建筑围绕起来，形成一个回字形的封闭式院落。当时的大报恩寺走廊上有许多壁画，所以称之为画廊。现在我们看到的白色灯柱垂下来的设计就是复原了当年画廊上的立柱，每 6 个白色灯柱之间的空间就是当时的一间画廊。据记载，南北画廊共有 118 间，明代周晖的《金陵琐事》形容它"壮丽甲天下"，堪称一绝。

长干佛脉　浮岛之上是全景复原的古大报恩寺建筑群模型，展示了明代大报恩寺的整体布局。浮岛后方的大屏幕以动画的形式，梳理出了古长干里的文化脉络。古长干里历史悠久，是南京建城史的开端"越城"所在地。自建初寺、长干寺肇始，历经宋元天禧寺复兴，最终孕育出明清两代大报恩寺的辉煌。两侧是掐丝磨漆画，浮云围绕的两幅图描绘的是清代金陵四十八景中的"长干故里"和"报恩寺塔"。

千年对望　步道上采用现代技术打造了"七步生莲"的互动体验，长廊尽头的佛首主体通过 3D 建模进行设计，将 1 万多条光纤灯和 8 千多颗水晶珠组合，通过灯光的明暗变化使观赏更具层次感，塑造沉浸氛围，打造如梦如幻的视觉效果。与佛陀相对的是背影清瘦的玄奘法师。"千年对望"表现了佛陀、玄奘与大报恩寺的历史渊源。

水工遗址　明代水工遗址上方悬挂的是出土的明代琉璃构件，窗内窗外的水工设施是明代大报恩寺的排水暗渠，这是南京最大的明代官修水工设施。压在排水暗渠上面的是明代大报恩寺北部院墙的墙基，

◎北画廊

◎长干佛脉

也是目前发现的大报恩寺最北侧的边缘。

前世今生　该展厅中呈现的是大报恩寺的沙盘模型，古大报恩寺占地面积 400 亩，分南北两区。沙盘中展示的是大报恩寺北区的整体布局，凸显以塔为核心、中轴对称的建筑特色。大报恩寺建设从永乐十年开始直至宣德三年完工，长达 17 年，动用了人力十余万。郑和从工程开始到最后结束都曾参与其中，明代王士性《广志绎》中说到"三宝太监郑和西洋回，剩金钱百余万，乃敕侍郎黄立恭建之"，证明郑和与大报恩寺兴建工程具有直接的关系。

琉璃官窑 这座官窑是从明代御窑场发掘出土的琉璃官窑之一。据《大明会典》记载，明太祖朱元璋曾下令在城南聚宝山一带建御窑场，共 72 座琉璃窑，专门烧制琉璃构件，以供都城南京皇家建筑所需。大报恩寺的琉璃构件大都产自此。

琉璃拱门 2018 年，大报恩寺琉璃塔拱门登上央视《国家宝藏》。展出的琉璃拱门是一件复原件，拱门上有六种吉祥瑞兽，正中是大鹏金翅鸟，两边为龙子龙女，紧接着是长翅膀的飞羊，最下方的是狮子和白象。拱门旁展柜中展示的是大报恩寺遗址出土的珍贵琉璃构件，其表面釉面完整，颜色高贵典雅。这些琉璃经历 400 多年的风吹日晒，至今依然有如此品相，展示了明代高超的琉璃工艺，让人赞叹。

地宫文物区 2008 年 7 月，在大报恩寺琉璃塔遗址发现了宋代长干寺长干塔地宫。地宫底部至现存地表 6.74 米，是国内发现的最深、最大的竖穴式地宫，地宫中出土文物 236 件，其中以一整套宋代瘗藏容器最为珍贵。该容器最外层为石函，内置铁函，铁函内安放着由丝绸包裹的七宝鎏金阿育王塔，在阿育王塔底部有银椁，银椁中藏有金棺，供奉佛顶真骨。漆函内放置大小银函，小银函内藏有水晶瓶，供奉感应舍利。

义井遗址 义井始建于宋代，据传由宋朝丞相李迪所建。宋代天禧寺住持可政大师晚年热心公益，向当时的丞相李迪建议在此交通要道建一口井。千百年来这口义井造福于民，惠泽万代。明代建大报恩寺时，将这口井包含在寺院里，成了一口官井。这口井经历宋明两个朝代的修建，下部是宋代砖，上面为明代砖。因为是官井，所以砌砖工艺也十分考究。

宋元明清土层遗址 从土层遗址可以看到宋元明清不同朝代的历史遗迹，包括宋代保护塔基的护坡和房屋，明代的夯土台基以及清代的古井。从东晋长干寺到宋代天禧寺，再到明代大报恩寺，寺塔一直在原址上叠加重建，这一处遗址正体现了历代土层垂直叠加的特色。

东阳木雕 左右两侧是东阳木雕作品，一侧是《诸宗祖庭》，描绘了三论宗祖师吉藏法师、天台宗祖师智者大师、牛头宗祖师法融禅师、法眼宗祖师文益禅师讲经说法的场景。对面是《中外交流》，描绘了意大利传教士利玛窦与雪浪大师的辩论、荷兰画家尼霍夫、达摩一苇渡江、司马达等东渡日本这四则故事。

◎ "南朝四百八十寺"展厅

南朝四百八十寺 "南朝四百八十寺"展厅中错落有致的屋顶造型，色彩古朴，光影交错，层次丰富而有立体感。缩千里于尺幅，昔日梵刹林立现于眼前，在保留历史厚重感的基础上融合了东方美学的写意之美，展现了"南朝四百八十寺，多少楼台烟雨中"的盛景。展厅两侧陈列的是六朝至明代古寺庙的模型，中央的两尊雕像分别是梁武帝和达摩祖师，表现的是著名的禅门公案"问道达摩"。

伽蓝殿遗址 伽蓝殿位于塔基正北部，为古代大报恩寺的一座偏殿。遗址平面呈"凸"字形，该殿正中的夯土台基呈长方形，长 11 米、宽 6.2 米，高出现地表 6 米。伽蓝殿原先供奉伽蓝三尊，现在遗址上方墙壁两侧雕刻着伽蓝三尊与马皇后、硕妃的雕像。

宋代道路 这条道路始建于宋代，宽 12 米，共分为三幅。路面上有清晰的马车辙印，道路最前方叠加着大报恩寺的北院墙遗址，道路两侧还留有保存完好的排水沟渠。考古发掘结果表明，这是古秦淮河畔的一条主干道，也被称为宋代的"康庄大道"。

舍利佛光 该展厅上方有四万二千盏灯，加上右边镜面反射之后，一共有八万四千盏，通过色彩变换呈现出万千光华的璀璨场景。正中是佛祖涅槃相，两侧娑罗双树之上是八吉祥灯具，包括宝瓶、宝伞、金鱼、吉祥结等，寓意着吉祥美好、平安喜乐。

经变画廊 经变画廊的壁画上讲述了九色鹿的故事。九色鹿的善

◎舍利佛光

良从容与落水男子的贪婪无义形成了鲜明的对比，画廊通过故事劝人
向善、知恩。

南馆

报恩体验区 600 年前，朱棣为报父母养育之恩修建了大报恩寺，
600 年后的今天，为传承"报恩文化"，景区结合声光电等现代技术
打造了报恩体验区，包括人生轨迹、放生池、感恩众生等展厅：人生
轨迹展厅上方悬挂了摇篮和轮椅，代表着人生的起点和终点；展厅后
方的照片墙，体现了情深似海的母爱与恩重如山的父爱；感恩众生剧
场的中央有一棵巨大的生命树，在树下展现的动物形象讲述了动物世
界的亲情故事，有山羊跪乳、乌鸦反哺、舐犊情深等，告诉人们要牢
记父母养育之恩，谨行孝道。

南画廊 在当年的大报恩寺南北两侧曾有依琉璃塔而立的画廊，

在 19 世纪外国画师所绘大报恩寺塔的铜版画中，大报恩寺塔周围的画廊清晰可辨；明代曾有记载说大报恩寺画廊"壮丽甲天下"。如今，画廊早已湮灭在历史的尘埃中，只留下片片桩迹供人怀古。现在博物馆对北区画廊遗址原样展示，南区画廊早已毁坏，为传承记忆，南画廊按照宋代《营造法式》重新修建，保留原有规制和通透空间感，作为临展的空间，复原成典雅的艺术殿堂。

汉文大藏经博物馆　本展厅按空间顺序展示了集经、取经、译经、刻经、印经的过程。明初天禧寺曾被朱元璋定为讲教大刹，明清时期大报恩寺逐渐成为重要的译经、传经中心，清末更有杨仁山开创金陵刻经处。金陵刻经处是中国著名的文化机构，由杨仁山于清同治五年（1866 年）创办，是清末民初思想启蒙运动策源地。其中的汉文木刻经版完整地保存了我国古老的刻经工艺，是世界非物质文化遗产。在整个展区的结尾是藏经阁，收藏了部分金陵刻经处的经版、经藏。四周的经架展现了浩瀚的藏经意象。

◎汉文大藏经博物馆

中轴线

天王殿　天王殿原为大报恩寺中轴线上的第二座建筑，第一座建筑是山门，不过山门已经损毁，遗址也未发掘。天王殿坐东朝西，五间三进，通面阔 26.6 米，通进深 15.3 米。基址平面呈"中"字形，现存主要为底部的夯土台基，台基上保存完好的明代石柱础可以清晰反

◎大报恩塔

映出天王殿的规制及柱网结构。

大报恩塔　大报恩寺琉璃塔建于 1412 年，为明成祖朱棣敕建。明代的大报恩寺琉璃塔作为南京最具特色的标志性建筑，被西方人誉为"南京瓷塔"，作为中国建筑文化的典范被西方各国仿建。19 世纪中叶，大报恩寺琉璃塔毁于太平天国战火。在大报恩寺古塔消失 100 多年之后，景区在原址之上已重建新大报恩塔。为保护千年地宫，大报恩塔采用四组钢管斜梁跨越遗址土方，地梁落脚点位于整个塔基遗址的外侧，形成"覆钵型"新地宫。新塔共 9 层，高 93.157 米，平面轮廓与古塔八边形平面吻合，内核由两个正方形旋转交错构成莲花瓣状结构，通过层层收分、塔顶重构等加强对古塔形式呼应，以当代技术再造新塔古韵。夜晚大报恩塔利用智能控制 LED 及远射投影，再现梦幻般的琉光塔影。

基于文物保护最小干扰与可识别原则，新塔没有采用古塔复原形式，而是使用先进的钢结构和超白玻璃等轻质材料。塔基上方再造轻质九层塔，有四重传承与创新：一是形态传承与创新，不是复建而是再造，体现当代科技文明，但规模、形制、长细比与古塔近似；二是材料传承与创新，古塔用琉璃，新塔用艺术玻璃工艺，通过手工雕刻、上釉、烧制和合片，呈现琉光塔影；三是结构传承与创新，内核由两个正方形旋转交错构成莲花瓣状结构，寓含花漫菩提，通过逐层收分、塔顶重构，达到新塔古韵；四是功能传承与创新，既保护千年地宫又

传承历史记忆。

千年地宫 2008 年，考古专家在大报恩寺琉璃塔塔基遗址下方发现了北宋长干寺长干塔地宫，从中出土了石函、铁函及七宝镏金阿育王塔等一大批世界级文物。在玻璃罩下方的就是当年大报恩寺琉璃塔塔基遗址，玻璃组成的八边形就是当年塔基辅接范围。地宫内部从下至上以一层夯土间隔一层砂石的方式，有规律地填充、夯筑，共40层。根据考古专家的研究，明代大报恩寺塔极有可能原封不动地沿用了北宋长干寺长干塔地宫。

大殿及月台遗址 整个寺庙北区正中心位置为当年大报恩寺的正殿，原大殿长53米，宽36.3米，底部为大型夯土台基，现存高度约5.2米。在正殿原址中发现了多个大型石柱础，每个石柱础边长达2米，深1.3米，足见当年"宫阙规制"。大殿的前方是月台遗址，原为大殿突出连着前阶的平台。月台，顾名思义是古代人们赏月祈福的地方，也是古时举行小型庆典和祭祀活动的场所。

法堂及观音殿遗址 法堂是大报恩寺中轴线上的最后一座建筑，规模与天王殿近似，同为五间三进的规制。当年僧人们在此讲经说法，所以这里既叫讲经堂也叫讲法堂。窗外是观音殿遗址，观音殿原为三间三进夯土台基式建筑，夯土台基长22.5米，宽15.5米。

大报恩寺利用现代科学技术，通过遗址挖掘、遗迹重现等方式将1700年历史的"江南第一寺""中古世纪世界七大观之一"重新呈现在世人面前。大报恩寺遗址历史底蕴深厚，报恩内涵丰富，佛教地位殊胜，已成为国内外闻名的报恩胜地。

◎阿育王塔

莫愁湖

　　六朝时期《河中之水歌》云："河中之水向东流，洛阳女儿名莫愁。莫愁十三能织绮，十四采桑南陌头……卢家兰室桂为梁，中有郁金苏合香……"这首诗歌中的莫愁美丽、善良、乐于助人，以自幼从父亲那里学来的采药、治病本领帮助邻里、扶贫济难。这是南京莫愁女传说的原型，也是"莫愁文化"的主要源头。

　　莫愁湖形成于元明时期，随长江水道变迁而产生。南宋以前，莫愁湖所在的位置是长江中的白鹭洲，即唐代大诗人李白《登金陵凤凰台》"三山半落青天外，二水中分白鹭洲"诗句中的白鹭洲一带，洲上有孙楚酒楼，后因李白常在此玩月醉吟，又名李白酒楼。

　　明中期，莫愁湖为徐达后裔、魏国公徐氏别业。其园枕湖带山，极具眺望之致，有"四美堂""胜棋楼"等亭阁楼榭，是金陵名园之一。王世贞誉之为"故都之第一胜地"。状元朱之蕃在其所拟"金陵四十景"中，将莫愁湖以"莫愁旷览"列为"金陵第一名胜"。

◎莫愁女

清乾隆五十八年（1793 年），江宁知府李尧栋捐俸对莫愁湖进行大规模整治，沿湖修筑"郁金堂"等楼台十余座。此后，莫愁湖逐渐成为金陵文人雅聚的场所之一，"莫愁烟雨"也列为金陵四十八景之首，郑板桥盛赞："即今湖柳如烟，湖云似梦，湖浪浓于酒。"咸丰时"粤寇鸱张，鞠为茂草"，同治年间，两江总督曾国藩主持重建，使莫愁湖景渐复旧观。

民国三年（1914 年），江苏巡按韩国钧拨款重修莫愁湖，并于西南隅拓地为亭，引泉为池，益饶胜趣。民国十八年（1929 年），莫愁湖被辟为公园，一时游人如织。

新中国成立后，莫愁湖被修葺一新，增筑抱月楼、待渡亭、二水亭等建筑，并广植花木、扩建假山、新造湖心岛，使莫愁湖重现往日之风采。

今天的莫愁湖公园景区占地约 51.05 公顷，其中陆地面积 18.73 公顷，湖面面积 32.32 公顷，是城区内仅次于玄武湖的第二大水面。莫愁湖公园景区被列为 AAAA 级旅游景区，景区内有胜棋楼、华严庵、郁金堂、苏合厢、莫愁水院、棋文馆、粤军阵亡将士墓、抱月楼、海棠精品园等主要景观。其亭台楼阁，高低起伏；小桥回廊，曲径通幽；松竹掩映，山石耸立，是南京文人墨客雅聚、市民休闲游玩的好去处。

古代建筑

华严庵　华严庵名来源于"华严经"，为莫愁湖南岸的一座古刹。乾隆五十八年，江宁知府李尧栋重修华严庵。重修后的华严庵有殿宇数十间，亭台楼榭、绿水荷香，风光旖旎，成为游人憩息之处，胜棋楼、湖心亭亦在庵内。道光年间，邑人姚氏对华严庵进行了扩建，共有殿宇四十八间。咸丰年间，华严庵毁于战火。同治三年（1864 年），曾国藩重修之，时人别称"妙严庵"。学者张文虎常与友人集于庵内，吟诗作赋。今天的华严庵庵门建筑面阔三间，砖木结构，为 1959 年移至景区大门正北落地重建。华严庵现为建邺区不可移动文物。

胜棋楼　胜棋楼位于华严庵北首，为两层歇山顶砖木结构建筑，坐北朝南，面阔 5 间，进深 11 檩。相传明太祖朱元璋与中山王徐达常在此下棋。一次，徐达很巧妙地将棋子摆出了"万岁"字样。朱元璋虽然输了棋，但非常高兴，遂将该楼连同莫愁湖赏给徐达，并赐名"胜

◎胜棋楼

棋楼"。清咸丰年间，胜棋楼毁于兵火。同治十年（1871年），曾国藩主持于原址复建胜棋楼。相传原楼额为朱元璋亲题，今门楣上"胜棋楼"三字乃晚清进士、中兴名臣、时任江宁布政使梅启照所书。胜棋楼现为南京市文物保护单位。

莫愁女故居　莫愁女故居建筑群包括郁金堂、苏合厢，该组建筑始建于明中叶。郁金堂、苏合厢之名均取自梁武帝萧衍《河中之水歌》"卢家兰室桂为梁，中有郁金苏合香"一句。莫愁女故居位于胜棋楼之西，比胜棋楼矮半层。

◎莫愁女故居

郁金堂位于胜棋楼之西，面阔六间，进深二间，砖木结构，后进为卷棚顶。清乾隆五十八年，江宁知府李尧栋主持重建郁金堂。咸丰年间，郁金堂毁于战火；同治十年，两江总督曾国藩再次重建郁金堂；民国二十年（1931 年），郁金堂复遭水淹，翌年重修。1959 年，郁金堂建筑格局改为背水面南。

苏合厢位于郁金堂正南，砖木结构。苏合厢与郁金堂通过四合院连为一体，推测亦由江宁知府李尧栋主持修建。苏合厢于 1959 年改建，现悬挂有 1914 年陈祖麻的木刻楹联，四合院内墙壁上则嵌有梁武帝萧衍《河中之水歌》，以及清代朱柏容、现代郭沫若等人的碑刻诗词。

莫愁水院　莫愁水院位于郁金堂四合院之西，由水院回廊、赏荷厅、光华庭、江天小阁和观鱼池组成。水院回廊环水而建，串联起院内各建筑，廊壁嵌有鲁迅、钱松嵒、林散之、费新我等人书法碑刻。赏荷厅位于水院北首，共四间，砖木结构。江天小阁位于水院西北角，高两层，曾为曾国藩凭眺感怀之处。光华庭位于水院南首，砖木结构。观鱼池在水院中央，水中植荷养鱼。1979 年，景区在池中矶石上置立汉白玉莫愁女雕像。郁金堂及水院现为南京市文物保护单位。

近代建筑

粤军阵亡将士墓　粤军阵亡将士墓位于水榭荷花池之北，占地面积 208 平方米。1912 年 3 月，为纪念北伐的粤军阵亡将士，国民党军官姚雨平将烈士遗骸运回南京莫愁湖安葬。粤军阵亡将士墓经历多次损毁，1979 年在时任全国人大常委会副委员长的邓颖超关注下，粤军墓得以重建。次年，宋庆龄为粤军墓题字"辛亥革命烈士永垂不朽"。粤军阵亡将士墓现为江苏省文物保护单位。

邹鲁碑亭　邹鲁碑亭也称追思亭，位于莫愁湖南岸待渡亭西。邹鲁（1885～1954 年），广东人，同盟会会员。粤军北伐时，任兵站总监、经理部部长，后任广东大学校长、国民党中常委、国府委员等职。民国三十七年（1948 年），邹鲁受邀撰《重修建国粤军阵亡将士墓记》一文，并刻石立于粤军阵亡将士墓旁。之后该碑倒下并被埋于地下。1981 年，景区重立"邹鲁碑"；2005 年新建八角重檐碑亭，称为"邹鲁碑亭"。

◎抱月楼

当代建筑

抱月楼 抱月楼位于莫愁湖西南岸，1960 年兴建，1983 年落成。因其部分建筑构件是由二郎庙拆移而来，故一度称作"二郎庙"。抱月楼由一亭一台二角亭组成，是一座两层混合结构的仿古建筑。楼亭台基较高，台基壁面镶有多块石板，上刻"水浒""三国"人物故事及仰覆莲花瓣，雕刻精细，形象生动。楼前的一对石狮，系 1966 年由南京市政府东大门迁此。抱月楼北侧有平台架设于水面之上，可供游人休憩，其南侧的大舞台是景区举办文艺演出的主要活动场所。抱月楼二楼是观赏"莫愁烟雨"的佳处。

待渡亭 待渡亭位于莫愁水院之西，建于 1959 年。亭为仿古建筑，砖木结构，并附建连廊。从待渡亭远眺，可见莫愁湖上"云剪凌波态，烟含吊古情"，令人发思古之幽情。

湖心亭 莫愁湖湖心亭始建于清代，原在华严庵内，甘元焕称其"临湖跨水，建亭其上，四望沧漾，皎若明镜"，后毁。1958 年，莫愁湖东北湖心开始造岛，翌年于岛上建湖心亭，亭为砖木结构，四方八角，仿古建筑。

赏荷榭 赏荷榭位于公园南部、竹林东侧，建于 1959 年，是典型的明清风格的水榭建制形式，其构架是歇山建筑中的卷棚式木构架。赏荷榭南依四季常青的翠竹林，北靠怪石嶙峋的石山，与对面的二水亭相互呼应，别有意韵。

二水亭 二水亭位于水榭池之东，与赏荷榭隔水相望。据史载，二水亭原在下水门城上，下临秦淮，西面大江，北与赏心亭相对。岁久仅存其址。南宋乾道五年（1169 年），建康留守史正志修城时重建。亭名取李白"二水中分白鹭洲"诗意。此亭原在建邺会堂前，1973 年迁移至此。二水亭为古典建筑形式，亭前湖畔的矶石上塑立一对正欲展翅远飞的仙鹤。

凤来亭 凤来亭居竹园西坡，1959 年重建，为仿古建筑形式，上部是砖木结构，下部为混合结构。1974 年凤来亭翻建，全部采用混合结构。这里既可听雨赏荷，亦可听竹林风声。此亭在园内最高处，原来登亭可观莫愁外八景之一的"凤凰台"。

棋文馆 棋文馆位于胜棋楼东部，建于 2003 年，以弘扬景区内传承有序的棋弈文化。莫愁湖景区的胜棋楼名字相传得自明太祖朱元璋与中山王徐达的弈棋，其历史已有 600 多年。受此影响，明清以来莫愁湖成为历代帝王将相、达官显贵、富商巨贾、文人骚客弈棋交游的活动场所之一。

红木家具珍藏馆 红木家具珍藏馆位于水院西侧，建于 2007 年，为典型的江南园林庭院建筑。馆内家具展览分为三个厅堂，分类展出二百余件清代古典家具。这些家具选用酸枝、花梨上等木材制成，其种类多样，有宝座、案几、八仙桌、翰台，还有棋桌、带轴圆桌等，造型奇特，做工精巧。其中部分家具系成套展示，尤为珍贵。

折柳亭 折柳亭原在赏心亭下（今莫愁湖东面），由宋昇州知府张乖崖建。宋景定元年（1260 年），马光祖重建。亭名源自"霸桥送别"典故，历来为送别友人之所。"小小新栽杨柳枝，可怜攀折不垂丝。教他插过清明节，不许长亭送别离。"2015 年，折柳亭复建于莫愁湖南侧。

赏心亭 赏心亭原在下水门之城上（今莫愁湖东面），为宋朝丁谓所建。李白、陆游、辛弃疾等曾登临览胜，赋诗填词。辛弃疾三登赏心亭，写有《水龙吟·登建康赏心亭》一词。苏东坡云："千古龙蟠并虎踞，从公一吊兴亡处，渺渺斜风吹细雨，芳草渡，江南父老留公住。"2018 年，赏心亭复建于莫愁湖东畔。

五显亭　五显亭因临近莫愁湖北面五显庵而得名，五显庵供奉五显大帝，清初建造。亭为六角二层砖木结构。据《康熙府志》载："临河水槛，周以高柳，为途人歇脚之处，极幽静。"内秦淮河出西水关与外秦淮河汇合，绕莫愁湖由东向北入长江，过去是金陵水上交通要津，百舸争流，商贾云集，街市繁华。2010年，五显亭复建。

莫愁楹联长廊　莫愁楹联长廊位于莫愁湖南岸，长125米，木结构，建于2007年。盛夏时节，长廊两侧开满亭亭玉立的荷花，坐在船上远望，长廊仿佛就在荷花之上。其情其景，宛如仙境。

棠芳阆苑（海棠精品园）　海棠精品园位于公园西区，建于1999年，占地面积约12600平方米。园内现栽植海棠近千株，四十多个品种。主要品种有龙形海棠、莫愁红、长寿乐、贴梗海棠、东洋锦、世界一号、白雪公主、高桩一品香、北美海棠系列等。每年四月，海棠怒放，万点嫣红，绚丽多姿。唐人郑谷诗云"秾丽最宜新著雨，娇饶全在欲开时"，恰似为今日海棠精品园所吟。

荷花精品园　荷花精品园位于公园北区，占地面积约3700平方米，建于2011年，是公园内荷花培育及赏荷之处。园内荷花有两百余个品种，除莫愁红莲、观音莲、梨花白、洛琳皇后、金凤凰、金玉满堂等外，还育有大洒锦、秣陵秋色等珍品。每逢盛夏，荷花竞放，姹紫嫣红，争香斗艳。

◎棠芳阆苑（海棠精品园）

乌龙潭公园

乌龙潭公园位于南京市鼓楼区龙蟠里之东，北门面向广州路，西门面朝虎踞路，面积6.7公顷，其中水面2.7公顷，绿地率76.1%，是国家AAA级旅游景区。三国时，乌龙潭中遍植莲花，故名芙蓉池，池中莲花洁白，又称白莲池。传说晋时池中有四泉眼，终年喷涌不息，每岁六月十九，池中现四乌龙，乌龙潭即由此得名。书法家颜真卿任昇州刺史时，在此辟江宁放生池，后人于潭西建放生庵，以祀鲁公。清道光年间，江苏巡抚陶澍和学者魏源泛舟潭上，陶澍叹喟道："乌龙美景，秀色可餐！"魏源答云："有此妙处，何必西湖！"此后乌龙潭即有"小西湖"之称。

公园以山光水色取胜，潭岸亭台楼阁错落，花木扶疏，清幽典雅，被誉为"西城之冠"。公园内景点众多，乌龙桥、藕香榭、石头记塑石、书画楼、宛在亭、龙游亭、沁芳桥、紫菱洲布局和谐，让人流连忘返。

◎乌龙潭公园

中国象棋桥　该桥建于 2000 年，长 13.65 米，宽 12.09 米，桥面摆放 7 枚直径 1 米、厚 0.33 米、重 680 千克的中国象棋棋子。2001 年 7 月被上海大世界基尼斯总部认定为"最大的景观象棋、棋盘、中国象棋桥"。

曹雪芹纪念馆　曹雪芹（约 1715～1763 年），字梦阮，号雪芹、芹圃、芹溪。先世本汉人，清兵入关后，入正白旗内务府籍。三代世袭江宁织造。雍正五年，其父以事获罪，家道衰落。曹雪芹生于金陵，并在此度过了"锦衣纨绔"之童年，一生恰好经历了曹家盛极而衰的过程。晚年所著《红楼梦》是中国古典小说中思想性、艺术性最强的作品之一。据考证，书中大观园原型就是清时位于乌龙潭东首的江宁织造园，后易名为随园。鉴于南京乌龙潭东首为随园的前生——曹家花园的一角，为纪念曹雪芹，景区在此建造曹雪芹纪念馆，于 1997 年 9 月正式对外开放，主要展示与介绍了曹雪芹与南京的渊源等。

曹雪芹塑像　曹雪芹塑像位于乌龙潭东部山麓，1992 年 9 月 24 日，于乌龙潭建园 10 周年之际安装落成，是我国南方第一尊曹雪芹塑像。《红楼梦》是我国古典文学中的瑰宝，其作者曹雪芹不仅是我国人民的骄傲，也是举世敬仰的世界文化名人。1991 年 9 月 25 日，20 多名红学专家学者齐聚乌龙潭公园，召开筹建曹雪芹塑像论证会，经过对曹家史迹考察、论证，决定将曹雪芹塑像建于乌龙潭东部、曹家花园旧址处。这尊曹雪芹塑像塑造的是曹雪芹 40 岁左右盛年时期的形象，他身着长袍，手持文卷，昂首挺胸，跷腿坐在一块顽石之上，面部呈思考状，目光忧郁而坚毅，表现出一代文豪超凡的才气和特有的神韵。塑像为红花岗岩石质地，像高 2.5 米，连同底座高约 3 米。"曹雪芹先生像"六个大字由中国红学会会长冯其庸书写。

清桂　乌龙潭公园内的古树名木众多，其中以"清桂"最引人注目。这是一株明末清初的桂树桩，因其花色金黄，故亦名"金桂"，是目前全国最老、最大的"金桂盆景"。清桂原生长于宜兴市郊深山密林之中，曾遭雷劈，后复苏，树态雄浑，倔强峥嵘，被誉为"大自然界的古木异桩"。此桩高 2.2 米左右，围长约 1.8 米，据专家测定，距今已有 400 年左右的历史。其外形宛若朽木，桩上满布菌类，新枝出于枯木，盘曲横斜，颇富生机。春日缀满绿叶，秋日二度开花，香气沁人心脾，被称为"乌龙园林奇观"。现为南京市古树名木保护树木。

放生庵　又称"颜鲁公祠""放生祠"。乌龙潭是颜真卿所辟的最大的放生池，后人在潭畔建放生庵纪念颜真卿，现"放生庵"三字的汉白玉条石系原放生庵的珍贵遗物。同治年间，江宁知府涂宗瀛于

◎曹雪芹先生像

庵址建"颜鲁公祠"。现放生庵为1989年8月重建，庵内正中有石刻
颜真卿画像，是根据颜真卿后人所作画像绘制。此庵面积虽小，但寄
托了后人对大书法家颜真卿的缅怀和纪念之情。

镇潭神石　在放生庵右首竖有一块巨型太湖石，石高5.55米，重
5吨有余，颜色青灰，富有美感。镇潭神石峻峭挺拔，巍然屹立，犹
如一尊观世音菩萨镇守着乌龙潭，旁边还散布有10余块零星湖石，组
合于一组构图之中，形似"童子拜观音"。这是不可多得的天然艺术
珍品，建园人为它取名"镇潭神"，以借托它的神威保护今日乌龙潭
的来之不易。此石系1988年和"清桂"一道从宜兴购置，细观石面，
因形成于太湖之中，岁久为波涛浪击，水蚀痕迹粼粼作靥，有明显的

皱纹和"弹窝",是太湖石中的佳品。

锁龙桥群 锁龙桥群位于潭东首,相传晋人欲锁龙脖,建锁龙桥于潭上。现在的锁龙桥为一拱二券结构,长21米,高7米,宽4米,造型优美。其北侧相距3米并列着一单孔桥,名为通波桥,桥长7米,高2.55米,宽2.62米。

文化墙 乌龙潭早期历史文化名人聚居较多,据考证有二十余位,很多故居已不能复建,所以通过文化墙的方式进行展示。该墙采用青石雕刻,总长60余米,墙上雕刻着"月夜巧对""随园话诗"等历史故事、民间传说和人物造型,通过文化墙可以了解历代在此居住的名人轶事。

近年来,景区定位"以乌龙潭历史变迁中有较大影响的人物、典故或遗存建筑作为体现文化内涵的重要内容,使公园成为突出南京城市主流文化、历史名人的特定文化公园"。乌龙潭公园静卧在清凉山、蛇山、龟山等青山怀抱中,成为点缀南京城西的一颗璀璨明珠。

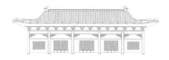

石头城
遗址公园

石头城又称"鬼脸城"，周长约3000米，南面开2门，东面开1门，西北因紧靠长江，故不设城门。《同治上江两县志·山考》载："自江北以来，山皆无石，至此山始有石，故名。"《建康志》也说："山上有城，又名曰石城山。"这里所说的"城"，就是石头城。

关于石头城的由来，可追溯到两千多年前的战国时代。据史书记载，周显王三十六年（公元前333年），楚国（都城郢，即今湖北江陵）灭越国（都城吴，即今苏州），楚威王设置金陵邑，并在今清凉山上筑城。秦嬴政二十四年（公元前223年），楚国灭亡，秦改金陵邑为秣陵县。相传三国时，诸葛亮在赤壁之战前夕出使东吴，与孙权共商破曹大计。据说，诸葛亮途经秣陵县时，特地骑马到石头山观察山川形势。他看到以钟山为首的群山像苍龙一般蜿蜒蟠伏于东南，而以石头山为终点的西部诸山又像猛虎般雄踞在大江之滨，于是发出了"钟阜龙蟠，石城虎踞，真乃帝王之宅也"的赞叹，并向孙权建议迁都秣陵。赤壁之战后，孙权迁都秣陵（今南京），并改称秣陵为建业，第二

◎石头城遗址公园

年就在清凉山原有城基上修建了著名的石头城。当时长江从清凉山下流过，因而石头城的军事地位十分突出，孙吴也一直将此处作为最主要的水军基地。此后数百年间，这里成为军事重镇，南北战争往往以夺取石头城决定胜负。

石头城内设置有石头库、石头仓，用以储军粮和兵械。在城墙的高处筑有报警的烽火台，可以随时发出敌军侵犯的信号。至南朝时，石头城作为保卫都城的军事要塞的地位依旧未变。隋文帝灭陈，毁建康城后，在石头城置蒋州；唐代初年在石头城设扬州大都督府。石头城在隋朝和初唐时是南京地区的中心，唐代以后江水日渐西移，唐武德八年（625年）后，石头城开始废弃。五代时期(924年)，石头城上兴建了第一座寺庙——兴教寺，之后这里就成为寺庙、书院集中的风景名胜区了。直到今天，它仍以"石城虎踞"的雄姿享誉中外。

漫步在石头城下，不仅能看到赭红色卵石墙基，还能看到历代在岩墙上增砌的城砖。据地质学研究，这里的岩层是距今大约1亿年到7000万年的晚白垩世浦口组地层。抬头看，上方的城墙上有一块突出的椭圆形石壁，长约6米，宽3米，因为长年风化，砾石剥落，坑坑洼洼，斑斑点点，中间还杂有紫黑相间的岩块，怪石嶙峋，远看隐约可见耳目口鼻，酷似一副狰狞的鬼脸，因此被称为"鬼脸城"。南京民间中有关鬼脸城的传说很多。相传这块岩石原来犹如刀削一般，光滑如镜。如今在鬼脸城西侧有一处清亮的池塘，从水面的一侧可以看到鬼脸城的倒影，老南京人俗称之为"鬼脸照镜子"。石头城遗址公园重修时，著名的燕王河景观也被从历史的覆盖中清理出来，重见天日，成为一条两岸郁郁葱葱的清流。不论远观还是近看，城墙垂柳，碧水绿树，都是一方绝佳的景致。今天的石头城遗址公园为国家AAA级旅游景区。

南京国防园

"千年石头城，现代国防园"。南京国防园位于南京母城——石头城的起源地，公元 212 年东吴在石头城筑城墙。现在的南京国防园是国家国防教育主题公园、国家级防震减灾科普教育基地，江苏省和南京市的爱国主义教育基地、双拥示范基地、科普教育基地，同时还是南京市中心级应急避难场所，公园面积为 14 万平方米，是国家 AAA 级旅游景区。

国防园内自然条件优越，集名胜古迹与山、水、城、林融为一体，在高处俯瞰似猛虎卧地，南京"石城虎踞"就得名于此。自古以来，这里就是著名的游览胜地和战场遗址。唐代诗人刘禹锡在《金陵五题》组诗的第一首《石头城》中曰：山围故国周遭在，潮打空城寂寞回。淮水东边旧时月，夜深还过女墙来。全诗着眼于石头城周围的地理环境，在群山、江潮、淮水和月色中凸显古城的荒凉和寂寞，格调莽苍，境界阔大，感慨深沉。

南京国防园景区共分为户外重兵器陈列区、室内展馆区、历史遗迹区、自然风貌区、军事体验互动区五个区域。在户外重兵器展示区，游客可以零距离地欣赏到歼－5、轰－5、东风－2 导弹、坦克等武器实物；室内展馆区包括中国人民解放军军史馆、防震减灾科普教育馆和军兵种馆；历史遗迹区包括鬼脸照镜、东吴第一军事要塞等著名历史人文景观；自然风貌区包括古金陵四十八景之一的石城霁雪、杜鹃专类园、山居秋暝等自然景观；军事体验互动区设置了射击打靶、军体乐园、5D 动感电影等丰富多彩的军事互动体验项目。

重兵器陈列区　在重兵器陈列区的草坪陈列着我国第一代国产战机歼－5歼击机和轰－5轰炸机。歼－5歼击机是20世纪50年代中国制造并装备空军的第一代单座单发、高亚音速喷气战斗机。轰－5轰炸机是中国参照苏联伊尔－28轰炸机，改进设计并试制生产的一种喷气式前线战术轰炸机，可在各种复杂的气象、地理条件下执行战术轰炸及攻击任务。重兵器陈列区还有14.5毫米四联高射机枪，该枪主要用于射击斜距离在2000米以内的空中目标，1000米以内的地面目标、水面轻型装甲目标和火力点等；65式37毫米双管高射炮，最大射程可以达到8500米；59式100毫米高射炮，用于打击高度在12000米以下的空中目标，也可对地面和水上目标进行射击。它们都曾经是我国陆军中不可或缺的地面防空武器。重兵器陈列区草坪的尽头是燕王河遗址，据说这是世界上最短的河，也是唯一一条穿过城墙的护城河。

长征广场　长征广场是国防园精心打造的景点。1934年10月第五次"反围剿"失败后，中央红军主力（红一方面军）为摆脱国民党军队的包围追击，实行战略大转移，退出中央根据地进行长征。广场上的汀步就是按照红军长征的时间节点来设计的，内容包括遵义会议、四渡赤水、巧渡金沙江、飞夺泸定桥、会宁会师等重要战斗和历史事件。长征是人类历史上的伟大奇迹，中央红军在长征期间共经过11个省，翻越18座大山，跨过24条大河，踏过荒无人烟的草地，越过连绵起伏的雪山，行程约二万五千里，于1935年10月到达陕北，与陕北红军胜利会师。

◎东风－2导弹

◎艳醉亭

导弹广场　导弹广场上展出的有东风－2导弹、26型鱼雷快艇、T－34坦克及各式坦克。东风－2导弹是中国自行研制的第一代中程地对地战术导弹，于1964年6月29日试射成功。该导弹全高21米，采用液体燃料发射，经总参批准陈列于此。水面上陈列的是"26型鱼雷快艇"，该艇属于小型高速水面战斗舰艇，具有体积小、航速高、机动灵活、隐蔽性好、攻击威力大等特点。T－34坦克是第二次世界大战中的功勋坦克，该坦克是二战坦克中战术标准、成本、综合设计的典范，其带有倾斜装甲的设计思路对后世的坦克发展有着革命性的影响。62式坦克是中国研制装备的第一代轻型坦克，主要用于南方丘陵山地的装甲师团，遂行侦察、迂回、同敌方轻型装甲车辆作战等主要任务，具有良好的机动性能、一定的火力和防护能力。59式坦克是中国人民解放军装备的国产第一代主战坦克，该坦克于1959年开始列装中国军队，在20世纪80年代以前一直是中国装甲兵的主要装备。

杜鹃精品园　杜鹃花被称为英雄花，1997年国防园将杜鹃花作为主题花卉，到目前为止已成为南京品种最多的杜鹃花专类园，共栽植各类杜鹃50多种、十万余株。国防园城墙沿线的杜鹃精品园，品种主要以红阳、宝玉、盛春、火烈鸟、紫蝴蝶、大白杜鹃等为主，颜色主要有红色、白色、紫色等。每年春季，满园杜鹃花竞相盛开，姹紫嫣红，争奇斗艳，勾勒出了"映山红"的独特景观，吸引着市民纷纷前来赏花观景，届时，景区都会举办杜鹃花展，国防园成为南京市民春季赏花的首选地之一。艳醉亭是景区内杜鹃花的最佳观赏点之一，"艳醉亭"一名取自唐代诗人韩偓的《净兴寺杜鹃一枝繁艳无比》："一园红艳醉坡陀。"

烽火台 火台又称烽燧，俗称烽堠、烟墩、墩台。三国时期，石头城为东吴水师的总部，江泊常有上千艘船只，在最高处建有孙吴的烽火台。一旦发现敌情，在烽火台白天施烟，夜间点火，台台相连，消息半日内即可传遍整个长江沿线。这是最古老但行之有效的消息传递方式，也是古代重要的军事防御设施。现在的烽火台是复建项目，也是长江沿岸最大的烽火台旧址。登上石城山，站在烽火台上远眺，依旧能感受到昔日军事要地的险要。

东吴第一军事要塞 国防园所在的山叫石头山，自古以来这里就是著名的战场遗址，东汉建安十七年（212年）孙权改秣陵为建业，在楚金陵邑原址筑城，并设置了烽火台及大型堡垒，取名石头城。城内堆积军粮和各种兵器，是东吴水军总部所在。由于当时南京的出口在西边，石头城倚长江为"天堑"，一遇军情，石头城的得失关乎首都战事成败，因此石头城历来都有重兵把守，是兵家必争之地，故而被誉为"东吴第一军事要塞"。整个六朝时期，在王朝斗争中石头城是双方争夺的焦点，可以说，石头城见证了六朝的兴废，是六朝文化的重要象征和历史文化地标。

石城霁雪 石城霁雪指的是南京石头城上的雪景，位于公园西侧，北至清凉山北缘，南至清凉门，沿古城墙呈带状分布，以怀古为主要游览内容，浓缩了石城虎踞的特点，集中体现了古城南京山、水、林、城的风貌，是冬季登高欣赏雪景的最佳去处。每年到了冬天，皓白的雪覆满整个城墙沿线，别有一番韵味。

◎石城霁雪

清凉山景区

清凉山位于南京主城区西部、秦淮河畔，古称石头山，占地面积 26.6 公顷，最高处海拔 65.7 米，与城东的紫金山齐名，并称为"钟山龙蟠，石头虎踞"。景区历史悠久，人文荟萃，山势起伏，树木繁茂，清凉幽静，素有"六朝胜迹"和"城市山林"的美誉。

清凉山是南京城的起源地，南京别称"金陵""石城"都源于此。唐代以前，长江直逼清凉山西南麓，江水冲击拍打，形成悬崖峭壁，地势险要，成为阻北敌南渡的天然屏障，据此可扼江控淮，是兵家必争之地。公元前 333 年，战国时期的楚威王在清凉山建立金陵邑，是南京主城区第一个设立行政建制的城池，开启了南京建城史。公元 212 年孙权在金陵邑故址上筑石头城，拉开了南京作为"六朝古都、十朝都会"的序幕。近几年的考古，发现了六朝时期的石头城遗址，周长约 3 公里，据考证是南京目前发现的最早城垣遗址。

唐朝以后，长江河道西移，清凉山雄险形势顿失，逐渐成为文人墨客隐世怀古、著书讲学之地，景区内名胜古迹诸多，至今保存了东吴的"驻马坡"，南唐的清凉寺、还阳井，明代的崇正书院和清初的扫叶楼等古迹景点。形成集城垣文化、三国文化、军事文化、宗教文化、书院文化、书画文化等于一体的"清凉文化"，被专家学者誉为金陵文化之源。

扫叶楼 扫叶楼位于清凉山西侧，始建于 1664 年，建筑群面积 400 平方米，是明末清初著名画家、诗人龚贤的居所。龚贤，字半千（1619～1689 年），金陵八家之首。清军攻占南京后，龚贤悲愤出走，漂泊十余载，晚年回归南京，在清凉山筑半亩园，潜心于作画诗词艺术。龚贤在绘画艺术上以积墨法自成一体，影响深远，其诗词沁人心

◎清凉山

脾，如云流水池，一气呵成。因为他曾作自画像，手执扫帚作扫落叶状，因此他的旧居被称为扫叶楼。

清凉寺　"清凉问佛"是清金陵四十八景之一，与山中的清凉寺有关。清凉寺原为杨吴权臣徐温所建，初名为兴教寺。南唐时更名石头清凉大道场，礼请文益禅师住持，开创法眼宗；南唐后主李煜曾在此建德庆堂设避暑离宫，纳凉礼佛。清凉寺是中国佛教禅宗五家之一法眼宗祖庭，法眼宗的禅学思想在中国佛教史上具有崇高的地位和价值，影响远及日本、韩国及东南亚。"解铃还须系铃人"就出自南唐时清凉寺法眼宗的两位高僧问答。

南唐古井　南唐古井掘于南唐保大元年（943年），故又称保大泉。井口直径不足三尺，井深四丈余，井水甘醇，久旱不涸。传说南唐寺僧皆饮此井，久饮颜面不衰，须发犹黑，故有还阳井之美称。因为清凉山上生有何首乌，其药汁渗入井水中，故有乌发的功效。1982年建井亭一座，井亭北墙嵌石碑一块，正面为书法家萧娴书刻"还阳泉"三字，背面为书法家庄希祖书还阳泉简介。

崇正书院　崇正书院位于清凉山中山脊，是明清时期江南地区最大的书院。史料记载，明嘉靖年间，南京盛行讲学，时任南京督学御史的著名学者耿定向见清凉山环境清幽，便选定为址，依山就势，建造崇正书院，培养南京及周边的学子，创儒家阳明心学泰州学派的学堂。"崇正"二字，一是取意文天祥"天地有正气"之意，二是指要推崇正统的儒家学说。耿定向官至户部尚书，他亲自教学，弟子中最出名的就是状元郎焦竑，焦竑是明代南京的第一个状元，其慧眼识珠发掘明代著名科学家、礼部尚书兼文渊阁大学士徐光启，成为佳话。万历二十五年（1597年）焦竑任会试副主考官，他在落选卷中得到了徐光启卷，"（焦竑）阅而奇之，拍案叹曰：此名世大儒无疑也"，毅然决然将已名落孙山的徐光启拔为第一名。徐光启的后代人才辈出，其第十三代孙有一个外孙女叫倪桂珍，她便是中国现代史上著名的"宋氏三姐妹"——宋霭龄、宋庆龄、宋美龄的母亲。书院分为前中后三进，三殿大厅四幅大型壁画跃然醒目，再现金陵"春牛首，夏钟山，秋栖霞，冬石城"之四季景色，是南京目前保存完好的最大壁画。

李剑晨艺术馆　李剑晨艺术馆于2004年12月26日对外开放，展馆由李剑晨之女、园林建筑设计师李蕾设计，建筑面积720平方米。李剑晨原名李汝骅，1900年出生于河南省内黄县，享年102岁，是我国20世纪杰出的艺术大师和艺术教育家，被海内外誉为"中国水彩画之父"，后人称为"德高、艺高、寿高"的"三高"老人。

艺术馆一楼是李剑晨的生平简介，厅内的雕像是著名雕塑家李广玉根据李剑晨生前照片雕刻的。"光明透彻"是李剑晨一生的座右铭，"色彩就是力量"是李剑晨的中国画创新理念。李剑晨一生三次捐画，95岁捐献70幅画给河南省政府，100岁捐献120幅给江苏省政府，辞世后，子女遵照李剑晨遗愿将最后80幅捐献给了南京市政府，在清凉山景区建成了"李剑晨艺术馆"，定期展览李剑晨作品。

银杏谷　"春品兰花，秋赏银杏"是清凉山特色品牌园事活动。清凉山景区拥有南京城内规模最大的银杏树林，达三百多株。银杏美景声名远播，连年被市民、游客和媒体评选为南京最美银杏观赏地。每年10月至11月这里都要举办银杏文化旅游节，前来观赏银杏的游客络绎不绝。

魏紫熙艺术馆　魏紫熙艺术馆于2005年4月开放，总面积840平方米，艺术馆由魏紫熙之女、建筑设计师魏巍设计，馆名是其子魏镇书写。魏紫熙（1915～2002年），原名显文，出生于河南省遂平县，是现代中国画大家，新金陵画派的创始人之一。1957年，他与傅抱石、

◎银杏谷

亚明等一起筹办创建了江苏省国画院，与钱松岩、宋文治、亚明并称"金陵四老"。根据魏紫熙的遗愿，其子女将魏紫熙生前100幅珍品捐献出来，陈列于魏紫熙艺术馆。展馆一楼展示的是魏紫熙生前所使用过的画桌、绘画用品，并按照他的习惯所摆放。该馆现定期展出魏紫熙原作以及魏紫熙山水画研究会会员作品。

驻马坡　驻马坡是清凉山历史最久的遗址。关于"虎踞龙蟠"最早的说法来自诸葛亮。相传三国刘蜀诸葛亮出使东吴共议讨曹魏之计，途径秣陵石头山（即现在的南京清凉山）驻马观望金陵山川形势，赞道："钟山龙蟠，石头虎踞，真乃帝王之宅也。"后人于驻马坡立石纪念，曰："诸葛武侯驻马处"。1984年著名书画大师刘海粟题书"驻马坡"三字。

中华奇石馆　中华奇石馆立于1991年，2002年新建精品馆，面积约650平方米，是青少年科普教育基地。南京有"三石"，即石头城、石头记、雨花石，馆内以收藏展示雨花石等各类奇石为主要内容，丰富广大人民群众的文化生活，形成了"石头城里赏石头"的赏石文化。

清凉山景区近年来在加强文化建设的同时，不断加大基础设施和公共设施的建设，是国家AAA级旅游景区。不久的将来，一个更具魅力的清凉山景区将展现在广大游客和世人面前。

鸡鸣寺

南京鸡鸣寺，又称古鸡鸣寺，位于鸡笼山东麓，是南京最古老的梵刹之一。鸡笼山东接九华山，北临玄武湖，西连鼓楼岗，山高62米，因山势浑圆似鸡笼而得名。

鸡鸣寺寺址所在地在三国时期属吴国后苑之地，早在西晋永康元年（300年）就曾在此倚山造室，始创道场。至南朝梁普通八年（527年），梁武帝在鸡鸣埭兴建同泰寺，同泰寺依皇家规制而建，规模宏大，壮丽至极，成为"南朝四百八十寺"首刹。高僧达摩从印度来建康时，就居于此。梁武帝曾先后四次舍身到同泰寺并在此颁布《断酒肉文》，规定了汉传佛教素食制度。后同泰寺毁于战火，之后虽几经重建，但规模卑隘，远不及昔时。

明洪武二十年（1387年），明太祖朱元璋在同泰寺故址重新兴建寺院，取"闻鸡起舞、晨兴勤苦"之意，题额"鸡鸣寺"。

康熙南巡时，题书"古鸡鸣寺"大字匾额。乾隆十五年（1750年），重建了凭虚阁，作为乾隆驻跸行宫。同治六年（1867年），寺僧西池等募资修建了观音楼，楼内供观音菩萨。鸡鸣寺的观音与众不同，为一尊面朝北倒坐的观音菩萨像，佛龛上的楹联道明原因："问菩萨为何倒坐，叹众生不肯回头。"

光绪二十年（1894年），两江总督张之洞为纪念"戊戌六君子"之一的杨锐，建"豁蒙楼"，并手书匾额。1958年鸡鸣寺改为尼众道场。在前任方丈宗诚法师与大众努力下，寺院逐步修复了天王殿、毗卢宝殿、铜佛殿、药师塔、大悲殿、观音殿等殿堂，并重新对外开放。

鸡鸣寺集山、水、林、寺为一体，环境幽雅。"鸡鸣春晓"是新金陵四十八景之一。从鸡鸣寺到解放门之间还有一段颇为美妙的樱花路，每年3月下旬至4月上旬，樱花盛开，如雪如云，蔚然一片，衬托着古雅的鸡鸣寺，显得格外有韵味。每当这时，游客纷至沓来，赏花、游景、品鸡鸣寺素斋，欣赏南京城春天靓丽的风景。

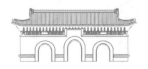

老城南
门东历史文化街区

　　门东地区因位于中华门以东而得名，它北起长乐路，南抵明城墙，西沿内秦淮河，东接江宁路，占地面积70万平方米，历史上一直是夫子庙的核心功能区域之一，曾是南京商业与居住最发达的地区之一。早在三国时期，这里就有民居聚落出现。东晋南北朝时期，门东地区逐渐发展为士族聚集之地。明朝时朱元璋定都南京并修造城墙，南城城门聚宝门（今中华门）旁一派繁华的景象，聚宝门与秦淮河沿线也成为城市的经济中心、重要的商贸和手工业的集散地。清末以后，随着现代工商业的发展与交通方式的改变，新街口地区逐渐成为城市新的商业中心，门东、门西等老城南地区逐渐成为以居住功能为主的区域，这里集中体现了老南京传统民居的风貌。

　　2013年9月29日，门东历史文化街区正式对外开放。门东街区保护与复兴工程总占地面积约15万平方米，街区在保留大量历史建筑和文物保护建筑的基础上，将老厂房改建成"一院两馆"，建设民居式精品酒店和时尚活力街区，引入名人工作室、百年老店、文化娱乐项目等，成为集历史文化、休闲娱乐、旅游景观于一体的文化街区。

◎门东

门东历史文化街区的中轴线是箍桶巷示范街，这里也是门东的核心区。箍桶巷历史上是以箍桶为主业的手工艺人的集聚区，相传明朝时，江南首富沈万三的箍桶匠们大多聚居在城南城墙边一带。为最大限度地呈现历史本来的面貌，通过对大量资料的比对，将箍桶巷在新中国成立以后铺设的沥青路又恢复为传统的街巷格局，并对沿街建筑进行修复，再现了当年"青石铺街，商旅不绝"的场景，这里也成为整个保护街区历史文化之旅的起点。

向南看去，尽头就是有着 600 余年历史、巍峨雄壮的明城墙，街道东西两侧星罗棋布着大量的历史文化景点。

问渠茶馆　问渠茶馆位于箍桶巷示范街西侧。据史料记载，在夫子庙桃叶渡周边曾有三家茶馆，分别是：问渠、问柳、问津。三家茶馆临河而立，文人骚客不绝于路。时过境迁，三家茶馆早已随风消逝。此次在门东重修的"问渠茶馆"按照当年茶社的格局重建。

五板桥　五板桥是依据历史、利用遗迹复建的一座小桥。"问渠茶馆"背后有一条约 50 米长的清水沟，明朝时曾是一条小运河，后来慢慢萎缩成一条居民排水沟。随着时间的推移，沟上又加盖，原水沟和小桥就难见踪迹了。通过复建，找到了这条沟和沟上"五板桥"的五块石板，用其修了新的五板桥。

上江考棚　上江考棚集中体现了明清科举制度，是当时科举情况的缩影。明清时期，上江、下江考棚分别是安徽、江苏两省秀才参加乡试前进行预考的地方。因为安徽的地理位置在江苏上游，故将安徽考试预考处称为"上江考棚"。

傅善祥故居　傅善祥故居是门东历史文化街区根据史料复建的景点。傅善祥出生于南京秦淮东关头的一个书香门第，自幼饱读诗书，她是太平天国时期的传奇人物。根据史料记载，1853 年，太平天国举办科考，破天荒地增设了女科，傅善祥勇敢报名并一举夺魁，成为历史上唯一的女状元。傅善祥因在政务处理方面才能卓越，被封为"恩赏丞相"。

骏惠书屋　骏惠书屋是门东历史文化街区复建的一栋古建筑，一砖一瓦、一雕花一古木都最大程度上尊重和还原了古建筑的文化特点。骏惠书屋是典型的两层三进庭院徽派建筑，外墙是徽派马头墙，正门由徽派三雕之一的砖雕和徽派门楼结合，西边侧门采用木雕和门楼结合，东侧门为景门，在门楼上采用一书卷式砖雕点缀，房屋两个大厅大量使用木雕和月梁，每一扇门的雕花各有主题，室内雕花人物繁多，各有渊源，每一处的看似不经意，其实都是精雕细琢，都是技艺无声的传承和文化的流淌。

地下城防　地下城防原为 20 世纪 70 年代的地方人防设施，在拆除地上建筑时，原址暴露。市政府在保护与复兴过程中决定在该处进行原址保护，经专业团队设计，采用钢架结构外罩进行保护，建成后，游客可直接在室内通过钢化玻璃看到脚下的地下城防工程。

三条营　三条营其实是条街巷名，地名可以追溯到明朝。当年朱元璋扩建南京城，在全国征集大量民工夫役，门东一带是当年民夫们的工棚营地。城墙建好后，工棚营房变成卫戍军队的驻地，而这里曾是第三条营房，因此称为三条营。街区内还有中营、边营，都曾是营房，因为地理位置而命名。

蒋寿山故居　蒋寿山故居是江苏省文物保护单位，建于光绪四年（1878 年）。故居坐北朝南，两路七进，青砖黑瓦，绵延百米，民间俗称"九十九间半"。故居门厅外墙有拴马石，建有高大的封火墙，整体建筑给人以深宅大院之感。故居建筑院落完整，结构无损，是南京晚清建筑群保存较好的一处。蒋寿山是晚清南京著名富商，生于清道光八年，因其十分富有而被称为"蒋百万"。

如今的蒋寿山故居已成为展览馆、金融博物馆、投资者教育基地，通过活化利用，将文物保护、再造和融合，注入新时代的金融和公益基因，旨在以历史传承和金融传承为使命，积极践行公益，传播金融知识，为广大投资者金融素养提升和投资者权益保护做贡献。

芥子园　毗邻蒋寿山故居的就是明末清初文学家李渔的芥子园。李渔既是文学家、戏曲家、美学家，又是位出色的园林建筑设计师。他原籍浙江兰溪，从小天资聪颖，年幼通读四书五经，8 岁能作诗，25 岁时被誉为"五经童子"。因为参加两次乡试未中，后来明清改朝换代社会动荡，李渔选择了隐居，从此开始了他的文学创作和园林建造生活。

芥子园原址 3 亩，复建后的芥子园约 4 亩。该项目在原貌无图、无实景、无实物可供参考的情况下，为了最大程度还原芥子园当时面貌，参考李渔《闲情偶寄》及其他相关文字记载，对园中的一草一木，一砖一瓦都进行了仔细的推量与考证。

假山是芥子园的精华，院内假山上的每块石头都是根据文献记载一一推理还原的。当年李渔是在赤石矶余脉上造园的，所以芥子园也部分使用了红石堆砌假山。芥子园内有 60 多种绿植，这些绿植都是李渔赞美过的植物，包括被李渔称为四季"命花"的春季兰花、夏季荷花、秋季秋海棠、冬季蜡梅，因此，不同季节的芥子园会呈现不同的景致。

德云社南京分社　20 世纪上半叶南京夫子庙曾经是和北京天桥、天津南市齐名的相声表演地，后来南京相声表演逐步落寞。为了重现南京相声艺术的繁荣景象，门东成功地引进了北京德云社相声表演团队。2013 年 10 月 28 日，德云社南京分社在门东隆重开业，德云社建筑参照了明清时期江南戏院的风格，主体面积达 1356 平方米，分为楼上包厢和楼下雅座，共计 260 个座位。

一院两馆　一院两馆位于门东历史文化街区，是用废弃的工厂改建而成的。一院指的是南京书画院，两馆指的是金陵美术馆和老城南记忆馆。这里集中展示了老南京的历史文化发展，包括文化、艺术以及人文风貌等。

南京书画院占地 5700 平方米。馆内荟萃了一批经过高等美术教育和名师指导培养起来的中青年书画精英，逐渐形成以中青年为骨干，特聘画家与在职专职画家相补充，风格各异、生机勃勃的艺术创作队伍。书画院常年展示优秀当代中青年画家作品，举办各主题画展，已有数百幅作品被国内外美术馆及博物馆收藏。

金陵美术馆是南京市第一座集展示、收藏、研究于一体的市级美术馆，旨在服务广大观众，续写金陵文脉，发扬盛世丹青，联合国内、国际美术馆，推进与艺术家与艺术机构的良性互动。

南京的老城南历史悠久，是南京居民最密集的地区，老城南可以说是南京精神的目录和提要，承载了南京城在纷繁历史中众多的社会生活符号，寄托了南京人太多的美好与回忆。老城南记忆馆的设立，直观地将这些南京记忆呈现在我们面前，引领我们领略和回味个中的美好。

老字号　老字号是一个城市历史文化的载体，也是城市记忆的根基。南京悠久的历史文化赋予了南京更多的老字号资源，他们是南京文化的重要组成部分。"老字号"是门东历史文化街区的特色，街区引进 26 家老字号企业，其中中华老字号 12 家、江苏老字号 3 家、南京老字号 11 家。门东现已形成餐饮、零售、游览等多元业态布局，将老字号传统历史文化与街区现代体验式消费相结合，推动老字号向主题化、多元化、体验化方向发展，推动老字号集聚发展。

此外，门东还集中展示了南京的各种风味小吃，这里是一个集食、游、娱、购为一体的综合文化街区，现已成为南京人休闲放松的一个好去处。

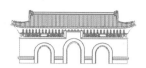

老城南
门西历史文化街区

门西历史文化街区南起明城墙，北至集庆路，西起凤台路，东至中华路，占地面积 53.72 万平方米。因地处聚宝门（今中华门）以西，故称"门西"。

门西一带因地理环境佳，自古便是"达官之悠居、文人之雅居、百姓之乐居"，最著名的是南唐宰相韩熙载，当年住在门西戚家山一带。明代探花顾起元住在鸣羊街附近，当年他家的宅子很有名，叫遁园。此外，顾恺之"点睛"之作的传说发生地瓦官寺、杜牧诗中的杏花村以及金陵古凤凰台，都是老门西留给我们的历史记忆。如今，晚清著名的私家园林愚园已被修复，另尚存以鸣羊街、高岗里、饮马巷为代表的历史街巷，以刘芝田故居、殷高巷古建筑群、高岗里古建筑群、魏家骅故居为代表的文保单位，以及其他诸多历史建筑、古井、古树，历史文化底蕴十分深厚。近年来，门西地区又新建了文化体育产业园，古景、新建相映生辉。

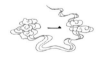 愚园

愚园又称"胡家花园"，位于南京城西南隅，始建于光绪元年（1875年），是清末苏州知府胡恩燮的故居，也是清末南京最大的私家花园。因宅园主人姓胡，所以民间称为胡家花园。

六朝时期，愚园本是古凤凰台所在地，被称为凤台园。唐朝时李白曾来此吊古伤今，留下了《登金陵凤凰台》。明朝时，愚园为明中山王徐达后裔魏国公徐俌的别院，称为魏公西园，后来又称徐锦衣西园，

◎愚园

至明代万历年间，为进士吴用先的吴家花园。

清同治十三年（1874年），南京籍苏州知府胡恩燮辞官归故里，购得此园，当时这里已"榛芜蔽塞、瓦砾纵横，兵燹以来，窅无人迹"（邓嘉缉《愚园记》）。胡恩燮用了两年的时间将此园修建完成，"又以市产与崇善堂易余之闲地，因高就下，度地面势，有宫室台榭坡池之胜，林泉花石鱼鸟之美，规模宏敞，郁为巨观"。自此，愚园成为晚清第一著名的私家园林。因为胡家花园与苏州狮子林十分相似，所以又被称为"金陵狮子林"。

建成后的愚园由宅院和园林两部分组成，园林部分又分为南部的外园和中部的内园。外园以水和亭台楼阁为主，内园以房舍和山石为主。愚园巧妙地运用了借景的手法，近借凤台山、杏花村，远眺周处台、钟山，使有限的空间得以无限延伸。在园内，景点构筑用传统的对景手法，使各景点能相互借取。在水体处理上藏引得法，用了藏源、引流、集散、延伸等手法，让水面有流有滞、或隐或显，使水体活跃于园中，构成多变的水景空间，生发无穷之意。内园以假山为中心，假山北面有春晖堂、分荫轩、无隐精舍，南面有清远堂、水石居，西面有藏书楼等建筑，通过曲折的回廊与住宅相连。外园以愚湖为中心，竹坞轩、春睡轩、课耕草堂、延青阁、柳岸波光、秋水蒹葭之馆等诸景点依水而筑。愚园西部的山岗是全园制高点，贯穿于全园的植物造景构成园内景观的一大特色。北部的住宅区二进二路错落分布，并辟有幽房小院，胡恩燮喜于园中招待四方名人，李鸿章、薛时雨、张之洞等曾是其座上客。直至晚清，园内尚有铭泽堂、春晖堂、水石居、无隐精舍、分荫轩、依琴拜石之斋、镜里芙蓉等三十六景。

1910 年，南京市第一次举办国际大型博览会——南洋劝业会，彼时的愚园是官方推荐路线。1912 年 3 月 29 日，孙中山先生辞去临时大总统前夕，在愚园举行饯别宴会，并在愚园春晖堂前留下珍贵合影，合影今陈列于愚园"觅句廊"。

辛亥革命后，军阀张勋攻入南京，愚园毁于战火。民国四年（1915年），胡恩燮的嗣子胡光国重修愚园，共建成集灵坛、举义合祀祠、孝子坊、衣冠墓、孺慕亭、怀白楼等三十四景，所以愚园有"前后七十景"之说。1937 年抗日战争时期，愚园再度毁于战火。之后，愚园还曾作为下放回宁人员的聚居地，园内景观基本被毁坏，愚湖也被填埋。

2010 年 4 月份，胡家花园的复建项目正式启动。项目以中国近代建筑学家童寯 1937 年所著《江南园林志》中愚园手绘图为蓝本，按照历史复建，对现存建筑保留、改造、拆除，并对愚湖进行水域扩大和清淤，再现愚园补善堂、铭泽堂、容安小舍等三十六景。

补善堂　补善堂是胡恩燮用来救济孤孀的地方，因为胡恩燮生前经常做善事，所里这里被称为补善堂。"补善堂"三个大字由江苏著名书法家萧平所写。

铭泽堂　铭泽堂宅院是主人生活起居的地方。铭泽堂宅院包括前厅、正厅和后楼三个部分。铭泽堂是正厅，这里曾接待过李鸿章、张之洞、薛时雨等人。铭泽堂宅院的后楼，一楼是胡恩燮、胡光国的书房和卧室，二楼是胡恩燮母亲和女儿的生活起居室。

容安小舍　容安小舍绿树成荫，夏天可以避暑，冬天可以御风。容安小舍内有一棵枇杷树，原先就在胡家花园内，一直保留至今。小舍内的石板凳是由胡家后人捐赠的。

春晖堂　穿过假山，可以看到一堵别具一格的兰花墙，花墙是胡恩燮亲自设计，使整个园子灵活生动起来。沿着花墙所在的长廊漫步，可以看到内园的中心建筑春晖堂。"春晖"二字取"报得三春晖"之意，因为胡恩燮购买这座园子就是为了给他的母亲安享晚年。春晖堂是胡恩燮喝茶饮酒，观赏内园美景的地方。假山上有憩亭、小沧浪、小山佳处。

清远堂　清远堂位于内园和外园的交界之处。在这里，既可以欣赏外园的愚湖，又可以看到内园的假山，可以说是一举两得了。

愚园是一座极具江南园林特色的私家宅园，其水石清幽，竹树美秀，亭榭绮丽，故文人雅士纷至沓来，吟诗题联，盛极一时。愚园于 1982年 8 月被列为南京市第一批文物保护单位，是南京老城南地区一道靓丽的风景。

二　刘芝田故居

刘芝田故居位于秦淮区殷高巷 14 号，传说原为明代开国功臣胡大海的住宅，清光绪年间为刘瑞芬购得居住。现为江苏省文物保护单位。

刘瑞芬（1827 ～ 1892 年），字芝田，安徽贵池人，官至两淮盐运使，曾为钦差大臣出使英、俄、法、德等国，被老百姓称为"刘钦差"。

刘芝田故居原有九十九间半房屋，占地颇广，现仅存 6 个院落，占地面积 3000 平方米，建筑面积 2390 平方米，其中两个院落保存尚好。宅第有门厅、轿厅、大厅以及数进楼房，中间备弄将建筑群分成南北两大部分。院落大门有砖雕门头，磨砖对缝，雕刻简洁明了，且原样无损。

大厅明间为五架梁，前檐有轩，后有一步架，次间以及其他房间都是穿斗式结构，面阔五间 11.2 米，进深 10.2 米，高 6.6 米。大厅用料粗大考究，柱梁节点、檐下、门楣有木雕，刻工细致。后楼房带有回廊且前后联通，俗称"跑马楼"，面阔五间 19.2 米，通进深 23.4 米，高 9.5 米，房屋虽旧，部分楼板栏杆已坏，但整体结构与布局仍保存完好。刘芝田后人现居于此。

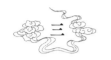

三　金陵凤凰台

　　"凤凰台上凤凰游，凤去台空江自流。吴宫花草埋幽径，晋代衣冠成古丘。三山半落青天外，二水中分白鹭洲。总为浮云能蔽日，长安不见使人愁。"《登金陵凤凰台》是唐代大诗人李白登金陵凤凰台而创作的怀古抒情之作，凤凰台也因此闻名遐迩。

　　传说，南朝宋文帝时，一只五彩大鸟飞来金陵，人们认为是凤凰来仪的祥瑞之兆，就在凤凰栖息的地方建了一座凤凰台。古凤凰台在中华门内西南的凤台山上，凤台山地势高耸，有东晋名臣谢玄之墓和"竹林七贤"之一阮籍的衣冠冢。在当时，凤台山是观赏"大江前绕，鹭洲中分"景点的最佳处。继李白之后，南宋著名诗人杨万里也写下了《登凤凰台》，西游记作者吴承恩写下了《宴凤凰台》。然而，世事变迁，古凤凰台早已难寻其迹，有诗无台一直是千古憾事。

四 悦动·新门西文化体育产业园

悦动·新门西文化体育产业园在秦淮河畔明城墙内原南京印染厂（1942年）和第一棉纺厂（1952年）旧址上建设而成，于2018年5月开园，占地8.4万平方米，建筑总面积约8.4万平方米。原项目厂房结构保留完整，所有场馆均为在原有厂房结构基础上加以发挥空间特色改建而成，既具有现代的运动潮流感，也具备文化历史底蕴。作为一项激发老城新活力的工业遗存更新范例，悦动·新门西老底子与新模式的结合，以文化科技元素为核心，带动文化科技企业在知识产权上的自主研发与转型，致力于打造一个开放式的活力产业园区。

◎悦动·新门西文化体育产业园

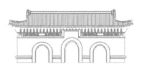

南京作为历史文化名城，有着近 2500 年建城史、400 多年建都史，非物质文化遗产种类丰富、数量众多、内涵丰富、特色明显。其中古琴艺术（金陵琴派）、南京云锦木机妆花手工织造技艺、金陵刻经印刷技艺、剪纸（金陵剪纸）4 项被联合国教科文组织列入人类非物质文化遗产代表作名录，另外还有 10 项被国务院列入国家级非物质文化遗产名录，63 项被列入江苏省非物质文化遗产名录，195 项被南京市人民政府正式列入南京市非物质文化遗产名录。

甘熙宅第又称甘熙故居或甘家大院，位于秦淮区南捕厅 15 号、17 号、19 号和大板巷 42 号、26 号，是全国重点文物保护单位。甘熙宅第始建于清嘉庆年间，距今已有 200 多年历史，占地面积近万平方米，规模宏大，俗称"九十九间半"，这里是研究、展示和保护南京民俗文化的地方，是南京非物质文化遗产的专业性博物馆所在地。

1982 年，南京市文物部门在全市的文物普查中，发现了深藏闹市的大规模清代民居古建筑群——甘熙故居，并对其进行抢救性保护；1986 年，为了科学保护和合理利用南京传统民居，文物部门开始在甘熙故居内筹建南京

◎甘熙故居

市民俗博物馆，1992年11月18日建成并对外开放；2010年1月，为全方位展示南京的非物质文化遗产，保护和传承南京的非物质文化资源，市文广新局决定在南京市民俗博物馆建立全国首家民俗、非遗"双博馆"，2012年6月9日，展馆建成开放。

南捕厅15号金陵甘氏家族历史陈列

甘熙宅第的主人是被称为"南邦巨族""江南甲姓"的金陵甘氏家族，其祖先可追溯到战国时秦丞相甘茂，之后三国时期的吴国名将甘宁、东晋初年的甘卓均为战功显赫的名将。几百年来甘家以"友恭"精神为家训，世代书香，诗礼传家，自清代以来成为以藏书、文学、地学闻名的文化世家。甘熙是家族中的代表人物，晚清南京著名文人、藏书家，平生著作甚丰。因甘熙在家族中颇有名望，其家族之宅被后人以其名字命名至今。

金陵甘氏家族历史陈列展厅分六个专题，从甘氏祖先、甘氏家族的发展、甘氏家族的贡献以及甘氏故居建筑等方面全面介绍甘氏家族。

武丁旧学 典午名家　金陵甘氏家族为江南望族，在夏代建有甘国，殷商时期的名相甘盘就是夏代甘国苗裔。甘盘是殷商中兴名主武丁的老师，武丁继位后聘甘盘为相。甘熙宅第大门曾有"武丁旧学，典午名家"的门联，"武丁旧学"指的就是这位被后世推崇为贤相的甘盘。甘姓的郡望之地有渤海和丹阳两地，其中"丹阳"是今天南京江宁区的小丹阳镇（旧时属丹阳郡），它是金陵甘氏家族的祖脉发源之地。

创立友恭 以孝为本　明朝末年，一支甘氏族人离开祖居地小丹阳甘村进入城内，开始以务农、经营田产为生。清乾嘉年间，甘氏后人甘国栋率子行商，经营"剪绒、江绸、贡缎、棉纱、布帛"，经过两代人的努力，家境逐渐殷实。嘉庆四年（1799年）甘家正式迁居城南南捕厅（清代的南捕通判署曾设在此巷，因此得名），并创立分支堂号——"友恭堂"，世代以"友恭"为家训。"友恭"意为"兄需爱其弟，弟必恭其兄"。甘国栋去世后，由长子甘福主持家政。他率弟遐年、延年、鹤年同心协力，于嘉庆十七年前后在南捕厅旧宅的基础上加以扩建，奠定了甘熙宅第的规模。

展厅中陈列的甘氏的祭器均有"甘氏友恭堂"的款识。该展厅内还陈列有《江宁甘氏友恭堂记》石碑拓片，碑文有五百余字，成书于清嘉庆十七年（1812年）冬月，由长洲人（今苏州）王芑孙撰写、金陵刘文奎镌刻而成。碑文字体遒劲工整，碑记讲述了甘国栋教子有方、作堂名曰"友恭"的事迹、"友恭"二字的精髓以及甘福在江宁小丹阳修造祖墓并围墓而居的史实。

克绍箕裘 文化世家　甘氏家族在"友恭"家训的教化下，培养出一代代学有所长、家风儒雅的子孙。甘福、甘遐年、甘延年等虽以经商为主业，但都注重自身修行，以孝事亲、乐于行善。他们的后辈子孙如甘煦、甘熙、甘元焕均为一代名士，为文化传承做出卓越功绩，甘家因而成为南京著名的文化世家。

甘熙是甘福次子，清末著名方志学者、藏书家。甘熙一生博学强记，勤事纂述，著有《白下琐言》《桐阴随笔》《灵谷寺志》《栖霞寺志》等地方志书和《金陵忠义孝悌祠传赞》《寿石轩诗文集》《金石题咏汇编》等文集。其中尤以《白下琐言》最为著名。《白下琐言》是清道光年间南京地方文献的著述之一，内容翔实，文字简扼典雅，是一部金陵掌故、逸闻旧事的纪实。展厅内展出了《白下琐言》的刻本以及甘熙的书法真迹。甘熙还擅长堪舆星相，曾为嘉庆帝的孝和睿皇后勘择昌西陵，为道光帝复勘魏家峪、平安峪。

津逮藏书 有功学林　甘家以经商起家，但祖辈都是读书之人，发家之后，更是要求家族子弟以读书为首业，藏书教子成为治家之道。甘家藏书始于甘国栋，甘福理家后，家境逐渐殷实，他不惜财力，费心搜罗各类书籍，历时四十年，终成收藏大家。甘福收藏的古籍善本原先收藏于桐阴小筑（甘家书斋），后来由于收藏的古籍善本越来越多，原先的书斋已无法存放，于是他在宅之东南隅筑"津逮楼"以收藏。

◎津逮楼

甘福十分珍惜藏书，津逮楼建成后，他曾亲订训约，不准私自借书下楼。但是家族子弟以及亲朋学友都可到楼中读书，经过允许方可借出。这大大发挥了津逮楼藏书教子、惠及乡邦学子的作用。津逮楼的另一功绩就是刊刻书籍。甘福虽在津逮楼落成两年后离世，但直至清末，其子侄、族人仍继续着藏书刻书的事业。

甘福父子在藏书过程中，尤其重视对乡邦文献的搜集整理，津逮楼中收藏的南京地方文献相当丰富，总计有四十多种，其中不乏孤本秘籍，如明盛时泰的《栖霞小志》，珍贵的宋刻本《金石录》三十卷（赵明诚所作）也一直藏于该楼中。除了藏书，甘福父子还喜好收藏古物，当年津逮楼楼上藏古迹善本，楼下是金石书画。

钟情京昆 传承国粹 近世的"友恭堂"后人在传承京昆、民乐方面做出杰出贡献。甘延年的曾孙甘贡三用毕生精力执着追求音乐、戏曲，他精通音律，擅长三弦、琵琶以及笙、箫、笛等乐器，人称"江南笛王"。他还尤为钟情昆曲，曾拜老艺人谢昆泉为师，专攻老生，唱法讲究。

在甘贡三的影响下，其子孙辈得以继承者甚多，他的长子甘南轩曾师从胡小石、爱新觉罗·溥侗等。1935年夏，甘南轩组建了"南京新生京剧、音乐研究社"，简称"新生社"，并出任社长。1950年2月至11月期间，由"新生社"发起，联合"华社""中联社"以及部分名票，组成了"友艺集"，成为新中国成立后南京最大的票社。新生社、友艺集继承和传播了前辈艺人的精湛技艺，为培养戏曲专业人才和业余爱好者做出了突出贡献。

甘涛，甘贡三次子，是享誉海内外的中国民族音乐一代宗师。他六岁习笛，九岁学胡琴，对吹、拉、弹、打等各种民族乐器有浓厚兴趣，尤其擅长胡琴类乐器。1954年，他和父亲甘贡三，古琴家夏一峰，国画家、古琴教育家张正吟共同发起组织颇有影响的民间音乐团体"南京乐社"。在我国民族器乐的发展道路上，甘涛是一位辛勤的园丁，为我国培养了大量的民乐人才，如知名的演奏家有龚一、闵慧芬、陈跃星、朱昌耀、杨积强、周维等，可谓桃李满天下。作为民族音乐理论家，他还创作了我国第一部系统研究江南丝竹的巨著——《江南丝竹音乐》。

汪剑耘，甘贡三长婿，梅兰芳先生的入室弟子，因天性聪慧，悟性极高，学艺刻苦，扮相秀丽，被誉为"南京梅兰芳"。该展厅内陈列着汪剑耘的剧照、拜师照、戏单、戏服等。

当代中国著名的黄梅戏表演艺术家严凤英，在20世纪50年代初认识了甘律之，并参加了"友艺集"的基本功训练班。期间，严凤英与甘律之订下了白首之盟，留下了一段梨园佳话，甘熙宅第南捕厅15

号的西偏院还保留着严凤英和甘律之曾住过的旧居。在甘家期间，她学会了昆曲《游园惊梦》《春香闹学》《琴挑》，京剧《大登殿》《御碑亭》《玉堂春》等，并向甘贡三先生学习京昆技艺。

南捕厅 17 号金陵工巧展厅

在南捕厅 17 号金陵工巧展厅，游客可以欣赏到诸多非物质文化遗产，领略民间艺人极具特色的设计创作流程。南捕厅 17 号建筑一共五进，分别展示了葫芦彩绘技艺与秦淮灯彩文化，根雕、抖空竹和布艺，金陵十八坊，结绳艺术、泥塑艺术和缂丝工艺，绒花和竹刻艺术等多种民间工艺。

葫芦画 "葫芦"与"福禄"谐音，在葫芦上作画进行艺术创作表达了富贵平安、福寿绵延等美好祝愿，因此，葫芦画深受百姓热爱。2013 年，葫芦画被列入南京市非物质文化遗产名录。

秦淮灯彩文化 秦淮灯彩文化可以追溯到三国东吴时期。除了传统的宫灯、走马灯以外，还有兔子灯、荷花灯、龙灯、狮子灯、蛤蟆灯等。秦淮灯彩汲取了中国传统扎纸、绘画、书法、剪纸、皮影、刺绣、雕塑等艺术之长，"秦淮灯火（彩）甲天下"的声名享誉海内外。2007 年，秦淮灯彩被江苏省人民政府列入首批江苏省非物质文化遗产名录。

布艺 布艺属于民间"女红"的一种，是民间手工艺中一朵瑰丽的奇葩。民间手工艺多见于儿童幼年时期的穿戴，因为过去染织技术比较落后，布匹颜色比较单调，妇女们在做儿童服饰时别出心裁地用各种颜色的布料制作出一些寓意吉祥又美观实用的服装、鞋帽和饰物，常见的图案有十二生肖、鸳鸯、鱼、虾、蜈蚣等。2018 年布艺被列入南京市非物质文化遗产名录。

根雕 根雕是以具有自然形态的树根为基本素材，加工制作成艺术品的民间传统艺术形式。它与绘画有紧密联系，但又有别于人为艺术，是一种利用自然界的根材塑造美的独特艺术形式。2013 年，根雕被列入南京市非物质文化遗产名录。

风筝 风筝源于春秋时期，至今已 2000 多年。相传"墨子为木鸢，三年而成，蜚一日而败。"墨翟以木头制成木鸟，是人类的风筝起源。东汉期间蔡伦改进造纸术后，坊间才开始以纸做风筝。金陵曹氏风筝风格独特，制作精美，可以在室内飞的小风筝尤其深受人们喜爱。

木雕 木雕工艺是以雕刻材料分类的民间美术品种，一般选用质地细密柔韧不易变形的树种进行雕刻，如椴木、桦木、楠木、红木等，通常也指用木料雕刻成的雕刻工艺品。木雕可分为工艺木雕和艺术木雕两大类，2008 年 6 月 7 日经国务院批准列入第二批国家级非物质文化遗产名录。

抖空竹　长期以来南京是抖空竹技艺具有代表性的地区之一，每到春节，制嗡艺人纷纷摆摊，一边表演抖空竹，一边向观众出售，成为过年时夫子庙的一道景观。2007 年，抖空竹被南京市人民政府列入首批南京市非物质文化遗产名录。

泥塑艺术　泥塑艺术是我国一种古老常见的民间艺术，它以泥土为原料，手工捏制成形，或素或彩，以人物、动物为主。我国最著名的泥塑是天津的"泥人张"和无锡的惠山泥人，南京的民间泥人彩塑多受无锡惠山泥人的影响。2015 年，泥人彩塑被列入江苏省非物质文化遗产名录。

面塑　面塑以面粉、糯米粉为原材料，用马克笔颜料或者可使用色素来着色，色彩鲜艳，质地柔软，可塑性强，可以重复使用，既卫生又安全，深受小朋友喜爱。

布贴画　布贴画原名宫廷补绣，属于中国民间传统工艺，是以布为原材料而创作出的画作。用剪刀替代画笔，用各种花布替代传统作画工具颜料，巧妙地剪，艺术性地粘贴，纯手工的制作特性带给人们的是一幅幅匠心独运、风格独特的精美作品。

绳结　绳结艺术源于我国古老的结绳记事。绳结也被称为"中国结"。"结"与"吉"谐音，绳结艺术以五彩丝线为材料，通过绾、结、穿、绕、缠、编、抽等技法，编织成各种结式和艺术造型，既可用作装饰，又寓意吉祥平安。

竹刻艺术　"竹"在中国传统文化中有"气节""隐逸""君子"等文化内涵，因而，从古至今竹刻艺术一直受到人们的青睐。竹刻在明代中期已经成为一种专门艺术，并逐渐形成了嘉定、金陵两大流派，嘉定竹刻以深刻见长，金陵竹刻则以浅刻、简刻为主要特征，这种技法雕镂不深而层次不减，表面略加刮磨，便立显古朴韵味，看似寥寥几笔，却意境深远。2009 年，金陵竹刻被列入江苏省非物质文化遗产名录。

绒花　绒花谐音"荣华"，富有吉祥之意，旧时南京人婚寿喜庆或传统节日都会以绒花作为装饰，所以又叫"喜花"。绒花是一种以蚕丝为主要原料制作的手工饰品，起源于唐朝，是当时的皇家御用贡品。自明清以来，绒花一直是南京的传统民间工艺品。2006 年，南京绒花被列入江苏省非物质文化遗产名录。

微雕 微雕即"微型雕刻"。中国微雕历史源远流长。远在殷商时期的甲骨文中，就出现微型雕刻。微雕除了一般雕刻所需具备的绘画、书法、雕刻基础之外，还要有特选的材料、特制的刀具、特别的眼力、特有的指功和特殊的毅力，在材料的磨制、刨光、上色、保养等方面要求也很高。2007年，南京微雕被南京市人民政府列入首批南京市非物质文化遗产名录。

南捕厅19号非遗综合展厅

南捕厅19号是南京非物质文化遗产综合展厅，在这里展示的主要是传统音乐、民间文学、传统医药、传统体育、游艺与杂技、传统戏剧等内容。

金陵十八坊 "坊"源于汉代的里坊制度，"金陵十八坊"是专指小手工业者的作坊。明洪武十三年（1380年），从全国各地调集了数万手工业匠户赴京服役，这些匠户被安置在城南一带，按不同行业分别集中于若干个作坊，建立起规模庞大的官营手工业，后世统称"金陵十八坊"。明初"金陵十八坊"的布局和规模全国罕见，据史料记载："金陵十八坊"居住的工匠人口有10余万；各坊分布十分密集，是明朝军需品与民用品的主要生产场所。此外，因为"金陵十八坊"的存在，才有闻名遐迩的南京云锦；南京独有的"白局"，也是在劳动过程中被织锦工人传唱出来的。

"金陵十八坊"是明代工匠施展才华和技能的集中地，也是中国古代城市行业发展与变迁的缩影。随着时代的变迁，"金陵十八坊"大都败落或消逝。现在，非遗展区陈列复原了扇子店、布店、板鸭店、铁匠铺、育婴所、云章公所、书店等南京地区的部分老行当，供参观者回顾城市文明的发展历史，感受传统手工技艺的无穷魅力。此外，这里还有一些人物雕像，如修鞋的、卖绒花的、算命的、卖香的、买菜的、烤山芋的、擦皮鞋的等，人物形象生动传神，重现了明代金陵十八坊的繁荣。

传统音乐与民间文学 南京地区的民歌民乐非常丰富，拥有兼容并蓄、雅俗共赏的文化氛围，如今它们已融入南京文化的血脉。甘熙宅第内展出的有留左吹打乐、高淳民歌、马铺锣鼓、六合民歌《鲜花调》等。

《鲜花调》的历史可追溯到1880年，艺人郑有荣、郝余瑾在香火会上的传唱。1942年冬，新四军文艺战士何仿随部队驻营八百金牛地区，演出之余学唱《鲜花调》并记谱。1957年他将采集到的《鲜花调》改词、加工，原曲调未做大的改变，并定名为《茉莉花》，成为经典歌曲，享誉中外。《鲜花调》不仅有着历史的记忆，其艺术价值和艺术品位，都具有重要的研究价值。

民间文学是指在广大劳动人民中间流传的、由劳动人民所创作的口头文学。这里向游客讲述的是项羽故事、达摩传说、伍子胥故事、崔致远和双女坟的故事、董永传说等大家耳熟能详的故事。

传统舞蹈　南京地区的传统舞蹈，有东坝大马灯、骆山大龙、江浦手狮、湾北小马灯、高淳跳五猖、龙吟车、沛桥踩高跷、桠溪定埠小马灯、定埠小马灯等。同时展出的还有秦淮灯会、妈祖庙会、庙会（薛城花台会）、雨花石鉴赏习俗、南京赏梅习俗和水八鲜饮食习俗等民间风俗。

秦淮灯会　秦淮灯会又称"金陵灯会""夫子庙灯会"，主要集中在每年的春节至元宵节期间举办。自明太祖朱元璋在南京倡导元宵灯节活动以后，南京就享有"秦淮灯火（彩）甲天下"之美誉。秦淮区1996年被江苏省文化厅命名为首批"江苏省民间（灯彩）艺术之乡"；2000年被文化部授予"中国民间艺术（灯彩）之乡"称号；2006年，秦淮灯会被国务院列入第一批国家级非物质文化遗产名录。

水八鲜饮食习俗　食用"水八鲜"是南京人的传统习俗。"水八鲜"指地产的8种水生植物：水芹、荬儿菜、莲藕、红菱、芡实（鸡头果）、茭白、慈姑和荸荠。水八鲜味道鲜美、营养丰富。每逢传统佳节，食用水八鲜，已经成了南京人的习俗。

传统医药、传统体育、游艺与杂技、传统戏剧　在传统医药方面，有张简斋国医医术、高淳梁氏骨科、灵芝传统知识及应用等。张简斋国医医术在民国时期盛极一时，张简斋被尊为"当世医宗"。张简斋一生行医40余载，有着极为丰富的临床经验，先后创立"温病"治疗思想和原则，在"下虚受风"症医治和顾护脾胃方面有独到经验和学术见解。

传统体育与游艺民俗方面主要展出的是殷巷石锁赛力、六月六龙舟竞渡、抖空竹等。在这里，观众还可以欣赏到一些南京地区的传统戏剧表演，如阳腔目连戏、洪山戏、皮影戏。

在曲艺方面，南京白局、南京评话、送春、南京白话、打五件、送麒麟等传统南京曲艺在这里也都有展示，这些都是市级以上非物质文化遗产，其中南京白局是国家级非物质文化遗产。南京白局是扎根南京本土独特的民间曲艺，与云锦生产有着密切联系。明代以后，南京的丝织业繁荣，织锦工人在劳作之余常用明清俗曲和江南小调三五成群地自娱自乐，他们"受请不受物"，白唱不卖钱，因此被称为"白局"。南京白局系南京方言演唱牌子曲，基本演出形式是开席坐唱，即在街头置一长几，燃点香烛，七八人围坐，一人演唱，其他六七人以胡琴、月琴、三弦、笙、箫、铙、钹等乐器伴奏。1949 年后，南京白局除坐唱外，也能进行表演唱和彩唱。其唱腔采用上、下句结构的俗曲曲牌"数板"，句与句之间用过门连接，可以无限反复。南京白局的演唱内容往往与时事新闻和基层大众的生活相联系，代表曲目有《打议员》《机房苦》《王老头配茶壶盖》等，也有一些曲目如《金陵遍地景》《南京风俗景》等，以描绘南京景色和社会风貌为主，具有浓郁的地方特色。目前，南京白局后继乏人，已成濒危曲种，急需保护传承。

大板巷 42 号非遗综合展厅

大板巷 42 厅与南捕厅 19 号都是南京非物质文化遗产综合展示厅，在这里展出的是金陵琴派、南京云锦、南京剪纸与金陵刻经四项"人类非物质文化遗产"。

中国古琴艺术（金陵琴派）展示厅　古琴，亦称瑶琴、玉琴、七弦琴，是中国最古老的弹拨乐器之一，我国古琴有文字可考和形象可证的历史已有 3000 多年。古琴以其历史久远、文献浩瀚、内涵丰富和影响深远为世人所珍视，是传统艺术文化瑰宝。2003 年古琴艺术被联合国教科文组织列为第二批世界人类口头非物质文化遗产。作为中国古琴艺术的重要流派，以南京为主要分布区域的金陵琴派早在 1000 多年前就已存在，明末清初得以兴起、发展，改变了中国古琴发展历程中只有琴歌而无琴曲的状况。到了清末与民国时期，金陵琴派文化得到空前发展，在节奏、指法和音乐意境等方面都形成了自己的特有风格，成为我国古琴界一个具有代表性和影响力的重要流派。2007 年，古琴艺术（金陵琴派）被列入江苏省首批非物质文化遗产名录，2008 年被列入国家级非物质文化遗产名录。

中国南京云锦织造技艺展厅　南京云锦用料考究，织工精细，图案色彩典雅富丽，宛如天上彩云般的瑰丽，因此称作"云锦"。南京云锦至今已有 1500 多年的历史，南京云锦与成都蜀锦、苏州宋锦、广西壮锦并称"中国四大名锦"。元、明、清三朝云锦均为皇家御用品贡品，因其丰富的文化和科技内涵，被专家称作中国古代织锦工艺史上最后一座里程碑。2001年，南京云锦正式申报人类口头和非物质遗产，2006年6月，南京云锦木机妆花手工织造技艺被列入第一批国家级非物质文化遗产名录。2009年9月中国南京云锦织造技艺成功入选人类非物质文化遗产代表作名录。

金陵刻经印刷技艺专题陈列馆　清同治五年（1866年），我国近代佛教文化复兴奠基人杨仁山居士创办了金陵刻经处，传承我国佛教文化及古代佛经、佛像木刻雕版印刷技艺，在国内外享有盛誉。金陵刻经，选本精严，校勘严谨，版式疏朗，字大悦目，刻印考究，纸墨精良，各方特称"金陵本"，在清末以来的国内经书出版界占有重要地位。

南京剪纸技艺展厅　南京剪纸的风格与我国其他地区的剪纸有着很大的区别，具有突出的个性特征和很高的美学价值。它融北方剪纸的粗放和南方剪纸的细腻为一体，花中有花，题中有题，粗中有细，拙中见灵，形成了独有的南京地域风格。南京剪纸的艺人们不用画稿，全凭心中构思，运剪又运纸，线条流畅，一气呵成，具有很高的表演与观赏价值。此外，南京剪纸还创造了全国独一无二的"斗香花"刻纸。斗香花是用于装饰斗香烛的剪刻纸，因香的顶部用四角或六角的"斗"形彩色刻纸装饰其上，故名"斗香花"，斗香花的风格和刻制技法都非常独特，一种花纹，一次刻成，却可以呈现出七种不同色彩的艺术效果，大大丰富了我国民间剪纸的艺术宝库。

据《白下琐言》等史料记载，明代初年南京剪纸技艺已十分流行，20世纪50年代后，南京先后成立了南京民间剪纸合作社和民间工艺厂，制作剪纸并出口外销。1987年南京市工艺美术总公司将张方林、武志方、殷嘉才几位剪纸传人调入公司，成立了剪纸工作室，以传承和发展南京剪纸技艺。2007年，南京剪纸被列为江苏省首批非物质文化遗产保护项目，南京工艺美术大楼被列为该项目保护单位；2008年被列为南京市首批非物质文化遗产保护项目；2008年6月被列为国家级非物质文化遗产保护项目。2009年9月，南京剪纸作为中国剪纸的一部分被联合国教科文组织列入人类非物质文化遗产代表作名录。

在南京民俗博物馆，游客可以领略传统民居建筑的优雅精致，阅读一个千年家族的兴衰历史，感受南京民俗文化的深厚底蕴，了解南京九十多项市级以上非物质文化遗产项目，观赏非物质文化遗产代表性传承人的精彩展演。南京市民俗、非遗"双博馆"是南京老城文化的见证和缩影，是南京民俗文化和非遗文化的重要展示地，这里不仅是百姓喜爱的文化殿堂，更是古城南京的一张文化名片。

南京明城墙始建于元至正二十六年（1366年），全部完工于明洪武二十六年（1393年），前后动用了五省二十八府一百五十二州县共28万民工，使用约3.5亿块城砖，历时达27年，终完成明朝国都应天府宫城、皇城、京城和外郭四重城垣的格局。其中京城城墙蜿蜒盘桓35.267千米，是中国现存规模最大的城墙，也是世界第一大城垣，成功当选世界纪录协会世界第一大城墙，而京城之外的外郭城墙更是超过60千米。

南京明城墙"高坚甲于海内，据岗垄之脊，依山傍水而建"，是中国礼教制度与自然相结合的典范，也是古代都城建设的杰出代表。南京明城墙作为中国古代军事防御设施、城垣建造技术集大成之作，无论历史价值、观赏价值、考古价值以及建筑设计、规模、功能等诸方面，国内外城墙都无法与之比拟，可谓继中国长城之后的又一奇迹。

现遗存并修复建设的中华门瓮城、石头城遗址公园、神策门公园、台城等，已成为南京明文化旅游资源的重要组成部分。以南京明城墙为代表的中国明清城墙于2008年被列入"中国世界文化遗产预备名单"。随着申遗工作的深入，南京的明城墙必将绽放更大的魅力。

一 南京城垣

南京城墙

南京市市徽正面的下部，有一座城门，代表着南京著名的标志性景观——明城墙，也代表南京城。

明太祖朱元璋采纳了儒生朱升"高筑墙、广积粮、缓称王"的建议，集中全国之力建成南京都城城墙。明初的南京城共有外郭、京城、皇城、宫城四道城墙，其中京城城墙长35.267千米，有城门13座、水关3座、垛口13616个、窝铺200座。城墙高约8～26米，顶宽2.6～19.75米。如今，我们一般将明代南京京城城墙俗称为南京城墙。

南京城墙继承了中国古代城垣建筑的传统，又别出心裁，它一改《周礼·考工记》所记载的"匠人营国，方九里，旁三门""左祖右社，前朝后市"等中国都城的传统形制，放弃自秦汉以来的方形或长方形的平面布局，依据南京复杂的地形地貌及丰富的河湖水网，因地制宜，依山傍水而建，形成非方非圆的不规则形状。

城门 明代南京城墙的13座城门，按逆时针顺序依次为三山门、聚宝门、通济门、正阳门、朝阳门、太平门、神策门、金川门、钟阜门、仪凤门、定淮门、清凉门、石城门。在这13座城门中，有6座建有瓮城，分别是三山门、聚宝门、通济门、正阳门、神策门、石城门。

13座城门中有几座城门独具特色：正阳门是京城的正门，其瓮城是内外均有的复合型瓮城，是中国城墙建造史上的独创。通济门的瓮城周长约690米，立面城宽约90米，均为条石砌筑，是南京城墙13座城门中占地面积最大的城门，同时还是一座福船型（鱼腹型）内瓮城城门，内部结构极其繁复。通济门有一座城楼、两条上城马道和人行道、三座瓮城以及若干瓮洞，四道门垣皆为拱券砌筑，其形状在中国也绝无仅有。聚宝门（中华门）是南京城墙内城13座城门中规模仅次于通济门的城堡式城门，是京城的正南门，中华门城堡是中国现存最大的城堡。仪凤门是城北进入南京城的要道，军事位置十分重要，为单孔城门，上设两层箭楼。神策门相对其他城门规模较小，是南京明城墙13个城门中唯一一个设有左右两个门洞的城门，也是13座城门中唯一采用了古老的外瓮城结构的城门，且瓮城门不正对着城门，而是开在瓮城的东北角，因此成为13座城门中结构最独特的一座城门。

瓮城 瓮城古称"闉"，又称月城、曲城，是古代城池中依附于城门外的附属建筑，多呈半圆形，从形状上看似古代生活器皿中的"瓮"，故称之为瓮城；另有一说是从瓮城功能上的解释，在敌方攻进第一道城门后，随即将城门关上，使敌方陷入第一与第二道城门之间，形成"瓮中捉鳖"之势，故称瓮城。瓮城有内外之分，筑于城门外为外瓮城，筑于城门内为内瓮城。据文献典籍和考古发掘资料来看，在城门外设置瓮城，大约源于汉以后，盛行于宋明，但内瓮城的制式在南宋以前极为少见，尤其在城门内设置多道瓮城则始创于明初的南京城墙，为国内古代瓮城形制所罕见。

明代南京城墙建有瓮城的6座城门中，石城门、三山门、聚宝门、通济门为内瓮城，神策门为外瓮城，正阳门为内、外瓮城合二为一。就瓮城数量而言，在这6座城门中，神策门是一重瓮城，石城门与正阳门是两重瓮城，三山门、聚宝门、通济门是三重瓮城；就瓮城形状而言，正阳门与聚宝门呈长方形，三山门、通济门、石城门呈船型，神策门呈不规则的刀形。保留至今的聚宝门（今中华门）、神策门（今和平门）、石城门分别代表了三种不同形制的瓮城结构。

藏兵洞 由于内瓮城的形制特点，具备条件设置瓮洞（即藏兵洞），将城门守御这一明显的薄弱部位变成防御作战中的强点。以中华门瓮城为例，现存中华门瓮城由主城台、三重内瓮城及东西马道组成，从上往下看，整体呈"目"字形。中华门主城台为两层结构，其中一层正中为城门通道，与瓮城门洞南北贯通，两侧各设置3个藏兵洞，二层设置7个藏兵洞，加上东西马道下还各有7个藏兵洞，共计27个藏兵洞，据估算可以藏兵三千，藏粮万担。

水关 在河流进出及泄水口处，南京城墙下设有水门、水闸或涵洞。南京原有三座水关：东水关、西水关和北水关。东水关和西水关分别位于十里秦淮的两端，将内秦淮与外秦淮沟通，素有龙头、龙尾之称。东水关今尚保存，是秦淮河流入南京城的入口，也是南京古城墙唯一的船闸入口。在六朝时期，东水关是通向浙江、苏州方向的交通枢纽，南来北往的商贾齐集东水关，在此经商交易。如今东水关虽已不见往日的繁华，但仍以其雄壮的气势屹立于十里内秦淮河的东端。西水关是内秦淮河的出水口，与长江相连，设有码头，是当年南京城最繁忙的物资集散中心。除了货物外，外地人如果想走水路进入南京城也必须是从西水关下船，然后经水西门进城。1953 年，西水关被拆除。北水关位于金川门东侧城下，是城北金川河通向长江的出城通道，于 1957 年拆除。

桥梁 明代南京城门外护城河的桥梁是人流车马往来的要道口，故大多以坚硬的石质材料为主要构件。有石城桥（石城门外）、三山桥（三山门外）、聚宝桥（聚宝门外，即古长干桥）、九龙桥（通济门外）、夔角桥（正阳门外）、平桥（朝阳门外）等。明初建造在相关河道上的著名桥梁中，最大的石拱桥是上方桥（即七桥瓮），这座桥是拱卫京城的门户，也是历代兵家必争之地。

护城河 护城河是南京明城墙整体防御体系的重要组成部分，在南京城墙的东、南、西三面都有人工开凿的护城河，北面利用天然湖泊玄武湖，唯有东北面太平门至中山门一段城墙外侧没有开凿护城河，只有断断续续的前湖、琵琶湖等。护城河的水源来自秦淮河、青溪河、金川河以及玄武湖、前湖和琵琶湖等，经对城垣外侧河道疏浚、开挖，引导河水入濠而成。宽阔的护城河水面，衬映高大坚固的南京城墙，使进犯之敌望而生畏。

建筑特色 南京为丘陵地貌，河湖众多，南京城墙的建造者因地制宜，根据不同的地势采用了不同的地基处理和墙体砌筑方法。就城墙的地基而言，在依山地段顺山势而建，直接以山体岩石为基础；在傍水及地势低洼地段，则深挖基础至原生土，夯筑基础，或上铺条石为基，挖不到原生土的则先采用圆木打桩，以固定基础；在少数土质坚实的地方，城墙则直接建造在地面上。就城墙的墙体而言，有的地段采用城砖砌筑，形成城砖墙；有的地段主要采用条石砌筑，形成条石墙；有的地段则是底部用条石，上部用城砖，形成城砖条石混合砌筑的城墙；有的地段直接在山体外侧铺砌几层砖石，形成包山墙；有的地段将原有的城墙包入，形成"墙中墙"。在砖石砌筑的城墙中间，往往填以碎石、城砖、黄土，并加以夯筑。

南京明城墙建造过程中严格的质量管理体系也是独树一帜的。为了确保建造南京城墙的城砖烧造质量，朝廷要求各地府、州、县地方官员，县以下里、甲的基层组织负责人（总甲、甲首、小甲），以及造砖人、烧砖窑匠均需在砖上留下姓名，以便验收时对不合格的城砖追究制砖人的责任。这种严格的"责任制"，保证了南京明城墙建造的高质量。今天留在这些城砖上的铭文，不仅记录了当年万人劳作的艰辛，更为后人留下了极其丰富的文化信息和珍贵的历史资料。

南京明城墙建造的独具匠心之处还体现在它的防、排水系统上。南京明城墙的防、排水系统功能包括城垣自身防、排水和对城区的防、排水两部分。在自身的防、排水方面，城墙填层上部采用桐油、石灰、黄土拌和的灰浆封顶夯实，厚约 1 ～ 2 米，同时，城墙顶面再砌筑几层城砖，共同防止雨水渗入。此外，在墙顶靠女墙一侧设置石质排水明沟，并且每隔约 50 米设置一个伸出墙体的石质吐水槽，将城顶汇水排出。城区的防、排水系统，主要是利用城墙底部的水关、涵闸及涵洞。

南京明城墙保存至今已有 600 余年，历经风雨侵蚀和人为破坏，外郭、皇城、宫城仅存残迹，而京城城墙现仍保存了 25.872 千米。为了更好地保护这些珍贵的历史遗产，2006 年 12 月，南京城墙作为"中国明清城墙"组合申报项目列入中国世界文化遗产预备名单；2015 年 4 月 1 日起正式施行《南京城墙保护条例》，将现存的 20 多千米明代京城城墙及皇城、宫城城墙以及总长达 60 多千米的明城墙外廓都纳入保护范围。

今天，南京明城墙经过历年修缮以崭新的面貌向游人开放，可供登临游览的城墙长度达 23.3 千米，市民游客可通过沿线 33 个通道登上这座世界现存最大、最完整的古代砖结构城墙，饱览南京山水城林、虎踞龙盘的雄伟风貌。

台城

真正的六朝台城不是现在玄武湖南畔被称为"台城"的景点，而是唐代诗人韦庄那首"江雨霏霏江草齐，六朝如梦鸟空啼。无情最是台城柳，依旧烟笼十里堤"所描绘的台城。台城，是东晋至南朝时期的台省（中央政府）和皇宫所在地，晋咸和年间开始扩建。"台"指当时以尚书台为主体的中央政府，因尚书台位于宫城之内，因此宫城又被称作"台城"。台城是南京城垣建设中最古老最重要的地点之一。

近年来台城遗址相继被发现，核心地区位于今大行宫周围及其以北南京总统府东西一线。如今南京图书馆保护着台城中轴线截砖路和拐角砖包城墙，六朝博物馆内保护着台城原址夯土城墙、包砖墙、护城壕等遗址。

台城的形状大致为长方形，其纵轴方向为北偏东 25 度，是一座中轴线倾斜的皇城，这与南京地区自然条件有关，也反映南京以及中国古代诸多都城、城市"天人合一、随顺自然"的特点，这种建造城墙

◎六朝都城遗址

的理念一直延续到了明代。台城规模庞大,在当时的影响非常大,引来其他国家的模仿,日后对中国和东亚各国影响深远的洛阳城也是模仿建康城修建的。

建康城是公元 4 ~ 6 世纪世界上最大的城市之一,鼎盛时有 28 万户,近 200 万人口,街市繁荣,道路整齐,御道旁种植有中国最早的行道树——柳树、槐树以及橘子树,整个城市规整而实用,远远领先于同时代其他城市水平。遗憾的是,589 年隋灭陈之后,包括台城宫阙在内的建康城城池悉数被毁。根据记载,当时的百济(朝鲜)曾来人朝拜南朝,看见宫城外的双阙被战火烧毁,恸哭而去。在外国人心目中的地位尚且如此,可以想象当时建康城是何等气派。

2012 年 11 月,以建康城为核心的六朝都城遗址作为中国海上丝绸之路项目遗产点之一,被列入中国世界文化遗产预备名单。

明故宫遗址

明故宫，又称南京明故宫、南京紫禁城，是明朝北京故宫的蓝本。明故宫占地面积超过 100 万平方米，是中世纪世界上最大的宫殿，被称为"世界第一宫殿"。现位于中山东路南北两侧，是全国重点文物保护单位。

根据《南京明故宫遗址保护总体规划（2012～2032）》的调查，南京明故宫遗址保护范围总面积为 101.25 万平方米，而北京故宫的占地面积是 72 万平方米，南京明故宫比北京故宫大出约 29 万平方米。可惜的是，明朝迁都北京后，南京明故宫的维护渐趋松懈，屡遭自然灾害，再加上经历了从清代到民国的多次战争与改建，这座世界上最伟大的宫城损毁殆尽，只剩残垣断壁还在向我们诉说着当年的辉煌。

明故宫由明太祖朱元璋始建于元至正二十六年（1366 年），初称"吴王新宫"，后称"皇城"。明故宫殿宇重重，雕梁画栋，气势恢宏，曾作为明初洪武、建文、永乐三朝皇宫，长达 54 年。直到明永乐十九年（1421 年），明成祖朱棣迁都北京，南京故宫才正式结束王朝皇宫的使命，但仍由皇族和重臣驻守，地位十分重要。明故宫的主体建筑基本上是依据《礼记》《考工记》及封建传统的礼制来布置的。例如，社稷坛位于宫城前面的西侧（右），太庙位于东侧（左），是附会"左祖右社"的制度；奉天、华盖、谨身三殿附会"三朝"的制度；洪武门到奉天门间五座门附会"五门"的制度；而前三殿和后两宫的关系

◎明故宫遗址

则体现了"前朝后寝"的制度。不过明朝在规划宫殿时,一方面继承了前代宫殿的布局方法,另一方面结合实际需要做了一定的改变,例如在三朝制度方面,唐宋宫殿的三朝都是各自独立成组,而明朝则三殿同在一个三级的"工"字形台基上。

明故宫东西宽 790 米,南北长 750 米,由皇城与宫城两部分组成,合称皇宫。皇城在外,围护着宫城。据考证,皇城范围东起今南京机电学校与南京博物院一线,西至竺桥、逸仙桥,南到光华门,北至佛心桥一带,南北长 2.5 千米,东西宽 2 千米,周长 9 千米,呈凸字形。皇城开有六道门:正南为洪武门,正对着都城正阳门(今光华门);东南为长安左门,外为长安街(今八宝街);西南为长安右门;东为东安门;西为西安门;北为玄武门。宫城又称大内,俗称"紫禁城",开有六道门:正南是午门(今午朝门),东南为左掖门,西南为右掖门,东为东华门,西为西华门,正北是北安门。在皇城与宫城之间还有两道门,南为承天门,北为端门,与洪武门、午门处在同一条中轴线上。现在南京明故宫已无存,游客能参观到的明故宫主要集中在明故宫遗址公园和午朝门遗址公园内。

明故宫遗址公园 明故宫遗址公园位于南京市城东原明朝皇城遗址上,南面以中山东路为界,与午朝门公园隔路相望,北面至北安门桥,由东西两侧明故宫路围合,占地约 55474 平方米。现今,这里已成为集纪念怀古和休闲健身于一体的开放性公共绿地。

绕过公园门口的仿古建筑南大殿,映入眼帘便是以三大殿须弥座轮廓为主景的台基遗址,三大殿四周以青灰色石材铺设,遗址上方覆盖草坪,既为游人提供活动空间,又凸显了宫殿的原始格局。

公园后半部分以御花园的绿化为背景,中轴线上栽植高大的银杏树,四周配以青石木条;东侧以亭为主景,配以青砖等不同形式的林间小道;西以一组仿古建筑为主景。北大殿两侧还新建两个角亭。

在保留原有绿化的基础上,为体现紫禁城的宏伟气势,在环境整治过程中又新增铺砖地 10000 平方米,增加了银杏、香樟、国槐、五针松、红枫、榉树和桂花等名贵乔木,公园四周栽植法青,形成绿篱墙,从而形成色彩多样、层次丰富、疏密有致、季相变化明显的皇家园林景观。外五龙桥、午朝门、内五龙桥、明故宫公园、玉带河这一纵向城市轴线为明故宫参观的重点。

午朝门遗址公园 午朝门遗址公园位于南京市中山门内御道街北端,因园南有明故宫午门而得名。午门是明故宫宫城南面的正门,俗称午朝门,始建于 1366 年,是一座三孔门券两边有双阙的雄伟建筑。

楼顶有漂亮奢华的仪凤楼，整个午门平面呈一个倒写的"凹"字形，两边是伸长出去的双阙，双阙是源自秦汉时期的建筑形式。现在在御道街遗存的午门遗址是明故宫留给今人的最大实物，极为珍贵，可惜的是午门遗址的双阙在 20 世纪 50 年代被拆除，如今的午门，汉白玉须弥座和三孔券门均保存完好，站在午门之上还可以远眺御道街。在南京民间还传有"午朝门"和"五朝门"之名，因午门的三门加左右两掖门，合计五门，且均为上朝之门，故有此名。

清同治《上江两县志》卷五引《大政记》云："午门外建亭立碑，刻国家政事可为定式及政令之善者，著为法。"午门是传达皇帝圣旨及朝廷文告的地方，同时也是皇帝处罚大臣"廷杖"的地方。据说，朱元璋时代的"廷杖"还算比较文明，受此惩罚的大臣不脱衣、裤，但受罚后，也需卧床数月方能得愈。至于判决死罪斩首，则一般是在太平门外的刑部天牢或闹市区执行，所谓"推出午门外斩首"，在南京明故宫实属罕见，唯一的一次是朱棣杀方孝孺于午门之内。相传午朝门内丹墀上的血迹石，即方孝孺颈血溅染所致。后人为褒扬方孝孺的刚正不阿，将血迹石刻成石碑，立于午门之侧。今午朝门公园内尚存一段残碑。

今天的南京午朝门公园是在明宫城遗址上辟建的，午朝门的上部木结构已经不存，园内有午门、玉带河、内金水桥、九龙壁，以及 500 多块石刻、石圆拱、石水缸、石柱础等珍贵文物和历史遗迹。曾经壮丽巍峨的宫殿只留下这些排列有序的巨大石础供后人作慨叹之观了。

伏龟楼遗址

2001 年 5 月，文物部门在南京城墙武定门与雨花门段的东南拐角内侧土岗上，发现了一处大型古代建筑遗址。其平面呈长方形，东西残长 15.85 米，南北残宽 7.61 米，残高 1.6 米，由青灰色方砖层层垒砌成，上下共计 21 层，每层皆错缝。考古部门对其挖掘考证，初步认为是南唐"伏龟楼"基址，此楼原是金陵城东南角一段"凸"形城墙上的镝楼。"伏"本意是埋伏的意思，也是匍匐之意，伏龟楼的地形正像一只大乌龟伏在城墙上。南宋《景定建康志》记载，伏龟楼除主要用于军事瞭望守备，还兼有登高观赏之功能。"凸"形城墙向外侧形成一个"突出部"，城墙与攻城部队接触面积变大，攻城者面临交叉火力。朱元璋筑城时保留此设计，所以今天看到这段城墙依旧

◎伏龟楼遗址

是向外凸出来的。

神策门公园

神策门现称"和平门"。神策门是南京明城墙13座京城城门中唯一一座设置外瓮城的城门，瓮城呈刀形，在瓮城东北角与西北角各开城门一座，两门均与主城门屈曲而开，形制独特。

◎神策门公园

清初时期，清军在此大败郑成功后，一度将神策门改为"得胜门"。民国二十年（1931年），国民政府认为南京诸城门的名称具有封建迷信色彩，不符合共和制国家的社会精神制度，而将神策门改名称为和平门。抗日战争时期，日军占领南京，将和平门外瓮城培土建成汽油库。新中国成立后，南京军区接管此处，仍沿用作油库。由于长期作为军事禁区，神策门始终蒙着一层神秘的色彩。

明代城墙在修建过程中普遍将瓮城设于城门内，称为内瓮城，唯独神策门依然采用了古老的外瓮城结构，因此它也成为十三座城门中结构最独特的。神策门处建造外瓮城主要是为了最大程度地利用险峻的山势。明城墙在建造过程中力求"地尽其险"，专走山势险要之处，依山而建的神策门如果把瓮城建在城门内，反而会把小山包在城门和瓮城之内，不利于防守，因此才将神策门的瓮城设计建在了城门外面。

主城门　进入神策门主城门，可见明代在这里设置的两道"防盗门"，一为上下启闭，一为两扇对开。现在能看到的两扇杉木包铁板的大门为清代留存，木板已经老化，厚铁板也已经锈迹斑斑，还有炮火攻城时留下的炮弹痕迹，看着这古老的铁门，当年激战的场景仿佛就在眼前。

千斤闸　城门后两三米的地方有一道宽15厘米左右的石槽，这个石槽就是过去放千斤闸的地方，千斤闸在古代城墙中的作用相当于今天的防盗门。千斤闸直通到城墙顶端，白天城门开启时，千斤闸就被收到城墙顶端，如今在城墙顶端还保留着千斤闸通过的槽。启动千斤闸至少要4个人同步操作，守城士兵需要转动城台上闸楼内的两根木柱上的绞盘，绞盘是圆形木制的，依靠4根木杠与木柱进行连接，可起到传递力量的作用。木柱转动时通过木柱下端用绳子与木门相连接，最终将千斤闸提升起来。

明朝初期，千斤闸的开启有严格的规定，每到傍晚，守城将士在关闭城门的同时放下千斤闸，然后把锁闸的钥匙交给五军都督府，这叫"点闸"。如果忘了放千斤闸，就会招来杀身之祸。第二天一早五军都督府的士兵又会快马加鞭，把13个城门的钥匙交到守城门的将士手里。正是这样严格的制度，保证了南京城池的安全。

城楼　进入城楼，正面是《神策门重修记》，道出了神策门的历史变迁。两边的展板分别展示了明初的13座城门，不过现在只保留了聚宝门（中华门）、神策门（和平门）、石城门（汉西门）和清凉门四座，而其中现存城楼的只有神策门一座。

从阁楼上的展览中我们可以清楚地看到太平天国时期发生在神

策门下的两次战争情景，从展柜中还能看到太平军当年使用的垒石，北侧还有一尊太平军使用的大炮。另一侧的展柜展示了明城砖的主要产地地域图，并介绍了为保证城砖的质量，明朝制定的严格的烧砖制度。

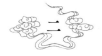

二 中华门瓮城

中华门原名聚宝门，因正对城南聚宝山（即今天的雨花台），故有此名。聚宝门为明代南京都城地理位置上的正南门，规模仅次于通济门，是中国现存规模最大、保存最完好、结构最复杂的古代城门。

民国十七年（1928年）国民政府将聚宝门易名为中华门，并在中华门的东西两侧分别开辟中华东门和中华西门，以满足南北双向车辆通行的需要。1957年，中华门被列为江苏省文物保护单位，1988年又列为全国重点文物保护单位，现为夫子庙—秦淮风光带重要组成部分。

中华门前后有内外秦淮河径流横贯东西，南边连接长干桥，北边连接镇淮桥，是南京老城城南交通咽喉所在。其历史可追溯到南唐都城江宁府和南宋陪都建康府城南门旧址，于明洪武十九年（1386年）扩建而成。中华门虽经六百年风雨沧桑，仍以其古朴、浑厚的历史底蕴和震撼人心的古代军事建筑魅力吸引着八方来客。

中华门瓮城南北深128米，东西宽118.45米，总面积15168平方米，城墙最高处达21.45米，整个建筑用石灰、桐油和糯米汁作黏合剂，极为坚固，现已成为研究我国古代军事设施的重要实物资料。

瓮城 中华门城堡由三个瓮城组成，呈"目"字形结构。8.5米高的内城墙将城堡内三座瓮城相连，三个瓮城依次排列，第一道瓮城宽16.14米，第二道瓮城宽15.8米，第三道瓮城宽19.3米。每道瓮城都有一门一闸。门是双扉包铁门，内有栓槽，供木栓紧闭大门所用；闸是木门外镶石板，号称"千斤闸"，现在城门洞两侧可以见到的从底到顶宽20厘米的石槽就是当年升降千斤闸的槽孔。每道瓮城上正中原设有一个小城楼，楼内有升降千斤闸的绞盘车，现已无存。在冷兵器时代，假设敌军攻破城门，涌入城内，瓮城一门一闸关闭，就可以将敌军困于"瓮"内，可谓"瓮中捉鳖"。守城士兵可以凭借城墙居高临下的优势将敌军歼灭在瓮城之内。即使第一道瓮城被攻破，还有第二道、第三道瓮城，因此，攻者难攻，守者易守，可谓固若金汤。

藏兵洞　站在第一道城墙内，可以看见门洞两侧各有 3 个朝内开口的大洞，这就是藏兵洞。城堡两侧的登城马道下各有 7 个藏兵洞，第二层还有 7 个藏兵洞。这样，中华门城堡共有 27 个藏兵洞。这些藏兵洞平时贮存各种物资，战时可供士兵休息。据粗略估算，这 27 个藏兵洞可以容纳 3000 士兵休息。因为藏兵洞建在城堡之中，温度始终保持在 22℃左右，冬暖夏凉。过去，老城南人夏天特别喜欢在此品茗下棋，以躲避"火炉"的蒸烤。

从两侧的马道可以登上中华门城堡的第二层。第二层的城基座外观与第一层平齐无异，向内看则是一层。第二层宽 65 米，厚 47 米，高 9 米。上开 7 个藏兵洞，中间的一个藏兵洞最大，长 45 米，高 7 米。这个藏兵洞中的南京城垣和中华门城堡的微缩模型，形象地再现了南京城墙的走向以及 13 座城门，并复原了中华门城堡原来的谯楼。藏兵洞内还陈列有大小不等的圆形礌石和城砖。礌石是古代守城的重要武器之一。

城楼　从两侧的马道继续往上走，就可以到达城顶。明代时城顶上建有城楼，七开间，五进深，屋顶为三层歇山重檐顶，当年城楼南北滴水都可以滴到城下。原楼毁于清初，清中期复建的城楼已无法与原楼相比。复建后的谯楼又毁于 1937 年日军轰炸南京的炮火之中。因为缺少城楼，雨水直接汇集在城顶平台，并不断下渗泡腐城砖，冲走夹浆，在藏兵洞里形成"钟乳"，对保护下部两层城台十分不利。

站在城顶上，依箭垛南望，远处可以看见雨花台烈士纪念碑和雨花阁，近处潺潺流动的河流是外秦淮河，河上是新中国首任南京市市长刘伯承题字的长干桥。再向东北方向看，一片青砖小瓦马头墙的徽派建筑，是南京著名的秦淮河风光带。

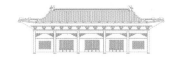

李香君故居
陈列馆

在夫子庙来燕桥南端、美丽的秦淮河畔，坐落着明末清初"秦淮八艳"之一李香君的故居。

李香君生于明天启四年（1624年），苏州枫桥人，因家道败落，8岁时被秦淮侠伎李贞丽收养，13岁拜教坊名师周如松学艺，尽得其传，琴棋书画样样精通。16岁时李香君遇到了来江南贡院参加考试的侯方域，才子佳人一见倾心。当时的明朝朝廷腐败，内忧外患，阉党阮大铖为收买侯方域，托侯方域的朋友杨龙友以侯方域之名给香君送去一大笔梳栊的礼金。李香君得知后，怒拔发簪，掷于

◎李香君故居陈列馆

地上，谓之：士大夫之耻，国耻也。阮大铖见收买不成，就用卑鄙的手段逼走了侯方域，怂恿兵部尚书田仰逼香君做他的如夫人。李香君宁死不从，撞向身边的镜台，鲜血洒在侯方域留下的纸扇上。悲愤的杨龙友将溅血纸扇点染成了名扬千古的桃花扇。之后清代著名的戏剧家孔尚任以李香君和侯方域的爱情故事为题材，创作出《桃花扇》这部不朽之作。

至于李香君的结局也是众说纷纭，有说李香君随侯方域回到了河南，却因出身青楼不被侯家人接受，被赶到了离侯家 15 里处的打鸡园，郁郁而终。也有说李香君最后在南京栖霞山的葆真庵出家，陪伴古佛青灯，27 岁郁郁而终。但无论如何，李香君虽为青楼女子，却深明大义，善辨忠奸，具有高尚的民族气节，受到后人的敬仰。

李香君故居是一座三进两院的河厅河房建筑，馆里保存有明朝崇祯年间的河厅河房建筑——"媚香楼"，以及整个南京地区唯一留存下来的古代水门。故居院内丹桂、藤萝蕉影婆娑，与玲珑的太湖石相映成趣，古风盎然。故居由"秦淮八艳"史料陈列馆和李香君故居展室等组成。

轿厅 明代夫子庙地区主要的交通工具有船、马车和轿子。客人乘轿而来，停靠下客的地方称为"轿厅"。轿厅左右两侧的墙壁上各有 4 幅砖雕。右侧墙壁上是徽派砖雕大师、中国非物质文化传承人方新中采用浮雕技法雕刻而成的《秦淮览胜》《大义却奁》《盒子会》和《栖霞归真》四幅作品。"盒子会"是指每到元宵佳节以及月圆之日，秦淮歌女们都会闭门谢客，每人带一两样拿手的美食，装在精美的盒子里，来到姐妹楼中互相交流才艺，品茗小吃。久而久之，这样的聚会就叫作"盒子会"。传说秦淮八绝的小吃就是由此流传下来的。

"秦淮八艳"史料陈列馆 陈列馆的院落是典型的徽派风格，院内是一尊采用圆雕技法雕刻而成的李香君汉白玉雕像。陈列馆内介绍了明朝末年秦淮河畔的八位奇女子：李香君、马湘兰、柳如是、顾横波、董小宛、卞玉京、寇白门和陈圆圆，史称"秦淮八艳"。秦淮八艳之所以名传千古，不仅是因为她们才容兼备，更是因为她们具有爱国主义精神和民族情结，在明末清初朝代更迭的特殊年代，她们甚至主动或者被动地改变了历史。馆内《南都繁会景物图卷》是展示当年秦淮河两岸生活场景的一幅画卷，为明代画家仇英所绘，他与唐伯虎、沈周、文徵明齐名，俗称"明四家"。原画现珍藏于中国国家博物馆。

水门 这里是整个南京市唯一留存下来的古代水门。"穿甬道如坞，移步便乘画舫。"水门即内码头，也是明代漕运码头，水门外就是秦淮河。桥身排水口建于明代崇祯年间，现在整个排水系统仍在使用，可见中国古代劳动人民的智慧。

李香君故居展室（媚香楼） 穿过茶室从后堂登楼梯就可到达媚香楼二楼。媚香楼现在辟为李香君故居展室，二楼的四间房间依次是琴房、小客厅、书房和香君的闺房。琴房的海棠窗运用了中国传统建筑中的框景手法，进一步一景，退一步一景，昼夜一景，四季一景。窗下的下水口，只有在比较高规格的建筑中才会出现，楼上的生活用水就从这里倒下去。二楼的小客厅，只有比较高贵的熟客可以在这品茶待见。书房内放置的是典型的明式家具。闺房中的大床做工考究，据说这张床要花三年时间才能制作完成，因为木工一日为一工，所以这张床称"千工床"。

媚香楼历经了300多年的沧桑如今依然矗立在秦淮河岸边。屋檐上方匾额上"媚香楼"三个大字，是明天启二年的进士、大学士王铎所书。现在李香君故居是江苏省文物保护单位，在这里展示的不仅是李香君生平，更是明末南京的历史缩影。

◎媚香楼

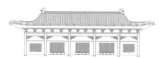

秦大士故居

秦大士故居又名秦状元府，是"秦淮民居群"的重要组成部分，位于长乐路57、59、61号，是清朝第43位状元秦大士的故宅。秦大士之子秦承恩官至直隶总督，次子秦承业以帝傅之荣赠礼部尚书，故人呼其宅为"大夫第"。

秦大士（1715～1777年），字鲁一，又字鉴泉，号涧泉，又号秋田老人，江宁人，乾隆十七年（1752年）状元，官至侍读学士。秦大士晚年喜欢绘画，尤其善于写竹，有时作写意花卉，生机盎然，名重一时。曾奉乾隆之命缮写《昭明文选》。清著名书法理论家包世臣在《艺舟双楫》中把清代书法家分为五品九等，秦大士被列入"能品"，夫子庙大成殿学宫"东南第一学"门匾即秦大士所题，故居的西屋还保存着秦状元用正、草、隶、篆四体书写的碑刻，各俱形神，赏心悦目。

秦大士曾任福建乡试主考官，于乾隆二十八年告老还乡，买下明代大学士何如宠的住宅，即今秦大士故居所在，使该建筑成为明清两代府邸建筑的代表。秦大士府第颇广，有数路多进，房屋众多，号称"九十九间半"。厅堂在前，楼宅居后，侧有花园，旁建书房，布局合理，错落有致。2004年秦大士故居进行保护性复建，2007年完成内部布展工作并正式对外开放。修复后的故居尚存建筑三路十进，占地面积2500平方米。西路有四进房，门厅面阔三间10.1米，进深8米，高6米。后三进为住宅楼，侧后方花园取宋代欧阳修"瞻望玉堂，如在天上"之意，取其为"瞻园"。中路二进，大厅为建筑群中主体，面阔三间12米，进深8米，高8.2米。秦大士号"秋田"，所以这个厅堂称为"秋田堂"。

大厅梁柱粗大，门窗隔扇雕花精美，具有明显清初建筑风格。东路三进均为楼房。57号厢房墙壁内砌有石碑数块。61号院内至今还保留着古井一口，水质清澈，常年不枯。秦大士退任移居府第后，于园中种植柏、梓、桐、椐四木，取意"百子同居"，世代书香相承。秦大士故居现已修复完好，为江苏省文物保护单位。

◎秦大士故居

王导谢安纪念馆位于乌衣巷口、文德桥南岸，是三国东吴时的禁军驻地。由于当时禁军身着黑色军服，故此地俗称乌衣巷。东晋时王导、谢安两大著名人物，都居住在乌衣巷，人称其子弟为"乌衣郎"。唐代以后，乌衣巷一度沦为废墟。1997 年，南京市秦淮区政府恢复了乌衣巷，修建了王导谢安纪念馆，广泛收集相关历史资料文物，旨在让海内外游客在游览之余，了解东晋时期以王导、谢安为代表的王、谢两大家族，以及古都南京在六朝时期的历史概况。

王导和谢安是东晋最负盛名的丞相，一个为东晋开辟了半壁江山，一个保住了这半壁江山。王家的书法、谢家的诗歌堪称中国文化史上的双璧。王、谢两族世代簪缨，朝廷倚之为柱石。自东晋到陈朝，期间一品到五品的官员，王氏一共 171 人，谢氏一共 70 人。史书记载当时王家除了仆佣之外，有一百多人居住于此，其建筑规模可想而知，现在只复建了其中的一小部分。复建后的王导谢安纪念馆的主体建筑

王导谢安纪念馆

文旅南京—主城风貌篇

是来燕堂和听筝堂，另有王、谢家族陈列室，六朝历史和文化艺术陈列室，淝水之战半景画室，东晋起居陈列室，六朝书画、雕塑厅，洛神赋壁画厅等。楼堂外的墙壁上还镌有《竹林七贤图》砖印壁画，庭中建有仿兰亭的小品式曲水流觞杯渠。

门厅　纪念馆入口处可见一扇四门对开的屏门，屏门上用真、草、隶、篆四种书体刻写了《乌衣巷》："朱雀桥边野草花，乌衣巷口夕阳斜，旧时王谢堂前燕，飞入寻常百姓家。"唐代著名诗人刘禹锡经过此地，感怀曾经繁华巷陌，如今却淹没在市井的气息之中，遂写下此诗。

曲水流觞　"曲水流觞"亦称"流杯曲水"或"流觞曲水"，是旧时文人雅士的一种饮宴风俗，大致方式是众人围坐在回环弯曲的水渠边，将特制的酒杯（多是质地较轻的漆器）置于上游，任其顺着曲折的水流缓缓漂浮，酒杯漂到谁的面前，谁就取杯饮酒吟诗。如此循环往复，直到尽兴为止。相传东晋永和九年（353 年）的三月三日，王羲之与孙绰、谢安、支遁等共四十三人，于会稽山阴的兰亭集会，在水边游赏嬉戏，流觞饮酒，感兴赋诗，畅叙幽情，之后将全部诗歌结集成册，并请王羲之为此写序。《兰亭集序》记叙了东晋时期清谈家们的一次大集会，表达了他们的共同意志。文章融叙事、写景、抒情、议论于一体，文笔腾挪跌宕，变化奇特精警，

◎曲水流觞

以适应表现富有哲理的思辨的需要。这里流杯渠的形状是两个对称的如意，象征着天地包容。

竹林七贤砖雕壁画　竹林七贤嵇康、阮籍、阮咸、刘伶、王戎、向秀、山涛，他们常在当时的山阳县（今河南辉县、修武一带）竹林之下喝酒、纵歌、肆意酣畅，世谓竹林七贤。1962 年在西善桥的一座古墓中出土了竹林七贤砖雕壁画，原物存于南京博物院，这里的是由原壁画放大而成的，放大这样的国宝级文物在全国尚属首次。为了保持对称，壁画还加上了春秋时期的隐士荣启期（前 571 ～前 474 年）。

听筝堂（谢安纪念馆）　谢安（320 ～ 385 年），字安石，号东山，东晋政治家、军事家，浙江绍兴人。大名士谢尚堂弟，少以清谈知名。初次做官仅月余便辞官，之后隐居在会稽郡山阴县东山的别墅里（今绍兴），期间常与王羲之、孙绰等游山玩水，并且承担着教育谢家子弟的重任。谢安东山再起时，谢氏家族朝中人物尽数逝去，但他后官至宰相，成功挫败桓温篡位，并且作为东晋的总指挥，在淝水之战中以八万兵力，打败了号称百万的前秦军队，使前秦一蹶不振，为东晋赢得几十年的安静和平，是东晋的实至名归的功臣。但谢安因功绩太盛，被皇帝猜忌，遂前往广陵避祸，后病死。

谢安曾向王羲之学习行书，其书法非常出色，米芾曾称赞他的书法"山林妙寄，岩廊英举，不蓘不羲，自发淡古"。中国山水诗的鼻祖谢灵运、中国著名山水诗人谢朓均为谢家后代。

淝水之战半景画室　淝水之战半景画室内用图画复原了当年淝水之战的场景。淝水之战是中国古代史上经典的以少胜多的战例，发生于东晋太元八年（383 年），前秦出兵伐晋，于淝水（现今安徽省寿县东南方）交战，最终东晋在谢安的指挥下，仅以八万军力大胜八十余万前秦军，是我国历史上著名的以弱胜强的战例。留有风声鹤唳、草木皆兵、投鞭断流等成语。

东晋起居的陈列展厅　两汉前的家具基本符合人们席地而坐的习惯，家具低矮。南北朝时期从少数民族地区传入的高型家具与中原家具融合后，使部分地区出现了渐高的家具。东晋时期的家具处在过渡时期，家具也比较低矮，当时流行红色，榻是常见家具之一，可以坐在地上，靠在后面。这时的椅、凳崭露头角，卧类家具逐渐增高。在卧类家具使用中，出现了相配用的凭具，三足凭几是六朝时期特有的凭具。

《洛神赋图》　曹植的作品中，除了《七步诗》，最有名的就是《洛神赋》。著名画家顾恺之依据《洛神赋》，创作了流传千古的名画《洛神赋图》，被称为"中国十大传世名画"之一。展厅内陈列的是南京师范大学的一位教授根据顾恺之的《洛神赋图》放大而成的洛神赋图壁画长卷，放大这样的一幅壁画长卷在全国来说尚属首次。整幅画卷描述了曹植带领仆从来到洛水边，仿佛看到洛神衣袂飘逸临波而来，风神让风停歇，水神击鼓奏乐，河神让水波平静，曹植和洛神乘着云车自由自在地嬉戏，最后依依不舍地分别。

王导纪念馆 王导（276～339年），字茂弘，晋朝琅邪临沂（今临沂市）人。公元317年，司马睿在南京称帝。王导弥合了渡江而来的豪门望族和江南土著大族的关系，稳固了东晋的统治，辅佐了三朝皇帝。东晋时期流传一句话"王与马，共天下"，意思是王家和皇帝司马氏共同拥有天下。山东琅邪王氏中最早出名的人是二十四孝里面的"卧冰求鲤"的大孝子王祥，后逐渐发展壮大到了东晋时期权倾天下的王氏家族。

大书法家王羲之、王献之等人都是王氏家族的名人。王羲之（303～361年），字逸少，有"书圣"之称。王羲之无真迹传世，著名的《兰亭集序》等帖，皆为后人临摹。王羲之是王导的侄子，朝廷屡次召他进京做官，皆被拒绝，直到他45岁那年被任命为右将军、会稽内史，故后世称他为"王右军"。王羲之还是著名的诗人，"取欢仁智乐，寄畅山水阴"便出自王羲之的诗作，无锡寄畅园之名也是出自这句诗。

王献之（344～386年）曾经和哥哥王徽之、王操之一起拜访谢安，离开之后，客人问谢安王氏兄弟优谁差，谢安说："小的那个好。"客人问他原因，谢安说："优秀的人说话少，因为他说话少，就知道他的优秀了。"王献之与其父王羲之号称中国书法二圣，在行书上达到了后人无法企及的高度。

王导纪念馆中还展出了东晋瓷器中的唾壶。在古代，室内地上是铺席子的，讲究的人家席子下面还铺一层竹刻的大垫席，人坐在席上，隔湿防潮，这就是古人常说的"席地而坐"。为了避免弄脏席子，每当有唾弃物的时候，就需要类似痰盂之类的器物。现场展出的青瓷唾壶，造型为洗口、短颈、丰腹、平底，有的还附有盖子。除瓷壶外，还有青铜唾壶。

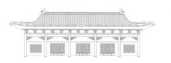

熙南里历史文化休闲街区

南京熙南里历史文化休闲街区围绕全国重点文保单位甘熙故居分期而建，项目东起中山南路，西至鼎新路，南起升州路，北至泥马巷，总占地16.8万平方米，规划建筑面积约29万平方米。这一片区曾是明清时期南京城最繁华的商业中心，现在是南京打造文旅新消费、塑造夜经济品牌的代表区域之一，以传统街巷格局和建筑空间为基础，打造集戏曲表演、大师工作室、老字号、特色餐饮等于一体的历史文化休闲街区，是"十四五"期间南京唯一入选国家发改委文化传承利用工程项目储备库项目。

熙南里着重打造"时光建筑"的概念，在这里既有清末民初的传统多进式民居，又有近代会馆、旅社、民国大宅，还有新中国成立初期的红砖大瓦房以及改革开放初期的老厂房……每个历史时期所留下的城市印记，都能在这个街区的老建筑里找到，游人置身其中可以看到不同历史时期的建筑共存。同时，这些历史建筑所独有的"院落文化"也得以保存和还原，为消费者营造一种大隐隐于市的全新消费体验，这也成为熙南里打造夜经济的核心特色所在。

熙南里围绕"新夜态"，以夜游、夜购、夜娱、夜食等夜间项目布局新业态。夜游，打造主题亮化夜景的同时，熙南里推出精品博物馆夜游项目"甘宅雅韵"，联合中青年艺术家打造街区微博物馆群，联合"我们的节日"恢复笪桥灯市，以文旅融合营造消费新场景。夜购，熙南里引进非遗工坊、网红夜市、24h互联网超市等项目，打造了"六潮雅集"特色市集，2021年被评为南京特色消费"暇在足尖十佳场景"，通过业态混搭满足不同消费需求。夜娱，熙南里打造了南京首部沉浸式演出《南京喜事》，推出南京城首个"星光电影院"，整合南京演艺资源，不定期组织各类非遗、戏曲公演，同时鼓励商户结合自身特色打造"内部演出"，营造"家家有戏"的文化氛围。夜食，这里既

◎熙南里历史
文化休闲街区

有"六华春"等南京老字号餐饮，也有引进的外地特色网红餐饮品牌，内外结合满足游客夜间餐饮需求。夜宿，熙南里引进"漫心""花筑奢"等行业特色品牌，实现精品酒店、特色民宿互补，满足商务及普通游客的双重需求。夜读，通过引进"樊登读书会""复兴书店"等品牌，打造街头阅读亭；利用数字化打造 24h 无人书店"三余书社"；举办读书节、读书沙龙、古旧书市，做活文化消费。夜健，熙南里联合品牌培育特色赛事，通过组织街头篮球赛、儿童卡丁车比赛等活动带热夜间体育消费。

通过"历史文化＋建筑打造""江南文化＋场景体验""创新科技＋网红 IP"的运营方式，熙南里已打造出独具南京文化特色的夜经济品牌。2019 年熙南里入选为"南京礼物 2028"首批献礼南京建城2500 年的十大礼物之一；2020 年入选首批江苏省夜间经济集聚区建设单位、南京特色文旅商品街区；2021 年入选江苏省第一批省级夜间经济集聚区，荣获水韵江苏这里夜最美"十佳夜景"称号。

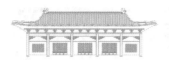

南京晨光 1865 创意产业园

南京晨光 1865 创意产业园位于秦淮区应天大街，园区内有 9 幢清代建筑、19 幢民国建筑，如同一座近代中国工业博物馆，记录着中国民族工业发展的历史轨迹。

1865 创意产业园的前身为李鸿章于 1865 年创建的金陵制造局。晚清时期，金陵制造局与同年创办的上海江南机器制造局、1866 年创办的福州船政局以及 1867 年创办的天津机器制造局齐名，是我国 19 世纪 60 年代洋务运动期间创办的四大兵工企业之一。这里经过了从金陵制造局到金陵兵工厂，到华东军械总厂，到南京晨光机械厂，到晨光集团的演变，是中国军事工业和兵器工业的摇篮。

清同治四年（1865 年），李鸿章来南京担任两江总督，将其先前在苏州创办的西洋炮局也迁至南京，在聚宝门（今中华门）外扫帚巷东首西天寺的废墟上兴建厂房，开办金陵制造局，亦称金陵机器局，简称宁局，设机器厂、翻砂厂、熟铁厂和木作厂，制造开花炮弹、抬枪和铜帽等产品，投产时有员工、兵夫约 400 人。之后金陵制造局在炮弹、火箭等军事设备的制造上发展迅速。1883 年中法战争后，新任两江总督曾国荃奏准扩充金陵机器制造局，增添了价值约 10 万两白银的新设备。至此，金陵机器制造局成为一个拥有机器厂、熟铁厂、翻砂厂、木工厂、火箭厂、火药厂、水雷厂等工厂，数千工人，规模仅次于江南制造总局的大型军工企业。1888 年，宁局仿制成功马克沁单管机枪（亦称赛电枪），这是中国制成的第一代重机枪。

民国以来，金陵机器制造局属中央陆军军械司管辖，1929 年 6 月，金陵机器制造局改称金陵兵工厂，1946 年 9 月改称"六○兵工厂"。1948 年年底淮海战役中期，国民党眼看败局已定，将六○兵工厂搬至台湾高雄，只留下少

◎南京晨光1865创意产业园

量无法搬走的旧机器设备以及整座厂房。

1949年4月23日南京解放，29日中国人民解放军第二野战军接管兵工厂；同年10月，二野奉命南下，工厂改属中国人民解放军第三野战军管辖，命名为军械总厂；1952年年底，山西长治三〇七厂搬迁至南京，与军械总厂合并，称国营三〇七厂；1980年3月改称南京晨光机器厂。1996年6月，作为全国一百家现代企业制度试点单位之一，正式组建了晨光集团，并更名为南京晨光集团有限责任公司。

晨光集团有限责任公司内早期的机器正厂、机器右厂和机器左厂虽已拆迁，但建厂标牌仍保存在拆迁后的厂房门额上，这些标牌上分别注明同治五年（1866年）建机器正厂、同治十二年（1873年）建机器右厂、光绪四年（1878年）建机器左厂等字样。公司内还有一批清朝与民国时期遗留下来的建筑，有光绪七年建的炎铜厂、卷铜厂，光绪九年和光绪十一年五月建的熔铜房，光绪十二年建的木厂大楼和机器大厂等。每厂建筑少则一间，多则十余间。这些厂房具有西洋风格，人字形屋顶、三角桁架，门窗上部为拱形青砖清水墙，坚固宽敞。民国时期的厂房及办公用房也有三十多座（间），至今仍在使用着。这批活的历史文物使南京晨光集团成为名副其实的中国近代工业建筑的"陈列馆"，记录着中国民族工业发展的历史轨迹。

自 2007 年年底开始，由南京晨光集团和南京市白下区（现秦淮区）人民政府共同出资打造"晨光 1865 创意产业园"。园区占地面积 21 万平方米，总建筑面积 11 万平方米，晨光 1865 创意产业园充分发挥历史文化优势，保护性开发利用老建筑，按功能分为科技创意开发区、山顶商务办公区、科技创意博览区、工艺美术创作区、时尚生活休闲区五大片区，建筑与内外装潢风格各异。产业总体定位为文化艺术和创意设计，重点引进文化传媒、艺术创作、创意设计、科技研发、总部经济企业、高端人才等。

现在的晨光 1865 创意产业园环境优美，不仅有清朝与民国建筑，有现代化的办公楼，还有酒吧、酒店、餐厅、艺术陈列等，已经成为南京市民休闲放松的好去处。

秦淮·非遗馆

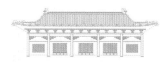

秦淮·非遗馆位于钞库街21号，总面积约7400平方米，于2021年6月12日"文化和自然遗产日"正式开馆，是南京市非遗体验中心、秦淮区非遗保护中心。秦淮·非遗馆的展陈内容立足秦淮，辐射华夏，总展陈项目135项，其中人类"非遗"42项，国家级、省市区级"非遗"93项。馆内拥有国家级、省级、市级、区级合作传承人300人。秦淮·非遗馆共分三层，一层为"雅俗天趣体验区"，负一层为"百艺天逸展示区"，二层为"中外天开交流区"。

雅俗天趣体验区　雅俗天趣体验区位于一层，由"真味流远""曲苑奇葩""妙手神工"三个篇章构成，展示非遗项目28项，其中人类"非遗"1项、国家级3项、省级6项、市级14项、秦淮区级4项。

第一篇章"真味流远"，是非遗美食体验区。南京是中国著名的小吃之都，分布于夫子庙及秦淮河流域的秦淮小吃群是全国四大风味小吃群之一，秦淮八绝小吃负有盛名。历史上南京人素有饮茶传统，明代钞库街就曾出现南都（明时南京）第一家茶馆。雨花茶为南京特产，历来是秦淮小吃的佐餐佳配。品雨花茶、尝秦淮风味小吃是秦淮古老而时尚的风景，人们可以静下心来品茶、吃小吃，谈天说地，几百年来相

◎秦淮非遗－糖画

沿成习。

第二篇章"曲苑奇葩"，这里以视听形式，萃集了昆曲、皮影戏、提线木偶和杖头木偶等传统戏剧类"非遗"项目，展示了南京白局、南京评话、南京吆喝、南京白话和相声（张派艺术）等沾着泥土芬芳的曲艺类"非遗"项目，它们是秦淮和南京戏剧、曲艺的特色盛宴。

第三篇章"妙手神工"，集中展示了8项传统技艺、传统美术类手作项目。这里手作区"非遗"传承人现场展示的绳结、布艺、刺绣、风筝、棕编、金陵篆刻、内画、画石等民间艺术，是秦淮"非遗"的活化石。非凡的技艺，精妙的造化，无一不彰显着南京传统民间文化的高超神妙。

百艺天逸展示区　本展区分为琴韵大音、演武健体、杏林春满、技艺佳妙、画影坊间、美俗流韵、故事别趣和专题馆八个部分，展示非遗项目57项，其中人类"非遗"4项、国家级6项、省级15项、市级19项、区级13项。是非遗项目专业性、通俗性、趣味性的有机集合。

第一篇章"琴韵大音"。以秦淮为中心的南京地区，历来为我国民间民族音乐的繁盛之地，金陵琴派和江南丝竹可追溯到六朝时期，东晋音乐家桓伊在青溪边为书法家王徽之吹奏笛曲"三弄调"，到唐代演变为琴曲"梅花三弄"便是见证。千百年来，秦淮岸边琴家辈出，琴曲迭出，琴风独具。尤其是明清之际衢歌巷舞，丝竹盈耳，夜夜笙歌。抚琴弄乐，品赏音乐，成了人们的赏心乐事。

第二篇章"演武健体"。自古秦淮民间既重儒学，又重武艺。老南京武术历史最早可以追溯到北魏时期。南京"三元巷"地名源自明代"连中三元"的武状元、抗倭名将尹凤。清代南京又有著名武术家、秦淮人甘凤池，人称"江南大侠"。民国时期在南京成立的中央国术（传统武术）馆，主张"术德并重，文武兼修"，对秦淮民间武术推动很大。清代以来，老秦淮一带流行长拳、少林拳、武当拳、太极拳、八卦掌和形意拳等拳术，同时民间百姓还喜爱玩石锁、举担子（杠铃）、摔跤等健身运动。本区集中展示了史式八卦掌、金陵甘凤池武术、金陵邓钟山武术、殷巷石锁赛力4项传统体育、游艺与杂技类项目。

第三篇章"杏林春满"。秦淮中医文化百代流芳，在六朝时就有中医药治病养身的记载，后世医家、医方和医书迭现。南宋医学家陈自明著有《管见大全良方》和《妇人大全良方》等医著，为妇科病理研究奠定了基础。明代医学家、药学家李时珍190万字的《本草纲目》出版于秦淮。民国时南京有"四大名医"，即"当世医宗"张简斋、"仲景张"张栋梁、"儿科圣手"隋翰英和杨伯雅。秦淮传统医药类"非遗"的10个项目在此集中展示。其中，5项国家级、省级中医医术项目单独展示，丁氏痔科医术、张简斋中医温病医术、金陵杨氏中药炮制技艺、洪氏眼科医术和金陵中医推拿术，在南京市中医院等单位设科坐诊，传承发扬。

第四篇章"技艺佳妙"。秦淮传统手工技艺源远流长，精彩绝伦，被称作"老城南身边的艺术"。有闻名于世的南京云锦织造技艺以及与之相关联的金线、金箔等制作技艺，有类别各异的雕刻、雕版技艺，金银细工、天鹅绒织造、古埙、装裱、戏服制作技艺，含有各类修复技艺。这些传统技艺工艺迥异，天工精巧，讲求口传心授，重经验、重体悟、重情感、重灵性，通过家庭承继和行业传授传承发扬。本区域集中展示了23项传统技艺类非遗项目，其中人类"非遗"1项、国家级2项、省级6项、市级9项、区级5项。

第五篇章"美俗流韵"。历史上秦淮有众多美好民俗，这些民俗贴近家庭生活，关乎社会生产。本区域集中展示了4项民俗类非遗项目：抖空竹、夫子庙花鸟鱼虫市、祭孔大典和周易研究，其中省级"非遗"1项、市级1项、区级2项。养鸟虫、种花草，是秦淮人怡养性情、美化环境的习俗；抖空竹、买花灯，是秦淮人喜纳祥瑞、迎接新春的习俗；祭孔子、重儒道，是秦淮人崇文尚礼、尊师重道的习俗。凡此种种，都是秦淮人在长期的生产实践和家庭、社会生

◎长乐剧场演出

活中逐渐形成并世代相传、较为稳定的文化现象，也是秦淮民间流行的风尚与习俗。

第六篇章"画影坊间"。秦淮传统民间美术体现了创造性、生活性和民俗性，它们的共同特征就是善于把坊间生活、历史文化与手工艺术融合起来。本区域集中展示了 6 项传统美术类非遗项目：戏剧脸谱、烙画、南京面塑、糖画、南京绢人、纸扎染，其中省级非遗 1 项、市级 3 项、区级 2 项。

第七篇章"故事别趣"。秦淮是古代故事、传说、掌故和灯谜的盛产之地。南朝宋刘义庆《世说新语》里，记载了许多发生在秦淮河畔的故事传说和家喻户晓的成语典故。秦淮是古都南京的文化核心区域，古街旧巷、古迹遗存、文人名家云集此地，酝酿了数不清的历史故事和民间传说，其中耳熟能详的有乌衣巷的故事、桃叶渡的传说、沈万三的传说、大报恩寺的传说和江南贡院的故事等。此外还有许多诞生于秦淮河两岸的南京灯谜，它们饶有趣味，引人入胜，彰显了秦淮历史文化的深厚与风趣。本区域集中展示了 2 项

民间文学非遗项目：省级非遗——秦淮传说故事、区级非遗——南京灯谜。

第八篇章"专题馆"。专题馆集中展示了5项非遗项目：人类非遗代表作——中国雕版印刷技艺（金陵刻经印刷技艺）、中国剪纸（南京剪纸）；国家级"非遗"——秦淮灯会；省级"非遗"——绒花制作技艺、秦淮灯彩；区级"非遗"——旗袍制作技艺、中山装制作技艺。

中外天开交流区　中外天开交流区位于非遗馆二层，包括非遗工坊、大师工作室、长乐剧场及西藏特展厅、临展区，多位非遗传承人在这里现场摆台活化展示非遗项目。

秦淮·非遗馆集宣传、展示、教育、研究、交流、产业等功能于一体，通过图文、实物、视听、手作和交流等形式，体现"非遗盛宴、古都宝典、活态体验、多维呈现"的鲜明特色，是南京的非遗展示展销中心、互动体验中心、传承交流中心、活化利用中心，已经成为南京的一张特色文化名片。

古林公园

古林公园位于南京市草场门，东临虎踞北路，南接清凉山北支，西倚定淮门，北望狮子山，与江苏广播电视塔毗邻。1981年1月正式建园，1984年4月23日对外开放。古林公园是一座集名花异卉、娱乐休闲为一体的综合性公园，是南京秦淮风光带上一颗璀璨的明珠。

古林公园占地面积为227722平方米，水面面积3500平方米，绿地率达95.67%。园内山峦起伏，低岗缓阜，林木苍劲，花树环绕。供游览的有牡丹园、梅花岭、金陵梅桩园、盆景园等景区。景区内有牡丹亭、远香榭、晴云亭、四方八景阁及拜梅亭等仿古园林建筑，栽植牡丹、梅花、芍药、杜鹃、山茶、月季、樱花，主次相间，各具特色。其中，晴云亭由于设计上独具匠心，造型新颖，获国家建设部园林设计奖。

古林公园以牡丹、梅花为主要特色，每年2～3月公园举办梅花节，是历届中国南京国际梅花节的分会场，4～5月举办牡丹花会。作为"梅花节"分会场，古林公园梅花有180多个品种，近3000株梅花对外展出。

古林公园的梅，不似梅花山那样集中，而是花开四处，错落有致。园内有三大赏梅点：梅岭、拜梅亭、盆景园，可谓是各有特色、各具韵味。

梅岭　位于公园东边山岭脊部，岭上栽有数百株各类春梅。沿岭西向，遍植黑松、毛竹、蜡梅，组成一幅松、竹、梅"岁寒三友"画卷，堪称一绝佳景。自公园东大门进入，迎面的山坡便是梅岭。红梅、白梅、绿萼梅等花种繁多，热热闹闹地开满一坡。

拜梅亭　拜梅亭于 2001 年建成。亭旁立一石碑，碑文记载南朝齐梁间有一个孝子姓鲍名元，因其母小字为梅，他与友人游金陵山水，见一株古梅便迎梅而拜，后建一拜梅庵纪念其母。代远年湮，拜梅庵早已无迹可寻，拜梅亭就是根据这个传说而建。

盆景园　盆景园位于公园西北隅，是"金陵盆景"的生产基地之一。沿盆景园拾级而上，有一开阔坡地，广植茶树、梅花。不同于梅花树给人的直观美感，盆景园里的梅桩盆景更显别致与韵味。

牡丹园　牡丹园位于公园西南角，占地面积 21000 多平方米，由 19 个大花池组成，是南京最大的牡丹专类园。该园依山而建，两米多高的牡丹仙子塑像立于园中，与仿古建筑群牡丹亭、赏花长廊、天香阁、远香榭相映生辉。园中引进了河南洛阳、山东菏泽、江苏盐城、甘肃、日本等地名品牡丹 300 多种、3500 余株。其中有姚黄、魏紫、枯枝牡丹、二乔、葛巾紫、墨魁、海黄等精品。每年 4 月中旬至 5 月上旬开花，花开时节满园姹紫嫣红，国色天香。从 1994 年起，公园每年举办牡丹花展，并不断引进新的品种，选择适宜南京地区生长的牡丹品种进行大面积栽植，丰富和充实牡丹专类园，现已成为南京市春季赏牡丹的胜地。

◎古林公园

鼓楼公园

鼓楼公园位于南京市北京西路东端鼓楼岗，公园是以鼓楼为主体、以明代建筑为主题的文化公园。

南京鼓楼，是明代首都的象征。明洪武元年（1368 年），朱元璋称帝，洪武十四年（1381 年），朱元璋亲自参与制定国子监的布局，规定"左列鼓楼，右建钟楼"，洪武十五年（1382 年）在高岗上建鼓楼。

清代，鼓楼楼毁基存。康熙二十三年（公元 1684 年），康熙南巡曾来鼓楼，当时两江总督王新命率部数万名迎驾到此。次年，地方官员为歌功颂德，在明建鼓楼基座上树碑、建楼，并更名为"碑楼"，故有"明鼓清碑"之称。1957 年 8 月，鼓楼被列为江苏省文物保护单位。2019 年 10 月 7 日，鼓楼被列为全国重点文物保护单位。

鼓楼建在城中心海拔 40 米的钟山余脉上，长 44 米，宽 22 米，高22 米。基座为城阙状，楼分为二重，上为重檐四落水砖木结构，下檐滴水直落基座之外，四面红墙巍峨，分外壮观。下有三个拱形门洞，东西两侧共有四个侧室，当时御鼓官率百余兵士在此镇守。东西两侧，各有青石阶 40 级陡峭通殿。殿内原有大鼓两面、小鼓二十四面和滴漏等，是当时报时及迎宾纳客、接诏、祭天等举行重大仪式之圣地。

大钟亭公园

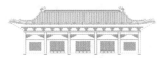

历史上以"晨钟暮鼓"而闻名的南京大钟亭，早在1956年就被列为江苏省文物保护单位，1983年"古亭晨钟"又被列为新评《金陵四十景》之首，有着深厚的历史文化底蕴。大钟亭与鼓楼成掎角之势，一钟一鼓，构成南京市鼓楼广场的特有气氛。

南京大钟亭公园位于鼓楼广场的东北侧，大钟亭路1号，总面积5500平方米，喷泉水面60平方米，绿地率65.45%，是一个精致小巧的江南园林。园内有一亭，亭内挂着一口大钟，敲之声震八方，余音久久不绝。大钟亭得名于紫铜"鸣钟"，这口钟是明洪武二十一年（1388年）铸造。据《南京都察院志》等史料记载，明洪武十五年（1382年）所建的钟楼内，相继悬挂了鸣钟、立钟、卧钟等大钟，到清康熙年间钟楼倒塌成废墟，立钟、鸣钟也先后被毁，只剩下卧钟，半埋在废墟上。据石三友《金陵野史》记载，太平军占领南京时，曾经想将这口卧钟回炉，铸造兵器，但因为钟身太大而作罢。清光绪年间，江宁布政使许振祎看到南京城缺少钟楼，于是命人"用起重机器引而植之"，将仅存的卧钟迁至鼓楼东侧，也就是在如今鼓楼广场东北方向，建了一座六角攒尖式的亭子。亭高14.5米，以六根铁柱支撑，上架六角交叉铁架，卧钟被悬挂在亭中，亭子因此取名为"大钟亭"。

古铜钟 悬挂在大钟亭内的古铜钟是洪武年间的卧钟，此钟用紫铜铸成，高3.65米，口径2.3米，底边厚0.17米，重达23吨，是南京地区最大的一口铜钟。洪武铜钟顶部铸阳纹莲瓣一周，提梁上饰以云纹和波

浪纹，铸造精美，声音洪亮，撞击时隆隆回响，"声闻数里"。这个历史悠久的古钟和钟亭，一直陪伴着南京从战火走向和平。

三姑殿 大钟亭附近还建了三姑殿等建筑，外面有院落，形成了一座小园林。据《金陵文脉》所述，朱元璋建都南京后，为诏告皇权显赫，命蕲国公康茂才铸造大钟，且对钟的规格、花纹、重量做了严格的规定。康茂才想尽办法也无能为力，工期一拖再拖，将遭杀身之祸。他的三个女儿得知后，一齐奋不顾身跃进冶炉溶入铜液，顿时青烟直冲九霄，大钟终于铸成。三个孝女舍身救父，世人深受感动，人们建祠立像，纪念她们的孝心和献身精神。

大钟亭公园 1958 年，因拓建北京东路需要，将东厢房、大殿三间翻修，并绿化庭院，面积 1700 平方米。1959 年成立市花木公司后，大钟亭公园划归其下。1993 年因公园环境整治及人防设施建设需要，对公园进行了改造，复建公园建筑 1000 平方米、园内绿地 3700 平方米。园中布景采用以小见大手法，一草一木、一亭一廊、一山一池皆巧安排。在总体上突出大钟亭之主角地位，利用地势高差，沿街立面、周边、入口、栏杆、花池、挡土墙应用简洁变形的古建符号，布置多层次平面绿化与垂直绿化，钟亭四周与西部配置花草树木，在西立面水平绿化带上，烘托高耸雄浑古朴的钟亭。建筑沿东部、南部作周边布局，廊、亭、花墙围合分隔为大小各异的若干院落，步移景异，半透栏杆丰富层次，沿街栏杆与花台栽植植物相得益彰，整个公园虽然面积不大，但环境清幽、古韵悠然。

近年来，大钟亭公园又进行了景观提升计划。改造后的公园展现出新的面貌与活力——明清风格道路融入了钟文化元素，钟亭外立面焕然一新，古银杏树得到保护性维修加固，钟亭特色及文化底蕴进一步彰显，公园绿化、彩化进一步提升，与鼓楼公园遥相呼应、互为景观，与紫峰大厦古今相谐、仰俯成景，成了市民和游客的休憩好去处和网红打卡地。

大钟亭公园于方寸之地汇集了一百余年的亭、三百余年的树、六百余年的钟，不仅持续散发着"新金陵四十八景"的魅力和深厚的文化质感，展示着南京历史文化名城的丰富内涵，更留住了市民、游客关于公园的文化记忆。

浡泥国王纪念园

浡泥国王墓是中国现存的两处外国王墓葬之一，也是南京地区唯一一处涉外全国重点文物保护单位，2016年被列入"海上丝绸之路"申遗点。1958年，浡泥国王墓被重新发现后，我国各级政府十分珍视这一体现中国与文莱国悠久友谊的历史见证，悉心保护。60年来，雨花台区人民政府先后进行了八次重大修葺，以保存遗迹原貌为基础进行维护修缮，再现了浡泥国王墓昔日的恢宏，并正式命名为"浡泥国王纪念园"。

牌坊 从南门广场通过林间小道之后，可看到一座牌坊，此处的牌坊是在2002年第七次大规模的环境整治修缮工程中，按照明代王规制进行复建的。

中国与古称"浡泥国"的文莱是隔海相望的友好邻邦，交往历史悠久，早在两千多年前的西汉时期，两国便开始了友好交往。1368年，大明王朝定都南京后，中国与浡泥国之间的友好交往进入了鼎盛时期，经济、文化交流频繁，互访日增。当时的外交大臣郑和七次下西洋，其中两次到访文莱，分别是在第二次1407年和第五次1417年。在此期间，明永乐六年（1408年），浡泥国王麻那惹加那乃率领妻儿亲属及陪臣150多人泛海前来中国访问，受到了明成祖朱棣的盛情款待。不幸的是，他仅在中华大地友好访问了一个多月，忽染重疾，病逝于南京。明成祖遵从浡泥国王"体魄托葬中华"的遗愿，以王礼赐葬了这位异邦君主。

神道碑 神道碑是在1958年文物普查期间被发现的，正是神道碑的发现，让湮灭百年的浡泥国王墓重新出现在世人的眼前。这座石龟趺驮着的神道石碑，是由两截断开的残碑拼接修复而成的，碑上字迹大多

◎浡泥国王墓－神道

◎中国－文莱友谊馆

都漫漶不清，为防止石刻继续风化，2001年修建了碑亭，用以遮风挡雨。1995年，应文莱历史研究中心的要求，南京市文物局监制复制了一比一原样大小的神道碑，运送至文莱首都斯里巴加湾市，至今这座碑仍竖立在文莱国家历史博物馆的展厅内。

神道石刻　整个墓园坐北朝南，三面环山。神道自南向北，分列着两两相对的石像，共5对10件，依次是石马、石控马官（马夫）、石羊、石虎、石武将。如果加上墓冢台阶下遗留的两对柱础（一对为石望柱础，一对为享殿遗迹残留的石柱础），一共是7对14件石刻，完全按照明代王礼进行配置，体现了墓主人的尊贵身份。整个墓园规制完整，保护完好，它们在此陪伴着浡泥国王麻那惹加那乃已有六百多年，见证了中国与文莱悠久的友好历史。

墓冢　神道尽头，拾级而上就是"古浡泥国王麻那惹加那乃之墓"墓碑和圆形的墓冢，墓冢上覆盖着苍翠的植被，象征着中国和文莱两国友好关系的万古长青。近几十年，文莱高级官员、文化人士经常来访。复建祭台时，充分参考了伊斯兰教的丧葬习俗和形制。

浡泥国王历史陈列馆　浡泥国王历史陈列馆建于2019年，文莱玛斯娜公主2019年9月8日还亲自前来为展馆揭牌。该馆馆内面积约350平方米，以介绍浡泥国王墓历史价值、阐述中文悠久友谊为重点，全面系统地展示了浡泥国王率团万里迢迢来华访问的历史背景、活动概况以及客逝南京、托葬中华之事，并介绍了浡泥国在"海上丝绸之路"中的历史价值。

中国—文莱友谊馆　中国—文莱友谊馆初建于2004年，玛斯娜公主2006年4月6日还亲自前来为展馆揭牌。该馆主要讲述的是当代中国与文莱的友好往来、合作共处，和文莱在"一带一路"倡议中的重要地位。

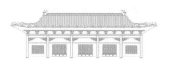

菊花台公园

菊花台公园位于南京主城南部，东邻安德门大街，南依天隆寺，西抵小行路，北接安德门地铁站，占地面积约9.4万平方米。相传清乾隆皇帝下江南时路过此处时值金秋，但见满山浮金点玉美景不凡，遂欣然题名"菊花台"。

菊花台公园是一座纪念性公园，1942年，马尼拉沦陷，国民政府驻菲律宾等地九位驻外使节在日军严刑拷打下大义凛然、威武不屈，最终惨遭日军杀害。1947年7月，他们的忠骸由专机运抵南京，同年9月安葬于菊花台，公园也因此一度更名为"忠烈公园"。1990年南京市雨花台区人民政府对该公园及九烈士墓进行过一次整体改造；1995年"前驻外使节九烈士墓"被江苏省政府确定为省级文物保护单位。

九烈士墓 菊花台九烈士墓占地800平方米，安葬着九位驻外使节的忠骸，是公园内最重要的景点之一。墓地为扇形，四周松柏茂盛，花木宜人。改造出新的事迹展览馆主要陈列着烈士的遗物和各界人士瞻仰悼念的照片，现在还是南京市青少年德育教育基地。

竹园 菊花台内有200亩的竹园，有稀世珍品方竹，还有各具特色的女儿竹、佛肚竹、菲白竹、孝顺竹等近百个品种，这里还有南京地区罕见的金陵雀梅王、白皮松。

金陵石刻艺术园 雨花台区人民政府在修缮邓愈墓的基础上，兴建了占地1.5万平方米的金陵石刻艺术园，包括墓冢、牌坊、金水桥、办公房、碑廊、展示厅、围墙等，以此保护古代遗产南郊石刻。

◎菊花台公园

滨江风采篇

　　长江是世界第三大河，亚洲第一大河。长江发源于青藏高原唐古拉山主峰各拉丹冬雪山，流经三级阶梯，自西向东奔流不息，支流众多。长江流域东西宽约 3219 千米，南北宽约 966 千米，长江流经 11 个省、自治区、直辖市，最后在上海注入东海。长江全长 6397 千米，流域总面积 1808500 平方千米，约占国土总面积的五分之一，和黄河并称为中华民族的"母亲河"。长江南京段全长 97 千米，沿江风光旖旎动人，景观多样，宽度多变，岸线多折，文化多元，洲岛湿地遍布，是壮美的山水长廊和秀美的中国文化长卷。

　　南京滨江休闲旅游带沿长江南京段展开，涉及栖霞、六合、鼓楼、浦口、建邺、雨花台和江宁等行政区。近年来，通过动迁拆违，整合岸线资源，展现了大江风貌和山水城林特色，同时构建陆地、水上交通系统，配套观光、运动、休闲设施，打造出集旅游、观光、商务、休闲为一体的现代化滨江新岸线。

　　滨江风光带目前的主要观光游览区集中在南岸长江三桥至二桥、北岸长江三桥至大桥以及江心洲南岸，全长约 58 千米，是南京实现跨江发展、拥江发展，推动南京由秦淮河时代走向长江时代的重要标志。滨江风光带借万里长江奔腾之势，形成了山秀、洞幽、江深、矶奇、

人文荟萃的特色，沿线的幕燕风景区、阅江楼风景区、南京外滩、青奥景观、过江通道、洲岛及其他滨江景点，共有自然、人文景观约30处，凭借其独特的自然禀赋和大江风貌，成为市民惬意休闲的亲水之地。贯穿滨江风光带全线的慢行绿道，把每个景区的主要景点串联一起，从鱼嘴鱼背、青年文化公园、绿博园、万景园、外滩，直到五马渡、幕府山、燕子矶，骑行也好，步行也罢，一路畅游无阻。

昔日滨江漫滩地，今朝生态景观园。在这里，我们能够游赏栖霞丹枫，乘驾幕燕长风，阅江览胜，看天堑飞渡，念天妃静海，古韵今辉尽收眼底。

滨江风光

栖霞山风景区

栖霞山风景区以栖霞山为中心，是国家 AAAA 级旅游景区。栖霞山文化内涵极为丰富，"浓缩了半部金陵文化史"，是南京六朝文化的重要代表和见证地。帝王文化是栖霞山文化的重要组成部分，历史上有五王十四帝和栖霞山有渊源。栖霞山在中国史册上的首次显赫来自秦始皇；清乾隆皇帝对栖霞山更是钟爱有加，他六下江南，五次驻跸栖霞行宫，前后共 45 天，并称栖霞山为"第一金陵明秀山"。

栖霞山驰名江南，不仅因为有栖霞寺，有南朝石刻千佛岩和隋朝名构舍利塔，还因为深秋的栖霞，枫叶流丹，层林尽染。南京人尤喜举家游览，民间有"春牛首，秋栖霞"之俗。栖霞山每年秋季都会举办"秋栖霞"红枫艺术节，现为我国四大红叶观赏风景区之一。

景区附近的狮子冲有永宁陵、萧景墓等南朝艺术瑰宝。永宁陵据说是南朝陈文帝的陵墓，陵前的天禄、麒麟是南京保存最好、最具艺术价值的南朝石刻，被视为南朝陵墓神道石刻艺术的集大成者。南朝立碑较少，流传更少，而栖霞十月村吴平忠侯萧景墓的碑文保存很完整，石碑通高 5.61 米，分碑首、碑身、龟趺三部分，碑身镌刻当时著名书法家贝义渊所书2840 多字的楷体碑文，是罕见的书法艺术珍品。

一 栖霞山

明代状元焦竑曾说："金陵名蓝三，牛首以山名，弘济以水名；兼山水之胜者，莫如栖霞。"栖霞山古时盛产野参、当归、首乌、茯苓、甘草等中草药，有滋养摄生（即养生）之效，故名"摄山"。自南朝起，栖霞山因寺而出名，成为我国佛教圣地。南齐时，平原郡鬲县（今山东德州）人明僧绍，将其私院"栖霞精舍"赠予法度禅师，这是栖霞寺的前身，摄山也因寺得名"栖霞山"。栖霞山有三峰，中峰最高，名三茅峰，又称凤翔峰，海拔 286 米；东峰绵延向东形似卧龙，名龙山；西峰突兀，立于江边，状如伏虎，名虎山。栖霞山外形似伞，因此古时又称为伞山。

哼哈殿　哼哈殿于 2001 年 9 月 15 日建成。牌匾"摄山栖霞寺"是乾隆皇帝的御笔，两边楹联"栖山观自在，霞水乐长安"由中国书法家协会原会长沈鹏所题。山门前的两尊佛像为金刚力士像，是守护山门的护法神，又称"哼哈"二将，其形象仿自寺后舍利塔上的金刚力士像。

霜红苑　霜红苑于 1985 年依自然地形而建，霜红苑之名来源于晚唐诗人杜牧诗句"停车坐爱枫林晚，霜叶红于二月花"。全苑占地面积近 2 万平方米。三十年来，霜红苑内陆续种植了十几个科、数十个品种的红叶、红果类树种，其中红叶类葡萄枫最为珍贵，是南京的稀有树种。霜红苑可以说是微缩的栖霞山红叶景观，引人注目，惹人怜爱。

彩虹明镜　彩虹明镜被称为栖霞山第一景。"彩虹明镜"石碑由当代书法家尉天池所书。此处是乾隆皇帝当年最喜爱的栖霞山十景之一。明镜湖开凿于乾隆十六年（1751年），由当时两江总督尹继善、两淮盐商及地方官员修建，当年湖水可达栖霞寺门口。山上的泉水汇聚于此，湖水盈盈之时，可见寺门及两侧古枫、绿树倒映水中，涟漪骤起，波光浮动，山林古寺如同映在银幕上，景色比岸上更胜三分。湖中的亭子弯弯曲曲与岸相连，似彩虹一般，故名彩虹亭。"彩虹亭"三字由当年栖霞寺住持茗山法师于1991年所书，亭上有一楹联"满天星斗落明镜，十地圣贤来摄山"，由大护法居士田光烈所书，中间塑有一尊滴水观音像，普度众生。

千禧钟楼 千禧钟楼位于彩虹明镜东南侧，与鼓楼相对而立，是为迎接21世纪的到来而建造的，于1999年12月建成。钟楼高16米，为两层建筑，仿苏南明清木结构风格。钟楼抱柱上有茗山法师手书的楹联"积德虽无人见，存心自有天知"，两边草书"莫放春秋佳日过，最难风雨故人来"为当代草圣林散之所书。钟楼一楼供奉自台湾迎请的樟木镏金地藏王菩萨像。二楼悬挂南京晨光集团铸造的青铜大钟，大钟直径2.2米，高3.2米，重达6吨。每逢佛教重大节日，钟声远扬，警醒苍生。自2000年以来，每年的12月31日晚和除夕夜，这里都是南京地区辞旧迎新、举行撞钟活动的主要场所。

鼓楼 建于2003年，楼内有一面大鼓，鼓腰直径2.5米，鼓面直径2.1米，厚1.8米，重约400千克。沿古寺中轴线，钟、鼓楼完全对称，形成南有千禧钟、北有太平鼓的完整格局。

寂然法师铜像 钟楼南侧的山坡上矗立着的铜像是寂然法师，寂然法师于弱冠之年在江苏东台寿圣寺出家，1921年来栖霞寺，后担任监院法师。在山中，寂然法师尽心竭力修建殿堂，综理寺务，数年间各处殿堂房舍相继落成，殿宇巍峨；同时，创办律学院，培育僧才。

1937年12月，南京沦陷，侵华日军进行了惨绝人寰的南京大屠杀。寂然法师留守栖霞，得大本、志开两位法师建议与协助，以大慈悲之心，于寺中设佛教难民收容所达四个月之久，救护难民两万三千余人。1939年，寂然法师终因积劳成疾，心力交瘁，中年早逝。寂然法师一生爱国护教，为佛门楷模。为缅怀寂然法师懿德，栖霞寺于2005年建造了法师铜像，希冀寂然法师的慈悲与爱国精神长存。

放生池 月牙池也叫古白莲池，位于栖霞寺山门前，因其形状呈半月形，俗称月牙池；月牙池专供僧俗放生之用，也称放生池。《大智度论》云："诸余罪中，杀业最重，诸功德中，放生第一。"为体现佛教"慈悲为怀，体念众生"的心怀，让信徒将各种水生动物如鱼、龟等放养在这里，象征"吉祥云集，万德庄严"。

明征君碑 明征君即栖霞寺开山鼻祖隐士明僧绍。南朝时宋、齐的皇帝们曾多次下诏书征明僧绍任官，但他始终推辞不就，遂有"征君"之誉。明僧绍于 483 年将自己在山中白云庵的栖霞精舍捐赠出来，与当时的法度禅师一起创建了栖霞古寺。明僧绍的五世孙明崇俨擅长"方外之术"，得到唐高宗李治和武则天的宠信。为了光宗耀祖，他向李治提出为明僧绍树碑立

◎明征君碑

传，高宗慨然应允，并亲自撰写碑文，介绍明僧绍当年信奉佛教、隐居栖霞、婉谢皇帝征召的过程，同时也讲到齐、梁二代摄山营造佛像等史事，褒扬了明僧绍的高行洁操。著名书法家、卫尉少卿高正臣书写碑文，朝散大夫王知敬篆额。碑阴的"栖霞"两个饰金大字，笔力雄健潇洒，传为李治亲笔所题。

明征君碑建于唐上元三年（676 年），碑高 2.74 米，宽 1.31 米，厚 0.36 米，制作精良，保存完好。石碑碑额雕刻有六龙拱珠盘额，碑侧有狮首绶带西番莲纹饰。碑文 33 行，每行 74 字，全文共 2376 字，书体为行书，通篇四六韵文，最后用 10 首铭词结束。石碑碑面上有许多豆粒状白色斑纹，恰如朵朵含苞欲放的梅花，故有"梅花石"之称。经考证，这种斑纹是由 2.8 亿年前浅海中的动物海百合茎化石和腔肠动物中国孔珊瑚化石形成的，全碑约有化石 22000 多个，全国罕见。

明征君碑经历了 1300 多年的风风雨雨，至今保存完好，仅碑文右下角残损 10 余字，实属不易。从这块珍贵的古碑中，既可以读出唐高宗对明僧绍的赞赏有加，也可以欣赏到初唐盛世的书法艺术和雕刻艺术，还可以考证古生物与沧海桑田的变迁。作为南京地区保存最为

完好的唐代碑刻，明征君碑 1982 年被列为江苏省文物保护单位，2001年被列为国家级文物保护单位。

江总碑 江总，南朝陈朝大臣、文学家，字总持，曾多次到栖霞山，留下许多佳句。唐朝苗发诗句称"若到西霞寺，应看江总碑"。江总碑于唐会昌年间和舍利塔同时被毁，2000 年南京市文物研究所在三圣殿前宋代地层中将其挖出，残碑现藏于南京市博物馆。

虎山栈道 虎山栈道全长 860 米，共有台阶 1046 级，于 2010 年10 月建成，起点为栖霞寺，终点为碧云亭，沿途设有 4 个观景平台，有叠浪岩，虎（虎字为一笔写成，含有虎、甲、天、下四层含义）、福、寿（为栖霞寺主持隆相法师书写）等石刻，终点处的"有凌云意"取自乾隆行宫的一处匾额。

桃花扇亭 1980 年新建的桃花扇亭位于栖霞山桃花涧北侧。亭子为扇形，砖木结构，仿明清建筑风格，白墙黑瓦飞檐，门窗框均为黑色。民间相传，李香君在栖霞山之西的葆真庵出家。清初孔尚任在《桃花扇》中叙述，明末秦淮名伎李香君随卞玉京出家为尼于葆真庵。昔日的葆真庵早已踪迹全无，诚所谓"故事始于桃花扇，传奇终之桃花涧"。

李香君墓 桃花扇亭向南不远处以青砖垒起的一座孤坟便是李香君墓。由于山路崎岖陡峭，平时人迹罕至，古代文人墨客留下的石刻、石雕散落在草地里，李香君的墓现在仍能看到。据说清军占领南京后，她逃到栖霞山，而她的情郎——誓不做"贰臣"的侯方域降顺了清朝。看重气节的李香君毅然割断情根，遁入空门，到栖霞山的葆真庵出家为尼，死后也葬于该地。据新考证，这里的李香君墓应该是她的衣冠冢。

话山亭与天开岩 离桃花扇亭上行百步，右侧小径进去便是话山亭和天开岩。话山亭位于桃花涧上游，周围密林环抱，槛外流水淙淙，十分幽静，亭内的匾额上由当代书法家尉天池书"话山亭"三字，是游人谈论山容水貌的好去处。话山亭原址在乾隆行宫内，1980 年复建时迁于此地。

天开岩，俗名污西凹，一名唐公岩，位于栖霞山西峰之侧，峭壁如截，势若天开。据《同治上江两县志》载，"峰之迤西，矗石凌空，为天开岩，两岩削立，其直如截，阔可三尺，为磴数十，磴尽为台，所谓唐公岩也。西峰之胜，此为最佳"。一线天去天开岩西南 200 米，山石嶙峋，参差夹立。据蒋维乔《栖霞山纪游》载："一线天者，有一大石如圆锥形，中空若龛，顶通天光，故名。"洞里窥天，堪谓奇观。天开岩上有唐、宋、明、清题刻，有"醒石""迎贤石""天开崖""碧藓亭"等。

了凡问道　"了凡问道"位于天开岩旁，通过人物雕像手法再现了明代袁了凡与一代高僧云谷禅师在栖霞山天开岩的一段"悟道"并转变人生命运的传奇故事。袁了凡（1535～1608年），江苏吴江人，本名袁黄，字坤仪，号学海，后改号了凡，早年被云南孔先生将一生命运算定，深信荣辱生死皆有定数，强求不得，故终日静坐，不阅文字，"与人无争，与世无求"。袁了凡35岁时到栖霞山参访云谷禅师，两人默默无言相对静坐三日三夜。云谷禅师感叹与其有时节因缘的特殊缘分，开示其"断恶修善、改过自新、积功累德"，通过自己的努力，定能改变命运。袁了凡深信不疑，依教奉行，尽其一生实践"改过、积善"之法，成为世人行善修德的杰出典范。云谷禅师的开示改变了袁了凡一生，栖霞山亦因之成为袁了凡转运福地。

禹王碑　一名岣嵝碑。《岣嵝山铭》曰："南岳密云峰，有神禹治水碑，皆蝌蚪文字。"栖霞山的禹王碑，是明神宗万历三十二年二月由官任金陵吏部左侍郎杨时乔重刻。至于禹王碑之释文，自宋元至明，除杨时乔以外，还有杨慎、沈镒、郎瑛、王朝辅、杜壹等，解读各不相同，皆为各释其所释。现在位于天开岩之上的禹王碑只留下碑座，1998年后，陆续挖掘出一些禹王碑的残碑。栖霞山管理处于1998年12月在原址重新修复禹王碑，碑与亭合一，只把碑原文77个蝌蚪文字刻出来，释文没有刻出，希望有识之士能早日译出禹王碑的字义。

德云亭与叠浪岩　德云亭位于栖霞山西峰之麓，幽篁环绕，清荫弥望，其址即古德云庵。据《摄山志》载，"德云庵临桃花涧，奇石玲珑，万窍穿溜，雨后涧水悬瀑而下，屈曲环流于庵外"，清响泠泠，自成丝竹之音，确实是西麓之胜处。叠浪岩在德云亭上行数十米处，据陈邦贤《栖霞新志》载："叠浪岩在西峰之侧，桃花涧中，涧水自岩上泻下，叠浪层层，岩山受水的侵蚀，也露出许多的浪迹来，乱石错落，高低起伏，如大海潮汐，波澜万叠。"其实，形成叠浪岩"伏石万叠、状若波澜"的原因，主要是以碳酸钙为主的石灰岩在自然界很容易被溶解侵蚀，久而久之，滴水穿石，其层面出现溶沟，凹穴、沟穴的接界处突起成脊，形成石芽，当石芽与溶沟交错在一起时，便显现出凹凸不平、状若波浪的"水面"。乾隆二十二年（1757年），乾隆二下江南，初履栖霞即钟情"德云庵之幽，叠浪岩之奇"。此后，乾隆每下江南，亦必至德云庵、叠浪岩，次次题诗颂景，还特地为德云庵书额，为见山楼写匾，并撰有"不生波处心恒定，大寂光天总相融"联，以道叠浪岩之妙。

碧云亭　继续往山上走，碧云亭便立于一貌似半岛的平顶岗峦之上，平岗向北伸出，三面均是悬崖，仅一石与山道相连，构成别具一格、以险取胜的景点。碧云亭又名望江亭，这两个亭名都很妥帖，仰视天空，但见碧云万里；俯视平野，不尽长江滚滚来，真可谓双绝矣！站在此处，可见大江东去，浪涛汹涌，两岸沃野千里，大江南北风貌尽显。

太虚亭　紧靠路侧的枫林深处有一座颇具规模的朱色亭阁，名曰"太虚亭"。深秋来此，小坐片刻，倚栏欣赏满山红叶，别有一番诗情画意，绝不逊于长沙岳麓山的"爱晚亭"。太虚亭在民国时有两个亭子，原有匾额"寥廓虚明"，系时任国民政府主席林森所题。

始皇临江处　始皇临江处位于滨江大道中段，乃观赏长江景色的绝佳之地。据《史记》记载，秦始皇曾亲自登临栖霞山。始皇三十七年（公元前210年），秦始皇嬴政第五次出巡，驻跸栖霞山西北麓江乘浦，始皇帝登临栖霞山纵目四观，埋双璧祭告天地，更敕李斯篆文，立石以明示天下，体现一统四海、雄视千古之霸业宏图。栖霞山风景名胜区管理处于2006年新建"始皇临江处"，该景点为钢筋混凝土仿古建筑，包括重檐亭、廊、轩以及观景平台，登临远眺，前为栖霞山大桥（长江四桥）、六合龙袍、玉带山川原野，西为长江二桥诸景，东为江宁、句容原野和黄天荡古战场遗址；近为滚滚东去的扬子江，点点帆影，川流不息，更显一幅盛世繁荣昌盛景象。

凤翔峰　凤翔峰海拔286米，据《栖霞新志》记载："凤翔峰，一名最高峰，因峰上有三茅宫，所以又名三茅峰。"凤翔峰卓然矗立，

◎始皇临江处

雄镇群山，自古以来凡赏枫游人，皆登临凤翔峰览胜，俯视江南，振衣千仞，舒啸长空，引为一快。明熹宗天启四年（1624 年），东阁大学士宰辅叶向高（1559～1627 年）告老还乡，途经江宁，郊游栖霞，不顾年迈，从容赋诗。乾隆皇帝五驻栖霞，三登凤翔，数赋其诗，眷顾深情于此可见。江东才子袁枚与蒋士铨二人偕游栖霞山，共攀凤翔峰，四方佳景，目不暇接，遂议以"登最高峰"为题，出口吟曰："群峰齐俯首，争把一峰让。一峰果昂然，独立青天上。"如今，登上凤翔峰，俯瞰大江秀色，黄天荡古战场向人们述说着当年韩世忠、梁红玉在此围困金兵的故事。江山万里，风光无限；历史悠久，英雄辈出。

小营盘　小营盘遗址坐落于栖霞山凤翔峰下方，海拔约 135 米。遗址平面呈不规则圆形，地势北高南低，占地面积约 8300 平方米。该遗址区有围墙、道路、房址、院落、挡土墙等多处遗迹。通过对小营盘遗址初步清理并结合本地传说判断，此处为乾隆皇帝下江南驻跸栖霞行宫时，负责保卫乾隆皇帝安全的御林军所在地。围墙全长约 348 米，残高一般为 1.3 米，残剩墙体的上部宽度约 0.5 米。主要用本地砂岩叠砌，表面覆有青苔。道路位于整个遗址的右部，是进入遗址区的主道。道路由 4 个平台、4 段台阶相间组成，均用砂岩块石铺作。为了防滑，块石表面均有斜条形凿痕。发现房址 9 处，有三开间五进深、单间两种结构，墙体均用块石垒砌，除单间建筑外，所有房址内保留着原有的石质柱础，房址内地面均用地砖铺设。在清理小营盘遗址过程中，出土了瓷器、观赏石、铁器、缸片等遗物数百件。

陆羽茶庄　唐代"茶圣"陆羽（733～804 年），字鸿渐，湖北天门人，研习谙熟茶道，被后世尊为"茶圣"。唐大历年间（766～779 年），品遍各地名泉名茶的陆羽专程往栖霞山试茶品泉。在栖霞山，他植茶种，采绿芽，品新茗，汲清泉，试香茶，《茶经》初稿就源于此。此后，山僧于陆羽试茶处造笠亭并摩崖刻石，以志纪念。当时高僧隐士、文人墨客常常雅聚亭畔，赏枫品茗，吟诗作赋，传为佳话。宋代茶废泉枯，亭余荒基，仅存"白乳泉、试茶亭"六个隶书大字。乾隆皇帝第五次南巡（1780 年）游历至此，留下一块御碑，诗名为《白乳泉用皇甫冉、陆鸿渐栖霞寺采茶诗》，曰："石壁隶书六，岁久莓苔生。适自高峰降，遂缘曲栈行。小憩笠亭幽，慢试云窦清。冉羽茗迹邈，若复传其声。"目前，栖霞山中与陆羽有关的景点，还有品外泉、试茶亭等。陆羽在栖霞山种茶的范围在现今中峰和龙山之间的坡谷地，即如今的白乳泉、青锋剑、试茶亭一带，其住处称"陆羽精舍"。为

◎陆羽茶庄

了纪念陆羽，2001年栖霞山风景名胜区管理处于龙山之巅陆羽茶庄遗址附近复建了"陆羽茶庄"。作为景区弘扬传统茶文化的重要载体，该项目占地面积约8500平方米，包括茶文化广场、茶文化展示馆等，其中主体建筑陆羽茶庄为四层仿唐风格，框架结构，建筑面积800平方米，游人进入茶庄观景品茗，可感受到与陆羽茶圣品茗对饮之趣，进入"清、静、淡、雅"的茶的世界。

 栖霞寺

　　公元483年，南朝齐隐士明僧绍舍宅为寺，栖霞寺自此逐渐闻名，成为江南佛教"三论宗"的发祥地。明僧绍去世后，其子明仲璋在栖霞山石壁上镌造无量寿佛。齐、梁两朝王公贵族纷纷效仿，凿窟雕造佛像，闻名天下的千佛岩由此形成。隋朝时，杨坚于公元601年建造舍利塔，南唐复建。舍利塔代表了南唐石雕艺术的最高水平，是栖霞寺最有价值的古建筑。唐代栖霞寺与山东长清的灵岩寺、湖北荆州的玉泉寺、浙江天台的国清寺并称"天下四大丛林"。清代江苏地方官

吏拨款兴工修建行宫，殿阁宏丽，冠绝东南。乾隆帝六次南巡，五次驻跸栖霞山。咸丰癸丑，太平军攻进金陵，将栖霞寺焚毁。民国初年，宗仰上人在孙中山、罗迦陵等的帮助下修复栖霞寺，之后若舜上人继承宗仰遗志，四方奔走，增建大殿、藏经楼等数百间，丛林规模由此形成。现在的栖霞古寺是南京地区现存最大的寺庙。

栖霞古寺

牌楼 牌楼是栖霞古寺的主入口。该牌楼建于 1992 年，为单檐四柱三开间样式，由花岗岩建造而成。牌楼额坊上的"栖霞禅寺"四个镏金大字，为中国佛教协会前会长赵朴初所书。明间柱上镌刻的是栖霞寺住持茗山法师题写的楹联："千佛名蓝朗公说法宗三论，六朝胜迹仰祖印心属二伽"，22 个字道出了栖霞古寺的悠远历史及其在佛教史上的重要地位。

次间柱上镌刻的是由雪烦法师撰文、圆霖法师书写的对联："隋塔唐碑留胜迹，龙盘虎踞护名蓝"。这副对联与明间对联巧妙呼应，点出寺内最具历史的景点和栖霞寺所在的风水之地，又以"留""护"

◎栖霞古寺

二字衬托了栖霞寺的重要地位。

山门 山门正中间是一座大门，两旁各有一座小门，象征佛教的"三解脱门"，即"空门""无相门""无作门"。中间大门额书"栖霞古寺"四个蓝底镏金大字，由国民党高级将领廖耀湘所书，其在1937年为躲避南京大屠杀曾躲入栖霞寺。

弥勒佛殿 进入山门便是弥勒佛殿，实际上弥勒佛殿与山门是连成一体的。殿内供奉袒胸露腹、开怀大笑的弥勒佛，背后韦驮天王昂首挺立，故弥勒佛殿也称天王殿。两侧侍立身穿甲胄的护法神将四大天王，俗称四大金刚，他们分别护持着以须弥山为中心的释迦佛世界的四个洲。身着青色、手握宝剑的叫毗琉璃，是南瞻部洲（中国在此洲）的南方增长天王；身着白色、手持琵琶的叫提多罗吒，是东胜神洲的东方持国天王；身着绿色、右手持宝伞、左手握银鼠的叫毗沙门，是北俱罗洲的北方多闻天王；身着红色、臂上缠一龙的叫毗留博叉，是西牛贺洲的西方广目天王。四大天王均着一身戎装，威风凛凛，终年护卫古寺。他们分别司风、司调、司雨、司顺，合起来就是主管"风调雨顺"，寓意五谷丰登、天下太平。

毗卢宝殿 出弥勒殿是方形天井，拾级而上的平台左右各有一棵古银杏树，每到秋季，银杏树呈现一片金黄色，散发庄重典雅的气息。平台正中是毗卢宝殿，栖霞寺是佛教三论宗的祖庭，所以大殿内供奉的是一尊金箔贴身的毗卢遮那佛。佛像高约5米，连须弥座在内高达8.6米，左右侍立着护法神梵天、帝释天两大天王。毗卢遮那佛身后是释迦牟尼佛，意喻千佛绕毗卢。大殿两庑，分列20座诸天王木雕像，均高2米以上，个个点金妆彩，光泽耀眼，造型生动，神态各异。毗卢遮那佛背后是海岛观音群塑，表现的是观音菩萨普度众生的32应身，形态各异，从容自若。海岛中塑造有数十个人物，中央是巨大的南海观世音菩萨，其左右胁侍为善财童子和龙女。堂内塑像都是1979年浙江民间艺术家重新塑造的，工艺精湛，造型生动，令人赞叹。大殿前侧左右各有大钟一口、法鼓一面。大殿后侧有两座雕刻精细、妆金涂彩的大型豪华佛龛，原系北京紫禁城的清朝遗物，于1979年运至栖霞寺。佛龛内分别供奉石刻阿弥陀佛像和观音像。石刻阿弥陀佛像头部为寺内收藏的旧物，身躯由南京艺术学院张祥水根据北朝石刻特点用石膏制作后着色仿旧。该石佛头部长颜广颐，据考为南朝梁代临川靖惠王萧宏所造石像遗物，20世纪被盗流落海外，后通过外交途径由日本友人收回，并以军舰专程护送回栖霞寺。石刻观音像雕琢精细，形象清秀雅致，为唐代艺术珍品。

客堂 客堂是接待来宾和接洽佛事的场所，也是供奉伽蓝菩萨——关羽的殿堂，客堂楹联是茗山法师所书写的："有僧皆佛印，无客不东坡"。

藏经楼 栖霞寺藏经楼在国内十分著名，此处为全寺最高处。藏经楼楼下为住持和尚起居办事的法堂，称狮子座，供宣讲佛法之用，也是举行皈依受戒之所；楼上为藏经之处，其中最名贵的为《贝叶经》，是在娑罗树叶上烙印梵文，相传是唐玄奘西天取经带回，时代久远，弥足珍贵。此外还有本"血书"，是清末一位女信徒以自身之血写成，浸透着佛教徒的无比虔诚之心。

舍利塔

栖霞山最珍贵的古迹是舍利塔和千佛崖，它们虽然位处栖霞寺之外，却与寺有着久远的历史联系。

千佛岩前广场上耸立着的石塔，就是有着千年历史的舍利塔。舍利是梵语，在佛教中，僧人死后所遗留的头发、骨骼、骨灰等，均称为舍利；在火化后，所产生的结晶体，则称为舍利子或坚固子，有白、黑、绿、红等多种颜色，还有五彩色的结晶。佛门弟子为了珍藏供养这些舍利子，便专门建塔贮藏。栖霞寺舍利塔相传初建于隋文帝时，据说隋文帝杨坚大力兴佛，隋仁寿元年（601年）下令各地建塔，一时寺塔四起，遍及各州，栖霞山的舍利塔就是其中的一座。

现在的舍利塔是南唐时（937～975年）重修的，为南京市内四座宝塔中最负盛名的一座。塔高18.04米，石塔共分五级，加上塔座与塔顶共七级，每级均呈八面。第一级由释迦牟尼八相图的浮雕构成八幅连环画，分别是下凡投胎、树下诞生、出游四门、逾城出走、树下坐禅、悟道说法、降伏魔王、释迦涅槃。每幅图画的构思都富有想象力，人物情态刻画逼真，山川树木等背景材料也都安排得十分得体，虽是雕刻，却表现了与绘画艺术的密切联系。整个结构先做好石块，采用接榫安装的技术，精密稳定，匠心独具。隋或南唐建筑保存至今者已为数不多，舍利塔为其代表作，对于研究佛教建筑史、佛教史和石雕艺术都是极好的实物。舍利塔从南唐以后屡经兵火，加上风雨侵蚀，每层塔檐均有破损，现被列为全国重点文物保护单位。

◎舍利塔

千佛岩

千佛岩又名千佛岭，雕凿始于大佛阁。据说栖霞精舍的开创者明僧绍曾与友人法度研习无量寿经，某日夜半，摄山西岩石壁上突然放光，光环中辉映出无量寿佛和佛阁宝殿的景象，明僧绍等人即试图在此石壁上凿石为像，却未能实施。明僧绍逝世后，其子明仲璋变卖家产，和法度一起在西岩雕凿佛像，共雕凿成三尊巨型佛像，正中是无量寿佛像，两侧为观音、大势至两菩萨，即今之无量殿，或称大佛洞，又叫三圣殿，是所有洞龛中最大者。

无量殿大门口左右站立的两尊石佛称接引佛，原置于舍利塔旁，民国初年修理石塔时搬移到此，为南唐时所刻凿。在无量殿大门外，有两座保存得相当完整的石碑，是明代万历年间祝世禄和焦竑所撰重修栖霞寺及补凿千佛岩佛像的记载碑，是研究栖霞寺历史的重要文物。据考查，栖霞寺的千佛岩石窟造像，较大同云冈仅迟31年，而洛阳龙门比栖霞山千佛岩要迟17年。当年明僧绍死后，明仲璋偕同法度于永明二年（484年）在石壁上开凿无量寿佛，佛像刻凿于距今1.5亿年前的灰黄色象山砂岩上，此后自南朝齐永明二年至南朝梁天监十年（511年）的28年间，继由齐文惠太子、豫章文献王、竟陵文宣王、始安王、梁临川靖惠王等组织凿像，或五六尊为一龛，或七八尊为一龛，遥望

◎千佛岩

之如鸽房蜂舍，故有千佛岩之称。唐、宋、元各代对千佛岩的凿像或继续进行，或加以修整，整个千佛岩大小佛龛总共为 249 个，包括所有的大小造像共 515 尊，未及千数，而所谓千佛者只是形容佛像为数甚多。

在诸多的佛龛中，还有一个独特的石匠殿。石匠殿位于无量殿左侧角落中，龛洞高仅 2 米，龛中雕凿的不是佛像，而是一解衣持锤的石匠。关于石匠殿有种种推测和传说，较为普遍的说法是其为一位石匠真身所变。据说这位工匠在建造千佛岩石窟石佛时，迫于期限连夜赶工，直至最后一夜天将破晓还剩最后一座佛像来不及雕凿，石匠情急之下跳入佛龛，化身为石，立地成佛，留存至今。当然这样的传说富有浓郁的神话色彩。祝世禄在《重修栖霞寺记》中提到石工王寿，他是栖霞山有名的造佛匠人，从明代万历二十八年（1600 年）开始，至三十四年（1606 年）止，他与许多石工一起为千佛岩造佛像。据说王寿工作认真，态度严肃，技艺十分高超，赢得广大僧俗、群众的爱戴，他不仅设计出不少新的佛龛和造像，还对南朝梁以来古老石龛石佛进行修补刻凿，使古迹重放光彩。后人为纪念王寿的功劳，就在千佛岩找一个僻静之地，开个石匠殿以示缅怀之情。石匠殿现经挖掘发现实为一金刚力士拿着降魔杵、脚踩两只小鬼的形象，经考证原佛龛内应是金刚力士像。

栖霞山千佛崖石窟是南京地区现存的最完整的六朝佛教石窟群，2001 年被列为全国重点文物保护单位。

阅江楼景区

　　阅江楼风景区为国家 AAAA 级旅游景区，位于南京城西北的狮子山巅，雄踞扬子江畔，紧邻南京长江大桥。景区三面被卢龙河、护城河环抱，一面被 1.5 公里长的明城墙包围，形成了"水环城、城抱山、山托楼"之壮观景象。阅江楼具有鲜明的明代风格和古典的皇家气派，为江南四大名楼之一。景区内还有玩咸亭、古炮台、五军地道、《阅江楼记》碑刻、地藏寺等历史遗迹和人文景点。

　　景区中有阅江楼、静海寺、天妃宫等核心景区，是以城市山林和大江风光为特色，以明代历史遗存为主要内涵，以明文化为主题，集自然景观、生态休闲、人文鉴赏功能于一体的城市型风景区。阅江楼深厚的历史文化底蕴，是南京明文化巨著中的重要一页，是研究中国明文化的宝贵文化资源。

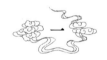 阅江楼

　　阅江楼历史源远流长，文化底蕴深厚。公元 1360 年，朱元璋在卢龙山指挥 8 万伏兵大败劲敌陈友谅 40 万人马，为其建立大明王朝、定都南京奠定了基础。朱元璋称帝后，于公元 1374 年再次登临卢龙山，感慨万端，意欲在山上建一座高耸入云的楼阁，以登高望远，一目盈怀，察奸料敌，威震四方。于是他亲自撰写了《阅江楼记》，并将卢龙山赐改名为狮子山，又令众文臣每人都要撰写一篇《阅江楼记》，其中大学士宋濂所写至为上乘，与朱元璋的《阅江楼记》一道流传于世。

朱元璋在《阅江楼记》中阐述了建楼的缘由和楼的功能、式样等，阅江楼依据朱元璋的设想，已经动工建设，打下了地基，但后来迫于生产力的限制，加上连年战争等种种原因终未建成。2001年9月阅江楼建成并对外开放，从此结束了六百年"有记无楼"的历史。

《阅江楼记》碑亭　石碑采用整块汉白玉石料，产于北京房山。石碑长3.1米，宽4.8米，重15吨。石碑朝南面镂刻着朱元璋亲自撰写的《阅江楼记》，全文1199字，文章思路开阔，气势宏伟，文字秀美。楼记首先叙述了三皇五帝以来历代国体的变化及建都中原的原因，以及他南征北战、定都南京的经过及构筑南京城墙的功绩；接着写了卢龙山改名狮子山的理由，及在此设伏兵打败陈友谅的战斗；景后点破"以山为台，构建山首，名曰阅江楼"的主题，以及他为了布置军事、安抚民心、壮大京师、远慑敌人之建楼目的。文章以主要笔墨叙述登山和登楼看到的四周景观，写到了山、水和繁华的城市，描绘了阅江楼的建筑构思、壮观气势。石碑朝北面镂刻着元末明初大学士宋濂撰写的《阅江楼记》，全文568字，后被收录在《古文观止》第十二卷。

朱元璋龙椅、匾额　朱元璋龙椅位于阅江楼一层，虽是仿制品，但由上等优质红木制成，重量超过千斤。龙椅靠背上雕刻着九条龙，刻工精细，形象生动。龙椅背后有一金字大靠壁，镂刻着朱元璋亲自撰写的《阅江楼记》。靠壁左右各有匾额一方，分别为"治隆唐宋"和"得水载舟"。"治隆唐宋"匾是清朝康熙皇帝南下巡视时拜谒明孝陵时所题，他认为，明洪武和永乐年间对国家的治理和建设超过盛唐时期和宋代。"得水载舟"出自唐太宗李世民的"水能载舟，亦能覆舟"，他把老百姓比作水，把国家政权比作舟，强调统治者在治理国家时要顺民心、应民意。朱元璋对唐太宗的名言极为推崇，因而将"得水载舟"作为明代统治者的座右铭。

明代17朝16帝画像　画像位于一楼。从公元1368年明太祖朱元璋在应天（南京）称帝，建立明朝，到1644年李自成领导农民起义推翻明朝，明代统治历时共276年。明代实行封建专制和中央集权，是统一的多民族国家。明初开始，用了近20年时间修筑了北边的长城，蜿蜒6000多千米，气势雄伟。郑和奉命七次下西洋，历时20余年，与亚非30多个国家进行经济文化交流和贸易往来，促进了明代的经济发展。明代的文学艺术也有其较高的历史地位和艺术成就，为后人留下了宝贵的文化遗产。明代共历经17朝，16位皇帝。

宝船模型　为扩大海外的友好往来，明成祖朱棣大力发展为开放服务的造船业。当时的南京整个下关地区是一座巨大的造船厂，据记载，当时的龙江船厂范围有 3 千米左右。为郑和下西洋造船的宝船厂规模更大,仅"船坞"就有 7 个,打造的大宝船,最大的长 138 米,宽 56 米,航行时有 9 桅 12 帆,可载重 7000 吨,在 600 年前堪称世界船只之最。

郑和下西洋瓷画 瓷画高 12.8 米、宽 8 米,是当今国内最大的景德镇瓷画,画面反映了从 1405 年到 1433 年间郑和七次出使西洋的历史。郑和是我国明代的伟大航海家,他曾先后七次率船队抵达亚、非 30 多个国家和地区。郑和从 34 岁起就献身于航海事业,直到 62 岁第七次出使西洋回国途中死于印度半岛的古里。郑和下西洋的伟大壮举,从时间看,比哥伦布 1492 年首航美洲要早 87 年,比麦哲伦 1519 年环球航行早 114 年。从规模看,哥伦布第一次航行新大陆只有 87 人,麦哲伦环球航行只有 260 余人,而郑和每次下西洋大小船只 200 余艘,各类人员 27000 余人,规模庞大,意义深远,为世界航海事业做出了杰出贡献。

《四大名楼》双面绣 《四大名楼》双面绣是由 15 名绣工花了半年多时间,用 1.5 公斤丝线绣成。画面所绣四大名楼为岳阳的岳阳楼、武汉的黄鹤楼、南昌的滕王阁、南京的阅江楼。阅江楼与其他三大名楼相比,有三个特点:一是先有记后有楼,二是造型独特,三是总高度为最。建筑专家认为阅江楼是近几年来我国仿古建筑中做得最好的一处,阅江楼平面设计为"L"形,体型不对称,主翼朝北,两翼面西,两翼均可观赏到长江风光,形成独特的"犄角"造型,观江的视野较其他三大名楼都更为开阔。阅江楼建筑面积 5000 平方米,共七层,楼高 52 米,建造在 78 米高的狮子山上。其他三大名楼虽楼高相差无几,但有的建在平地上,有的建在小山坡上,因此,阅江楼的海拔高度堪称四大名楼之最。

蟠龙藻井与百狮台 阅江楼顶楼的蟠龙藻井由整根香樟木雕刻而成,龙身长 2 米,用 24K 黄金包裹而成,更显金碧辉煌。顶楼大厅的百狮台为镇楼之宝,百狮台和 12 张椅子均用红木制成,共刻有 106 只狮子,连同景区内形态各异的 553 只石狮,共有 659 只狮子,形成了"群狮闹狮岭"的独特景观。

阅江楼鼎 阅江楼鼎重达 4 吨,用青铜铸造,是全国最大的仿殷商后母戊鼎。鼎是国家政权的标志和象征,皇帝每年祭告社稷,就要拜在鼎的面前。在这里朱元璋有一副对联:上联"起兵濠上,先存捧日之心",下联"定鼎江南,遂成擎天之柱"。"濠上"即朱元璋的老家濠州,"江南"即现在的南京。朱元璋当年在凤阳起兵时就立下壮志,要统一中国,终于在南京定鼎建都,故曰:定鼎江南。

©阅江楼

二 静海寺

静海寺位于狮子山西南麓，始建于明永乐九年（1411年），是明成祖朱棣为褒奖郑和下西洋的功绩所敕建，赐名"静海"，意为四海平静（祈求太平）。静海寺建造之初占地约30亩，各类殿堂80间，郑和晚年一度在该寺居住，下西洋带回的一些奇珍异物供养于寺内。明嘉靖四十三年（1564年），李时珍曾住在静海寺考察郑和下西洋带回来的药用植物，增补了《本草纲目》。

清道光二十二年（1842年），鸦片战争的战火迫使清政府答应与英军在静海寺议和，签订了中国近代史第一个不平等条约《南京条约》。

静海寺历经战火，几修几毁，1937年日军一把火，烧得仅存僧舍8间；1987年复建"静海寺旧址"；1990年被辟为《南京条约》史料陈列馆，正式对外开放；1996年为迎接香港回归扩建"静海寺旧址"，并铸造了"警世钟"；1997年6月静海寺《南京条约》史料陈列馆被中宣部命名为"全国百家爱国主义教育示范基地"；2004年静海寺再次扩建后占地12000平方米。

三宿岩 三宿岩在狮子山下静海寺内，这里曾是江滩，后来淤积为陆地。南宋绍兴三十一年（1161年），中书舍人虞允文奉命到采石劳军。此时，金国皇帝完颜亮率40万金兵大举南侵。当时宋军主将王权罢职，军中无主，军心涣散。危难之际，虞允文毅然担当起指挥重任，他以18000人的劣势，击败了40万金兵的进攻，这就是历史上著名的"采石之战"。毛泽东在《读〈续通鉴纪事本末〉批语》中就此事作评："伟哉虞公，千古一人"。

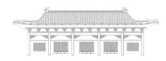

**幕燕滨江
风貌区**

幕燕滨江风貌区位于南京市城北的长江南岸，距离市中心以北约 8 千米，西起上元门，东至燕子矶公园，东西全长约 6 千米，包括了幕府山及其支脉燕子矶，清初"金陵四十八景"中有"燕矶夕照""永济江流""嘉善闻经""达摩古洞""化龙丽地""幕府登高"等六景位居于此。

 燕子矶公园

"临江峭壁不知数，第一玲珑燕子矶"这是清代诗人潘次耕游燕子矶写下的诗句。燕子矶是南京北郊幕府山伸向长江南岸的余脉，海拔 34.5 米，兀立江畔，三面临江，故称之为"矶"。泛舟江上，远眺矶身，

◎燕子矶公园

宛若展翅欲飞的娇燕，故名"燕子矶"。万里长江共有三大"名矶"，但以燕子矶矶形最为典型，矶崖最为险峻，风光最为壮丽，故被誉为"万里长江第一矶"。

燕子矶不仅以险峻壮丽的自然景观引人入胜，而且还以丰富的人文胜迹发人深思。古"金陵四十八景"和今"南京四十景"，皆榜上有名，古往今来，是南京著名的游览胜地。如果说，燕子矶在历史上只是兀立江边的悬崖峭壁，那么如今已建成风景秀丽的园林景观。燕子矶公园以矶崖为主体，就矶造园，因势造景，有亭台楼阁、茂林修竹、芳草花圃、摩崖石刻等，既有古典园林之韵味，又有江南园林之风格，山清水秀，四季流芳，景色宜人，是休闲观景、怡情养性的理想佳境。

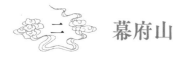

二 幕府山

幕府山又称岩山，相传东晋宰相王导曾把他的幕府设置在此，故称"幕府山"。20世纪80年代，考古学者在该地区发现的东吴墓中出土有"莫（幕）府山"之名，可知幕府山至少在三国时期已见著于南京。

幕府山呈东北—西南走向，全长约 6 千米，是南京市西北的天然屏障，其山有五峰，各具雄姿。主峰偏南，名曰北崮山，高 199.3 米，南侧缓坡徐徐，南朝时是帝王们围猎、宴乐的场所。北坡悬崖陡壁，紧贴长江，山体岩石含有铁、锰、铜等成分，造就了幕府山特有的彩色山体。山的西北侧有两个山峰，夹涧对峙。"幕府登高"的景色集中在五峰中心的中峰，中峰周围深谷幽静，景色宜人，是游览佳地。幕府山临江一侧长约 5 千米的山体悬石，如刀劈斧削，挺拔江滨。随着季节和天时的变化，有时悬崖削翠，花渡水香，青林蓝天；有时白云绕山，银花细雨，迷漫一色。沿江一带，洞巧石奇，六月寒风，是避暑绝佳胜地。最著名的景点有达摩洞、永济寺、嘉善寺、玉皇阁、道士塔等。

山阴临江的陡崖之间，洞景最为集中。清阮宗瑗曾写《游燕子矶沿山诸洞记》一文，并给各洞命名，遂有"沿山十二洞"之谓。如今沿山十二洞很难一一查考，只存头台洞、二台洞、三台洞、达摩洞。

三　达摩古洞景区

达摩古洞景区，是在"达摩古洞"的原址上恢复重建的，古金陵四十八景之一的"达摩古洞"原先是一个天然石洞，相传 1500 年前达摩祖师来到南京时曾在这个石洞中参禅打坐，面壁静思，后人才称之为"达摩古洞"，它的位置在景区西侧夹骡峰的山腰上。

2016 年 7 月 31 日，达摩古洞景区举行了开园典礼，景区在原址上恢复重建文化旅游景区，景区占地面积 18.5 万平方米，以达摩古洞遗址、夹骡峰、百态达摩广场等为核心，通过百余尊栩栩如生、形态各异的达摩塑像以及梁武帝追达摩群雕，生动再现了中国禅宗初祖达摩一苇渡江前在古都建康的短暂行程，并以惠能、慧可以及达摩禅宗的故事浮雕展现了禅宗文化在中华大地的传承和发扬。

百态达摩石窟　百态达摩石窟是景区的核心景点之一。洞窟分上中下三层，镶嵌着大小不一的窟龛，每个窟龛内供奉有一尊达摩雕塑，其中第一层有 7 尊，第二层有 9 尊，三层及以上有 85 尊，总共 101 尊，

◎百态达摩石窟

◎一苇渡江

所以被称为"百态达摩"。

一苇渡江　位于最中间的主雕塑就是"一苇渡江"，这也是景区最高的雕塑，高9米。可以看见达摩衣袖飘飘，赤脚踩在一片芦苇叶上，再现的是达摩来到长江边渡江北上的传说故事。

达摩浮雕碑刻　侧拱形的门洞可以通往洞窟的内部。洞内摆放有7座达摩浮雕碑刻，讲述了有关达摩的七个经典佛教故事，表现出达摩历经磨难最终修成大德的传奇一生，也展现出禅宗在中国的传承与发扬。

达摩站像　从石窟内的台阶上去可到达百态达摩的第二层。在二层中央有一尊达摩站像，手拿金刚经，神情肃穆。这里蕴含着设计者的一个巧思：整个洞窟的形状是上窄下宽，从远处看去整体酷似一尊弥勒佛的形象，而这尊雕塑的位置正好就位于弥勒佛的口中，代表达摩持经说法，弘扬禅宗。

惠能、慧可雕塑　百态达摩西侧的台阶可通往惠能、慧可雕塑。慧可是禅宗二祖，也是达摩所收第一沙门。仔细观察会发现雕塑的右手手持佛珠，左臂却是缺失的。另一尊手握经卷的雕塑是六祖惠能，惠能家境贫寒，自幼出家，原是寺里舂米的和尚，但是极有慧根，所以受到五祖弘忍的赏识，便传衣钵给了他，立为第六代祖。

夹骡峰　从百态达摩石窟下来顺着右手边的楼梯往上走，路过慧能、慧可的青铜像便是夹螺峰了。夹骡峰又被称为夹龙峰，最大限度地保留了原生态的山路，很是陡峭。

梁武帝追达摩雕塑　爬上夹骡峰便可以看到梁武帝追达摩雕塑。传说梁武帝经宝志高僧提点，十分后悔让达摩离开，于是亲自前来追达摩，眼看就要追上，忽然两座山峰夹住了他的坐骑。走近雕塑便会发现，宝志高僧一脸无奈，梁武帝则是鞭长莫及的表情，雕塑面部表情活灵活现，让人身临其境。

达摩古洞遗址　雕塑的西边便是真正的达摩古洞遗址了。古金陵四十八景图这样描绘达摩古洞：位于幕府山之侧，可瞰长江，曲经缭绕，梁武帝时，达摩祖师偃息于此，故至今犹名其洞云。此洞西望长江，洞室深幽，宽广二三丈，洞顶呈穹隆状，洞壁四周还有几块石碑，洞内供有一尊达摩青铜像以及一尊达摩原石像。

宝船厂遗址景区

宝船厂遗址景区是鼓楼区政府为纪念郑和下西洋600周年投资建设的文化遗址公园，占地198亩，是全球仅存的中世纪皇家造船厂遗址。作为南京的滨江门户区域，宝船厂遗址景区是滨江风光带的重要组成部分，更是重要的城市文化节点、郑和宝船文化展示区和旅游目的地。2006年5月，宝船厂遗址被确定为全国重点文物保护单位；2008年景区被评为国家AAA级旅游景区；2016年遗址被列为"海上丝绸之路"申报世界文化遗产南京"海丝"遗产点。

作为目前世界上仅存的中世纪最大造船厂遗址，宝船厂遗址有着十分重要的历史价值。1405年始，郑和率领27000余人、200余艘海船，自南京宝船厂出发，历时28年，七次远渡重洋，航行13万海里，远达非洲东海岸，遍访亚非30多个国家和地区，与各国进行了广泛的友好交流。明初的宝船厂集全国的能工巧匠，专门建造郑和下西洋所用大型海船，厂区规模之大，所造宝船之多，海船之巨，造船技术之高超，在当时世界都是最先进的。

一号展厅

铁锚 铁锚是在六号作塘所发掘的，宝船厂造的铁锚有两大特点：一是大而重，1965 年在遗址四号作塘捞出一段长 2.21 米的绞关木，据专家考证，两米多长的绞关木需要五六个人一起操作，能够绞起 500 公斤左右重的铁锚；二是爪为四个，是中国独创的系泊工具，优点是可以有两爪同时抓泥，这在世界造船历史上都是领先的。

木桩 宝船厂设立了严格的责任制，从进料、领料，再到加工成各种构件，每一道工序、每一件木料都有严格的档案记录。如"船完（工）之日，编为字号，次第验烙，仍将经造官匠姓名刻于船尾"。在宝船厂遗址出土的造船工具、设施构件、船用构件和生活器皿上，有些或写或刻或烙的文字最具神秘色彩。如一根木桩上刻有"答字五万八千五百四十三号'〇'一尺三寸'｜'一丈九尺"的字样。其中"答字五万八千五百四十三号"是这块木料的进厂编号；而"〇"和"｜"则分别表示木料的截面周长和整体长度。这种科学管理确保了下西洋的宝船保质保量完成，并杜绝了原料浪费和贪污，让人叹为观止。

腰牌 在六号作塘还出土了一块椭圆形的腰牌，外形极似明代政府颁发的出入凭证——腰牌。腰牌主体浑圆，顶部似有两片柿叶分两侧披下，腰牌正面刻着精致的方形篆文印章。这种形状的腰牌在南京不少明朝功臣墓葬中曾经出土，它们多标注着主人官职，以作为进出凭证。不过，对于篆文到底是什么含义，至今没有确切答案。

木柱 在一根木柱的顶端刻有"干王工"，意思就是"给官府打工"。它是一个工匠在繁重的造船工作之余，私下随手刻画的。

二号展厅

中国古代造船业到了明朝郑和大航海时代发展到巅峰阶段。宝船厂内集中全国各地优秀造船工匠，组织严密，技术精良，中国帆船驰骋汪洋大海就得益于宝船厂的先进工艺和技术，其中最突出的是水密隔舱设计、广泛使用的多层船板和独特的榫接钉合工艺等。

蚌壳窗花 当年郑和船队的船员在旗舰宝船 4 至 8 层生活和工作，在 3280 平方米的空间里，当明火使用受限时，利用自然光照明显得尤为重要。考古发现的 8 枚蚌壳，每片都取其中最平整的约巴掌大一块，切割成整齐的长方形，经过精心打磨，光滑而平整，蚌片的厚度仅为0.1毫米，非常透明，但原来蚌壳表面的弧形纹路依然清晰，而另一面则发出蚌壳内壁上特有的珍珠光彩。宝船厂的工匠们把磨制好的蚌片安放到长宽在6～7厘米之间细细的宝船木格窗花上，既挡海浪风雨，又保证屋中透亮。在没有玻璃的时代，蚌壳窗花是个创举。

三号展厅

舵杆　展厅中间摆放的是舵杆，舵杆是古船上控制方向的关键部件。宝船厂生产的木质舵杆逾10米，方头扁尾，边缘圆润，舵头部带有两个对穿的长方形孔，当年用来安装舵牙；尾部则刻有四五个长方形浅槽，用以安装舵叶。据说郑和当年造船使用的是一种类似铁梨木的神奇木料，非常结实。铁梨木珍贵稀有，是制造木船的顶级材料，在中国的古船实物中难得一见。

宝船船舵　宝船船舵采用升降式，可以根据需要随时调整舵叶入水深度，在深水区或遇大风浪、乱流时，将舵叶下缘降到船底以下，舵就不受影响了；而在浅水区航行或者锚泊时，则可将舵提升到高位，不会因为搁浅损伤舵叶。国外船舶上出现的升降舵装置，比我国迟了1000多年。

郑和宝船的船舵是宋代发明的平衡舵，这种舵杆的轴线在舵叶后面一定距离，操控时就能少用力。而郑和时代又进一步将平衡舵改良成了开孔舵，这种舵孔不影响舵航向控制，却能使部分水流穿过舵孔，从而使舵杆减少水流正面阻力，变得更容易转动。

造船工具　宝船厂的造船工具主要分铁制和木制两种，铁制工具包括斧、凿、锯、锉、钻、锥、刀等，木制工具包括锤、桨、夯、刮刀、"T"形撑以及木尺、墨斗等。明初的重要产品都要刻上工匠名字，实行责任终身制，宝船作为海上大型运输工具，造船质量管理责任重大，木尺是古代造船工匠常用的度量工具，更要求尺寸无误。宝船厂出土的这把木尺上标有"魏家琴记"，表明木尺的制造者是魏家琴，木尺的长度是31.3厘米，合明代的1尺，这为当代人了解明代的度量制度提供了依据。然而，这把木尺上的刻度之间并不等长，尺上20小格的长度1.5～1.7厘米。明代度量衡比较混乱，官方尺和民间尺长度有所差异，甚至官方尺中工部尺和兵部尺也有不同。这位木尺制造者，把这些差异刻在同一把尺上，以备随时换算，因此这把尺可能具有测量和换算的双重功能。

石球 在六号作塘中出土了近百枚经打制而成的石球，直径3～12厘米，可能是船上火炮所用的炮弹，也可能是船上的压舱石。

郑和航海图 《郑和航海图》是世界上现存最早的航海图集，制图范围广，内容丰富，实用性强。其得以传世，多亏明代晚期茅元仪将其收录在《武备志》中。原图呈一字形长卷，收入《武备志》时改为书本式，自右而左，有图20页，共40幅，最后附《过洋牵星图》两幅。海图中记载了530多个地名，其中外域地名有300个，最远的东非海岸有16个，标出了城市、岛屿、航海标志、滩、礁、山脉和航路等。《郑和航海图》明确标明南沙群岛（万生石塘屿）、西沙群岛（石塘）、中沙群岛（石星石塘），1947年南京国民政府以郑和等命名南海诸岛礁，纪念这位伟大的航海家。

四号展厅

仿真郑和宝船 仿真郑和宝船船长63.25米，宽13.8米，六桅八帆，吃水深约4米，排水量约1300吨，船上编制约400人。基本船型为福船，艏艉高翘，船舷高，吃水深，设舷墙，三层艉楼，二层艏楼，上层建筑高大，显示皇家气派；小方艄，宽平艉，两头翘。全船设主甲板、下甲板和船底舱，自艏向艉应设17道横隔壁形成水密隔舱，考虑实际

使用在设计中做了改动。外形艺术设计反映明代官船气势，艏部正面有兽头浮雕，舷侧前部龙目庄严，艉部板上绘有展翅大鹏，体现了中华古帆船传统。通过这条船，再现了中世纪造船情景，让游客看到宝船"体势巍然、巨无与敌"的雄姿，看清宝船内部结构。仿真郑和宝船把中国古代先进的造船技术和经略海洋的决心，直观地再现于世人面前。

郑和铜钟　宣德六年（1431年），郑和第七次奉命远航"西洋"，三月抵达福建长乐等候冬季季风，五月沿闽江而上抵达南平镇，铸此铜钟布施长乐南山三清宝殿，祈求出海航行平安，因此又称三清宝殿铜钟。铜钟通高49厘米，厚2厘米，重77千克，覆釜形，葵口；钟钮为双龙柄，钟肩表面浮印十二组云气如意纹，腹中部以云水波浪纹为母题，还铸有铭文、八卦、云雷等字纹；主纹饰上部环绕一周八卦纹，共五组，其中第二、四组各铸有"国泰民安"和"风调雨顺"铭文。铜钟下部铭文5组共54字行楷，每字1.8厘米，加标点为："大明宣德六年岁次辛亥仲夏吉日，太监郑和、王景弘等同官军人等，发心铸造铜钟一口，永远长生供养，祈保西洋回往平安吉祥如意者。"

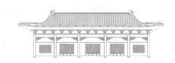

河西南京眼
旅游区

河西南京眼旅游区位于南京市建邺区河西新城青奥轴线，具有"滨江"和"青奥"两大特色，是兼具生态、文化、体育、娱乐功能的综合性旅游区。旅游区北起河西大街，南至江宁水厂，位处扬子江大道以西、长江夹江以东，沿江岸线长度 1.8 千米，旅游区面积约 45.5 公顷。旅游区结合江岸环境整治，修复江滩生态系统，营造观江亲水氛围。沿江全线设有滨水栈道及栈桥，建造了集市广场、观演草坪、夹江印记、竹林野餐区、文化广场草坪、长江记忆等主题活动区域和景点。

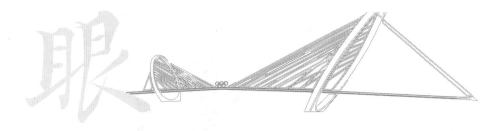

和园　园区内一座青砖小瓦马头墙的徽派建筑，与这个充满青春气息、高楼林立的现代化区域相互辉映。这座宅邸是明崇祯年间大学士何如宠的"何相府"，至今已有 300 多年历史，建筑面积约 3300 平方米，内部五进房，牌坊、马头墙、飞檐和雕刻精美的窗格古色古香，是原汁原味的明清老宅子。

南京滨江规划建设展示中心　展示中心面积约 2200 平方米，主要由展板区、沙盘区和活动区三部分组成，生动地展现了南京滨江风光的建设发展情况，具有展示查询、宣传教育、休闲观光的功能。

长江记忆　占地约 2000 平方，43 根透光 LED 造型灯柱记忆柱，标注着多年来的南京长江水位。在这里，游客可感受到 100 年来长江水位的变化，灯珠下半部

◎长江记忆

◎南京国际青年文化中心

分红色的耐候钢就代表了某一年洪水的最高水位。可以看到，长江"记忆"里最高的水位发生在 1954 年，达 10.22 米，而当时的警戒线是 8.5 米。项目 2014 年建设，目前最高水位为 2020 年的 10.31 米。

南京国际青年文化中心　文化中心占地约 5.2 万平方米，由会议中心与两座塔楼构成。西侧稍矮些的是会议中心，地上 6 层，地下 2 层，高 43 米，主要有大型会议、餐饮、展览、娱乐等功能；南塔共 58 层，高 255 米，主要包括会议型酒店、酒店式公寓及相关配套；北塔共 68 层，高 314.5 米，主要为五星级酒店和 5A 级写字楼。

南京奥林匹克博物馆　南京奥林匹克博物馆是以 2014 年在南京举办的第二届夏季青年奥林匹克运动会为契机而创建的，总面积 7896 平方米，是以"百年薪火·青春南京"为主题的奥林匹克博物馆，旨在宣传奥林匹克悠久、广泛、丰富的知识内涵，传承奥林匹克"卓越、友谊、尊重"的精神价值。这里是拓展训练、亲子研学旅游佳地。

"南京眼"步行桥　这是南京首座跨长江夹江的景观步行桥，为主跨 240 米的双塔双索面钢塔钢箱梁斜拉桥，全桥总长 827.5 米，主桥长 531.5 米，引桥长 296 米。夹江步行桥曾面向全球征名，最终"南京眼"的名称支持率最高，遂得此桥名。"南京眼"是连接江心洲与河西新城的人行通道，满足了岛上居民的低碳出行需要。如今"南京眼"已成为南京的新地标，漫步南京眼，可以充分品味时尚南京的夜景韵味。

◎"南京眼"步行桥

◎旗阵广场

◎青奥轴线

旗阵广场　旗阵广场位于郫城路的入口处，悬挂204面青奥会参赛国、地区及赛事主办机构的旗帜。旗杆基部是旗帜及其中英文名称，排列整齐有序的旗杆，如一片不锈钢森林，直刺苍穹，透着工业化时代的刚毅和后工业化时代的设计感。

青奥村和国际美食中心　青奥村建筑面积约46万平方米，分居住、广场和运行三大功能服务区，青奥会期间为6000名运动员、官员提供住宿、文化交流服务。紧邻的国际美食中心，总建筑面积约5.9万平方米，青奥会期间为运动员提供国际风情餐饮和商业购物服务，该建筑外立面采用银硅铝板，不易落灰，夜景可呈现"旋转地球"的亮化景象。

二十四小时美术馆　美术馆坐落在旅游区的九骏广场两侧，阳光透过树林，穿过落地窗，洒进房间，瞬间没有了城市的喧嚣和嘈杂，时间慢下来，生活又回到了最开始的模样。

"青奥"轴线　青奥轴线的入口是国际青年广场，草坪东起江东南路，西至燕山路，长380米，宽24米。草坪东段雕塑是现代奥林匹克之父顾拜旦的头像；最西端奔腾的骏马是雕塑大师田跃民创作的"九骏"群雕，雕塑高约8.9米，长近60米。草坪两侧的树阵内还分布有30多组共69尊体育雕塑。

生态科普区域　该区域占地面积约17万平方米，绿化面积约12.6万平方米，景观水系面积约2万平方米。生态科普区通过构造生态水净化系统将污水处理净化，利用老钛白粉水厂取水和收集地表水，在种满了水杉及杨树的漂浮森林中，水质得到第一次净化，水中漂浮杂质得以沉淀；而后流经具有生物净化功能的湿地浮岛区域，在水底种植的水生生物能够进一步净化水质，并为动物创造生态环境；净化后的水流入南池，最后汇入河西河道水系。

渡江胜利纪念馆

渡江胜利纪念馆位于美丽的长江之滨、秦淮河畔，是国家一级博物馆、国家AAA级旅游景区、江苏省爱国主义教育基地、江苏省党性教育示范基地、江苏省党史教育基地、南京市青少年思想教育基地、全国首批百家红色旅游经典景区、南京市"十大红色文化地标"，由两个主展馆、下沉式广场以及胜利纪念广场构成，占地面积近3.58万平方米，建筑面积1.8万多平方米，展览面积0.8万平方米。馆名由邓小平同志题写。现有基本陈列为"天翻地覆慨而慷——渡江战役胜利暨南京解放展""人间正道是沧桑——中国共产党南京历史展"，配有游客中心、会议室、青少年活动室、多功能报告厅等辅助设施。

基本陈列

天翻地覆慨而慷——渡江战役胜利暨南京解放展　陈列以习近平新时代中国特色社会主义思想为指导，通过"运筹帷幄 坚决'打过长江去'""决战千里 百万雄师过大江""军民团结 接管城市开新局""革命到底 宜将剩勇追穷寇""见证胜利 渡江精神世代传"五个部分，运用大型雕塑、大型沉浸式场景、大型经典油画、口述历史影像、多媒体手段以及互动展项，展出历史图片246幅、珍贵文物文献317件、图表7幅，以百万雄师过大江的渡江战役进程为主线，通过10余个场景、数十幅历史绘画和视频演播辅陈，突出了毛泽东和中央军委的高瞻远瞩，展现了伟大战略构想，体现了渡江战役总前委的指挥智慧，记述了人民解放军的英勇善战和人民群众踊跃支前的感人史实，表达了中国共产党人将革命进行到底的革命信念，诠释了"历史和人民选择了中国共产党""没有中国共产党，就没有新中国"的科学论断，揭示了人类社会进步的客观规律。

人间正道是沧桑——中国共产党南京历史展　展陈面积5000多平方米，展线近700延米，陈列以"不忘初心、牢记使命"为主题，以南京人民在中国共产党领导下进行革命、建设、改革的奋斗历程为主线，全面展示了中国共产党在南京的重大事件、重要人物、重要成就，重点展示新中国成立以来南京在党中央的领导下在建设、改革、奋斗等方面具有关键意义的会议、文件、人物和事件，引导广大人民群众从党的奋斗历史中汲取前进力量。陈列分"钟山风雨——浴血奋战夺取新民主主义革命的伟大胜利""石城新生——奋发图强进行社会主义革命和建设""金陵春潮——奋勇争先推进中国特色社会主义南京实践""南京奋进——践行嘱托建设'强富美高'新南京"四个部分，通过8万多字、660多幅图片、30多个视频、480多件（套）文物实物以及南京长江大桥、金陵饭店等10多个场景模型等，采用情景交融的方式，生动形象地再现了"历史性时刻"。

下沉式广场

"京电号"小火轮　"京电号"小火轮，原名"云泰轮"，1925年在上海建造，船身长23.1米，宽4.25米，排水量49.84吨。1949年4月，人民解放军第三野战军第 35 军第 103 师 120 名指战员，率先乘坐该船渡江。渡江战役期间，该船共计运送 1400 余名解放军，享有"渡江第一船"的美誉。2011 年 11 月，"京电号"小火轮被定为国家一级文物。

胜利广场

"千帆竞渡"群雕 群雕由 49 根高度不等的红色立柱组成，其中最高的一根红色立柱高 49.423 米，象征着 1949 年 4 月 23 日南京解放。大型红色立柱共分为六组，形如数组风帆，又似红旗风展。大型红色柱体截面为红色五角星，到了夜晚，49 颗红色五角星连同 49 根大型红色立柱在江边闪耀，似连天烽火，让人们追忆起那段峥嵘岁月，追忆起百万雄师过大江的雄风与豪情。

◎胜利广场

南京欢乐谷景区

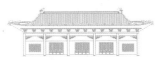

南京欢乐谷景区位于南京市栖霞区，地处栖霞山东麓，毗邻长江，依山傍水，现为国家 AAA 级旅游景区。景区总面积近 40 万平方米，分为欢乐谷陆公园、玛雅海滩水公园及森海世界萌宠馆，以水陆两栖、日夜两玩的多产品打造南京复合娱乐新地标，为金陵古都注入全新活力。

欢乐谷陆公园　欢乐谷陆公园于 2020 年 11 月 11 日正式开业，有欢乐时光、甜品王国、遗落要塞、魔眼森林、黑铁城、奇想海洋六大区域。欢乐时光区主打唯美梦幻的欢乐时光区，游客可以在摩天轮里望一眼无边的江景天际线，驾旋转木马在欢乐的世界徜徉，"大白球"光影视界可为游客带来裸眼 3D 的视觉震撼。在甜品王国区，饼干警长、跳跳曲奇、坏蛋小飞车等各种甜品美食让游客味觉得到满足。遗落要塞区以 VR、AR 和 AI 等智能技术，模拟了通往赛博朋克世界的遗落要塞，让游客恍若遨游于神秘的星际宇宙，满足游客对未来的幻想。在魔眼森林区，游客可以尽情感受来自热带的惊险与狂欢。黑铁城创新引入蒸汽朋克元素，从环境包装到演艺项目再到餐饮商铺，让游客尽情领略哥特、复古和机械交织而成的朋克狂想。在奇想海洋区，南京欢乐谷与知名潮牌携手打造的主题区，带领亲子家庭在神秘的奇想海洋王国里亲历一次温暖治愈的游乐园之旅。

玛雅海滩水公园　玛雅海滩水公园于2020年7月1日正式开园，是南京欢乐谷陆公园的姊妹园。园区从国外引进二十余台大型水上游乐设备，将神秘玛雅文明与现代水上游乐完美融合，致力于为市民打造时尚、动感、激情、清凉的夏日嬉水胜地。

全园采用温水恒温系统，以适宜人体体温，展现出人性化服务的贴心关怀。占地约1万平方米的造浪池——"加勒比海滩"，融合声、光、电、影、火等多种特效，暮色降临，霓虹闪烁，营造出绮幻炫酷的仲夏狂欢之夜。专为儿童打造的童话水世界，则充满了具有童真的趣味设计，款式不一的水上滑梯承包了小朋友们一整个夏天的凉爽与欢乐。

森海世界萌宠馆　森海世界萌宠馆于2021年10月1日对外开放，是集海洋生物与陆生萌宠动物展示、观赏、亲子互动体验及研学教育为一体的多功能场馆。总建筑面积近万平方米，目前拥有海、陆生物近百种，其中鱼类生物近六十种，2000余尾；萌宠动物近四十种，200余只。

森海世界萌宠馆全馆分为奇森妙宠、触摸互动区、戏鳐湾、幻彩空间、光海纪五大主题区，还有海狮、水獭科普表演活动以及科普探秘营等各种互动活动。在这里不仅可以观赏到各类奇趣的海洋生物，还能和众多憨态可掬的萌宠宝贝们零距离亲密互动，探寻自然与生命的秘密。

南京欢乐谷以"动感、时尚、激情"特色，向现代都市人提供了愉悦身心的多元化旅游休闲方式与都市娱乐产品。

©南京玛雅海滩水公园

梅钢工业文化旅游区

梅钢位于南京市雨花台区，是中国宝武钢铁集团旗下钢铁旗舰公司宝钢股份四大精品制造基地之一，拥有国内一流的炼铁、炼钢、热轧、冷轧生产装备和高端制造水平，具备年化千万吨钢生产能力。

梅钢最早是上海在南京的生铁基地，秉承周恩来总理"早日抢出梅山铁"的殷殷嘱托，创造了"一年出焦、一年出铁，两年基本建成"的冶金史上的奇迹，有着光荣的革命传统。一直以来，梅钢依托红色基因、工业文化、钢铁冶炼、智慧制造与花园工厂，以"钢铁是怎样炼成的"为主题努力打造集红色教育、钢厂观光、科普研学、文化体验、亲子娱乐为一体的工业文化旅游区。

2020年12月，梅钢工业文化旅游区被认定为"江苏省工业旅游区"；2021年12月，被正式认定为国家AAA级旅游景区。旅游区的整体规划格局是两廊两区一街，已经建成的是一廊一区—钢铁文化长廊和工艺流程示范区，从炼铁、炼钢到热轧、冷轧，全流程展示"钢铁是怎样炼成的"，是硬核的钢铁旅游线路。2022年，梅钢工业文化旅游区入选江苏省"喜迎二十大 见证新江苏"红色旅游精品线路，获得南京市党史学习教育"金课堂"称号。

钢铁文化长廊

梅钢站 梅钢站的建设沿用了梅钢老文化路的沿街建筑风格，将我们带回到梅钢"抢焦夺铁"的燃情

◎梅钢站

岁月。踏入梅钢站，从左至右依次是"诗书画印"体验区——印记梅钢、梅钢景观提升仿真沙盘、观光小火车候车区。最引人注目的是梅钢景观提升仿真沙盘，放眼望去，整个厂区"蓝白灰"的天际线和蓝天白云浑然一体，厂房和各种建筑物色系统一，尤其是近年来，梅钢采用先进的技术建设高水平的环保处理设施，煤筒仓和封闭皮带通廊实现了全过程有料不见料、用煤不见煤，厂区排放水平达到清洁生产一级标准，绿化覆盖率达到41.1%。铁矿石原料从码头进来，经炼焦、烧结、炼铁、钢轧工序，华丽转身为各种钢铁产品，走进城市生活。

◎励志书屋

慢铁 9424　慢铁 9424 是由废旧的绿皮车厢打造成的怀旧风格的咖啡吧。咖啡，细磨熬煮，几经过滤，入口的苦香才醇厚，回味的甘甜才绵长。咖啡和梅钢的发展历程是何等的相似，一代代梅钢人艰苦创业，奋发创新，才有了如今的辉煌，是钢铁，更是一种文化。

励志书屋　书屋是一座 20 世纪 70 年代初建设的老房子，保留了老旧的红砖墙，屋内采用了现代化的设计，斑驳的红砖和内部红色旋转楼梯相呼应，是过去与未来在对话。"励志"取自"艰苦创业 奋发创新"的企业精神，同时也是"荔枝"的谐音，与江苏广电"荔枝读书会"合作，定期举办读书活动与文化沙龙，并被授牌"世界文学之都地标网络"132 号。书屋内一层为励志类书籍的阅览、借阅、售卖区，二楼是钢铁文化和工业文明类书籍的藏书区，是国内唯一钢铁类书籍的藏书区。

9424·梅山坊　9424·梅山坊利用原车间厂房，保留红砖房和四合院风格，开设了劳模工匠馆、文创超市、茶饮烘焙空间、研学剧场空间和轻食接待空间。

火车驿站　火车驿站由原运输火车检修厂房改造而成，还原了老旧的蒸汽火车进站检修时的场景，让游客追忆时代的脉动。驿站二楼被打造为观景空间和小型火车博物馆。

钢铁文化墙　钢铁文化墙展示的是中华传统印文化和梅钢红色基因，从周恩来总理"早日抢出梅山铁"的殷殷嘱托到习近平总书记考察调研中国宝武的系列讲话，梅钢秉持"三治四化""两于一人"的城市钢厂理念，展现"艰苦创业 奋发创新"的企业精神，在"中流砥柱 钢铁挂帅"的伟大征程上奋勇前进。

钢铁工艺墙　钢铁工艺墙全面直观地呈现了"钢铁是这样炼成的"，一块铁矿石在经受上千度的高温灼烧和数百次的锤炼后终成钢铁栋梁。从单一的炼铁基地到大型钢铁联合企业，梅钢的发展同样经历了艰苦卓绝的奋斗历程。一段工艺墙，既是矿石的转身，也是梅钢的蝶变。

钢铁文明墙　钢铁不仅仅是梅钢的，也是中国的、世界的，钢铁文明墙从最初的陨铁，到 21 世纪绿色低碳的钢铁工业，全面直观地展示了钢铁文明和人类文明的进步，钢铁无疑是人类文明进步的加速器。

梅钢展览馆　展览馆由 20 世纪 80 年代的红砖房改造而成，馆内定期开展社会文化活动和艺术展览，以钢铁情怀兼容并蓄，传播展示多彩文化。

◎钢铁之歌广场

钢铁之歌广场 钢铁之歌广场上的主题雕塑造型形似字母"C"，源自高炉炉壳的一部分。雕塑下方为钢铁技术管理人员群像，唱响新时代"钢铁之歌"。雕塑前面的地刻以五线谱为背景呈现的是梅钢文化的精神内核，寓意着一代代梅钢人历经 50 多年的发展历程，共同谱写了一首钢铁之歌。

梅钢厂史陈列馆

梅钢厂史陈列馆共包括五个主要展厅，藏有丰富的展品和影像资料，生动再现了党领导下的梅钢从无到有、从小到大、从弱变强的发展历程和取得的辉煌成就，还原了梅钢肩负着周恩来总理的嘱托，创造了工人阶级奇迹，凝练了梅钢人的优良传统，展示了"钢铁是怎样炼成的"精神内涵，描绘了未来钢城的模样。

钢铁工艺流程游览区

钢铁工艺流程游览区主要包括炼铁、炼钢、热轧、冷轧四个现代化生产线和文化园区，游客可现场全流程感受"钢铁是怎样炼成的"，体验现代钢铁工业从"劳动密集"到"技术密集"、从"传统企业"到"花园工厂"、从"制造"到"智造"的嬗变。

钢铁博物馆群落

钢铁体验馆　钢铁体验馆由原铁路配件库改造而成，以"钢铁是怎样炼成的"为主题，分为"钢之源""钢之炼""钢之城"三个部分，通过新媒体互动技术打造集体验、科普、教研、娱乐于一体的全场景沉浸式体验展馆，全方位展示钢铁冶炼和轧制过程，传播钢铁文化和工业文明。

钢铁博物馆　钢铁博物馆保留了海派建筑风格和花园生态环境，包括"钢铁志·中国心"主题馆、钢铁艺术馆、钢铁 LAB 馆、钢铁生活馆、钢铁人文馆和一个室外雕塑花园，从人物、艺术、生活、人文等领域，以更为艺术的方式展陈钢铁产品、作品，让参观者感受"钢铁志·中国心"，触摸钢铁艺术的美丽和钢铁匠心的传承。

滨江工业生态走廊

梅钢工业文化旅游区为推进长江文化和旅游融合发展，量身定制从梅钢站到三山矶的旅游火车，全程 5.4 千米。沿线景观用时代切片手法再现新中国工业发展脉络和绿色低碳的清洁生产方式，乘坐火车可到达三山矶公园欣赏长江壮美风光，与大诗人李白"对话"，感受中华传统文化。

南京长江大桥

南京长江大桥

南京长江大桥位于南京市鼓楼区下关和浦口区桥北之间，是长江上第一座由中国自行设计和建造的双层式铁路、公路两用桥梁，在中国桥梁史和世界桥梁史上具有重要意义，是中国经济建设的重要成就、中国桥梁建设的重要里程碑，具有极大的经济意义、政治意义和战略意义，有"争气桥"之称。它不仅是新中国技术成就与现代化的象征，更承载了中国几代人的特殊情感与记忆。

中国人自开始建造桥梁以来，始终没有放弃过在长江上建设一座大桥的梦想。1913 年詹天佑曾经考察了南京的长江江面和河床，孙中山先生也曾构想在长江下面修建过江隧道。1933 年浦口火车轮渡开通，但依然解决不了京沪铁路的过江问题。为此，1936 年南京国民政府重金聘请美国桥梁专家华特尔对南京至浦口江面进行实地勘察，得出的结论是"水深流急，不宜建桥"。因此，很长一段时间在长江南京段上建桥

◎南京长江大桥

被称为"浪漫的想象"。

新中国成立后,在南京江面上建大桥的提议又被放在共和国领导人的案头。1956 年,经国务院批准,铁道部开始进行大桥的勘测设计。1957 年 8 月,有关部门会商,确立了三条原则:第一,同意采用宝塔桥桥址方案;第二,按公路、铁路两用桥设计,桥下通航万吨海轮;第三,根据多快好省的原则建桥,适当考虑城市规划及美观。鉴于当时的国际形势,周恩来总理一再指示,一切建设,必须自力更生。1959 年 11 月 15 日,"南京长江大桥工程指挥部"成立,大桥工程局局长彭敏任总指挥,梅旸春任总工程师。此时的中国,国际上处于军事威胁和经济封锁的恶劣环境中,中苏关系处于恶化的边缘,曾参与设计的苏联专家撤回国内;国内遭遇三年困难时期。此时,修建南京长江大桥对政治和外交独立具有重要意义,周总理亲自批示,不停工抓紧修,铁路先通车,当时的铁道部部长吕正操,用 16 字电报发给了南京长江大桥工程指挥部:"简化节约,快修通车,准备挨炸,炸了再修。"

1960 年 1 月 18 日,大桥正式施工。在大桥的施工过程中,创造了中国桥梁施工中大规模潜水作业的新纪录。当时潜水的极限深度是 45 米,1963 年年初,在 7 号墩的潜水作业中,在解放军海军第六研究所的潜水专家帮助下,采用高压舱和氦氧供气,最终潜水工人胡宝玲和他的同事采取传统的水下阶段减压法,凭借简陋的仪器,突破了警戒线,深潜至水下 65 米,又逐渐下潜到 71 米、82 米处施工,一个个新的潜水纪录被不断创造。在 65 米以下的水下作业,水深每增加十米,就增加一个大气压,胡宝玲突破了当时国际上公认的用普通装置下潜 60 米作业的极限纪录,胡宝玲也因此被称为"水下尖兵"。

1966 年 4 月,江面 9 座桥墩全部竣工。根据地形不同,9 个桥墩使用了重型混凝土沉井、钢板桩围堰管柱、钢沉井加管柱、浮式钢筋混凝土沉井四种完全不同的方式。

在修桥期间,当时的苏联领导人赫鲁晓夫突然推翻合作协议,不提供长合金钢,改为提供拼接的杂料钢,这就意味着大桥将打满补丁。周总理要求,冶金部协助鞍山钢铁公司技术攻关。令苏联人没有想到的是,这个冶炼过精美青铜器的民族,仅仅花了两年时间就攻克了难关,迅速研制出用于大桥的高强度 16 锰低合金桥梁钢,当时的中国人称呼这个规格的钢为"争气钢"。

1965 年 11 月 17 日,正桥桥梁开始架设。正桥桥梁由十孔钢梁组成,其中北岸第一钢梁跨度为 128 米,其余九孔每孔跨度为 160 米,所用钢材均为我国鞍山钢铁公司自行研制成功的 16 锰低合金桥梁钢,这也是我国桥梁工程首次使用自行研制的高强度低合金桥梁钢。1967 年 8 月 16 日，钢梁在 4 号墩合拢。

1968 年 12 月 28 日，当时我国规模最大、跨径最长、下沉式钢横梁类型的南京长江大桥终于完工。南京长江大桥工程总投资 2.8756 亿元，使用 38.41 万立方米混凝土、6.65 万吨钢材。如果说武汉长江大桥是长江建桥史上的一个创举，南京长江大桥则是我国桥梁史上的一个里程碑。南京长江大桥的建成创造了当时世界最长的公铁两用桥的纪录，并载入《吉尼斯世界纪录大全》。中国人民靠自己的智慧、才能和力量自行设计、自行建造的这座特大桥梁，也标志着我国桥梁建设中创造的大量新工艺在当时达到了世界先进水平，震动了国际桥梁界，是一座中国人民引以为傲的"争气桥"。

大桥公园坐落于大桥南北堡下，由南堡公园、北堡公园和桥区绿地组成，占地面积 40 公顷。南堡公园展览馆在长江大桥南桥头堡一楼大厅。来到大厅，可以看到一座汉白玉的毛泽东雕像，像高 5.1 米，底座高 2.4 米。两侧墙面采用的是宜兴的大理石，中间部分采用的是北京的汉白玉。雕像表现的是毛泽东主席会见人民群众的一个真实场景。厅内还陈列着 1:300 比例的南京长江大桥的模型。

南京长江大桥是一座公路、铁路两用桥，上层为公路桥，下层为铁路桥，桥下最大通航净高 24 米。铁路桥全长 6772 米，宽 14 米，双行轨道，两列火车可以同时对开，是京沪铁路的咽喉。过去一列火车乘轮渡过江需要 2～3 个小时，南京长江大桥建成后仅需 2～3 分钟。公路桥全长 4589 米，宽 19.5 米，四车道。正桥全长为 1577 米，这也是南京长江江面的宽度。南京长江大桥南北公路采用高填土的建桥工艺，既经济又美观，体现了民族建筑风格。桥南与引桥相接的回龙桥只用了 69 天就全面建成，为 22 孔双曲拱桥，其特点是主拱圈在两个方向都是拱形弯曲，形如长虹，雄伟壮观，在建桥史上是一个创举。

乘电梯可到达南堡平台。桥头堡共 10 层，"红旗"造型的桥头堡出自东南大学建筑系钟训正之手。桥头堡为三面红旗造型，用六万多块红色的有机玻璃镶贴。在三面红旗的桥头堡下端，立着十余米高的代表工、农、商、学、兵的五个人物塑像，说明了当时中国的社会结构是由这五个方面组成。五个人物并排而立，团结一心，斗志昂扬，意气风发。他们有的高举五星红旗，有的紧握钢枪，洋溢着"排除万难，去争取胜利"的时代英雄气概。

公路正桥两边的栏杆上嵌着 202 块铸铁浮雕，其中 100 块向日葵镂空浮雕，96 块风景浮雕，6 块国徽浮雕。96 块风景浮雕都是描绘祖国山河风貌和歌颂当时社会主义中国巨大成就的，如大庆油田、成昆铁路、大寨大队、北京火车站、鞍山钢铁公司、抚顺煤矿、新安江水电站、海岛女民兵、沙漠骆驼、上海万吨级轮船、内蒙古大草原等，犹如"空中画廊"，堪称"新中国红色经典"。

公路桥上有150对玉兰花灯，每当夜幕降临时，华灯初上，宛如"银河落九天"，格外壮观。1990年11月，长江大桥泛光灯照明系统安装启用后，两侧栏杆上的1048盏泛光灯和江中九个桥墩上的540盏金属卤素灯泡，照射出蓝白底色光，和桥头堡大型雕塑上的228盏钢制灯泡发出的黄色光交相辉映，使钢铁的桥身变得通体晶莹剔透，恰似"天堑飞虹"。

如今，在南京长江的江面上，长江大桥、长江二桥、长江三桥、长江四桥、大胜关大桥以及多条过江隧道均已建成，构成一道道亮丽的风景线。

站在大桥上，看着滔滔江水冲击着坚实的桥墩，在这激荡的波浪声中，耳畔仿佛听到了人口大迁徙时，渡江南下的人们乘船渡江时的声音；在车来车往的呼啸声中，耳畔仿佛又响起1949年4月23日百万雄师过大江时洪亮的冲锋号。

巍峨的紫金山与雄伟的长江大桥遥遥相望，桥上车辆川流不息，桥下轮船乘风破浪。近看南岸，狮子山、阅江楼巍然屹立，雄伟挺拔；远观北岸，江北新区蓬勃发展，日新月异。南京这座古城随大江而起，随大江而立，随大江而建，随大江而兴。长江大桥是南京的标志性建筑，江苏的文化符号，中国的辉煌，也是著名景点，被列为"新金陵四十八景"。从1970年至1993年，先后接待100多个国家和地区的国家元首、政府首脑及600多个外国代表团，来此观览的国内外游客更是难以计数。2014年7月，南京长江大桥被认定为不可移动文物，2016年9月入选首批"中国20世纪建筑遗产"名录。

万景园

万景园作为南京滨江风光带的组成部分之一，坐落在建邺区核心新城滨江区段，北起涵碧楼，南至应天大街，东至扬子江大道，西至夹江岸线，总面积约 42 公顷。夹江岸线长约 1.7 千米，南部与绿博园相连，沿线已达到"见山见长江、见城见未来"的要求，在全市滨江风光带中率先实现全线贯通，是整体展现建设成效的靓丽风景。

万景园开放于 2014 年，定位为以沿江休闲观光为主、服务于市民的开放式滨江休闲公共绿地。万景园内设有绿道供市民散步休闲，可从近处欣赏扬子江水色风光，沿线还修建了文化小品、欧式风格建筑等景点，分为西亚树林、观江风情区、意式台地、法式乡村风情区等，满足市民观光、体验的需求。万景园北侧紧邻涵碧楼酒店，绿道可直通鼓楼滨江。

雕塑小品 作为对公众开放的公园，万景园除了绿油油的草坪外，还建有许多的大理石雕塑小品，意式乡村风情与法式浪漫风情在此交融，尤其是在蓝天白云下，放眼望去，美丽的景致让人心情舒爽，不失为一处周末休闲游玩的好去处。

除了意式、法式风情雕塑外，这里还有一些抽象的现代化雕塑作品，比较有特色的就是一颗雕塑"巨蛋"，寓意诞生、生命、成长，其材质为玻璃钢镜片，在表面还有树枝、树杈一样的镂空图案，还可以将周边的事物映照在上面，十分有趣，是整个公园的一大景观。

小教堂　万景园内的建筑并不太多，其中最核心的是一座教堂。教堂面积约200平方米，由金陵协和神学院的牧师主持修建。这个钢木结构的小教堂具有精巧对称、自然和谐的外形与充满神秘感的内部空间，选用质朴的材料，运用精致的构造逻辑，一气呵成。矗立江畔的小教堂诠释了建筑师张雷一贯的"对立统一"建筑观，目前已成为一座举办婚礼的网红教堂。

◎万景园

鱼嘴湿地公园

南京鱼嘴湿地公园位于河西新城的最南端，长江、夹江、秦淮新河的三水交汇处，总面积约 64 万平方米。公园以湿地为主，定位为生态环境优雅、自然景观和谐的城市生态公园，是具有南京特色的低碳型湿地公园，被誉为"河西绿肺"。公园整体设计以"自然之吻"为设计理念，强调了湿地公园的科普意义、艺术价值和文化氛围。

公园由南到北分为三个片区，分别是以江豚广场为主体的广场活动区、以湿地景观和科普教育为主题的生态湿地区和以自行车运动和极限运动为主题的极限运动区，通过长达 5 千米的滨江绿道连接三个区域。

江豚广场 江豚广场是主要由花径和观江平台组成的临江广场，新建有航标塔和观景廊，风景别致。广场南边是南京长江三桥、京沪高铁桥，与湿地公园的景色浑然一体，壮美雄伟，水天一色。

湿地区 湿地区是整个湿地公园的特色区域，面积约 28 万平方米，水道长 2 千米，栈道长 5 千米，水域面积 5.1 万平方米。湿地区域特别强调水净化处理，

◎江豚广场

采用内河水为水源，通过人工湿地植物床进行沉淀和过滤，可将水质由 V 类左右提升至 II 类水标准。

湿地区通过"大地笔记""自然信箱"等一系列创意手法，将生态水处理系统、树屋、湿地工作站等设施巧妙地融合，后期增设的航道科普长廊与其相辅相成，在河西南部国家级低碳生态示范区内，为市民提供了一个对话自然的课堂、一个休闲观江的湿地生态公园。

极限运动区 极限运动区以自行车运动和极限运动为主题，是"青奥"的重要组成部分，2014 年南京青奥会的轮滑、滑板、攀岩和武术四项展演项目就设置在这里。现在，极限运动区又增设了篮球、乒乓球、羽毛球等大众体育设备，为游客提供了一个丰富多彩的休闲观江体育健身场所。

绿博园

绿博园占地面积约 160 公顷，2005 年 9 月 26 日开园，因成功举办了首届中国绿化博览会而闻名。绿博园的特点可以概括为博、大、精、新。园区内原有 42 个国内园和 5 个国际园，后期又新建了沙趣园、本土植物园、荷兰园等。目前植物种类有近 500 种。

绿博园是中国绿化博览园的简称。根据 2002 年的南京市城市规划，为更好地实现"绿色江苏，绿色南京"，根据滨江风光带的规划建设蓝图，南京建设者把突破口放在河西，并先行启动了 3 公里的示范段建设，也就是包括绿博园在内的滨江公园。在 2005 年 9 月 26 日成功举办首届中国绿化博览会后，42 个户外园区保留了下来，为园林专业人士保留了园林教学、科研基地，使其成为园林人的友谊和专业技术纽带，同时兼具生态隔离和分区的功能。

位于绿博园东门绿色文化广场中心的绿色建筑是绿博展览馆，曾为第二届青奥组委会办公场所。

国内园与国际园　这里汇集了北京、上海、安徽、湖北、湖南、西藏、河北、河南等 30 多个国内园，中国人民解放军、中国石油天然气集团 2 个行业园，以及埃及、墨西哥、韩国、荷兰、新加坡 5 个国际园。

消防主题公园　绿博园消防主题公园于 2022 年 11 月正式对中小学生开放，是建邺区"一园四馆百阵地"消防宣传中的重要构成，"一园"即消防主题公园，通过设置户外消防宣传小品，将消防宣传深入人心，取得了良好的宣传效果。

沙趣园　沙趣园为青奥会改造工程，是由原来的旱溪园改造而成，是绿博园的一大亮点。景区以精选质地洁净的黄沙厚铺成人工沙滩，配以攀岩、沙滩运动和嬉水等活动，是集各类亲子活动于一体的综合性景区。沙滩边设有游乐场，每到节假日人气旺盛，是全南京少年儿童心目中的最佳乐园之一。

左岸花海　左岸花海由各种花草组成，有金鸡菊、花菱草、万寿菊、金鱼草、美丽月见草、马鞭草、鼠尾草、迷迭香等几十个品种，花色艳丽的时令花卉争相开放，被誉为滨江风光带的"调色盘"。

本土植物园　园中多种植南京椴、秤锤树、黄连木等金陵本土植物，并配置科普小品对园内本土植物进行介绍，兼具观赏和科普功能。

荷兰友谊园　荷兰友谊园位于绿博园西南角夹江岸边，始建于2008 年，含水域总面积约 3.5 万平方米，由荷兰埃因霍温市政府投资建设，是埃因霍温与南京友好交往的象征。园区散布着小教堂、风车房、农舍、水车房等极富荷兰风情的建筑，建筑周边成片种植了荷兰国花——郁金香，以及其他具有欧洲传统特色的花卉，再配以江滩湿地原生态的水景，营造虫鸣萦绕、暗香浮动的动人美景。每到春天三、四月份，郁金香花开，此处成为南京赏花第一佳地，观赏人群摩肩接踵。

◎滨江风光带的"调色盘"

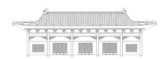

银杏里
文化街区

银杏里文化街区位于南京建邺核心地块，全长 900 米，占地面积约 36.8 万平方米，是首批"省级旅游休闲街区""市级夜间文化和旅游消费集聚区"。满目银杏尽橙黄，树树佛如美女妆，在粉色樱花和金色银杏自然景观融为一体的基础上，街区以完善城市功能、提升城市品质、优化人居环境、打造休闲旅游为目标，通过搭建文艺建筑、设置文学装置、引入文艺品牌等方式，打造具有沉浸体验、市民会客厅、人气打卡标杆功能的示范街区。

文学沉浸式体验装置 街区以文化铺垫底色，展现地域特色，主街贯穿设置了多个文学沉浸式体验装置，涵盖《红楼梦》《南京城门》等古城经典文学片段，将文化在可读、可看的基础上进一步提升为一个可享、可触的开放式文化博物馆和共治、共享的都市文化空间生态体，让游客在银杏林间、樱花树下多维度体验游览打卡、花园式惬意生活，让街区夜景进入年轻人的"打卡清单"，是河西建邺新地标、城市消费新标杆。

文旅消费场所 街区持续深化"文旅+"业态融合发展，拓展文旅消费新空间，大力引入餐饮、文化休闲等方面知名品牌，积聚了独具南京人文特色的众多"文旅+"业态。同时，策划举办了首届银杏里文化艺术周、SEE 音乐节、南京梅花戏剧之夜、教育嘉年华、青年艺术市集、城市艺术生活季、冬季晚酌·"箱"遇银杏里等多项文化活动，成功吸引了周边城市青年等人群，成为南京一处可圈、可点、可驻足的绿色低碳新消费载体。

江南水泥厂

江南水泥厂位于江苏省南京市栖霞区栖霞山东麓，距南京市区 22 千米，厂区公路与 312 国道相连，另有 3.7 千米铁路专用线与沪宁铁路接轨；距长江 1 千米，建有万吨级泊位、年出口 30 万吨水泥散装码头；在距离工厂 10 余千米的汤山地区拥有茨山石灰石矿，采取 900 毫米窄轨铁路运输石料。

江南水泥厂 1935 年由唐山启新洋灰公司股东集资创办，原名江南水泥股份有限公司栖霞工厂。1937 年，日军侵略南京时，公司商请德、丹两国设备洋行代表协同员工共同护厂，在江南水泥厂悬挂德国和丹麦国旗，建立难民营，并利用德国人卡尔·京特和丹麦人辛德贝格的国际友人身份救助了成千上万的难民。2012 年，江南水泥厂旧址被列为南京市文物保护单位；2018 年 1 月，入选第一批中国工业遗产保护名录；2020 年 3 月 30 日，江南水泥厂对部分民国建筑实施抢救性保护修缮工作，10 月 14 日第一期修缮保养工程全部完成并通过检查验收；2022 年，在小黄楼筹建了江南水泥厂档案史料馆，开展爱国主义教育活动。后期计划对厂区及文物建筑进行功能性开发。

江南水泥厂由近代中国民族资本所创，是当时规模最大、设备和工艺最先进的水泥厂，现拥有近 300 亩的工业遗址。这个创立于民族危难时刻的民族企业，在南京沦陷期间肩负起了重要使命，在近半年的时间里，水泥厂前后收容难民近 3 万人。作为抗日战争期间南京最大的难民营，至今仍记录着那段南京历史上不可磨灭的黑暗时段。自 1937 年全面抗战爆发以来，江南水泥厂与日寇进行针锋相对的抗争，自始至终未给侵略者生产一吨水泥，留下一段可歌可泣的抗日传奇，是许多企业、院校参观学习的爱国主义教育基地。

卡尔·京特故居及难民营临时诊疗所　卡尔·京特故居及救护难民区难民的临时诊疗所建筑群分别为住宅用房（分甲、乙、丙、丁四个等级）、办公用房等。在甲等住宅的两幢楼房中，东边一幢为江南水泥厂建厂初期代理厂长卡尔·京特的故居。位于丁等住宅北边的"凹"字形小平房原为建厂初期员工宿舍，在侵华日军南京大屠杀期间，为给江南水泥厂难民营难民治病，特将此处建筑改为临时诊疗所，救治了大批难民，在《拉贝日记》、约翰·马吉拍摄的侵华日军南京大屠杀电影纪录片中都有详细记载。

小黄楼　难民营诊疗所北边的黄色建筑即江南水泥厂建厂初期的办公及娱乐用房，俗称小黄楼。在南京沦陷前夕，德国人卡尔·京特、丹麦人辛德贝格（工厂设备方的代表）赶赴江南水泥厂，按照董事会的指示，在小黄楼前悬挂德国、丹麦国旗，在大门口悬挂"德、丹合

◎小黄楼

营江南水泥厂"的牌子，保护工厂不被破坏。因大量难民涌入江南水泥厂，根据时局在厂区外设立难民营，分厂南、厂北（即厂区大门外）两处，并将此处建筑作为难民营领导办公和住宿用房。该建筑内有卡尔·京特婚前办公住宿用房（后移到南边的甲等住宅居住），该间实为一走道，右前侧为卫生间，右后侧通向办公兼卧室。卡尔·京特宿舍对面房间为餐厅，在侵华日军南京大屠杀期间，曾为难民区负责人与日军谈判周旋的场所。主房南侧第一间为翻译颜景和的卧室。当年西侧楼下沙发茶几下，曾藏有拍摄难民区现状的照片，这些照片现收藏于美国得克萨斯大学奥斯汀分校哈利·瑞森（Halle Verizon）中心。

　　在约翰·马吉拍摄的侵华日军南京大屠杀电影纪录片中，就有以该建筑为背景的场景，难民区负责人在保护难民时曾在该建筑上竖立德国和丹麦国旗。20 世纪 40 年代，卡尔·京特曾与白俄罗斯人在此建筑前留过合影，此照片现仍存。

桦墅村

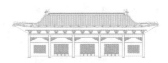

桦墅村位于栖霞山风景区东南，紧邻江苏省园博园，地铁4号线西岗桦墅站直达村口，交通便捷。全村面积8.8平方公里，山林面积7700余亩，森林覆盖率超80%，是国家森林乡村、中国美丽休闲乡村、全国休闲农业与乡村旅游示范点、省级乡村旅游重点村、江苏省特色田园乡村和江苏省传统村落，村里白墙黛瓦，青山绿水，徽派建筑尽显江南韵味。

桦墅村深入挖掘自然生态和历史文化记忆，凭借特殊的"城中乡，乡边城"格局，既保留了浓厚的乡村底蕴及历史文化，又兼顾城乡的相互交汇，打造独具特色的桦墅文化旅游品牌。

生态公园 桦墅村生态旅游村山林面积7700余亩，森林覆盖率超80%，村内拥有丰富的山林湖水自然生态景观——第三纪以前火山喷发堆积而成的射乌山，登山远望，栖霞山、宝华山等青山连绵，让人心旷神怡。公园紧扣"生态宜居、乡风文明、治理有效"要求，以村容村貌整治为切入点，大力实施农村人居环境整治工程，累计种植各类具备"珍贵化、彩色化、效益化"要求的苗木1000亩、3万余株，打造出一座"绿色银行"。"三化"苗圃基地内由40余种乔木组合

◎乡村民宿

而成一只巨型彩色"凤凰"，多彩珍贵，赏心悦目。景区内周冲水库水光潋滟，分外清澈，烟雨之中更显水天一色，令人怦然心动。

石佛庵石窟　石窟建于明永乐元年（1403年），窟内共有 8 尊佛像，最大佛像高 1.4 米，最小的高 0.8 米，佛龛内均有精美壁画残留，现为南京市文物保护文物。

乡村民宿　桦墅村以精品民宿集群为核心打造特色民宿村，一期 4 家村民自持民宿投入运营，客房规模约 40 间，获南京市疗休养基地第一批民宿点挂牌。民宿整洁舒适，村内特色的乡村美景、美宿和美食让每一位游客在回归田园时，在乡村振兴的累累硕果下体验到乡村幸福生活。

桦墅凤凰农家书屋　桦墅村利用村内闲置厂房，建成全国首家电子商务图书文化村品牌——桦墅凤凰农家书屋，打造了一所藏书万余册的"没有围墙的村民大学"，定期举办研学、名家讲座等活动，向村民和游客提供了一处学习和文化交流的场所，是栖霞乡村文化空间新标杆。

休闲垂钓区　桦墅村积极利用水资源，打造国际标准化垂钓竞技塘 2 个、射乌垂钓大鱼湖 1 个、周冲村口千米栈道垂钓区 2 个，垂钓面积超 200 亩，可承接国际化标准垂钓竞技赛事。

"一半诗意，一半烟火"，桦墅村可游、可赏、可食、可宿，是乡村旅游的绝佳之地。

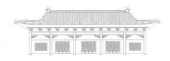

一　江心洲

江心洲位于南京城西南长江之中，东隔夹江与南京河西新城相邻，西隔长江主航道与南京江北新区相望，面积 15.21 平方千米，隶属于南京市建邺区。全洲基本呈南北走向的长条形，状若青梅，又称"梅子洲"。江心洲上绿树成荫，气候宜人，是中国长江沿线各大城市中唯一位于主城范围内的区位优越、环境优美的得天独厚江中洲岛，即便在世界范围内也不多见。

2009 年，"中新南京生态科技岛"项目正式奠基，该项目是江苏省及南京市政府与新加坡贸工部共同推动，新加坡—江苏合作理事会、新加坡—南京双边重点项目合作委员会框架下区域性对外经济合作旗舰项目。项目汇集中新两国在绿色可持续发展方面的经验与智慧，两方合力打造一座"生态科技城，低碳智慧岛"。历经 10 多年的开发建设，全岛城市建设和产业发展的空间形态框架已经全面展开，逐步成为南京城乡统筹发展、产城融合并进、生态保护提升的窗口。

生态建设方面，全岛践行生态理念，实施保护发展，绿化率超过 70%。作为省级海绵城市示范区，采用"渗、蓄、滞、净、用、排"等海绵技术构建全岛海绵系统，全岛径流总量控制率 80%。建成闭环江堤 22.4 千米，被誉为最美滨江赛道，成功举办"2021 不止骑·环南京自行车赛""南京江岛国际半程马拉松"等体育赛事；江堤同时也是广大市民骑行、跑步、慢行的首选场所之一。

江心洲全岛四季皆景，春有樱花飞舞，夏有杨柳

依依，秋有粉黛花海，冬有素雪香尘，初步展现花园城市雏形。青奥森林公园、教堂、江堤步道、科创中心樱花林、胜科江豚馆、大江侧滨江风光带粉黛花田、江岛智立方、小垦丁灯塔、池杉林花海等逐步成为南京市网红景点。

全岛聚焦信息科技、生态环保、绿色金融、现代服务业，目前已经吸引一批绿色产业载体和项目在岛落地。作为南京首批应用场景的"数据驱动新型公交都市先导区"，无人驾驶小巴、出租车已在岛上开展常态化试运行，"智慧""国际"典范效应呼之欲出。

 二　八卦洲

　　作为长江第三大岛、江北新区的组成板块之一，栖霞区八卦洲距离南京市主城区仅 10 千米，总面积 56 平方千米，生态优势、地理优势明显。八卦洲的成洲历史最早可追溯到南宋时期，据考证，南宋著名的抗金战役——黄天荡大战之古战场黄天荡就在青州（八卦洲的雏形）下游，今天的八卦洲就是由南宋时期的青州演变而来的。关于八卦洲名称的由来有两种说法：一说是因其形似"八卦"而得名；又说

因"明太祖之马皇后失八卦玉于江中，遂形成八卦洲"（八卦洲上流传的民间传说）。

八卦洲拥有原生态的田园风光，上有大小河道300多条、2个水源地、1个省级湿地公园（八卦洲洲头公园），与幕燕滨江风光带隔江相望，定位为南京江南江北"城市中心花园"。近年来，栖霞区及八卦洲街道重点推动长江岸线整治，实施复绿56.7万平方米；打造32.4万平方米长江岸线生态修复基地，被列入首批市级生态修复基地名单。

八卦洲全域土地综合整治工作被自然资源部列为全市唯一试点单位。洲上实施产业示范，建成1014亩"两无化"（不使用化学肥料和化学农药）核心区；与南京农业大学合作88亩百合、130亩菊花产业化中试基地；建成八卦洲跨境电商产业园及跨境美妆奥特莱斯，并获评省、市级跨境电商产业园，省级公共海外仓。2021年成功举办第十七届农业嘉年华，吸引游客52万人次，带动综合收入增长5600万元。八卦洲还创新"洲岛文化"农旅品牌，打造小江河文旅风光示范带、青春里特色街区、外婆湾民宿、霞客文创店等文旅消费新热点。

◎陌上花渡

江南风韵篇

　　江南风韵区主要包括汤山温泉旅游度假区、牛首山旅游区、高淳"国际慢城"、溧水秦淮南源及美好乡村系列景区（点），主要位于江宁、高淳、溧水三个辖区内。本片区北部半抱主城旅游区，紧邻滨江旅游带，传统建筑风格受徽州文化影响较大。

　　江宁区为进入南京主城的水、陆、空交通走廊，依山傍水，地形素有"六山一水三平原"之称，是国家级生态区、全国宜居宜业典范区、中国最佳休闲小城、全国休闲农业和乡村旅游示范区。溧水区位于南京南部，是秦淮河的发源地，有水乡风韵、田园风光和山地风貌，素有"天然氧吧"的称号。高淳区位于南京市南端，地势总体东高西低，地貌分为低山丘陵和平原圩区两大类型，东部是蜿蜒起伏的茅山余脉，西部是一望无垠的湖盆平原，以固城湖和石臼湖为盆底展开，水网密集。高淳是南京的后花园和南大门，被誉为"江南圣地"，素有"日出斗金、日落斗银"的美誉。

　　本区休闲旅游在温泉旅游、文化旅游、乡村旅游方面独具特色。

　　本区文化旅游资源十分丰富。祖堂山的南唐二陵包括李昪的钦陵和李璟的顺陵，是中国五代十国时期规模最大的帝王陵墓。秦淮南源之一胭脂河上的天生桥，横跨两岸，犹如"长虹卧波"，为全国所罕见。

无想山国家森林公园东邻东庐山的秦淮河源，群山环绕，山林葱郁，湖光山色，环境优雅，众多文物、名胜古迹散布其间。高淳老街又称淳溪老街，被誉为"金陵第二夫子庙"，有"金陵第一古街"之称。

本区乡村旅游起步早，影响大。江宁区有大塘金香草谷、黄龙岘、石塘人家、李巷村、三条垄田园慢村五家全国乡村旅游重点村，区域乡村旅游发展特色显著；溧水区打造了石山下村、傅家边农业科技园等知名乡村旅游区；高淳区的慢享大山打造成中国首批乡村旅游模范村和江苏省五星级乡村旅游区。高淳桠溪在2010年11月27日召开的苏格兰国际慢城会议上，被正式授予"国际慢城"称号，成为我国第一个"慢城"。这一地区植被覆盖度高，物种丰富多样，生态环境优越，不但能让游客领略到登山览胜、赏竹观松的乐趣，更能让游客感受到四季瓜果香、把酒话桑麻的农家风情。游子山国家休闲旅游区山头众多，山势起伏，低丘逶迤，山水相间，千姿百态，群峰列锦，碧水流韵，形成优美的自然景观，被誉为"濑渚第一形胜"（濑渚为高淳古称）。

除此之外，方山风景区、无想山景区等地也充分展示慢旅游、慢生活理念，是休闲度假旅游的绝佳之地。

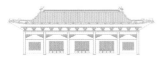

牛首山
文化旅游区

牛首山位于南京市江宁区，是金陵四大名胜之一，海拔242.9米，因山顶东、西峰对峙宛若牛头双角而得名，民间又称"牛头山"，现为国家AAAA级旅游景区。

牛首山自然生态景观秀美，素有"春牛首"的美誉，明初时即有"金陵多佳山，牛首为最"的说法。牛首山植物种类繁多，达300多种，有南京椴、天阙茶、中华虎凤蝶等珍稀植物。景区立足于"生态修复、文化修补"，是践行"绿水青山就是金山银山"生态文明理念、推动文化旅游创新发展的生动范例，先后获全国首批"中国森林公园生态环境服务认证""中国森林养生基地""中国森林氧吧"等荣誉。

"一座牛首山，半部金陵史。"牛首山历史文化底蕴深厚，宋代岳飞抗金故垒、明代弘觉寺塔、明代摩崖石刻、郑和墓、李瑞清墓等文物古迹在此星罗棋布。

牛首山佛禅文脉传承悠久。南朝梁代，高僧宝志和尚说牛首山是文殊菩萨的冬宫。唐代法融禅师在此创立的牛头禅宗是中国禅宗的支脉，也被称为"印度禅真正中国化的开始"。唐代牛首山即与清凉山、峨眉山并称为三大圣道场。如今牛首山为释迦牟尼佛顶骨舍利的长期安奉地。

牛首山文化旅游区是南京市"十二五"期间的重大文化项目，景区以"长期安奉世界佛教最高圣物——佛顶骨舍利"为主题，以"世界佛教文化新遗产、当代建筑艺术新景观"为建设定位，在挖掘生态资源、文化资源和旅游资源的基础上，着力打造"生态""文化""休闲"三大胜境。

景区核心区设计理念为：补天阙、修圣道、藏地宫、现双塔、兴佛寺、弘文化。2012 年 9 月 16 日，牛首山项目正式开工建设。2015 年 10 月 27 日，释迦牟尼佛顶骨舍利供奉至牛首山佛顶宫内，牛首山文化旅

游区正式开园。近年来，牛首山依托独特的文化内涵和丰富的旅游资源，坚持"旅游+"多业融合发展思路，积极推进"旅游＋文化""旅游＋体育""旅游＋康养""旅游＋研学"等多元融合发展，全力打造南京文旅产业新兴功能板块。先后获得"定向运动公园""中国最佳历史文化旅游项目奖""2021年度智慧旅游景区典型案例"等荣誉。

景区现有佛顶前苑、佛顶寺、佛顶塔、佛顶宫、牛头禅文化园、郑和文化园、岳飞抗金故垒、明代摩崖石刻、澄江台、石榴苑、桃花溪等游览景点。

佛顶前苑

佛顶前苑是牛首山2018年建成的全新景点，占地面积约10万平方米，以自然山水和景观小品展现了牛首山深邃的多元文化。为传承牛首山"隐秀"的环境气质，在场景中运用借景的手法，巧妙地将远处的佛顶寺、牛首山东峰融入景色之中。

佛顶前苑作为通向佛顶寺、佛顶宫的重要通道，设置了天阙览胜文化景墙、李瑞清墓、集贤桥、十牛图塑石假山、心铭墙、法融广场、心莲广场、停心湖、趣牛园以及晚红小径等景观节点。

李瑞清墓　李瑞清墓位于佛顶前苑入口右侧，是清末民国初期著名学者、教育家、书法家和字画鉴赏家李瑞清的墓园。李瑞清在光绪年间中进士，并授翰林院庶吉士，后任江宁提学兼两江师范学堂监督。在李瑞清的悉心主持下，两江师范学堂成为名副其实的江南第一学府。

李瑞清对书法艺术有独到见解，真、草、隶、篆诸字体皆精，还善画山水人物，尤擅长古画鉴赏。李瑞清一生育人不诲，门下桃李芬芳，著名学者胡小石、国画大师张大千均出其门下。1920年8月初，李瑞清逝世，享年54岁。康有为曾致挽联，弟子胡小石、张大千等治丧，将他葬在牛首山东麓现址。因李瑞清生前最喜欢梅花，胡小石曾在墓地周边种植了300多棵梅花，形成了一片雪梅岭。现在李瑞清墓的周边也遍植梅花，梅花象征坚韧不拔，自强不息的精神，契合李瑞清提出的"嚼得菜根，做得大事"的办学理念。1992年3月李瑞清墓被列为市级文物保护单位。2002年4月，值南京大学百年校庆之际，由学校和江宁区文化局共同对墓园进行修整，墓包周长20米，墓底径2.1米，高1.3米，墓前竖立《李瑞清生平记》花岗岩碑。

佛顶寺

牛首山有寺院肇始于南朝初年。唐朝贞观年间，寺院规模宏大，名为佛窟寺，为禅宗之"牛头宗"发祥地。时至1856年，寺院毁于战火，香火中断百年。为继承传统文化，江宁区重建文化圣地。佛顶寺于2012年开山，2015年全面竣工。征得文化界知名人士和佛教界高僧建议，以《大佛顶首楞严经》命名，取名佛顶寺。佛顶寺占地面积2.3平方千米，总建筑面积8000平方米，功能齐全。佛顶寺根据禅宗寺院"伽蓝七堂"制而建，仿唐风格，传统中轴线格局，分为南片区和北片区。

北片区是弘法区，第一重殿是以四大天王命名的天王殿，正面供奉弥勒佛真身像——天冠弥勒，殿内两侧供奉四大天王，背面供奉"三洲感应"护法韦陀菩萨。韦陀身着将军服，为保护佛教的护法菩萨之首。天王殿两侧分别为钟楼、鼓楼。晨钟暮鼓，早晨敲钟108声，唱"钟声偈"，祈祷国泰民安、风调雨顺，悠扬之钟声断除人们108种烦恼。晚上敲鼓，敲鼓者默念大悲咒、心经。

北片区的主建筑是大雄宝殿，这也是佛顶寺最核心的建筑。大雄宝殿屋顶为重檐歇山顶，是佛顶寺内规格最高的建筑。大殿内供奉"释迦三尊"，正中供奉释迦牟尼佛，前方供奉释迦牟尼佛的两位弟子，年长者为苦行第一的迦叶尊者，下首供奉闻第一的阿难尊者。与释迦牟尼佛并坐的两尊菩萨，上首为文殊菩萨，骑青狮，文殊菩萨智慧第一，狮子为兽中之王，"狮子窟中无异兽"，狮子一吼百兽皆惊，文殊菩萨的智慧像狮子一样威力无穷；骑白象者为普贤菩萨，此象六牙，代表佛教中的六度，普贤菩萨行愿第一。两大菩萨分别代表智慧与行愿，完整地体现佛法的内涵。"释迦三尊"整体由江西香樟木雕刻而成，由福建莆田雕刻世家传人创作，表面采用国家非物质文化遗产"南京金箔锻造技艺"，各地文化遗产的融合也体现了佛教包容、接纳的思想。

大殿两侧供奉十八罗汉，背面供奉水月观音，造型为观水中之月亮，思量如何度化苦难众生。左边男童名善财，右边女童为龙女。水月观音由桧木雕刻而成，采用清刀木雕技艺，雕刻过程中，要求以刀代笔，刀刀见力，完全没有拟稿和草稿，每一刀下去都不容更改，都决定着这件作品的成功与否。在水月观音像上，我们不仅可以欣赏到艺术之美，更能领悟到普通文字和语言所不能表达的艺术智慧。

走出大殿，拾级而上，是观音殿与药师殿，分别供奉准提观音和药师佛。殿内设置忏悔堂。

佛顶寺最高处是法堂，也叫讲堂，是高僧演说佛法、皈戒集会的场所。

南片区是僧人生活区域，包括斋堂区、僧寮区、茶苑区等。佛顶寺内的园林是仿唐式风格，白砂铺地，象征湖泊、海洋；叠石象征大山、岛屿，风格简单、抽象，让人感觉静谧、深邃，这正是，"一花一世界"的禅趣意境。

佛顶塔

佛顶塔高88米，九级四面，面积约4700平方米，仿唐佛塔风格，屋面形式为九层四角攒尖顶筒瓦屋面，其中筒瓦的直径达到240毫米，是国内最大的铜制筒瓦。佛顶塔以佛教传承脉络、各种经藏的展示为主，代表"佛法僧"三宝中的"法"；佛顶宫是供奉佛顶骨舍利的空间，代表"佛"；佛顶寺是护持佛顶骨舍利僧人的道场，代表"僧"，佛法僧三宝俱全，这样的布局，使得牛首山成为一个完整意义的佛教大道场。

佛顶塔的地下一层是经卷博物馆，主要有《大佛顶首楞严经》和其他经典经文经卷、法器等实物。佛顶塔的第一层是佛教史上的六典结集壁画。第二层是汉传佛教六幅图，以六幅壁画的形式展示了为汉传佛教发展和传承做出杰出贡献的高僧大德及他们的经典故事。第三层是南传佛教六幅图，以六幅铜浮雕再现了南传佛教在不同国家和地区的发展和做出杰出贡献人物的经典故事。第四层是藏传佛教六幅图，这里以六幅油画呈现了藏传佛教的发展和做出杰出贡献人物的经典故事。佛顶塔的五层是佛教东传的代表性线路及人物故事。第六层展示的是六位佛教宗师译经的画面，他们分别是真谛、鸠摩罗什、法显、义净、玄奘和不空。第七层展示的是不同时期经书的传播方式。佛顶塔的第八层安置了一口全铜铸的佛顶金刚钟，钟高约1.8米，上面刻有隆相法师书写的《金刚经》全文。最后一层是如来殿，供奉了一尊法身佛——毗卢遮那坐佛。登塔远眺，可以俯瞰牛首山全景。

佛顶宫

佛顶宫是牛首山最核心的建筑，这里安奉着佛顶骨舍利。佛顶宫属于深坑建筑，坐落在牛首山西峰，单体建筑面积约 13.6 万平方米，大小相当于 19 个足球场。共设九层，高度为 89.3 米。

大小穹顶　佛顶宫建筑分为大穹顶和小穹顶两部分。小穹顶是佛陀头顶部发髻的意向造型，小穹顶下方由 56 座飞天菩提门组成了莲花宝座，上下辉映，体现"莲花托珍宝"的神圣意象。大穹顶如同佛祖袈裟覆盖在小穹顶与西峰之上，寓意着袈裟护持舍利圣物。同时大穹顶以自然的弧度曲线，贴合西峰山体的走势，将西峰缺失的山体轮廓修补完整，和牛首东峰相呼应，恢复了牛首山双峰对峙的格局，实现了"补天阙"的创意理念。

佛顶摩崖·文殊圣山　大穹顶的下方是佛顶摩崖·文殊圣山，整幅摩崖石刻共分为两层，总高约 16 米，总长 83.4 米，气势宏伟，内容丰富，整体形象如同一只巨型佛手握着一串无量宝珠。

佛顶摩崖分为上下两层，上层依照北方石窟的形态，取天然巨石雕凿，以五方文殊和文殊五变为造像主体，与右边的释迦灵山说法主窟相伴，共同彰显牛首智慧圣山的庄严与灵妙；下层以石刻浮雕为主，以一幅独特的"佛·牛"图为中心，描绘了牛首众生听禅悟道的奇妙景象。

禅境大观　佛顶宫共九层，地上三层，地下六层，佛顶骨舍利就安奉在地下第六层。佛顶宫九层可分为三大核心空间，从上往下依次是禅境大观、舍利大殿和舍利藏宫。除此以外，佛礼层展现了本命佛、印度佛教故事漆画和二十诸天宝石画，佛偈层则展现了密宗八大菩萨、四大菩萨、四大名山、佛教中的禅理小故事以及经文偈语，可以沉浸感受佛教文化在中华文明的发展中留下的广大深刻印记，无论是对中国艺术还是哲学文化都有着极其重要的影响。

禅境大观是一个现代禅意的"人间山水"，通过空旷的空间、舒缓的音乐、柔和的灯光和各类艺术点位，营造出纯净的视觉效果。禅境大观中间的一尊卧佛，全长 7.5 米，可随莲花台 360 度缓慢旋转。在卧佛的周围还有 36 片大型的莲花瓣，形成一个硕大的如莲剧场。

佛殿层　位于地下第五层的是佛殿层，距离地面约 33 米，采用唐代密宗的曼陀罗供养会形式，核心空间是千佛殿和万佛廊。

千佛殿通高 28 米，纵贯地下 3、4、5 三层，色彩上以红色、黄色和暗金色为主，平面为椭圆形，整个空间呈穹隆状。这里供奉了 1343 尊佛菩萨，所以称为千佛殿。千佛殿根据唐代密宗金刚界曼陀罗第四会供养会进行设计，是佛和菩萨集会的场所，他们之间相互供养，所以称为供养会。坛城在藏传佛教地区多以唐卡等平面绘画的形式出现，千佛殿以建筑加佛像的方式呈现曼荼罗坛城，国内罕见。这种形式也是佛教文化呈现形式的创新。

千佛殿的核心是中央的大塔，从上到下，依次是塔刹、塔身和塔基三个部分。大塔整体以锡青铜铸胎锻造，表面镏金，集合了雕塑、錾刻、掐丝珐琅、水晶琉璃、宝石镶嵌等技艺，由 400 多名工艺美术师耗时两年完成，是名副其实的佛教艺术瑰宝。

千佛殿依照华藏世界的五方五佛来主导布局，中央的大塔代表大日如来，在大塔的东西南北四个方向各有一尊主佛，即东方阿閦佛、南方宝生佛、西方阿弥陀佛和北方不空成就佛，这四尊佛统称为"四方佛"。在四方佛左右各有 2 尊菩萨，共 16 尊，统称为"慧门十六尊"，他们是大日如来为四方佛化现的各自的四位亲近菩萨。在四方佛左肩上方还各有 2 尊供养菩萨，总共 8 尊，统称为"八内外供养菩萨"。

千佛殿东南西北四个方位用四幅漆画展示了佛陀一生中重要的四个阶段，被称为"四相成道"，分别是"太子降诞""菩提证道""初转法轮"和"双林涅槃"，采用扬州漆画工艺。中国是世界上产漆、用漆最多的国家，漆画历史悠久。中国漆画是当代画坛上的一个新生画种，这个从七千年漆艺传统中走来的民族画种，曾作为国家代表文化交流到苏联、日本、韩国、越南等地，受到广泛赞誉。

千佛殿的外圈是万佛廊，展现十二生肖本命佛，这一层佛龛内供奉的是文殊菩萨、大势至菩萨、不动明王和千手观音，他们是十二生肖本命八尊中的四尊，分别采用了古法琉璃、锡青铜、紫砂和德化白瓷为原材料制作而成，代表了兔、马、鸡、鼠的本命佛。在环廊上还有佛本生故事，佛本生故事主要是宣扬释迦牟尼佛前世或若干前世的各种善行，故事内容大多生动有趣，是一部非常重要的佛教寓言故事集。

佛宝层　佛顶宫地下第六层是佛宝层，又叫舍利藏宫，距离地面 44 米，佛顶骨舍利长期供奉在舍利藏宫的藏宫大殿内。这一层全年有七次开放时间：元旦三天、春节七天、国庆七天、佛诞日、佛出家日、佛成道日和佛涅槃日，游客和信众可以在这层感受佛顶骨舍利的殊胜。

除了宫、塔、寺，牛首山文化旅游区内还有其他具有深厚历史背景的景点，如牛头禅文化园、明代摩崖石刻、岳飞抗金故垒、郑和文化园等。

牛头禅文化园

牛头禅文化园坐落于牛首山东峰之上，以传承法融禅师的牛头禅文化为核心，采用江南园林木结构建筑，展现唐风古建风格。弘觉寺塔是文化园的核心建筑，塔高 45 米，七级八面，是南京地区现存最古老的仿木结构砖塔。1956 年在弘觉寺塔的地宫里出土的镏金喇嘛塔是南京博物院的镇院之宝之一，同时出土的还有玉瓶、金睡佛、青瓷罐等文物，现均收藏于南京博物院。1957 年弘觉寺塔被列为江苏省文物保护单位。

其他名胜古迹

明代摩崖石刻　明代摩崖石刻位于牛首山东峰兜率岩北崖，距离弘觉寺塔约 100 米，旁边是罗汉泉。石刻整体呈"几"字形，三面岩石南北长 11.5 米，东西宽 5.8～8 米，中间围合成约 77 平方米的平地空间。崖壁上共开凿 5 个佛龛，其中北壁 3 个、东壁 2 个，共有 133 尊雕像。

桃花溪　桃花溪位于牛首山东入口，总占地面积 14.87 公顷，品种选取了适合南京地区生长的 26 种桃花，春日桃花竞放，百般红粉斗芳菲。

南京自古就有"春牛首"的习俗，当漫游在桃花溪，走在木栈道上，听着泉水声，何尝不是一种享受。若再得三五好友，共聚花下，悠然垂钓，微风吹过，花瓣撒落一身，温柔得无法言语。

岳飞抗金故垒　岳飞抗金故垒位于牛首山东峰，是岳飞抗击兀术大军留下的一段 200 米长的石垒遗址。南宋建炎四年（1130 年）四月，金国名将兀术率军逼近建康，岳飞在牛首山设伏，构筑石垒，大败兀术大军。这就是牛首山的著名战役"牛头山大捷"。

郑和文化园　郑和文化园位于牛首山西麓，是明代著名航海家郑和的墓冢。据《同治上江两县志》记载，牛首山"有太监郑和墓，永乐中命下西洋，宣德初覆命，卒于古里，赐葬山麓"。当地村民称之为"马回回墓"。

郑和文化园集爱国教育、传统文化传承与航海知识科普于一体，

◎郑和文化园

由郑和墓和郑和事迹展厅两个部分组成。郑和墓呈南北走向，长约150米，东西宽约60米，墓顶高约8米，整个墓型是"回"字形。墓前有四个平台，每组7级台阶，共28级，寓意郑和七次下西洋，历时28年，遍访40多个国家和地区。

郑和事迹展厅是一个四合院，四合院的中心是郑和的半身雕塑。展厅分三个部分，介绍了郑和的故乡、七下西洋的故事以及各国领导人对郑和七下西洋事迹的评价。展厅内布置多媒体展项"航海体验"，将传统史料展陈与虚拟现实技术融合，让游客切身感觉到航海的魅力与艰辛。

澄江台 澄江台位于禅林路，紧邻牛首捌厕之一的垭口。站在澄江台可远眺佛顶宫、佛顶塔，俯瞰郑和湖、宝相湖，近看垭口栈道，观看视野极佳。澄江台以"综合服务设施＋观景平台"为主要打造目标，共设有五大功能区：形象展示区、草坪活动区、游客集散区、风景游赏区、花径漫步区，总用地面积 14090 平方米。

金陵小城　金陵小城位于牛首山文化旅游区西部，牛首大道以东、秣周路以北。规划总面积 3000 亩，用地面积 780 亩。燕集里是金陵小城"八里"之一，也是整个项目的样板和精华，集中呈现了金陵小城"皇家之气、风雅之魂、艺术之美、山林之幽、沧桑之韵"的独特气质。

金陵小城燕集里以蒙太奇式的飘逸手法，创构了五大景观意境，"穿越"回浩瀚唯美的风雅时代。景区特色景点主要有桃蹊、文心馆、邻曲巷、凌霄台和绿筱园，通过桃蹊之"幽"、文心馆之"俊"、邻曲巷之"淳"、凌霄台之"玄"、绿筱园之"丽"，重现了"浪漫六朝、风雅国潮"的风华妙境。《满园尽芳菲》是景区的特色演艺活动，以行进式串联兼具艺术感染力和文化震撼力的场景，再现金陵戏曲、传统技艺、江南盛景、文人字画、云锦礼仪、丝竹和鸣的风雅金陵国韵博览。坐落于燕集里邻曲巷的金陵十二商铺将六朝风雅艺术美学融入起居饮食和生活图景里，在这里可以感受魏晋名士潇洒风流、任性乐陶的生活场景。游览之余，还可下榻于满庭芳。作为苑邸型风雅美学客栈，满庭芳拥有 32 间豪华客房，设有独立的接待厅、共享书房、宴芳全日制餐厅及包房、月露茶吧，并配有小型会议室、小型健身房、儿童活动室和棋牌室，为客人提供休闲、商务、娱乐和亲子服务。入住满庭芳，临水闻花而居，抚靠花格轩窗，听风枕花而眠，收获一房一景、清绮明丽的人生趣味。

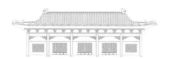

明文化村
阳山碑材景区

阳山碑材景区是国家 AAAA 级旅游景区，省级重点文物保护单位，是南京明文化遗产中不可分割的组成部分，阳山碑材景区由演绎打造碑材场景的明文化村和拥有世界之最的阳山碑材文物保护区两部分组成。

明文化村　明文化村是根据明初打造碑材的历史背景而建造的民俗文化旅游区，具有表演性、参与性与娱乐性，是一座颇具明代文化气息的人文景点，较为完整地展示了一段传统的明代世俗画卷。明文化村的建筑是典型的明清时代徽派建筑，进入明文化村，迎面看到书写着"天下第一碑"的大照壁，出自我国著名女书法家孙晓云之手。"天下第一碑"后面有一块浮雕，是著名的浙江青田浮雕，浮雕主要描述了当年打造碑材的历史背景。明文化村内的整条街区通过竹木编、豆腐坊、日月坊、明代展示厅、金陵镖局及古泉井等再现了明代的生活场景。

阳山碑材　阳山碑材是明成祖朱棣为歌颂其父朱元

璋打造的一块碑材，由碑额、碑身和碑座三个部分组成，三部分加起来总高度约78米，重2.6万多吨，是吉尼斯世界之最中最大的碑材。

历史记载，明朝开国后，朱元璋封第四子朱棣为燕王，就藩北平。洪武三十一年（1398年）朱元璋驾崩，皇太孙朱允炆即位，号"建文"。朱允炆即位后，采纳齐泰和黄子澄的削藩建议，削藩触动了朱棣的利益，于是朱棣打着"清君侧"的旗号，发动了"靖难之役"。经过四年的内战，燕王推翻了朱允炆，夺取了皇位，改年号"永乐"。此后的史实证明，朱棣的确是一位具有雄才大略的帝王，尤其以他遣郑和七下西洋和组织编纂《永乐大典》为后人所推崇。朱棣在位时推行的内政、外交政策，也对明代产生了深远影响。但在即位之初，朱棣仍然需要为自己"弑君篡位"的非常手段采取一定的补救措施，对父皇朱元璋恪尽孝道成为最佳选择。于是朱棣大规模扩建孝陵，并准备在孝陵前立一座空前雄伟的"神功圣德碑"。永乐三年（1405年）八月，朱棣选定了南北朝以来石料场地、神灵精气聚集的阳山，下诏开凿碑

材。

阳山碑材共分三部分：碑座、碑身、碑额。有三个方孔的大石料是碑座，高20米，厚13米，宽16米，是碑材的基础部分，用来驮碑身和碑额。阳山碑材本来计划将碑座打造成赑屃的形态，在古代传说中，赑屃是擅长负重的神兽，可惜赑屃的头和颈还没有打造出来，阳山碑材的开凿工程就半途而废了，现在看到的只有赑屃尚未精雕细琢的身体。碑座的下面有三个大石孔，上面的碑身、碑额也有这样的石孔，这些石孔是为了方便搬运牵引而凿的。

碑额与碑身的体积更加庞大。碑额高10.7米，宽20.3米，厚8.4米，上面还留有14个石牙，这些石牙是留作雕刻蟠龙的龙头、龙爪、龙尾用的。两只蟠龙置于碑顶，更显皇族的尊严、气势。碑身是以山体巨大的石岩，按石碑的侧卧式而开凿的，其北端与山体连接尚未凿断，若竖立计算，高60米，宽12.5米，厚4.4米。石碑底部与碑材相连的是三个支撑石，它侧卧深山，远看像一段古老的城墙。阳山碑材的碑座、碑身、碑额如果竖立起来，高度将达到78米，相当于26层楼房高。清代诗人袁枚在他的《洪武大石碑歌》中惊叹"碑如长剑青天倚，十万骆驼拉不起"。阳山碑材在碑材中是名副其实的世界之最。

耗费了巨大的人力物力、工程已经接近完成的情况下，阳山碑材为何会突然停止开采、半途而废？原因众说纷纭，其中比较可靠的说法是"迁都说"，据说与朱棣意欲迁都北京有直接关系。据《纲鉴易知录》载："永乐三年八月至永乐十四年十月，帝来回巡幸南北。"这里的"南"指的是南京，"北"则是北京。朱棣登基后有一半时间在北京，大兴土木，意欲迁都，连带着明孝陵的地位有所下降。而且时移势易，当时朱棣认为民心已顺，帝都将迁往北京，于是无心为其父陵园再做过分的装饰，所以改用了一个相当于阳山碑材十分之一的石碑替代，也就是现在明孝陵前四方城内的那块"大明孝陵神功圣德碑"。

这偌大的阳山开凿的众多体积巨大的碑材，在没有先进机械设备的古代，如何运到离此20多公里的南京城呢？较为可信的解释主要有两种：一是开挖河道，直通紫金山前，采用河道运输。这一办法又分为二，一为河道浅水成冰，用滚木滑行；另一为河道满水，河底铺滚木，利用水的浮力，采用人工牵引。二是修建大道，沿途打井，冬季泼水成冰，再铺设滚木，用人工牵引。不论采用哪种办法，都可见这项工程的浩大和不易，也体现了我国古代劳动人民无穷的智慧！

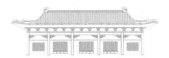

汤山紫清湖旅游区

汤山紫清湖旅游区，是国家AAAA级景区，总占地面积3000余亩，青山环绕，碧水相依。是集温泉旅游、餐饮住宿、商务会议、度假观光、休闲养生、科普教育等功能为一体的综合性旅游度假区。

紫清湖旅游区位于南京东郊，距离南京市区30千米，连接沪蓉高速，直达南京南站、禄口机场，交通便利。旅游区内郁郁葱葱，山水相连，将金陵秀美与东南亚风情相融合，又蕴含了创意新元素，于细节处凸显风雅格调，彰显独特魅力。

旅游区内野生动物世界板块，总占地1000余亩，引进动物近百种，数量达到几千头（只），分步行观览区和车行观览区两条主线，其中，车行区由亚洲森林、非洲草原、猛兽探秘三大主题构成，步行区包括八大板块：国宝熊猫板块、动物互动板块、演艺科普板块、水上娱乐板块、儿童乐园板块、游乐游艺板块、游学保护教育板块、综合配套板块。紫清湖旅游区有五大特色：一是国宝级动物多，有大熊猫、金毛羚牛、

扬子鳄、亚洲象、东北虎、金丝猴等；二是自身及周边环境好，景区地处国家级旅游度假区，山清水秀；三是服务配套设施全，酒店、宾馆、温泉应有尽有；四是体验感强，园内项目50%以上为互动项目，突出科普教育，寓教于乐；五是动物园与温泉相结合，特色鲜明。

紫清湖森林温泉"千年圣汤"滋养绵长，传承中西方传统养生理论，结合人体生命机能，在森林中精心打造了30个功能各异、极富生态特色的温泉池，依山傍水，背山面湖。既有新奇而刺激的人鳄共浴池和富有乐趣的戏水池，又有结合中医与温泉理疗的功能药浴池和天然矿物疗法矿盐矿砂浴，石板浴、按摩区、休息区、美食小榭等设施齐全，温泉自助餐厅还可以提供各色美食。

此外，旅游区拥有俱乐部中餐厅、度假酒店中餐包房、温泉自助餐厅等各具特色的用餐场所，大小、风格不同的各类会议室及宴会厅10余个，各类大型无柱宴会厅及户外草坪婚宴场地，还有专为孩子打造的狮子星儿童乐园，将运动养生的悠久文化传统与汤山温泉的稀有天然资源、生态旅游的地方自然景观相融合，营造出一个既合乎潮流又具有品位，且人性化的高层次文化品质生活环境。

高淳
国际慢城

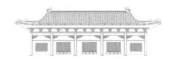

　　高淳区被誉为"江南圣地"，素有"日出斗金、日落斗银"的江南鱼米之乡的美誉，是南京的后花园和南大门，也是世界慢城联盟授予的中国首个"国际慢城"、国际慢城联盟中国总部所在地。高淳坐拥先天的山湖资源，具有江南典型的生态特征，东部是蜿蜒起伏的低山丘陵，西部是一望无垠的湖盆平原，为固城湖、石臼湖环绕，水网密集，形成了丰富的湿地旅游资源，其中的固城湖湿地公园是继浦口区绿水湾国家城市湿地公园之后，南京第二家国家级城市湿地公园，也是江苏省面积最大的湿地公园。"吴头楚尾"的特殊地理位置形成了高淳独特的"吴风楚韵"的人文特色，深厚的历史文化积累使高淳成为江苏省历史文化名城。

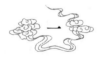 　　**山慢城系列**

高淳国际慢城景区

　　1999年10月，意大利基亚文纳、布拉、波西塔诺、格雷韦因基安蒂四个小城的市长联合发布了著名的《慢城运动宪章》，提出建立一种放慢生活节奏的城市形态。意大利奥维托成为世界上第一个"慢城"。慢城所提倡的城市理念是：人口在5万以下的城镇、村庄或社区，反污染、反噪声，支持都市绿化，支持绿色能源，支持传统手工业，没有快餐区和大型超市。截至 2021 年 4 月，全球共有 30 个国家和地区的 276 个城市被授予"慢城"称号，中国共有 13 个慢城。在 2010 年召开的苏格兰国际慢城会议上，桠溪"生态之旅"被正式授予"国际慢城"称号，成为中国首个"国际慢城"。

高淳国际慢城景区位于江苏省南京市高淳区桠溪街道，景区核心部分占地面积 5.8 平方公里，内设有观光车道、游步道，各类服务设施健全。高淳国际慢城具有三分山、两分水、五分田的生态黄金比例，将生态优美的自然风光和人文景观串联起来，使山、水、城、林融为一体，赋予了生态之旅文化内涵，沿途中的自然风光和悠久历史，让这一江南小城别具韵味。

高淳国际慢城分布着葡萄园、竹海、丘陵、茶园、向日葵园等生态景观，穿梭其中时而依山傍水，时而穿山越岭，郁郁葱葱，鸟语花香，尽显田园风光。欣欣向荣的向日葵花园、皎洁如雪的梨园、连绵起伏的有机茶园、千亩红枫园、五彩斑斓的波斯菊、万亩油菜花汇成了四季大地艺术景观。南城遗址、永庆寺、大官塘、遮军山、张巡纪念馆、天地戏台、荆山竹海等诸多人文历史景观流光溢彩，号称"江南一绝"的"大马灯""颂春"等众多古老的民间艺术在高淳国际慢城均得到了传承和发扬。景区内不仅能观赏优美的生态自然景观与古老的民间艺术，更能深度体验、挑战风靡欧美的丛林穿越，更有树冠漫步、彩虹滑道、树冠滑漂、真人 CS 等多种拓展项目供选择，是一处集观光休闲、体验参与、度假娱乐为一体的农业综合旅游观光景区。

◎红枫林

高淳国际慢城一年四季有景，三季有花。春季有油菜花、牡丹花、二月兰；夏季有荷花、金鸡菊、波斯菊；秋季有向日葵，到深秋时节，慢城内占地一千亩的 22 万株北美红枫的枫叶红了，景色也是极具魅力。

高淳国际慢城景区先后获得全国农业旅游示范点、国家 AAAA 级景区、中国人居环境范例奖、全国首批特色小镇、省级生态旅游示范区、T20 世界旅游名镇、新金陵四十八景、华东最美金花胜地等称号。

中国·高淳国际慢城金花旅游节 "中国·高淳国际慢城金花旅游节"在每年 3 月中下旬举办。高淳的油菜花面积近 20 万亩，而且品种都是优质双低油菜，不仅营养品质高，且花束比常规油菜花大三分之一，近观和远观都更为美丽。金花节期间游客除了观赏油菜花，也可以感受欢乐的露天烧烤和音乐节的浪漫；加入摄影大赛的行列，用相机记录花海美景；还可以约上好友一起穿梭油菜花海，在油菜花田里打卡拍照；到茶园里采茶制茶，在田间地头挖野菜、摘草莓，去山庄垂钓或学做手工豆腐、剪纸等，尽享乡村野趣。

瑶宕有机茶基地 该基地占地 1200 多亩，茶叶品种主要有福鼎、丽早香、龙井 43 号、乌牛早等。基地聘请了南京农业大学的专家和教授担任技术顾问，引进先进的制茶机械设备，采用人机结合的加工方法，提高茶叶质量。

瑶宕千亩早园竹基地 瑶宕村从 1995 年开始从浙江德清引进早园竹试种，优良的气候和土壤条件非常适合早园竹的生长，再加上覆盖栽培新技术的使用，年亩收入现已达 6000 多元，竹笋主要销售到苏锡

◎高淳国际慢城金花旅游节

常等地，早园竹笋有"天下第一素食"的美誉，是完全营养型纯天然无公害蔬菜。

吕家大草坪　吕家大草坪位于吕家观景台与文化林广场之间，占地 4 万平方米左右，是一个供游客休憩、玩耍的好去处。烧烤区可品尝美味烤肉，畅享自助风味烧烤，让游客通过美食了解慢城。更不能错过的是慢城夜晚的星空，支一顶帐篷，看着乡野天空的星河，与家人、朋友一起感受这份静谧的时刻。春日，吕家大草坪是春游踏青必去打卡地之一，每到春季的吕家大草坪上，都有络绎不绝的风筝在空中一争高低，放飞自我，享受惬意的慢时光。

吕家田园驿站　驿站位于高淳国际慢城核心区，村域面积 882 亩，村庄茶田、水塘环绕，夏赏漫山金花、秋看风吹麦浪，依托地处慢城核心区、生态之旅起点的地理区位优势，整合周边生态、民俗文化等资源，打造了"田野、茶道、怀旧、酒香"等主题的田园驿站乡村民宿。吕家依托慢城乡村生态旅游发展契机，大力推动民宿旅游产业发展，先后荣获江苏省休闲农业精品村、省级特色田园乡村、市级美丽乡村示范村、"五猖"文创村、市农家乐示范村等荣誉称号。

桃花扇广场　桃花扇广场总面积 3 万平方米，是高淳一年一度的"中国·高淳国际慢城金花旅游节"开幕式举办地。桃花扇广场以桃

©吕家大草坪

文化为主题，有挑花篮、跳五猖、打叉、舞龙舞狮、跳马灯等民俗表演。此外，桃花扇广场的建成，也为当地农副产品的销售和展示提供了一个平台。

游子山休闲旅游区

游子山休闲旅游区位于高淳区中部，紧临宁高高速、芜太公路、芜申运河等交通线，距禄口国际机场仅57千米。游子山主峰海拔188米，秀丽挺拔，景色迷人，被誉为"濑渚第一形胜"。景区总面积650公顷，森林覆盖率达89%，是高淳的森林生态核心区，被称为高淳的"绿肺"。2011年游子山休闲旅游区被评为国家森林公园，国家林业局还将其评为"中国最具潜力森林旅游景区"，2015年12月被评为国家AAAA级旅游景区。

"山水这边秀，徒为他乡客"，游子山是高淳人民心目中的圣山。相传2000多年前孔子登临游子山，见这里青山绿水，湖光山色，风景秀美，而吴楚之争留下的创伤仍随处可见，不由感慨万分，油然而生思归情怀。他觉得自己是一个漂泊天涯的游子，谏君乏术，爱民无方，该回归故里，颐养天年了。数年后，孔子在曲阜抑郁而终，后人为纪念这位圣人，便将此山命名为游子山。据统计至2013年3月，游子山脚下有近3万孔氏家族人员，是全国除山东曲阜之外最大的孔氏居住地。

游子山休闲旅游区可称得上是江南绿色明珠。景区内有大、小游山两座标志性山峰起伏逶迤，大游山像神龟昂首，小游山则如骏马奔腾，双峰傲立，构成了优美秀丽的造型。游子山不仅景色秀美，人文底蕴更是十分深厚，这里处处是文化，处处是历史，从春秋时期一直到民国都在这片土地上留下了痕迹。春秋时期有孔子登游子山时坐过的夫子石；宋代有范成大咏高淳游子山的诗碑；清代有真武庙；民国有同盟会会员王嘉宾的墓；等等。高淳深厚的文化积淀在这里得到了充分体现。

游子山休闲旅游区分为核心区和延展区两个区域，核心区又名"游子山人文体验区"，主要游览景点有真如禅寺、祈福园、山水园、赏翠谷等；延展区又名"三条垄片区"，主要游览景点有淳青茶园、十里古船板儒家廉文化栈道等。

真如禅寺　真如禅寺属安徽省九华山下院，占地将近7公顷，是九华山各下院中最为突出的一家。游子山形如双龙戏珠，真如禅寺便建在这双龙环抱之中。寺门上嵌有"真如禅寺"四字，出自中国佛教协会原会长赵朴初之手。真如禅寺三门并列，气势雄伟。广场上耸立着一尊贴金阿弥陀佛，高21米，重近千吨，堪称华东第一大石佛。石佛往上另有三大宝殿隐居山中，雄伟壮观。正中的大雄宝殿单项列九华山各下院之首，供奉着释迦牟尼、药师佛、阿弥陀佛三尊佛像，两侧为十八罗汉，背面为海岛观音。右侧大悲宝殿供奉着四面千手千眼观世音菩萨圣像，殿前是一座13层、高16米的铜铸宝鼎；左侧的大愿宝殿供奉的是四面大愿地藏王菩萨，圣像高9.9米，大殿两边最前方分别是牛头、马面，其余是十殿阎王，后面有判官。左下方的殿宇玉佛殿，殿内供奉三尊高2米多的汉白玉佛像，系缅甸居士相赠，国内罕见。

祈福园　祈福园是景区的上山入口，盘山路大约长3千米，通往游子山主峰大游山山顶。祈福园内主要有烈士陵园、方言步道、云栖栈道、灵官殿、文圣殿、真武庙等小景点。

游子山烈士陵园　游子山烈士陵园占地面积约8000平方米，墓园内安葬着40多位烈士，他们当中有在抗日战争时期为消灭真武庙中控制宁建公路（南京—郎溪）通道的伪军而牺牲的新四军烈士，还有参加中越边境自卫还击战牺牲的烈士，等等。1991年，高淳县政府为缅怀烈士，建造游子山烈士陵园，1994年树立烈士纪念碑，纪念碑正面上书"革命烈士永垂不朽"八个金光闪闪的大字。游子山烈士陵园现为高淳区文物保护单位、高淳区爱国主义教育基地，已经成为南京市爱国主义教育活动的主要场所之一。

方言步道　方言步道地处祈福园内，是以高淳古方言文化为载体的生态游览步道。从日月亭延伸至山顶的观景平台，总长约1.5千米，沿途的游子居休息点，可品茶小憩。高淳古方言已有4000多年的历史，保留了很多古吴语的成分，高淳话有"语言活化石"的美称，被称为"古韵方言活化石"。

二十四节气文化长廊　二十四节气文化长廊地处游子山山顶的观景平台。据文献记载，中原地区在商朝时已出现了仲春、仲夏、仲秋和仲冬等四个节气的名称，周朝时期出现了八个节气的名称，二十四节气名称首见于西汉刘安的《淮南子·天文训》。二十四节气是上古农耕文明的产物，它在中国传统农耕社会中占有极其重要的位置。古人根据二十四节气不同的特点，总结出了春生、夏长、秋收、冬藏的一套生活方式，这是一种把人融入自然的生活方式，跟现代倡导的人

◎二十四节气文化长廊

与自然和谐发展、可持续发展的理念具有很多一致的地方。

云栖栈道　云栖栈道地处祈福园内，总长约2千米，是游客游览赏玩的一条原生态的栈道，它依大游山、小游山而建，朦胧中犹如一条丝巾围绕着大游山，行走在栈道中，如在云中栖息，故名"云栖栈道"。

灵官殿　灵官殿是道教庙宇，在道教众多护法神中，王灵官是地位最高的一位，灵官殿内供奉的就是王灵官。王灵官三目圆睁，锯齿獠牙，披甲执鞭，有震妖降魔的气魄。灵官是护法监坛之神，司天上人间纠察之职，所有违法乱纪、不忠不孝者他都要加以制裁。

文圣殿　文圣殿占地半顷，坐北朝南，供奉圣人孔子。大殿两边另有雕像十二尊，称为"十二哲"，在这些雕像中，除了宋代大儒朱熹之外，都是孔子的著名弟子。文圣殿也是华东地区重要的孔子祭祀场所之一、江苏第一个中国孔子研究院国学研究基地和南京第一个的孔子文化教育基地。

真武殿　清代道家门生见游子山静奇秀灵，颇有仙风道骨之气，便在山顶建起道家宫观"玄武庙"，后因避康熙名讳改为"真武庙"。今重建于游子山顶，面积约680平方米，为徽派建筑。真武殿是以句容茅山道院下院的规格来打造，并成立了南京道教协会。大殿中央供奉的神像是真武大帝，真武大帝又称玄武大帝，全称真武荡魔大帝，是汉族神话传说中的北方最高神。

游子山 YOUZI MOUNTAIN

©云栖栈道

游子山内现有野生植物 175 科，共 1543 种。其中，有国家一级保护植物 4 种，国家二级保护植物 6 种。除此之外，像白鹃梅、乌饭树、米饭花等南京地区较为罕见的植物，在这里也是数不胜数。良好的森林生态环境还孕育了景区内丰富的动物资源，目前在景区内已被发现的野生动物有 60 科，共 174 种。其中，有国家一级保护动物 1 种，国家二级保护动物 22 种。

山水园 山水园地处游子山休闲旅游区后山，四面群山枕水，碧波荡漾，湖岸曲折通幽，以山绕水、水映山而取胜。山水园是游子山山水交融、风骨神韵的经典之处。优美逶迤的山岭蜿蜒盘旋，犹如一条正在酣睡的巨龙。俯瞰足下，幽雅别致的亭台，古色古香的小桥，简练古朴的寺庙，还有那蓝天、闲云，都倒映在秀美的水面上。可以让人暂时忘却世事纷繁，真有点"其身与竹化，无穷出清新"的味道。

赏翠谷 赏翠谷是游子山诗意天成的精华所在，位于游子山北麓，依山傍水，是一个集自然生态景观与人文景观于一体的休闲娱乐场所。谷中有一座石亭，叫作赏翠亭；谷前有一片 47 公顷的竹海，竹海中大部分都是毛竹，也有少量的早园竹、刚竹、水竹等。赏翠谷犹如一个天然的大氧吧，环境优雅，空气清新，令人心旷神怡。

◎赏翠谷

游子山休闲旅游区延展区的生态景观也是别具一格，延展区又名"三条垄片区"，总面积为100公顷，由森林、茶园、果园、竹园、库塘等组成。"三条垄"名称的由来与这片景区独特的地貌特征有关，如果从空中向下俯瞰，就像蜿蜒起伏的三条巨龙，因此取自"三条龙"的谐音。

三条垄片区集山、水、茶、林于一体，既有整齐排列的茶园，栽培着金陵春、雨花茶等名茶；也有浓荫蔽日的古木苍林，香樟、黄杨、苍松、翠柏等成片密集，青翠苍郁，美不胜收。此外，这里还有两种国宝级生物，一个是昆虫中华虎凤蝶，另一个是植物杜蘅。2011年4月，南京林业大学昆虫学专家在花山、三条垄的杜蘅群落生境中实地发现了七八只中华虎凤蝶，并推算该种群可能是目前已发现的最大的虎凤蝶群落，大约有400～500只，这在整个华东乃至全国是绝无仅有的。

淳青茶园　三条垄的核心区域就是淳青茶园，淳青茶园是高淳区内唯一的国营茶场，现有茶园4000亩，具有近60年的茶树栽培和茶叶制作历史，年生产优质干茶2万千克，主要有金陵春、碧螺春、雨花茶等名茶，被誉为"南京茶乡"。这里产的茶叶金陵春、雨花茶双获"中茶杯"特等奖，茶园曾获"中国三十座最美茶园"的美誉。

十里古船板儒家廉文化栈道　十里古船板儒家廉文化栈道由文怀沙所题，栈道入口处有个重达3.8吨的船锚，象征着守廉的人生方可稳当。

◎淳青茶园

◎十里古船板儒家廉文化栈道

　　整个栈道是采用上百年的船板木头铺设的，船板在大海中经历了几十年的风吹日晒，具有很好的"防腐能力"，与"廉政""反腐"思想相得益彰。十里古船板儒家廉文化栈道围绕明德修身、为政以德、仁爱万物等主题，通过 80 余幅格言警句、70 余幅廉洁漫画、100 余块立牌和多幅廉洁楹联等，立体式展现了中华传统文化和高淳本土文化的菁华，游人行走其间，可追思先哲，可品味山水，更可感受到"观景思廉、身心俱乐"的意境。

武家嘴热带风情谷

　　高淳区的武家嘴村，素有"金陵首富村""中国民间造船水运第一村"之美誉，而热带风情谷景区则是该村打造的最经典的旅游项目。
　　武家嘴热带风情谷位于江苏省南京市高淳区东坝镇，创建于 2008年，2014 年正式对外开放，规划总面积 1.5 万亩，核心区面积 6000 余亩，是全国领先的都市休闲农业综合体，先后获得全国休闲农业与乡村旅游星级企业、江苏省青少年科普教育基地、省级现代农业产业园、南京市首批现代农业示范园等多项荣誉，已成为江苏省现代农业旅游示范的窗口，都市休闲农业和生态农业的新亮点。
　　一号农展馆　一号农展馆总面积 1.6 万平方米，馆内配有先进的控温、通风、遮阳系统，确保阳光、水分、营养的有效供给，冬季可保持

◎一号农展馆

在 18℃以上，以满足馆内各类植物生长的需要。一号农展馆分为热带雨林植物区、水景区、养殖区和热带沙漠区四个区域，引进了新、奇、特植物 300 余种，还种植了许多本地区少见的热带果树。馆内还以不同方式展示了多种高科技农业栽培技术，如立柱栽培、营养液水培、管道栽培、墙面栽培等，在馆内可以尽情领略现代农业的魅力。游客在观赏之余还可以参加手工劳作活动，或在锦鲤观赏区进行锦鲤喂养活动。

中小学生综合实践馆　中小学生综合实践馆位于一号农展馆的东侧，总面积 16800 平方米。2018 年，为推进区青少年素质教育，培养学生创新精神和实践能力，经市关工委、区教育局等相关单位联合审议通过，整合南京武家嘴农业科技园建设高淳区青少年社会实践基地。基地以"走进自然，贴近社会；亲身体验，完善自我；动手实践，调查研究"为核心引导目标，通过配套设施建设及对相关课程体系的开发，组织青少年在基地内开展生存体验、素质拓展、科学实践、专题教育等丰富多彩的实践活动。

制茶坊　南京最具代表性的茶叶是雨花茶，而南京雨花茶中的精品就在武家嘴，武家嘴的系列雨花茶在 2011～2021 年南京市雨花茶质量评比中多次荣获金奖。制茶坊是重要的茶叶加工基地，这里的炒茶机引进了日本全自动生产流水线，是国内第三套全程自动化加工设备，每小时可加工干茶 200 千克。入口清甜的好茶得益于武家嘴园区内 2300 余亩无性系良种茶园。无性系良种茶园的占有比例是衡量一个国家或地区茶叶生产水平的重要标志，也是检验茶叶生产科技含量的重要内容，正是有这些优质茶源的保障，才能制出如此品质优良的茶叶。

植物迷宫　植物迷宫位于一号馆西侧区域，占地面积约 35 亩。植物迷宫是整形植物的重要表现形式之一，在园区景观中发挥着重要的作用。游客行走在组合成各种图案和道路的植物迷宫世界之中，既能感受不同寻常的旅游体验，也能获得在迷宫中迷失方向后又走出迷宫的喜悦和快乐。

玫瑰庄园　玫瑰庄园是一片姹紫嫣红的"花花世界"，也是园内的景观热点。玫瑰庄园把国内外多个玫瑰品种汇集在园内，打造了一个玫瑰花的王国。在武家嘴玫瑰庄园里，每年可以观看三季的玫瑰花。玫瑰庄园是一个爱的天堂，游人可以观赏爱情之花的盛开，新婚夫妻可以在这里留下永恒的美丽回忆。

果蔬采摘区　园区种植了莲雾等各种品质优异的水果、蔬菜、茶叶，其中梨、葡萄、枇杷、杨梅等水果均可定期向游客开放采摘；园区生产的绿色无公害有机蔬菜也会作为园区特产进行销售，其中黄瓜、西红柿、春笋等还向游客提供采摘服务；另外，园区特产的优质茶叶也将向游客开放展示制作工艺，为游客提供更多的体验活动。

为了让游客获得更好的旅游体验，园区还配备了餐饮、住宿、会议、培训等设施，满足游客的多样化需求。

二　水慢城系列

固城湖水慢城景区

固城湖水慢城位于固城湖旅游度假区的西侧，占地面积约 8000 亩，是高淳区传统农业向"旅游 +"现代农业转型的示范项目。区域地理位置良好，交通便利，距离禄口机场 40 分钟车程，距南京市区一个小时车程，是一个集科普教育、生态观光、采摘游乐、水上运动、休闲度假为一体的游憩型湖畔生活度假目的地。

固城湖水慢城 2016 年 9 月 24 日正式开园，一期园区共 4000 亩。景区以独特的水元素为核心，贯通其中的是面积达 2600 亩的人工内

◎乐活林

湖——永胜湖，占一期园区面积一半以上。永胜湖因围湖造田形成的永胜圩村而得名，湖水贯穿整个景区，最后汇入高淳的母亲湖——固城湖。园内金沙滩、婚庆园、滨湖花海、湿地动物园、戏渔谷、百荷园等休闲观光景点点缀在永胜湖的四周，水系融会贯通，游客可以选择乘坐观光画舫、观光车、观光自行车等多种交通工具游遍全园。

乐活林　乐活林占地 80 亩，整个景区的水在这里通过提升水池、调节池、水解池、缺氧池、好氧池、污泥池等一系列循环设施完成循环净化。乐活林是个天然的氧吧，随处可见郁郁葱葱的树木、小桥及清澈的湖水。

金沙滩　金沙滩是依托永胜湖打造的一片水上休闲娱乐区。充满热情活力的沙滩，六棵高大的仿真棕榈树一字排开，广阔无边的湖面，让游览者仿佛置身热带海岛风光之中。从金沙滩向水面延伸十米就是可以进行水上游乐的浅水区，设有水上步行球、水上自行车等多种游乐设施，无论成人、孩童都可以在此尽情嬉戏，享受时光。

婚庆园　位于婚庆园区域的大草坪是亲子娱乐、团建活动的最佳场所，可承载 800 人规模的团体活动。大草坪上搭建了水慢城拓展基地，基地设有低空、中空、高空拓展项目。低空、中空项目适合 18 岁以下的青少年体验，种类丰富且难度适当；适合成人的高空项目有空中抓杠和攀岩。骑马射箭、疯狂卡丁车和暴走坦克车等游乐项目都是景区内热门游乐项目。

　　婚庆园与滨湖花海相邻，花海、绿雕和广阔的湖面是最好的拍摄背景。这里到处充满艺术气息，适合拍照打卡，也是新人拍摄婚纱照、举办浪漫唯美的户外婚礼的绝佳之处。

滨湖花海　毗邻婚庆园的是一片滨湖花海，围绕内湖形成一个唯美的"C"形弯。格桑花、马鞭草、步步高、美女樱等繁多花卉组成的花海如同一块华美的织锦地毯铺设在湖畔，在波光粼粼的湖水掩映下，缤纷绚烂，美不胜收，是打卡拍照的胜地。

采摘园　采摘园位于滨湖花海对面，种植了枇杷、杨梅、梨子等，园内所种水果均为绿色有机水果，源于水慢城优秀的生态环境，结出来的果实香甜可口。每年的 5 ～ 8 月，游客可以深入园中体验自由采摘的无限乐趣。

湿地动物园　湿地动物园位于景区北侧，以湿地为背景，建筑立于水上，水系贯穿园区，是一座富有水乡特色的湿地动物园。占地约 24.3 万平方米的动物园里生活着数十种、近千只动物，为了更加亲近动物与大自然，游客可以乘坐小船水上游园，近距离接触动物，还可以观赏到孔雀放飞等活动。

湿地动物园由鳄鱼馆、猛兽区、灵长馆、食草园、火烈鸟园、鹦鹉馆、鹤园、天鹅湖和孔雀园九大展馆组成。馆内饲养的多为湿地动物，鸟类尤甚。高淳圩区水网密集，河湖众多，其中的石臼湖湿地吸引了大批候鸟前来越冬，是江苏最大的"小天鹅湖"。贯穿动物园的水系内还饲养了大天鹅、黑天鹅、黑颈天鹅等多种天鹅，还有鸳鸯等湿地鸟类。三三两两的天鹅在水面上优雅地划行，丝毫不惧游人，人与自然和谐共处，温馨惬意。

戏渔谷　戏渔谷位于湿地动物园西侧，是亲子特色互动场所。园内小桥流水、花草芬芳、景观别致，游客可以观鱼、喂鱼、捕鱼，体验戏鱼乐趣，尽享亲子欢乐。戏渔谷内拥有大小、深浅不同的 7 个水池，有感受"鱼疗"的养生池、抓鱼捞泥鳅的体验池、垂钓龙虾蟹的休闲池以及水上竞技池。玩累了，在鱼疗池边坐下，把脚放入池中，尽情享受小鱼儿们亲密的吻，一整天的疲累都会消失殆尽。在戏渔谷内，有数座草屋坐落其中，草屋内可以提供渔具、服装租赁和鱼类现场烹饪服务。

芦苇荡　芦苇荡位于戏渔谷正对面，成片的芦荻、芦苇、蒲苇在清风吹拂下缓缓摇曳。水慢城中的芦苇荡占地约 200 亩，游客可乘坐篷船、摇橹船、画舫等游船，穿梭在芦苇荡深处，"柔橹数声里，相唤隔芦葭"，感受"惊起一滩鸥鹭"的美好，也可参与主题寻宝、芦苇迷宫等体验项目。芦苇荡旁边还修建了一条木质栈道，沿着栈道缓行，可登上观光塔，极目远眺，尽赏固城湖畔芦苇荡风光。大面积的

◎戏渔谷

◎芦苇荡

芦苇荡不仅可调节气候、涵养水源，所形成的良好的湿地生态环境，也为鸟类提供了栖息、觅食、繁殖的家园。

百荷园　百荷园是景区的核心景点之一。百荷园水面广阔，栽种了近百种荷花，有"漂亮女孩""友谊牡丹莲""剑舞莲花""红颜滴翠""五彩芙蓉""碧玉婉"等名贵品种，同时还栽植了睡莲、浮萍等多种水生植物。百荷园的荷花花期极长，无论是六月酷暑之时，还是九月微凉之际，均可感受到荷叶罗裙、芙蓉向脸之美景。百荷园内坐落着11座小桥、4座凉亭，蜿蜒曲折的木栈道一直延伸至荷田深处，徜徉于木栈道，可细细欣赏荷花盛开美景，感受"接天莲叶无穷碧，映日荷花别样红"的夏日美景。夏日荷花盛开之际，乘坐小船深入荷田，在碧叶红花中悠悠穿行，即便烈日炎炎，也觉得整个身心变得清凉、舒适起来了。

百荷园的东北方向还隐藏着一处雾森仙境，在仙雾笼罩中的森林走上一走，仿佛置身于一片世外桃源，静心宁神，所有压力也随之一扫而空。

◎百荷园

埋锅造饭／大锅灶　在婚庆园的拓展基地附近，景区特别开辟一个供游人自由DIY野餐的区域，可以带上孩子，约上小伙伴、闺蜜或同事，远离嘈杂的闹市，在大自然中亲手烹制香飘四溢的土灶饭。黄黄脆脆的锅巴，新鲜可口的蔬菜，尽情享受不同寻常的乡间野趣。

固城湖水慢城依托优越的生态环境，以"水上天堂、度假胜地、国际赛场、宜居家园、休闲乐园、生态基础"为特色，以生态涵养、科普教育、运动康体为主要功能，满足休闲度假旅游需求，打造江苏省首选的以生态、运动、休闲为主题的精品滨水生态运动休闲度假区和长三角地区重要的生态休闲湖畔度假旅游目的地。

中华绒螯蟹博物馆

固城湖属典型的草型湖泊，具有丰富的自然饵料，是江苏省饮用水水质最好的天然湖泊，特别适宜养殖中华绒螯蟹。固城湖的中华绒螯蟹具有八大鲜明个性：绿（绿色食品，放心蟹）、早（上市全国最早）、大（规格大，四两以上的占 60%）、肥（肉质饱满）、腥（蟹腥味十足）、鲜（蟹肉氨基酸多）、甜（口感好，鲜中带甜）、靓（青背、白肚、金爪、黄毛，红膏蟹占 95%），是出口的上等品。现螃蟹围网养殖已成为高淳农业的支柱产业。2009 年 4 月，高淳县"固城湖 GUCHENGHU"及商标被确认为第一个以"螃蟹"为对象的中国驰名商标。

为进一步宣传高淳螃蟹历史的源远流长和深厚底蕴，进一步推动高淳的蟹产业、蟹文化迈入更高层次，高淳区建造了中华绒螯蟹博物馆，并从 2001 年开始，每年举办"中国·高淳固城湖螃蟹节"。螃蟹节于每年 9 月螃蟹成熟时开幕，持续两个月左右时间。"固城湖"螃蟹以其特有的魅力，结合富有高淳民俗风情的特色活动，令国内外宾朋瞩目。

◎中华绒螯蟹博物馆

中华绒螯蟹博物馆坐落于高淳区砖墙镇江苏固城湖青松水产专业合作联社养殖基地。博物馆分三层，建筑面积2300多平方米。第一层主要是科普展示，重点介绍螃蟹的各类知识，并陈列了世界各地不同科属的螃蟹标本；第二层的螃蟹文化厅及高淳螃蟹生态养殖厅，展示了古人食蟹、饮酒、赏菊的典故和诗词以及螃蟹的养殖全过程；第三层展厅重点介绍了合作联社由小到大、由弱到强的发展过程。展览以"蟹文化"为主线，以标本实物、科普知识、文化故事为依托，以高淳生态养殖产业、合作联社发展历程为线索，参观者在此可以身临其境地领略"绒螯蟹文化"丰富的内涵。

中华绒螯博物馆延续与传承我国河蟹文化，填补了南方地区没有河蟹博物馆的空白。博物馆运用丰富多样的展陈手段，回首高淳螃蟹产业的过去，立足螃蟹产业的现在，放眼螃蟹产业的未来，浓墨重彩地介绍高淳人民历经数十载探索与研究，从繁育优质亲本蟹苗、建立生态养殖模式到拓展多元营销渠道一路走来的辉煌历程，充分展现了高淳人民的聪明智慧和不懈追求，是向世界推介固城湖螃蟹品牌形象的重要平台。

水乡慢城

"水乡慢城"指的是水乡砖墙镇。砖墙镇位于高淳区西南部，东临固城湖，西边和南边均与安徽省（宣城市）隔水相望，是数千年来皖南山洪下泄夹带的泥沙淤积而成的水乡圩区，境内圩埠相连、沟汊纵横，水系相通，水质优良，气候宜人，土壤肥沃，物产丰富。

砖墙镇以砖墙老集镇而得名。明弘治四年（1491年），高淳设县，砖墙改称永宁乡；清代改称永成乡；民国时仍名永成乡，后改永成区；抗战时复名永成乡；新中国成立后，更名砖墙区。1958年，砖墙区分为砖墙人民公社、保胜人民公社；1996年，合并为砖墙乡；2002年，撤乡建镇，始有砖墙镇。

砖墙地灵人杰，人文荟萃。春秋时，吴国筑固城，又于西南筑圩附于城。吴王以是圩赐予丞相钟，始名相国圩；茅城陇岗吴门出三贤，享有"一里三相"之美誉；南宋进士王小山倡筑保圣圩，种出五色桂花，闻名遐迩；相国水牮开水利建设之先河；洪户打罗汉成为省级非物质文化遗产；港口劝学，姚鼐称"养育其才俊"；港口武术堪称一绝；抗战期间，叶飞曾率新四军驻扎垛上……

◎周氏宗祠

周氏宗祠　周氏宗祠坐落于砖墙镇周城村，始建于明万历年间，原前后三进，即门房、享堂、寝堂。寝堂坐西北，面东南，面宽五间，横宽 17.8 米，纵深 14 米，地平至脊高 9.8 米，砖木结构，上下两层，前廊、轩均为双檐，一字屏风门排列。正厅三间，梁架用扁作，减柱抬梁构造，四柱十三檩；边间八柱十一檩，楠木做柱，柏木为梁。迎面所见梁枋、雀替、斗、拱均有浮雕图案，有"八仙过海""麒麟送子""凤戏牡丹"等吉祥图案、纹饰。梁枋施彩绘，图案色彩艳丽，形象栩栩如生。大门楹联为"西岐分派，南宋传奇"。2008 年，周氏宗祠在全国第三次文物普查中被发现，被列为江苏省文物保护单位。2012 年，享堂从原地起高 3.88 米，复古修缮，重建全木结构中厅，砌筑院墙，周氏宗祠又焕发了青春风采。

洪户打罗汉　"打罗汉"又称"叠罗汉"，是民间武术表演兼硬气功、大力士、杂技表演。南宋初年，北方武术文化传到南方。高淳习武之风盛极一时，"打罗汉"应时兴起，先盛于阳江龙潭，后传入砖墙洪户。洪户打罗汉讲究真实，真刀真枪，实战实打，由"打斗"和"堆叠"两部分组成，重头戏在于"堆罗汉""箍炸盆""荷花瓣"和"装马"武舞造型表演，表演过程中"嘻口罗汉"穿场嬉戏，以贯连节目，增加谐趣，故而得名。2007 年，砖墙打罗汉被列入首批南京市非物质文化遗产名录，2011 年被列入江苏省级非物质文化遗产名录。

三　文慢城系列

高淳老街历史文化景区

南京历史悠久，文化昌盛，自古就是文人墨客、商贾云集之所，拥有很多历史老街，其中最为著名的就是有着"金陵第一古街"之称的高淳老街。高淳老街又称淳溪老街，位于南京市高淳区淳溪街道，是高淳的商业中心，也是江苏省内保存最完好的明清古建筑群之一，被誉为"古建筑的艺术宝库""中国民俗文化富矿区"。2012 年，高淳老街入选中国历史文化名街和新金陵四十八景；2013 年，被评为国家 AAAA 级旅游景区。高淳老街的主要景点沿着老街逐次展开。

高淳老街历史文化景区　高淳老街自宋朝正式建立街市，至今已有 900 余年的历史，是一个纵横相交、完整分布的临河型街区。主街平面形状以节弧形推进，为"钱兜状"，蕴有旺财、前程永无止境的含义。老街街面宽 3.5 米左右，明清时全长 1135 米，现在保留下来并加修复的部分共为 800 多米。高淳老街由中山大街（老街）、河滨街、迎薰门、当铺巷、陈家巷、傅家巷、徐家巷、井巷、王家巷、小巷、县府路、江南圣地、仓巷、文储坊、官溪路等 15 条街巷共同组成，以

◎高淳老街

◎老街

纵贯区内的老街命名，核心区总面积约 9.72 公顷。老街在明清时期称作"正仪街"，民国后改称"中山大街"，之后几经改名，现在仍叫"中山大街"，不过当地人习惯称之为"老街"或"一字街"。

老街地面两边用青灰石纵向铺设，中间用胭脂石横向排列，整齐美观，色调和谐。街两边分布着成片的明清建筑群，大多是前店后宅的楼宇式双层砖木结构，挑檐斗拱，镂花窗格，马头火墙，蝴蝶小瓦，

◎古井

建筑风格兼有徽派古朴典雅、香山派通透轻盈的特点，富含典型的江南韵味，又揉进了徽派风格，被古建筑专家称为"皖南徽派与苏南香山派的过渡类型"，反映了旧时老街作为苏皖经济与文化走廊的历史定位。老街的店铺多为三间，纵深数进，两进之间有厢房连接，中间是天井，形成一个院落，这种结构就是江南古建筑中较为典型的"一颗印"式建筑。老街木构件上都有精美的木雕，或人物，或动物，栩栩如生，工艺精湛，反映了古代高淳工匠的高超技术。其中吴氏宗祠、杨厅、关王庙等都极具特色，具有很高的观赏价值。

乾隆古井　乾隆古井位于老街西大门牌坊入口处，原名"大成井"。井口直径 0.55 米，据记载原井深三丈，现井深 6.3 米。据传清乾隆二十七年（1762 年），乾隆皇帝第三次南巡期间曾至高淳。为迎接皇帝，当地官员在老街开掘了一口新井，以供御用。井水纯净、清凉、甘甜，乾隆饮后赞不绝口，后人遂将该井称为"乾隆古井"。清道光十四年（1834 年）三月，淳溪镇"疫疠大作"，河水受到污染，老街居民从此井中取水才渡过难关，从此对这口井的感情更加深厚，曾先后于清道光十四年和光绪元年（1875 年）由当时的希徽公堂出资，进行清淤掏挖。因此，该井之水始终保持清澈洁净。新中国成立后，居民虽然普遍用上了自来水，但此井仍在生活中继续使用。

关王庙　关王庙，又称关帝庙、武庙、关岳庙，明弘治二年（1489 年）应天府丞冀绮召集高淳富商王栃七等人，始建于高淳老街北拱极门内。明万历四十五年（1617 年）知县唐登隽倡议，在老街王家巷西侧重造，称关帝庙。清咸丰十年（1860 年）关王庙毁于兵火，尽成焦土。清同治七年（1868 年）秋，全县七乡按田亩摊捐集资，在王家巷西侧关帝庙原址废墟上重建该庙。重建的关王庙共九楹三阙，前为门楼，中为拜殿，后为正殿，金碧辉煌，为金陵七邑武庙之首。

杨厅　杨厅是高淳具有代表性的明清时期商住楼，原为老街糕点大王赵东阳的经商用房，后卖给杨道南，改称"杨厅"。杨道南是一位开明绅士，在世时做了许多善事。该建筑纵深三进，上下两层，砖木结构，面积 500 平方米。首进是一座面宽三间、上下两层的砖木结构楼房，中后二进为"走马楼"造型。中进正堂中桌、椅、香几皆如当年。左右边间分别为园主人及公子卧室，楼上则为小姐闺房。天井两侧设厢房，原为来客和仆役居住。进与进之间设天井通风采光，天井还汇集四周雨水，谓之"肥水不外流"。每进堂间设石门槛，共三进四门。门槛一进高过一进，象征生活、经商步步走高。门面为排门式，门额之上设骑楼，檐口由曲缘外挑，既挡雨又遮阳。出门枋下撑木雕

◎吴氏宗祠

草花龙，两侧山墙垛头逐级外挑，西有铁拐李、牡丹、福寿等图案，后进雕花门罩朝内，上雕"德乃福基"，这区别于徽派华丽对外的特点，具有苏派对内自观的特征。杨厅建筑同样大量使用木雕，内容有"福禄寿三星""双凤戏牡丹""双狮绣球""岁寒三友"及"云拐"等。

吴氏宗祠（新四军一支队司令部旧址） 吴氏宗祠坐落于高淳老街当铺巷78号，始建于清乾隆年间，它依地形而建，门朝官溪河，背靠老街。布局分为前进正门（戏楼）、中进享堂（议事堂）、后进祭殿，间设天井，侧有厢房，建筑面积800余平方米。

首进三开间，有上下两层。底层南向开设正门，门外两侧砌"八"字形罩墙。青砖叠砌，麻石作基，左右各安置一块圆形抱鼓石，尽显肃穆庄重的祠堂本色。进入正门，转一个方向看此建筑，才发现它是一座戏楼，是吴氏族人欢聚娱乐之所。将大门与戏楼合二为一，可见当年设计者匠心独运。

戏台设在二楼，用屏风木板隔成前、后台，俗称"天壁"，以便前台演戏。前台边间，隔成"乐台"和包厢。台顶、正中构筑叠三层八角形藻井，四周置"平棋"天花。戏楼上的藻井不仅有装饰作用，而且在演唱时能够产生共鸣，起到吸拢回传的效果。

中进享堂的面积有250平方米。建筑造型为前、后轩廊，敞厅式。正间屋架"抬梁式"，上设草架，高12米有余。后进祭殿，地势高于中、后二进，建筑结构为内四架大梁、前轩后廊，偏厅露明造。

中后两进大殿为典型的徽州风格，建筑造型均为小瓦屋面、马头墙、镂空屋脊。木构架用材较大，且材质极佳，以楠木作柱、柏木作梁，其味驱使蜘蛛远避。故梁架上丝毫见不到蛛丝尘网，历久弥新。

吴氏宗祠在建筑中大量使用木雕工艺，仅戏楼之上大小木雕就有80余幅，如戏台天壁上高浮雕《双凤戏牡丹》、藻井间浮雕《双龙戏珠》、享堂廊下束腰板上的《二十四孝图》等，是老街木雕中的精品。

1938年6月，陈毅同志率领新四军一支队东进抗日，由皖南到达高淳，司令部就设在吴氏宗祠内。高淳是新四军东进抗日、踏入苏南的第一站。陈毅同志在高淳期间，积极开展党的统一战线工作，发表抗日救国演讲，发出了军民各界共同抗日的号召，提高了高淳人民的思想觉悟，鼓舞了群众的抗日热情。期间，更是写下了《东征初抵高淳》的壮丽诗篇。

吴氏宗祠（新四军一支队司令部旧址）现已被列为江苏省文物保护单位、江苏省爱国主义教育基地、南京党史教育基地。

新四军驻高淳办事处旧址　1938年8月，为开通茅山抗日根据地和皖南新四军军部的通道，新四军一支队政治部决定由宣传科长戈白章及张春生、侯日千、华仁义四名同志组成民运工作组，在高淳县城开展地方工作，对外称新四军驻高淳办事处。这里就是当年民运工作组的办事处，办事处主任先后由戈白章、彭冲、芮军、陈立平、姚路担任。

◎新四军驻高淳办事处旧址

天边墨竹·藏式生活馆 该项目于 2021 年 10 月开放，由南京市对口支援西藏自治区拉萨市墨竹工卡县工作组推动，意在为市民朋友提供一个欣赏和体验藏族文化平台，进一步促进非遗保护与产业发展，加快苏藏两地文化旅游交流。生活馆有上下两层，一层陈列了各类藏地特色产品，包括陶瓷、藏鸡蛋、藏香、墨竹小菜籽油、民族服饰等；二层是休闲书吧，可以在此小憩、品茶、看书，身临其境地感受藏族文化，体验与了解藏民生活和藏式风情。

公益书吧·老街书坊 老街书坊于 2017 年 4 月 23 日世界读书日开馆，建筑面积 350 平方米，上下两层分为图书阅读、文化沙龙、院落休闲及轻饮吧四个区域，内置阅读雅座 100 余个，藏书近两千册，入选江苏省 2021 年"最美公共文化空间"。

高淳非遗展示馆 高淳非遗展示馆占地面积 1800 平方米，以文字、图像、实物等向游客展示了高淳的非物质文化遗产。千百年来，勤劳智慧的高淳人民在长期的生产、生活过程中，创造出许多优秀的民间民俗文化。高淳可称为中国民俗文化的"富矿区"，有"打水浒""叠罗汉"等民间武术，被国家体育总局评为"全国武术之乡"；高淳是"歌舞之乡"，高淳阳腔目连戏为我国最古老的剧种，被誉为"百戏之祖"，故高淳为中国传统戏剧发源地之一；著名的民歌有《五月栽秧》《采红菱》和《划船号子》等。"高淳阳腔目连戏""东坝大马灯"被列入江苏省第一批非物质文化遗产保护名录，"高淳羽毛扇制作技艺""高淳民歌""跳五猖"等 21 个项目被列入南京市第一批非物质文化遗产名录，其数约占全市首批"非遗"的四分之一。高淳方言，独具盛唐遗韵，为国内唯一现存的古吴语方言。

目前，馆内有区级以上"非遗"148 项，市级以上"非遗"29 项，其中国家级 1 项、省级 14 项。馆内还常年设置可供游客互动参与的活动项目，如划龙舟、踩螃蟹等民俗表演等。

高淳民俗表演馆 高淳民俗表演馆位于老街东延段，占地 2000 余平方米，为高淳民俗文化表演传承基地，分为"戏台""大型表演区"和"游客观赏区"三个区域。每逢节假日，高淳区组织各个乡镇"非遗"传承队伍集中进行民俗"非遗"、地方戏曲展演，是高淳非物质文化动态展示区域。演出期间，锣鼓喧天，热闹非凡，独具高淳地方民俗特色。

雕刻展示基地 高淳古代的木雕、砖雕、石刻技艺独具高淳文化特色。雕刻作品内容丰富，造型多样，所有装饰雕凿都遵循"图必有意、意必吉祥"的习俗。高淳老街店铺的门面非常注重装饰梁枋和"斜撑"，木雕的内容丰富，形态各异。有"文武财神""招财进宝""福禄寿三星"和狮子、龙纹、八仙等吉祥纹装饰，还有历史上的人物典故。这些独具韵味的木雕，在工艺上采用圆雕、浮雕、透雕等多种手法，人物栩栩如生。街区内多家店铺有展示作品，构图也全都体现追求美好、吉祥、幸福的民俗文化理念，具有浓郁的高淳地域特色，向大家直观形象地展现了古代高淳劳动人民精湛的雕刻技艺和古朴的审美情趣，有较高的观赏价值和学术研究价值。

旅游纪念品　据记载，自宋代起，高淳老街就是苏皖两地粮食、布匹、茶叶、山货、药材等物资商品交流和转运的集散地。明清两代，高淳老街更是商贾云集，物流通达，全街经营铁铺、油坊、酱坊、磨坊、竹木材、茶叶、黄烟、药品、水果炒货、羽毛贡扇、食盐、纸张等各类行当和物品的商家竞相崛起，最多时有 170 多家。当时著名的老字号店铺有赵东阳南北杂货店、馥和祥黄烟店、天兴祥药号、鼎昌恒盐栈、苏源顺茶叶店、福源盛纸店、六朝居饭庄等。世代更迭，老街重商的传统一脉相承，一些具有浓郁地方特色的产品在岁月的洗礼中至今依然享有盛誉，如固城湖螃蟹、羽毛贡扇、老棉布鞋、珍珠饰品、玉泉炻器、香干豆腐、风味糕点……其中以羽毛贡扇和老棉布鞋最负盛名。明嘉靖年间，高淳羽扇传进皇宫，深得皇室青睐，成为皇室贡品。1951 年，高淳制扇艺人为了感谢党和国家对羽扇行业的关心和支持，挑选了最好羽毛雕翎，精心制作了四把宝剑式象牙柄的大型羽扇，分别赠送给毛泽东、朱德等国家领导人。

高淳老街以其特有的景观风格成为全国重点影视拍摄基地，电影《黄桥决战》《将军的抉择》《刺马》《银楼》，连续剧《大江风雷》《红与黑 2000》《风雨中国心》《无懈可击之高手如林》《老严有女不愁嫁》等，均在此取景拍摄。

今日老街，明清店铺、民居宅院犹存，古色古韵的文化氛围极浓。这些交相辉映的历史文化遗存集中反映了高淳老街和淳溪古镇在不同历史时期不同社会生活的各个侧面，其深厚的文化内涵，在江南水乡古镇中独树一帜。

漆桥老街

高淳有一条有着两千多年历史的"寿星"街——漆桥老街。进入老街前必先经过雄伟壮观的南陵关。据《孔氏宗谱》和民国《高淳县志》

◎南陵关

记载，汉代时漆桥一带被称为"南陵"。漆桥自汉代就是金陵古驿道的必经之处，是连接苏南、皖南的交通要道。2013年，漆桥老街在原址上复建南陵关，作为游客进入老街的大门。登上门楼，极目远眺，西之固城湖，南之游子山，远山近水尽收眼底。

经过南陵关便进入漆桥老街，老街全长500米，东、南、西三面环水，外围纵长1000余米。古人有"直不储财"的说法，所以老街特意设置成弯曲的样子。进入老街，可以看到青石板路斑斑驳驳，路的中央有一条浅浅的车辙印向前延伸，这条车辙印就是在古代长期使用独轮车所遗留的，它见证了漆桥老街的悠久历史。

老街路面上的窨井盖是方形的，是古代铜钱的形制，寓意"见水生财"。在徽派建筑中，通常采用的是明沟，但在漆桥老街则采用暗沟。

街区左右设小巷，共有 21 条通往河边的巷道，整个街区平面布局类似蜈蚣。巷道百余米长直抵河岸，如同蜈蚣脚，主要作用是便于居民出行和防火。街区呈现一幅"两溪夹一街，巷道连水埠，临水有人家，桥头立商铺"的水乡风情画。漆桥在南宋时期已是一处著名的集市，在明清达到鼎盛，出现了近百家各类商号、作坊、店铺、酒店和茶馆，街面商贾云集，为古代高淳商业重镇之一。

漆桥居民以孔姓为主。南宋有孔氏迁来此地，筑成集市街道，继而建造宗祠，形成了庞大的孔氏体系，是全国仅次于山东曲阜的孔子后裔集中居住地。现在漆桥已成为江南孔氏第一村。儒家思想在这里广为流传，人们崇礼尚义，古道热肠，淳朴的民风世代传承。

在漆桥老街，随处可见房屋与巷口的转角被砌成"抹角"，俗称"拐弯抹角"，这样的构造是为了便于行人出行。子曰："君子矜而不争。"谦让的品德亦在此体现。

民居 260 号　民居 260 号是一处文保单位。在这里可以很清楚地看到每户人家都在小巷中辟有一个门，形成前门、腰门与后门的格局。深入里弄，不少老式住宅的墙面仍保留了砖砌的流通风窗，腰门前还有拴马石。这里两户人家的门是不对开的，根据当地的风俗，门对门会漏财气。

迎六公祠　迎六公祠建于清宣统年间，徽派建筑风格，前后两进，三间两轩，雕梁画栋，石刻花卉，临街骑楼花窗，是典型的江南古民居风格。前进大门横梁上原刻有"迎六公祠"四个大字，后被毁。后进正厅有神龛，供奉着孔氏祖先牌位，孔氏族人祭祀祖先、议事都在这里进行。

谦泰染坊　谦泰染坊，面宽两间，上下两层，前通漆桥老街，后靠漆桥河。1939 年 3 月，曹明梁、李代胜、邢东升、孔华亭等组成中共溧高县工作委员会，在漆桥镇南街开设"谦泰染坊"，作为工委的一个秘密活动场所。新中国成立后，染坊搬至北街。

"福昌"五洋行　"福昌"五洋行位于漆桥老街北街，占地面积78 平方米，坐西朝东，面宽三间，上下两层。该建筑青砖小瓦，砖木结构，清末民初建筑风格，至今保存完好。该商店是 1939 年年末，中共漆桥区委书记孔祥龙与江文治筹资开设，是当时漆桥地区党的地下联络点和交通站。漆桥地区党组织在这里进行秘密联络工作，负责护送党的干部，传递上级指示情报。现在这间古店依然在售卖货品，虽已不见当时的繁荣景象，但仍然起着商店便民的作用。

孔氏宗祠　所谓"千年祠堂在，百村世族和"。孔氏宗祠坐西面东，正门临街而设，依中轴线纵向五进，横向三排，有正门、午朝门、祖先堂、大成殿、明伦堂、崇礼堂、崇圣殿、戏楼等七十二间。区内孔氏分布七十二村，有每村可摊一间之说，蔚为壮观。可惜原祠毁于战火，现孔氏家族正在对其重建。

漆桥 漆桥是一座横跨河面的三孔石桥。相传汉朝丞相平当为避王莽之乱，隐居于此。当时，人们过河赶集、劳动耕作都要撑木筏，十分麻烦。平当决定在河上造桥，他买来木料，亲自设计，请手艺最好的匠人，造起了一座长约三丈、宽约一丈既结实又好看的木板桥。木桥建成后，为防日晒雨淋受损，就从上到下刷上一层红漆，"漆桥"由此而来。

保平井和保安井遗址 在漆桥桥南有一个亭子，里面有一口直径1米左右的古井，名为保平井。这口井掘于宋朝，井圈上的一道道刻痕是常年使用留下的绳索勒痕。井是当年孔子后人迁徙到这里后挖掘的，上面还刻有"大宋南迁阙里孔氏广源"的字样。"阙里"就是曲阜城内的阙里街，阙里孔氏则指孔氏家族。另有一口保安井，位于老街北，已湮没。

安顿头（平当石像） 老街东南角有一占地10多亩的平丞相墩，俗称"安顿头""筑城墩"。土墩高出地表5～6米，四周河流环绕，似古代"水环为雍"形象的遗址，专家们疑为孔氏祭祀的场所。墩上建有庙宇，内供山神、关王、二郎神。广场竖立一尊高近3米、底宽约1.2米的平丞相石雕像，基座镶《平丞相传记》碑，诗赞："不求当道称能吏，愿共斯民做好人。"

保圣寺塔公园

保圣寺塔位于南京市高淳区淳溪镇，当地称四方宝塔。四方形宝塔形制别具一格，属于早期的宝塔建筑风格，这种形制在我国仅有两座（另一座为常熟崇教寺方塔）。四方宝塔是高淳的一个标志性建筑，现属于江苏省文物保护单位。

相传该塔建于东吴赤乌二年（239年），志载：唐贞元十七年（801年），高僧贯休于龙城山扩建寺院，将塔取名"龙城寺塔"。宋大中祥符年间改名保圣寺，塔也因寺而改名。寺内原有山门、大殿、客堂、厢房、斋房等建筑，并塑观音、文殊、普贤、护法神、罗汉等五十一身，后皆毁于兵火，唯塔幸存。据清《重修宝塔碑记》及塔基砖铭所载：

南宋绍兴三年（1133年），邑人刘川等倡建。明、清曾多次维修，明崇祯十年（1637年）经徐一范、葛奇祚等倡修后，将该塔作为寺院内的藏经阁。此后几经修缮，古塔方得以保存。

现佛塔为四方七级，砖木结构，楼阁式，总高33.5米。塔的底层外设檐廊依附塔身，外观给人以稳重端庄之感。佛教以塔为佛，围绕塔身设檐廊，作诵经礼拜的场所。塔内逐级置梯而上，塔壁一层和七层四向设壸门，其余二至六层为减少风对塔身的阻力，门位隔层相闪开洞，造型可谓别具匠心。塔檐由下而上逐级递收，屋面翼角缓缓起戗。在宝塔每层的腰檐上都挂有铜铃，铃声如鸣佩环，声声入耳。据说佛塔风铃因人施鸣，迷者闻之百感交集，行恶即止；智者听之朝善而行，倍加珍惜时光。塔顶部之宝顶，由覆钵、露盘七重相轮组成。构件均以生铁铸造，重约3.5吨，高6.36米。古塔如玉笋拔地而起，气势雄伟壮丽，历代地方官吏都视该塔为镇县之宝。

以塔为中心的保圣寺塔公园占地4700多平方米，四周砌以256米长的围墙，院内建有六角亭及云龙阁作为游人休憩场所。南北围墙长廊里还陈列着本地收集的100多件碑记、石刻，民俗用品和高淳出土的精品文物图片。游人至此，欣赏碑文，神驰远古，对历朝兴衰的无限感慨油然生发。塔园内还栽种了数百种名贵花木，正可谓春有红樱争艳，夏有玉兰吐芳，秋有丹桂飘香，冬有蜡梅怒放。置身其境，令人心旷神怡，流连忘返。

花山公园

"潦退滩滩露，沙虚岸岸颓。涧声穿竹去，云影过山来。柳菌粘枝住，桑花共叶开。庵庐少来往，门巷湿苍苔。"宋代诗人范成大的《花山村舍》描写的景致就是花山公园。

花山位处固城湖东岸。相传铁拐李葫芦里一颗仙丹滚落花山石缝，日久天长，经过雨露滋润，竟在大石缝里长出一棵艳丽的白牡丹。争相观看白牡丹娇艳姿容的游人络绎不绝，许多文人骚客也赋诗作词，歌咏赏玩，花山也因此而得名。由于花山白牡丹既神奇又艳丽，后来成为高淳"四宝"之一。令人遗憾的是，清咸丰年间，花山牡丹毁于兵火，不复存在。如今，玉泉寺旁又栽种了一批白牡丹，长势旺盛，供游人观赏。

以花山为主体的花山公园占地60多亩，这里修篁翠竹，鸟鸣空灵，是一处难得的养心怡情之地。花山名胜古迹众多，特别是"花山樵唱"曾是高淳"古八景"之一。每当夕阳西下之际，倦鸟归林，阵阵樵歌回荡在花山之麓："腰镰手斧脚芒鞋，朝出樵山暮始还。不向山中看棋局，山歌一曲下山来。"如今，花山樵唱已渐渐远去，但花山仍以她独特的风姿吸引着八方来客。

花山公园内还有一座建于明永乐年间的古庵，原名西茅庵，因清乾隆皇帝下榻御赐"隆寝古庵"匾额而远近闻名。传说，乾隆皇帝第四次下江南至江宁府（南京）时，曾遣散随从、护卫，独自微服失联三天。原来是他感念夫妻情分，私服追寻两位逃出宫的花山妃子到高淳，下榻花山古庵。当时藏匿于庵内的两位妃子见乾隆情真意笃，倒是自己出逃轻率，怕辱了皇家名声，更怕古庵老尼好心收留而受牵连，便双双吞金自尽。乾隆获悉，很是伤感，作《悼花山妃子》诗："无端风雨起宫墙，碎玉花山梦也香。"一份无奈掺几许情殇。两妃子死后，乾隆嘱老尼安葬，赐重金扩建庵堂，并御书"隆寝古庵"匾额相送。园内有两株树龄约二三百年的紫薇树，树形犹如一对孪生姐妹，枝叶苍翠，树干参天，民间传说这就是两位妃子的化身。

在西茅庵的西南角还有三棵神奇的"五谷树"，又叫年成树。这种树春天开白花，夏天结果，神奇的是所结果实年年不同，或似稻谷，或似小鱼、小虾。传说600多年前，郑和从西洋带回来两棵"年成树"，一棵散落江苏建湖县，一棵辗转到花山脚下的古庵里。据明万历年间学者周晖在《金陵琐事》中记载：五谷树"不但结子如五谷，亦有似鱼蟹之形者，乃三宝太监西洋取来此物"。清道光年间陈文述的《秣陵集》中写得更具体："五谷树，明内监郑和自西洋携归，一在天界寺，一在报恩寺，相传可验年岁丰歉，故有是名。"可见，这个传说是有据可查的。

除此之外，花山的地质结构也很有特色。花山距游子山虽然仅有10千米，但是它们的"出身"却完全不同。从地质学上讲，游子山系茅山余脉，由沉积岩构成，而花山系天目山余脉，由火成岩构成，这种两种地质奇观地邻的现象，全国罕见。

玉泉古寺

玉泉古寺位于花山半山腰，相传始建于南北朝，为"南朝四百八十寺"之一。因山间长有白牡丹和"峻岭盘旋，飞泉清冽，久旱不涸"而得名，是高淳地区迄今唯一保存下来的古佛寺，现为南京市文物保护单位。

相传五代时期，白衣居士罗隐一日来到花山，走到此处只见左右两峰相抱，左为青龙，右为白虎，东南方向有五座山峰峰峦叠嶂，与此处遥相呼应，形似"五虎卧地"。罗隐吟诗赞曰："地肖石狮含暖气，峰成五虎卧寒烟。风少地，月当灯，藏风聚气常旺僧。"于是，他就在这块风水宝地上，兴建了玉泉寺。

玉泉寺起初是一个只有一两座大殿、几间禅房，僧人甚少的小寺院，却因地佳幽静、花多泉盛而扬名甚远。据寺志载，在原寺西南八十三步处，因生长白牡丹花而引人入胜。在开花处建有南、北花园，殿后山顶立观花坛和观花亭，每逢春暖花开，游寺赏花，香客熙攘，钟声缭绕。

玉泉寺历经沧桑，屡毁屡建。明崇祯年间，住持僧单饧募捐增建殿堂两进。清康熙、乾隆时，寺僧又相继开垦种植，增田400余亩，建造僧房20余间。咸丰年间，寺院及牡丹花均毁于兵火。现存寺庙建筑为民国时期地方绅士集资重修而成。

走近古寺，山门横额上石刻"玉泉古寺"四字，两旁楹联"玉磬金钟敲佛地，泉声风韵锁禅门"出自本地文人胡齐佳之手。寺庙主殿端坐山腰，左右两峰相抱，门向东南，前方有五峰连绵相望，恰如五虎卧守。大雄宝殿为双檐构建，高大雄伟。三尊大佛端坐宝殿中间，两侧是十八罗汉，庄严肃穆。大殿为重檐硬山且有风火墙，梁架斗拱雕刻精致。寺内西厢房墙壁上刻有清康熙五十四年（1715年）的《观世音装金碑记》。1995～2001年六年间，玉泉寺逐一修缮了大殿、东西厢房。现大殿供奉三尊佛像，另有青狮、白象各一对分列两侧，恢复了"地肖石狮含暖气，峰成五虎卧寒烟"之景。近年来，在大雄宝殿的旁边又分别建起了地藏王宝殿和观音殿，院墙、山门也进行了修缮。2012年，公园管委会在玉泉寺西院墙外修建了一条登山通道，拾级而上可以直达山顶，使这一古刹成为香客敬香、游客观光之胜地。

国瓷小镇

高淳陶瓷创建于1958年，六十多年来"高陶人"专做"一席瓷"，1979年成功开发适宜机械洗涤、高温消毒和微波加热等现代生活方式的陶瓷新品——玉泉炻器，打入国际市场，成为江苏省最大的陶瓷出口企业。近年来，高淳陶瓷大力推进转型升级，从单一的炻器产品，发展到骨质瓷、炻器、高技术陶瓷、艺术陶瓷系列品牌产品，从一个主要依靠低成本竞争的劳动密集型产业，完成了向文化创意产业和高技术产业的转型，成为我国技术装备最先进、研发、设计、制造能力最强，产品种类最齐全的陶瓷企业。公司生产的炻器和骨瓷餐具是中国陶瓷行业名牌产品。2014 年以来高淳陶瓷连续承制了 2014 年北京 APEC 峰会，第一届和第二届北京"一带一路"高峰论坛，上海亚信峰会，乌镇世界互联网大会，中国进口博览会及北京钓鱼台国宾馆等重大国宴餐瓷，公司连续五届被授予中国陶瓷行业杰出企业称号，是"国家文化出口重点企业"和"中国轻工百强企业"之一。

在主营业务上取得显著提高的同时，高淳陶瓷以"丰富健康生活"为理念，全面推进工业旅游，建成了以陶瓷文化展示、陶瓷生产工艺过程展示和陶瓷产品展示为特色的国瓷小镇，让游客在游览、休闲中全面了解陶瓷文化和陶瓷制作知识。

国瓷小镇位于南京市高淳区，地处高淳区重点发展的国际慢城、固城湖水慢城和高淳老街的衔接点。小镇占地 430 亩，包括小镇广场、高淳陶瓷博物馆、国瓷工坊及陶艺苑 DIY 体验区。国瓷小镇依托当代国瓷的文化内涵，积极探索陶瓷文化旅游和研学旅行等旅游方式，被评为江苏省和南京市首批特色小镇，被中国陶瓷工业协会、中国工艺美术协会授予"中国国瓷小镇"区域特色荣誉称号。

小镇广场　小镇广场位于国瓷小镇西南、芜太路东北，是国瓷小镇一期的门户，面积约 1 万平方米。以珐琅瓷瓶立体展现的独特国瓷小镇标志，以陶瓷隧道窑铺陈的"瓶安"大道，以水墨瓷瓶支撑的小镇客厅，引领游客走进国瓷小镇、感受浓郁的陶瓷文化。

高淳陶瓷博物馆　博物馆由三栋建筑连体组成，展示面积约 1 万平方米，设立了中国陶瓷历史文化名瓷展、中国当代国家用瓷展、中国陶瓷艺术大师作品展和高淳陶瓷品牌瓷器展四大专门展区。

博物馆主馆一楼是中国陶瓷历史文化名瓷展，展示了哥、官、汝、定、钧五大名窑及景德镇窑、磁州窑、耀州窑的代表作品，是灿烂的中国陶瓷历史的再现。主馆二楼是中国当代国家用瓷及 20 世纪以来在我国举办的北京 APEC 峰会、上海国际亚信峰会、南京青奥会、乌镇世界互联网大会、北京"一带一路"高峰论坛、2018 年中国首届进口博览会等国家用瓷，是当代国瓷之集大成。主馆三楼是中国陶瓷艺术大师作品展，展示了我国各传统窑口、各大陶瓷产区的近百位中国陶瓷艺术大师的代表艺术品，是当代中国艺术陶瓷精髓。高淳陶瓷品牌瓷器展展出了高淳陶瓷的高端国瓷、炻器、艺术陶瓷和高技术陶瓷以及高淳陶瓷的历史、企业文化等，记录了中国陶瓷品牌六十多年的成长之路。

国瓷工坊 国瓷工坊位于国瓷小镇一期，建筑面积3万平方米，是科技部"十二五"科技攻关项目——国家高品质陶瓷示范线，采用现代科技重现康乾时期不出宫廷的珐琅瓷工艺，采用独特的国韵黄、浮雕金等工艺匠心制作珐琅彩瓷，实现了传统经典与现代科技的完美结合，也实现了国际标准的原料标准化、装备现代化、烧成气体化、辅料专业化、产品高档化，引领我国日用陶瓷技术发展。

陶艺苑DIY体验区 高淳陶瓷作为全国工业旅游示范点，为推动景区工业旅游发展，投资3000多万元建成了陶艺苑。"陶艺苑"三个字是由国际陶艺大师韩美林所题。它占地120亩，设计上借鉴了中国古代山水花鸟图的情趣和唐诗宋词的意境，在有限的空间内点缀假山、树木，安排亭台楼阁、池塘小桥，营造出宁静、优雅的氛围，不仅适合艺术家凝思、创作，也是广大游客脱离城市喧嚣、尽情享受休闲时光的理想去处。苑区内有手工拉坯作坊、陶艺家工作室、陶瓷艺术讲坛等场所，游客可以观赏，也可以参与其中。

苑内有一面陶艺墙，由398块浮雕砖组成。正面内墙用浮雕方式介绍了陶艺制作的主要工序。陶艺制作从取土到检瓷共有72道工序。这里挑选了主要的17道工序进行展示。正面外框按"高淳四宝"的主要内容进行创作，极富文化内涵。

苑内的制陶工作室展示了手工拉坯、捏瓷、修坯、上釉、画瓷、柴窑烧成等传统陶瓷工艺制作全过程，游客可以直接参与陶艺制作。多功能厅主要用于开展陶艺培训。陶艺苑DIY体验区不仅是体验手工制陶、展示智慧才艺、开展国学教育和进行研学旅行的最佳场地，也是江苏省文艺家创作基地、安徽省书画院创作基地。

薛城遗址

薛城遗址位于南京市高淳区淳溪街道境内，是1997年11月发现的新石器时代的遗址，距今5500至6300年，是南京面积最大、年代最早的史前文化遗址，是南京史前考古继汤山猿人之后的重大发现。

薛城遗址占地面积约6万平方米，2013年5月第一批考古发掘出土了115具人骨架，还有玉器、陶器、磨制石器等400余件文物。经

◎薛城遗址

考古专家论证，遗址被确定为"南京原始人发源地"。2013 年，薛城遗址被列全国重点文物保护单位。

经国家文物局批准，2021 年 9 月，南京市考古研究院、南京师范大学、高淳区文化和旅游局联合启动了第二批薛城遗址考古发掘工作，此次考古发掘面积 160 平方米。经过近三个月考古发掘，发现新石器时代墓葬 60 余座、蚬壳堆塑遗迹 1 处、红烧土遗迹 1 处、新石器时代灰坑 20 余座，出土陶器、玉石器和骨器 100 余件。

第一批发掘的薛城遗址公园占地约 50 亩，分为发掘现场展示区、出土文物陈列馆和万株牡丹园三个区域，即"一区一馆一园"。发掘现场展示区面积 100 平方米，是展示抢救性考古发掘现场的区域。出土文物陈列馆面积 300 平方米，共展出近 100 件出土文物。整个陈列馆展厅分为上、下两层，上层为墓葬，出土了大量陶器、石器、骨器、玉器等随葬品；下层为居址、房基、柱洞、灰坑、灶穴等遗迹，分布十分密集，这在江南地区极为罕见。屋基周围散见不少用来堆放废弃物的灰坑，坑内挖出大量螺蛳壳、蚌壳和其他鱼类骨骸。出土文物中有纺轮、网坠等。显然，远古时期生活在这里的居民是一批渔民，他们以捕捞为主业，以鱼类为主食。专家鉴定，这是一处相当于太湖流域马家浜文化中晚期的典型湖荡类文化遗址，有重要的研究价值。它的发掘填补了长江中下游南岸史前文化考古的空白，对进一步认识宁镇地区和太湖流域新石器时代文化有着重要的意义，被评为 1997 年全国重大考古新发现提名荣誉奖，《人民日报》曾以"南京远祖在薛城"为标题进行报道。

第二批考古发掘发现对于探讨宁镇地区新石器时代生态环境、生业经济、墓葬习俗、贫富分化、社会复杂化等具有重要学术意义，尤其是最新发现的蚬壳堆塑遗迹十分罕见，具有重大学术价值。蚬壳堆塑遗迹由水生贝类的外壳堆塑而成，呈趴伏的鳄鱼形状，以河蚬壳为主，杂以螺壳、蚌壳，全长 3.34 米，最宽处达 0.5 米。"背部"堆积隆起，最厚处 0.2 米，"头部"用两颗大蚌壳表现"眼睛"，"吻部"也以蚌壳呈现，"颈部"位置被基槽打破，仅余少量蚬壳痕迹，"尾部"有多枚大蚌壳点缀铺垫。

薛城遗址位于古丹阳大泽之滨、花奔山北麓，称为"花岗"。这一带有不少和"花"有关的村俗活动。例如，在薛城遗址的对面是薛城花台会举办的地方，已有 340 多年历史，其花台台顶是一幅幅彩画排吊，绘有以牡丹为主的"十二月花神"图案，花团锦簇，号称"江南第一台"。在花台中央有副古代对联"歌传石臼龙惊起；唱彻花岗凤欲鸣"，直接说明这块宝地的名字就叫"花岗"。2021 年 12 月 10 日，薛城遗址发掘与宁镇地区早期文明论坛召开，邀请国内著名历史学、考古学专家学者到会探讨。论坛认为本次薛城遗址考古发掘工作对推动确立古丹阳湖文化区、蚬壳堆塑遗迹的学术价值，为高淳文化发展注入新动力起到了重要作用。

溧水白马如意文化艺术中心
周园

　　周园为国家 AAAA 级旅游景区，位于中国百里秦淮河的发源地、江苏省南京市溧水区白马镇，是以传统文化收藏为主题的艺术中心，分为三区两馆一厅，分别是院落文化区、石雕文化区、徽派建筑区、根雕馆、百床馆以及可容纳六百人的纯中式餐厅。整个景区占地面积 100 多亩，2010 年 10 月 29 日正式对外开放。从空中俯瞰，周园整体形似如意，游览线路就是以如意盘作为起点，沿着如意柄一路前行，意祝游客身体健康、万事如意，这也是周园参观游览的特色之一。

院落文化区

　　院落文化区呈典型的四合院结构，由六个主要建筑组成：御膳房、尚书房、养心斋、保和斋、太和斋和狮龙堂。该院落整体布局规整，以群体式的建筑群增加建筑的体量，显示气派。

　　御膳房　御膳房曾经是园主人的厨房，展示了园主人从天津收来的子母桌，为一大一小两桌，分别在狮龙堂（母桌）和御膳房遥对而立，所以共称"子母桌"。御膳房的子桌直径 2.3 米，高 0.90 米，由两个整木雕刻而成，酸枝木材质双拼结构，属于清式家具风格，上有精美狮雕。

　　尚书房　尚书房为园主人的书房，墨香与木香弥漫，精美绝伦的龙凤砚重达 6.5 吨，上面雕有 27 条龙和 2 只凤凰，寓意龙凤呈祥；中间钱罐子的位置为砚台，上面两块元宝为磨石，观赏性与实用性兼备。

　　养心斋　养心斋是园主人的卧房。地上的金砖产自苏州，制作周期长达两年，造价极高，有一两黄金一块砖的说法。斋中的床为明清

◎周园

◎周园院落

时期流行的拔步床，因为地下铺板，床在地板之上，又称为踏板床。床为酸枝木打造，上嵌玉石，雕工精美。

保和斋、太和斋　保和斋、太和斋是园主人招待贵宾的客房，里面的床为檀香木打造。檀香木是世界上最昂贵的木材之一，此床既为精美的艺术品又具养身功效，卧于床榻之上，感受檀香悠悠、沁人心脾，能舒筋活络、充沛气血。

狮龙堂　狮龙堂是厅堂，这里汇聚着周氏五代私人收藏。狮龙堂地基之下埋有一只玉蟾蜍，三只脚的蟾蜍是祥瑞之物，被认为是神物，有辟邪、吸金、旺财、化煞的功能。抬头可见狮龙堂内"五世其昌"的金匾，意指周氏家族人丁兴旺，已经繁荣了五代。金匾下龙椅两旁的金童和玉女，都是由一整块玉石雕刻而成的。

堂中的案几上供奉的观音像，呈舒坐姿势，右腿盘曲，左腿屈而不盘，端坐于莲花宝座之上，这种姿势的观音像较为少见。观音的鼻梁正对着的是御膳房正脊上"二龙戏珠"中的珠，体现了传统建筑要求的"庄严雄伟，中正无邪"。案几上的钟和瓶，寓意"终身平安"。

堂内的狮龙桌与御膳房中的子桌是一对，它是周园的镇园之宝，桌与堂同一名，显示了园主人对"狮龙文化"的喜爱。这张酸梨木云龙纹嵌玉石束腰三弯兽足的长桌，长 3.2 米，宽 1.2 米，高 1 米，重达 3 吨，20 多个小伙花了近两个小时才成功将其搬到这里。

堂内的多宝柜为花梨木仿竹工艺，雕刻精细，技艺高超，更让人感觉到园主人"宁可食无肉，不可居无竹"的爱竹之心。

"十八罗汉"根雕也是周园藏品中的珍品。根雕选材讲究，须选择材质坚硬、木质细腻、不易龟裂变形、能长久保存的树种。这件根雕以树根的自身形态为基础进行构思立意、加工雕刻处理，每一个罗汉的造型都栩栩如生，是"三分人工、七分天成"的造型艺术。

石雕文化区

佛道千佛廊　佛道千佛廊总长 536 米，其中佛道长 218 米，千佛廊长 318 米，两侧的佛龛中供奉着不同时期、风格迥异的 3000 余尊佛像。这些佛像来自全国各地，还有少部分来自海外。穿过佛道便是千佛廊，长廊上绘有精美的苏式彩画。

石雕群　周园的石雕群收藏了不同朝代的大型石佛造像及佛塔等

多种文化艺术珍品，石雕群中有上百件各类大型石雕藏品，千姿百态，其中最大的雕像重 20 多吨。这些珍贵文物都是宝贵的文化遗产。

徽派建筑区

徽派建筑区占地面积近两万平方米，由六座建筑组成，分别是周园御宴、官宅茶楼、天缘美术馆、积善堂、周家大院以及周氏宗祠。

周园御宴　周园御宴以官府菜为核心菜系，食材讲究、餐具精美，彰显了中国传统饮食文化的魅力。周园御宴占地面积近 4000 平方米，可容纳 600 余人同时用餐，设有 12 个特色包厢、1 个 300 平方米的豪华包厢，以及可容纳 80 人的 300 平方米会议室。会议室的顶部有三个八角藻井，通体均为木雕，最让人惊叹的是整块红木的原木会议桌长 11.5 米、宽 2.2 米、厚 50 厘米，周边安放有 56 张红木座椅，一张椅子也要三四个人合力才能搬起来。

官宅茶楼　官宅茶楼是园主人在安徽石台农村买下并迁移的两座古民居，四方形天井，寓意为官方正；地面上一块砖雕，上刻"安敦"两字，为敦养大方、天下太平之意。站在砖雕上，可以看到天井上方屋脊上的官帽，寓意为官者须脚踏实地、处处为百姓着想。官宅茶楼内为来宾提供品茗抒怀、体验传统文化技艺体验等活动。

商宅茶楼——天缘美术馆　天缘美术馆成立于 2019 年 3 月，是集收藏、展览与研究书法艺术作品于一体的公益性美术馆，自成立之日起即以高品位与学术性为目标开展研究、收藏、展览、交流及艺术普及教育工作。天缘美术馆定期邀请中国美术家协会、中国书画家协会的艺术家为观众带来普及艺术教育、传播艺术概念的公益活动。美术馆一楼的展览空间用以举办各种类型的艺术展览及艺术活动，是一处观赏大师墨宝真迹的典藏之地；二楼的"天缘空间"是多功能空间，可举行各类社团活动等。

周家大院　周家大院是面积 6000 多平方米、雕龙画凤的七进式老宅，尽显名门望族的奢华。近 50 米长、20 米高的正门，是一座气势恢宏、建筑精美的牌楼式大门，大门中间的楹联为"福禄寿三星拱照；天地人六合同春"。两侧的角门分别上书"培福地""种德门"。墙壁上的浮雕表现了"天官赐福""加官晋爵"等美好祝愿。

周家大院独特的天井设置有利于通风采光，又意为"可见天日"，还体现了"五岳朝天、四水归堂"的风水学说。大堂堂号善宝堂，寓意与人为善、立善为人才是立德的根本。

周家大院多处悬挂家训，都是对子孙立身处世、持家治业的教诲。由第三进后院穿过月洞门即是励志亭，是家族学堂所在地，属于私塾。引活水入宅，既是为了模仿文庙泮池，彰显书香门第，也是为了以水克火，保护藏书，这样的消防措施在古代比较常见。励志亭是励志求学的意思，是希望家族子弟勤奋苦读。左右两边的文斋是中国传统文化公益书房的所在，也是研学基地举办读书会的场所。

亭后面有百福百寿墙，是福寿文化的延伸。后院的雍睦堂一般是内眷起居场所。

周氏宗祠　周氏宗祠原位于皖赣边界，于 2012 年移建于此，前后三进，总占地面积 1300 余平方米，是一座明末清初的古建筑，迄今已有 400 多年历史。

宗祠规模宏大，建筑布局完整，工艺精美，历史文化气息浓厚。祠堂不仅供奉着周氏祖先的牌位，还收藏了大量清代字匾、楹联，其中也不乏价值连城的御赐匾额。

进门后首先看到的是一个大的"四水归堂"，回转身来抬眼往上看有诰授"奉政大夫"官员的名称。

周氏族人崇尚耕读，从明永乐到清末四百多年间，共出了 4 名进士、109 名举人、2103 名贡生和 7104 名秀才。正厅左右大梁之上悬挂的"功成名就""登科""进士""文魁""少廷尉""吏部尚书"等功名匾昭示着周氏的显赫功名。

百床馆

百床馆珍藏了 121 张明清至近现代具有代表性的床榻，大多是从安徽、江苏、浙江、江西、北京、天津一带收购过来的，形式多样，有小姐床、夫妻床，还有一些架子床、拔步床、罗汉床、高低屏床、圆形床、香妃榻等。这些床是制床匠人细心雕琢的艺术珍品，也展示了中国床文化的风俗演变。

龙凤床　进入百床馆首先看到的便是龙凤床，雕有二龙戏珠的是龙床，雕有凤凰的是凤床。龙凤床上雕有《西厢记》的故事情节，把《西厢记》中张生和崔莺莺的爱情故事片段刻画得栩栩如生。

床王　床王长 6 米，宽 5 米，高 2.8 米，占地面积 30 平方米，相传为清朝末代皇帝溥仪旅居天津时所用，整张床由酸枝木打造而成，云龙纹嵌玉石，龙头曲张，雕刻精美，尽显奢华，是研究清末家具制作艺术的珍品。

根雕馆和茶海展示区

根雕馆展示了 100 多件根雕，它们雕刻细腻，线条飘逸，面部表情丰富。部分根雕为香樟木质地，一踏入根雕馆便能闻到淡淡的香气，给人以安宁祥和之感。茶海展示区展出了 30 件茶海，古老的根雕艺术和茶文化相结合，既是品茶，也是品味艺术和人生。

香樟一百零八将　这件作品远看像条长龙，是用一整棵香樟木雕刻而成的水浒一百零八将，上面的人物栩栩如生，气势震人。李逵的心粗胆大、率直忠诚，鲁达的粗中有细、仗义刚正，武松的勇武利落、心思精细，林冲的忍让，宋江的谦恭，吴用的足智多谋，都被刻画得惟妙惟肖。

凤凰戏牡丹　这件作品是展厅中具有代表性的雕刻作品之一。牡丹象征荣华富贵，凤凰为象征吉祥幸福的瑞鸟，凤凰与牡丹的结合寓意着富贵开来。作品雕工精湛，尤其是牡丹花枝更是让人真假难辨，是难得的艺术品。

茶海　茶海一词源于江浙一带。江浙人用灵巧的双手、精妙的构思与古老的根雕家具制作工艺相结合，制作出一种既能方便烹茶、品茶，又具有根雕审美的独特茶具，这就是"茶海"。其中的红豆杉茶海最为难得，红豆杉又称紫杉，是第四纪冰川遗留下来的古老树种，这里的红豆杉大概已有 1800 年历史。

天生桥景区

天生桥景区位于溧水城西 3 千米处，距南京市区 50 千米。景区总规划面积 17 平方千米，核心区范围 6 平方千米，目前使用的核心面积约 2 平方千米，是一个集生态景观、人文景观、旅游休闲、度假养生于一体的旅游景区，是以秦淮文化、明文化、河运文化为重点，以文化休闲为核心的南京郊区旅游胜地。

天生桥景区是国家级水利风景区，2019 年获评国家 AAAA 级旅游景区，2020 年获评"大运河国家文化公园"，被列为新金陵四十八景之一。景区内胭脂河、天生桥是江苏省文物保护单位。目前景区分天生桥博物馆、凤凰井游览观赏区、天生桥—胭脂河景观游赏区、天生音乐谷主题休闲区等区域。

天生桥博物馆

天生桥博物馆是胭脂河天生桥旅游度假区的重要组成部分，由南京大学建筑规划设计研究院设计。在胭脂河上，有一巨石凌空而架，横跨两岸峭壁上，这便是"天生桥"。设计师以天生桥为意向，将建筑形体以桥的方式组合在一起，首层以玻璃反射广场水面的波动，寓意胭脂河的流动意向；上层以仿岩石的材质将岩桥抽象成建筑体量，与"天生桥"遥相呼应。通过中轴对称的造型设置，以抽象简洁的手法设计布局，以简洁内敛气质体现出文化建筑气息，突出建筑的地域性特征，使整体建筑风格简洁、庄重、大方。博物馆占地面积 7556 平方米，建筑面积为 5724.63 平方米。

博物馆以胭脂河历史与溧水古今为主题进行展陈布局。一层为胭脂河开凿 5D 漫游体验区；二层为休闲观景区，设有咖啡厅和书吧；三层为博物馆陈列区，分为序厅、四个主题展示区、赵松泉艺术专题展区以及临展区。四个主题展示区分别为胭脂旧梦奇观篇、人文荟萃名人篇、遗珍古意文物篇、风俗人情民俗篇。在这里，游客可以直观感受胭脂河的开凿以及运河沿线的风情景观，深入了解李白、崔致远等历史人物和诸多文物遗迹、文化遗存，充分领略以蒲塘庙会、骆山大龙、明觉铁画等特色民俗为代表的溧水文化底蕴。

凤凰井游览观赏区

天生桥景区绿树成片，花草遍地，拥有植物资源 100 多种，树种72 科、180 属，其中珍稀树种有银杏、马尾松、杉木、红枫等。景区绿化面积有 50 多万平方米，绿化覆盖率达 85% 以上，有"天然氧吧"之美誉，已经连续 14 年作为南京市义务植树基地。

景区以"天生一对、为爱而生"为主题，结合观光与文化体验模式的创新，通过大地艺术景观的表达手法，以象征爱情的玫瑰花为原型，打造爱与自然高度融合的景观园林。园区占地面积 13500 平方米，共种植花卉 120 余种，漫步其中，花枝美丽动人，花香沁人心脾，犹

◎凤凰井游览观赏区

如人间仙境。设计旨在体现浪漫气息，展现爱情文化，为游人营造生态、绿色、浪漫的爱情主题区。

凤凰井 相传在开凿胭脂河时，朱元璋曾派军师刘伯温到此查看地形，经过一番考察，刘伯温发现这里地形奇特，西侧山坡凸起，中间坡平狭长，前后各有一坡峰，如一只振翅欲飞的凤凰。俗话说"凤凰不落无宝地"，刘伯温便让民工在此挖井，以镇宝地。经过九九八十一天，井建成之日，风和日丽，彩霞满天，忽见天空中两道金光一闪，一对凤凰从天而降，栖息井口，饮水嬉戏，随即从四面八方飞来无数鸟雀，形成一幅壮丽的"百鸟朝凤"图，"凤凰井"由此得名。

凤凰湖 凤凰湖湖水清澈，波光闪烁，湖畔杨柳依依，水杉林立。水杉是国家一级保护植物，有"活化石"之称。春夏季节，水杉林青翠欲滴，深秋时节，整片树林则转为赭红色，美不胜收。穿过一座木质小桥，就可到达湖心小岛，因岛上桃树遍布，故称"桃花岛"。这里四季景色皆不同，春天乍暖还寒时，白玉兰、海棠俏立枝头，桃花相映红，樱花粉黛如梦；炎炎夏日，伴随着声声蝉鸣，漫步小道上，满眼的绿色能带给你一丝清凉；多彩秋日，胭脂色的红岩在漫山遍野的金黄中，显得格外迷人；皑皑雪冬，在引凤桥上驻足远眺，雪花挂满枝头，仿佛千树万树梨花开。

胭脂河号乐园 胭脂河号乐园是无动力古船游乐设施，船体长约42.5米，宽6米，高11米，拥有超过7500平方米的玩乐场地，可同时容纳百余人游戏。船体结合了绳网、滑道、爬网、滑梯、爬绳、攀岩等二十多个玩乐项目，船头为迷宫益智组团，船身为攀爬挑战区，船尾为塔楼挑战区，结合了明代船体造型，重点打造科普教育互动游乐场，让孩子们在游戏中了解船体结构以及使用方式，培养孩子的胆识与智力，激发探索兴趣，锻炼洞察力及方向感，寓教于乐。

彩虹滑道 天生桥彩虹滑道位于美丽的音乐谷中，由4条长约100米的彩虹波浪道组成，平台高约5米，每条彩虹宽2.1米，直线坡度约20度，安全缓冲区大于20米。彩虹滑道不止有前行，还有旋转下坡等多种刺激感受，四条滑道可同时进行速滑。

咪豆音乐谷 目前景区已成功举办了5届咪豆音乐节，音乐节现场每天接待人数达3万人次，线上关注300万人次。咪豆音乐节的举办地就是在天生音乐谷，走进音乐谷，一个巨大的音符造型映入眼帘，主舞台建于音符的"符头"之上，"符干"和"符尾"是人行通道，音符造型的设计旨在呼应场地的音乐功能特征，正对主舞台的是开阔的草坪，观众将在这里观看演出。音乐谷呈凹型，地势平缓，视野开阔，四周绿树环绕，景色宜人。整个音乐谷占地面积达到 7 万平方米，其中主场地占地 3 万平方米。这块场地已成为"咪豆音乐节"永久举办地，每年的"五一"期间，大家都可以到此感受一场特别的视听盛宴。

天生桥—胭脂河景观游赏区

胭脂河　胭脂河位于南京市溧水区城西约 4 千米处，是明代开凿的运河。胭脂河全长约 1.5 千米，乘船游览时间约 18 分钟。江苏是大运河沿线河道最长、流经城市最多、运河遗产最丰富的省份。2019 年，南京的胭脂河被评为江苏省四十个"最美运河地标"之一。

1368 年，明朝在南京建都。拥有百万人口的都城要维持正常运转，保障物资供应是第一要务。当时要将苏杭等地的粮食、财赋运往京师南京，水路运输却并不简单。如果走京杭大运河，船只到达镇江丹阳后便要改用车辆转运；如果由运河转长江逆流而上，则受限于多变的天气，船只容易倾覆。解决漕运问题成为当务之急。在反复勘查后，朱元璋发现溧水的石臼湖和太湖以西的胥溪河相通，如果开一条运河将太湖水系与秦淮河水系连接起来，就能实现漕运直达京师的构想。于是，朱元璋钦点崇山侯李新负责主持工程，胭脂河自 1393 年开凿，两年后完工，从此成为京城漕运的"生命线"。

天生桥　桥身全长 34 米，宽 9 米，厚 8.9 米；桥面到河底高度为 36 米，相当于 12 层楼的高度。人工运河之上为何会有天生桥呢？其实，"天生桥"并非"天生"，它是人工与自然联手打造的精妙杰作。当初在开凿山岗时，工程的设计者掏空了下方的岩层，又将石质最硬、地势最高的地方保留下来，作为行人与车马的通道。桥因势而成，故名"天生"。这样做既可以使开河过程中两岸交通不受影响，又减少了一定量的土方工程，同时还节约了开河后再重新建桥的成本，可谓一举多得。

立于船上仰望，更觉桥身高大、壮观。溧水本地老人戏言，正月初一从桥上丢下一枚铜钱，要到正月十五才能听到铜钱落水的声音，可见桥势之高。凿石而生的天生桥如同一道长虹横跨在胭脂河上，可谓举世无双的人间奇观。泛舟河上，河道两边是 30 多米高的峭壁；沿河而行，依次经过天生峡、胭脂峡和隐秀峡三处峡谷，又被称为"江南小三峡"。

天生桥旁的石碑上，有山东青州硬笔书法家宗立泉书写的"天雨汇集胭脂河、鬼斧神功天生桥"。这里，作者有意将"鬼斧神工"的"工"

天生桥

字加"力"旁成"功"，是说天生桥的建造工艺奇妙独特，世间绝无仅有，不是一般人工所为，非得借助神的功力方能造出这样的人间奇迹。

枕腰石 碑的后面有两块大石，称"枕腰石"，传说当年民工在开挖这条运河时，工作量非常大，一天下来感觉浑身无力，非常疲劳，无意中躺在这两块石上休息，次日醒来，发现腰酸背痛不治而愈，觉得神清气爽，精神百倍。如此多次，方确定了这两块石头的奇妙之处。一传十，十传百，大家纷纷前来验证，认为是"神石"，并称之为"枕腰石"。其实它真正的秘密就在于石头上突出的小鹅卵石起到了按摩穴位、舒筋活血、消除疲劳之功效。

胭脂峡 河道两侧岩壁土层含有红色的氧化铁，沿岸石壁土坡犹如被染上了胭脂色，胭脂峡因此得名。

胭脂河是切岭运河，工程艰巨，最大的困难是要穿越一座胭脂岗。胭脂岗延伸数里，全是坚硬的砂岩，古代没有先进施工机械和爆破技术，那么胭脂河是用什么方法开凿的呢？原来李新采用了前人"火烧水激"的传统工艺。工匠们先在岩石上錾出凹槽，将麻绳嵌入石缝中，浇上桐油，点火焚烧。等到岩石烧红，再泼上冷水，由于热胀冷缩，岩石崩裂。工匠将石块撬开，搬运出去。周而复始，岩石被一层一层凿掉，胭脂岗终于被凿通了。这样的施工方式被史书记载为："烧麻炼石，破块成河。"船行于此，遥想当年工匠们艰苦劳作的场景，我们耳边仿佛还能听到叮叮当当的开凿之声。

隐秀峡 沿河景色最为秀美的是隐秀峡，在这里游客可领略胭脂河的自然之美。隐秀二字指景色幽雅秀丽。相传乾隆下江南乘船畅游胭脂河，抚掌赞叹："短短数十里之行，大有阅尽长江三峡奇、险、秀风光之妙趣，谓之江南小三峡，当非虚誉。"长江三峡大气雄浑，而胭脂河的小三峡玲珑精巧，更具江南特色。

南桥遗址 原先的南桥也是一座天生桥，与现在的天生桥是孪生兄弟，但规模略小。据记载，明代嘉靖七年（1528年）春，南桥因为长久以来被风雨剥蚀，加上往来的行人和车马压力过大，突然崩塌，因此现在只剩遗址。此后，胭脂河上的天生桥成为"孤本"。

悬索桥 悬索桥全长64米，宽2米，高20余米，共用8根钢缆悬拉而成。它与天生桥一南一北，一古一今，形成了鲜明的对比。站在桥上俯视峡谷，胭脂河风光尽收眼底。

胭脂河与天生桥凝聚着古代劳动人民的聪明才智，是一座充满苦难和血泪的水利工程，也是一份前人以精巧设计和辛勤劳动留下的珍贵财富，值得我们后人珍惜。

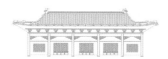

南山湖景区

南山湖旅游度假区位于南京市江宁区江宁街道，距南京市区 40 千米，紧邻安徽马鞍山。度假区创建于 2004 年 3 月，是一个集旅游观光、度假休闲、会务休闲、户外运动、绿色农业为一体的大型生态旅游度假区，2007 年被评为国家 AAA 级旅游景区。景区总面积 8.8 平方千米，森林覆盖率达 70%。地形结构为"两山夹一谷，一谷连两湖"；资源组合优良，形成"山、水、林、田、村"生态格局；区内由南山湖、杨库、双虎三大水体组成南山湖景区水体格局；景区内千亩湖面、百道山峦、万亩山林构成天蓝、水绿、山净的画卷；湖光山色，鹭飞鸥舞，空气清新，呈现出醉人的原生态自然景观。

大坝 大坝是进入景区的主要通道。大坝左边是球场与南山湖垂钓中心，右边是美丽的南山湖。南山湖曾名鲤鳅水库，开发于 1958 年，当时主要用于周边农田的灌溉。水库全长 11 千米，湖面面积 1000 余亩。水库的水源主要源于山上的山泉雨水，水质优良。

环湖栈道 环湖栈道是一处观景栈道，游客漫步

于环湖栈道，看那湖畔的摇椅载着亲情的温馨画面，和着爱情优美的乐章逍遥自在地摆动。再看这湖中满池的睡莲，在"接天莲叶无穷碧"的水面大道上，几只翠鸟闲庭信步，野鸭游弋觅食。花开时节，红黄相间的莲花盛开在漫天如擎盖的荷叶中央，让人陶醉。

南山湖度假村酒店　南山湖度假村酒店是一栋三层小楼，建筑面积约1万平方米，修建于2004年。酒店前迎碧波万顷的南山湖，背依苍翠欲滴的南山支脉，依山傍水，林木环绕，是集餐饮、会议、住宿、娱乐于一体的综合型酒店。

游船码头　在游船码头登船，可以领略南山湖湖光山色。码头现有大小游船18艘，全部采用国际先进的穿浪双体船设计，安全可靠。游船动力采用充电电瓶，更加环保，动力十足，适合各类人群乘坐。碰碰船项目精彩刺激，更是年轻人的挚爱，炎炎夏日，两船相撞，激起串串水花，平日的压力即刻化为乌有，暑气顿消。

南山湖有机茶场　南山两百亩绿茶在原生态自然环境中生长，坚持"两全"生产，即全部施以有机肥，全部采用传统手工工艺制作，炒制时，奇香弥漫，品之，格外香醇。茶场自创"南山绿毫"，多以高档礼品茶形式销售。每逢春季，游客纷至沓来，欣赏南山湖美景的同时，还可以在茶场体验采茶、制茶的乐趣。

南山徒步绿道　南山徒步绿道是专为城市白领和养生人群设计的健康绿道，在空气清新的生态环境中徒步运动，既能锻炼心智，又能强健体魄，还能欣赏南山美丽生态风光。南山徒步绿道分A区和B区，A区由约10千米的行车道和人行道构成，沿途可观赏度假别墅、枫叶林和整个南山湖风光，还能偶遇各种野生动物；B区由约5千米的人行道构成，沿途可观赏千亩原生态林竹，并可攀登南山湖最高峰白头山。

◎南山湖景区

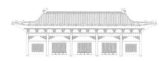

傅家边
农业科技园

傅家边农业科技园是国家 AAA 旅游景区，全国农业旅游示范点，省级重点农业科技园区。科技园创建于1994 年，园区总面积 12.8 平方千米，规划控制面积 36平方千米。园区分为中心展示区、生态果茶区、特色农业区、高新产业区和休闲观光区等五个功能小区，先后建成青梅、草莓、蓝莓、油桃、水晶梨、葡萄等生态果茶园5200 亩，种苗繁育圃 560 亩，设施大棚 2600 亩，钢架连栋大棚 3 万平方米，多功能生态景观温室 5680 平方米，经济林果总面积 1 万余亩。

傅家边

　　傅家边科技园以优美的丘陵风光、良好的生态环境、一流的生产设施、便捷的交通条件、先进的科学技术和优质的特色产品，正日益发挥着科技研究、生产示范、推广辐射、旅游观光、科普教育等五大功效。依托丘陵资源，因地制宜实行立体综合配套开发，通过实施农业旅游开发，不断提升农旅设施；开发梅花观景阁、山凹民宿、古朴遇园、皮划艇露营地等景点为网红打卡地；开发出了梅花茶、富硒茶、草莓、脆梅、水晶梨、葡萄、油桃、黑莓果汁、青壳鸡蛋等12类100多个乡村旅游特色产品，实现四季有果采，丰富旅游产品线。景区还延伸开发了科普教育、亲子研学、户外运动、农业观光、休闲采摘、民间演艺、梅文化创研等，做到了冬有草莓采摘、春有梅花可赏、夏有松涛竹海可观、秋有水果品尝，四季农事体验或旅游娱乐项目不断。

　　景区以"梅花节""草莓节"和"采果节"等旅游节庆为契机，推出了春季赏梅花采草莓踏青游、秋季采葡萄吃农家饭亲子游，使景区成为江苏休闲农业旅游的主要线路之一。

◎傅家边农业科技园

大金山风景区

　　大金山风景区位于南京南郊、溧水之东、秦淮之源，占地面积 1200 亩，湖光山色，景色旖旎。园区距溧水城区 10 千米，离禄口国际机场 28 千米，到南京市区 48 千米，沿江高速、宁杭高速、宁杭高铁和常溧国道傍区而过，交通十分便利。

　　大金山始建于 1990 年，为全国首家民营国防园，2008 年开始进行改造，同年获 AAA 级旅游景区称号。现在的国防园以大金山为骨架，以森林为肌肤，以军事文化为神韵，以谭池为精髓，形成了四园、五馆、五场地、一中心的格局。经过多年的努力，大金山获得了全国关心下一代党史国史教育基地、全国青少年社会实践教育基地、全国学雷锋示范基地、全国科普教育基地等多项荣誉，已经成为江苏省青少年科普学习教育的重要基地。

　　党史国史教育馆　党史国史教育馆位于金山广场边，金山广场是大金山最大的集散广场，面积 6600 平方米，广场花圃组成庄严巍峨的四个大字——"祖国万岁"。2018 年 5 月 7 日，大金山国防园被确立为全国首批 34 家关心下一代党史国史教育基地之一。2019 年，国防园建成近 1000 平方米的党史国史教育馆并对外开放。该馆分为上下两层，上层主要展示中共"一大"至"十九大"的光辉历程和新中国成立以来所取得的辉煌成就，下层主要展示溧水革命斗争史、社会主义革命与建设和改革开放以来的辉煌成就。展馆分为"开天辟地浴血奋斗""社会主义革命和建设时期"两个部分，介绍了中国共产党和新时代中国特色社会主义的发展历程。

　　长征之路　国防园充分利用大金山的地形地貌，建设了 25000 米的长征之路，再现了红军长征途中的重大事件和重要节点，对中小学生进行长征精神的教育，帮助广大中小学生继承和发扬长征精神，做

◎大金山风景区

新时代合格的共产主义事业接班人。2021年大金山新建"突破封锁线""血战湘江"等微景点。"突破封锁线"包括三道封锁线景观，每道封锁线长15米，高7米，配置机枪模型、瞭望塔等设施设备；"血战湘江"微景点包括景观主体建设，配以声光电进行氛围营造。景区的提档升级丰富了大金山红色旅游内容，以沉浸式红色旅游体验让景区的红色旅游教育更富感染力。

实弹射击场　实弹射击场总面积1600平方米，于2018年正式对外营业，目前共拥有国防轻武器装备展示区、观摩讲解区、实弹射击区、VIP休息区和射箭区等五大功能区，各类设施设备齐全。拥有专业的射击教练团队保障，使每一位射击体验者享受一对一辅导射击。射击场目前拥有手枪2款、步枪3款，多样化的射击模式能够满足客户的不同需求，给广大射击爱好者带来更真实的射击感受。

抗战文化纪念墙　抗战文化纪念墙是为纪念中国人民抗日战争暨世界反法西斯战争胜利70周年而投资兴建的，墙体高5～10米，全长200米，由主体墙、雕塑和脚印三部分组成。雕塑是抗战文化墙的主题之一，形象是一杆打了结的"汉阳造"，用青铜铸成，寓意祈求和平，不要战争。枪高 276 厘米，寓意抗战阵亡的 276 位将军。雕塑后面就是抗战文化墙，墙上的前言部分全面介绍了抗战文化墙的内容和意义。墙体上的浮雕文字摘自侵华日军南京大屠杀遇难同胞"国家公祭鼎"上的铭文雕刻，铭文采用骈文体，每四个字一句，共 160 个字。右手墙体是抗战文化墙的主体部分，内容分五大块：抗战军魂、实业救国、不屈呼声、众志成城、国际友人。这五块从"军、商、文、民、友"五个层面选取了 70 位具有影响力的抗战英模和仁人志士，集中再现了在面对中华民族亡国灭种的危机时，中华儿女万众一心，投入"全民抗战"的历史。

大金山雷锋文化馆　雷锋文化馆由大金山风景区创始人、退伍战士张勇筹资兴建。文化馆占地 1500 多平方米，于 2018 年 3 月 12 日正式开馆，分为广场和室内展厅两大部分。大厅中立着的雷锋全身塑像，高 3.2 米，基座 22 厘米，象征雷锋 22 年短暂而伟大的一生。塑像背景是由红日、长城、松柏、和平鸽等组成的祖国的壮丽山河，也寓意着雷锋精神与山河同在、与祖国同在。

大金山军事文化体验区　大金山军事体验区里面展示的所有兵器都是从战场上退役的真实兵器，都是经过了战争的硝烟，立下过赫赫战功的。主要兵器有 T34/85 坦克、59 式 100 毫米高炮四门、56 式 130 毫米加农炮、歼 6 歼击机、63 式装甲输送车、54 式 122 毫米榴弹炮、59-1 式 130 毫米加农炮、65 式双 37 毫米高炮、59 式 100 毫米高射炮、62 式轻型坦克、63C 式装甲输送车、63A 式水陆坦克。军事竞技区是军事射击、竞技、体验、活动娱乐的场所，主要项目有 VR 视界、霹雳炮、激光打靶等模拟军事演练项目。

大金山普法教育馆　南京市大金山青少年普法教育基地集禁毒、反恐、刑侦三个体验馆为一体，总面积 1690 平方米，整体设计以警蓝为基本色调，并富含科技元素。禁毒馆设有禁毒公益宣传体验区、毒品知识体验区、毒品危害体验区、典型案例展示体验区、毒品预防知识体验区及互动游戏体验区。反恐体验馆馆内分为反恐常识趣味体验区、安全防范游戏互动体验区、地铁车厢逃生、反恐大事展览体验区、反恐西游记、反恐装备展示和影视观摩体验区等区域，让我们可以在快乐的游戏互动中，了解更多反恐方面的知识。刑侦馆由南京刑侦、刑事科学技术、警犬、反电信诈骗、互动迷宫及小型综合放映厅等部分组成，主要普及青少年学生对刑侦工作的认知以及预防电信诈骗，构建法治校园、法治环境、法治社会。

国防教育馆　国防教育馆是在原来侵华日军建造的双层碉堡遗址上建立的。广场上的铜雕像是国务院原副总理谭震林，他也是江南抗日新四军领导人之一。当年谭震林等领导人经常率兵战斗在溧水抗日前线，为铭记历史、教育后人，景区树立了这尊铜像，并建造了国防园。

国防展馆共三层，建筑面积 980 平方米。一楼展示的是溧水人民革命斗争史迹和中国人民解放军成长史，共展示实物和图片 400 多件；二楼展示的是有关南京人民防空发展历程、建设成就和溧水人防、民防知识普及的图片和实物；三楼是海拔 99 米的观景台，这里是景区最高点，站在这里，大金山风景区全景尽收眼底。

生命安全体验馆　场馆内有设地震小屋、家庭火灾隐患排查、日常模拟灭火体验系统、模拟火灾逃生、创伤救护、防溺水、防触电、防踩踏等科普教育内容，以提高中小学生自我保护意识，增强青少年自救、互救能力。将文字、图片展示与现场模拟教学相结合，利用各类互动电子产品，进如心肺复苏、防溺水、跨步电压、防踩踏等自救、互救知识体验，提升趣味性。

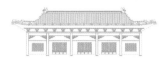

方山风景区

　　方山风景区位于南京市江宁区内，面积约 8.1 平方千米，海拔 209 米，为国家 AAA 级旅游景区、国家级地质公园、省级森林公园和市级旅游度假区，是广大市民和游客休闲娱乐、康体健身的"都市阳台"和"城市绿肺"。

　　方山是江南地区著名的死火山之一，也是华东地区典型的火山地貌区。因山体呈方形，孤耸绝立，山顶平坦，犹如一枚玉印从天而降，又称"天印山"。在明清两代，方山胜景"天印樵歌"被列为"金陵八景"之一；2012年 11 月，方山被评为"新金陵四十八景"之一。

　　方山风景区以其独特的火山地貌留下了许多奇特的自然景观和悠久的历史文化，从三千年前泰伯奔吴、两千年前秦始皇镇金陵王气，到六朝繁华旧事，方山凝聚了半部金陵文化史。至今，方山仍有定林寺塔、洞玄观、东霞寺、宝积庵、孙权点将台、石龙池、洗药池、王僧辩墓、韩熙载墓、柳世隆墓等一百多处遗迹和民俗传说，与山脚蜿蜒流淌的九曲秦淮一起，组成了集山、水、林、寺、观为一体的迷人风光。

◎硅化木

神秘的"石蛋"　　景区广场端部 8 个大小不等的扁平状石球散落在地面，最大的一个直径达 1.95 米，高 1 米。这些石球都是深灰黑色，用稀盐酸滴上去能起泡，说明其主要成分是碳酸钙；石球边缘能见到沉积岩特有的层理，与岩层纹理一致，说明这些石球是同类物质吸附作用形成的球状结核体。这些石球来自贵州省三都水族自治县姑鲁山产蛋崖。

龙凤合璧灵璧石　　灵璧石长 10 米，高约 5 米，厚约 1.35 米，重约 45 吨。灵璧石因产于安徽省灵璧县而得名，它与太湖石、昆石、英石称为我国四大奇石。灵璧石是距今约 9 亿年前的浅海环境沉积形成的石灰岩，其后经历多次造山运动，发生海陆变迁，形成如今的灵璧奇石。

石笋钟乳石　　定林寺右前侧大路旁的石笋钟乳石，高 4 米，最粗处周长 5.6 米，直径达 1.78 米。进入溶洞经常可以看到丰富多彩色的自然景观，有钟乳石、石笋、石柱、石幔等，溶洞内地下水中的碳酸钙含量近于饱和，当这些水下滴时，由于蒸发失去了水分，水中的碳酸钙会沉淀下来。在溶洞顶壁沉淀下来就生长成钟乳石挂在顶壁上。当水滴在地面逐渐向上就形成石笋。路边的这块高大的钟乳石就是在溶洞内从地面生长起来的石笋。

硅化木　　定林寺下方道路旁有一段硅化木，它是树木的化石，石头上还保留着树木原有的纹理。树木埋于地下岩层中，岩层中的二氧化硅替代了树木中有机质，成为硅质，而树木纹理结构仍被保留了下来，硅化木也因此形成。

定林寺 定林寺始建于南朝宋文帝元嘉十六年（439年），距今已有1500多年历史，为南朝宗教文化圣地、金陵名刹之一，至今佛教界仍有"南定林，北少林"的美誉。定林寺内不仅高僧云集，而且人文荟萃。南朝时期著名的文学家刘勰，在定林寺内久居十余年，完成了享誉世界的文学理论巨著《文心雕龙》。今天的方山定林寺占地面积500亩，建有天王殿、钟楼、鼓楼、大雄宝殿、祖师殿、伽蓝殿等。

方山定林寺坐南朝北，与我国传统寺庙建筑坐北朝南的朝向大相径庭，其原因有二：一则秦淮河的两大源流在方山脚下汇合后向北而去，寺庙选址方山北麓，依山临水，符合建筑学原理；二则方山定林寺因由钟山定林寺移址至此而建，钟山定林寺位于钟山之阳，坐北面南，而方山定林寺选址方山之阴，坐南朝北，正好两两相对，寓意两座寺庙之间的渊源关系。

定林寺的天王殿中供奉弥勒菩萨，笑迎八方来客；其背面为韦陀菩萨，守护寺僧和香客游人的安全；左右两侧供奉东方持国天王、南

◎定林寺塔

方增长天王、西方广目天王和北方多闻天王。走出天王殿，一围栏内有一块玉化云母石英片岩，它是火山喷发时，云母石英片岩被掩埋在富含二氧化硅的水溶液中，在低温高压缺氧的环境下变成玉石原石。

大雄宝殿是定林寺的主体建筑，殿内供奉着站立的药师如来佛，身旁站立的两位胁侍分别是左胁侍日光遍照菩萨和右胁侍月光遍照菩萨。药师如来佛背面为海岛观音菩萨，东、两侧分别站立十八罗汉。

定林寺塔　定林寺塔位于方山北麓，建于 1173 年，为定林寺的附属建筑物，已有 800 余年历史。该塔为七级八面仿木结构楼阁形式，高约 13 米，造型美观，雕刻精细，独具一格。定林寺塔为目前南京历史最久的楼阁式硬塔，此塔专供佛像。1982 年，方山定林寺塔被列为省级文物保护单位。在世界著名的斜塔中，意大利比萨斜塔倾斜度为 4 度，苏州的虎丘塔倾斜度为 3.5 度，方山定林寺斜塔最大倾斜度为 7.6 度，2003 年，经过纠正的定林塔斜度仍有 5.3 度。

十八盘　十八盘是曲径通幽的登山小道，游览方山漫步此道是最佳选择。沿途可以发现各种各样的石头，1000 万年前从地下 30 多千米的地幔岩浆上升喷发出来的，它们是玄武岩。在十八盘可以看到方山火山喷发前三个阶段形面的玄武岩：火山渣，也可以称为火山集块岩，它是由大小不等的火山角砾和岩块甚至砂砾组成，该层可以看到的厚度为 1 米至 2 米；火山渣层下面为早期喷发溢出形成的岩石；称为下玄武岩。火山渣层上面为再次喷发溢出的熔岩，称为上玄武岩。

天印宫　顺着十八盘就可到达天印宫。天印宫是方山制高点之一，海拔 209 米，现建有天印宫花园，为人们休闲观景之地。宫内有一株桂花树，号称"江宁桂花王"。

方山天池　从火山地质学上说，天池是指火山口积水而成的湖，如吉林长白山天池、黑龙江五大连池等，这些天池均为年代较新的火山口内的湖泊。方山火山是 1000 万年前的火山，1000 万年以来不断风化，原始火山口已剥蚀了，但是这里仍存有一个低洼地积水，称为方山天池。方山天池周围均为玄武岩，水体部位下方为火山口，由辉绿岩熔岩充填火山颈堵塞火山喷发和岩浆溢流通道，其因建采石场开采辉绿岩形成一个低凹地，玄武岩、辉绿岩中的裂隙水和大气降水汇集到这里成为天池。池中水常年不干，是大自然提供的一个泡饮方山紫雾茶的好水。

方山紫雾茶　方山有近 400 亩茶园，是紫雾茶的原产地。方山紫雾茶色泽翠绿，香如幽兰，味浓生醇，为茶中极品。玄武岩风化形成富有矿物质的土壤，山顶空气清新，晨雾弥漫，为产出茗品——方山紫雾茶提供了得天独厚的自然条件。

石龙池 "石龙池"在宋代即为方山名胜之一，其地处方山火山喷发时的岩浆通道位置，即火山口，其岩石为辉绿岩。关于它的地质属性，1948年程裕淇院士在他关于方山火山地质的专著中做过详细的研究与描述。石龙池的水是玄武岩中裂隙水，用玄武岩块砌成的长方形水池，常年不涸。

仙人棋座 在石龙池的东侧，有一块表面平整的辉绿岩，上刻一张中国象棋棋盘，棋盘上的"田"字线条至今仍很清楚。相传龙池旁有老者以石棋盘对弈，一樵夫立足旁观，插扁担于土中。棋局妙哉，自晨至昏，未决胜负。老者劝其归，顷间无踪影。遂拔扁担，入泥处已腐，樵夫大惊，急至村中，村人路陌。顿悟：天上一日，人间百年。至今，仙人一去不返，留下棋座和仙人床。据载，乾隆下江南曾在此与高僧对弈。

三生石 石龙池与仙人棋座之间有七块奇异石，能敲出七音色，相传此石乃"三生石"。凡有情之人来此，只要同坐或触摸此石，就能终成眷属，"定情三生"。

东观景台 观景台位于方山顶的东部，标高158.6米，建木质步道与观景台。登上观景台，可俯视郁郁葱葱的山腰林带，远眺江宁大学城，感受城市中的公园。这个观景台下出露红色的石头就是方山火山爆发的产物——火山渣块，有红色多孔状火山渣（岩）块、灰黑色玄武岩块和椭圆形火山弹等，它们被红色或黄色火山灰胶结在一起。火山集块岩分布在这里，也说明这里临近火山口的位置。

方山是一座距今1000万年的中新世时期火山，它是中国东南部新近纪火山的典型代表之一。这座火山先后有三期喷发活动，第一期火山岩浆比较平静地从火山口中溢出，形成灰黑色的玄武岩，分布于山腰（下玄武岩）；第二期火山发生猛烈的爆发形成火山渣状集块岩，即观景台下岩石；第三期火山再次喷发溢出形成灰黑色玄武岩分布于山顶。火山生命的结束是这三期喷发之后，岩浆充填于火山通道内形成辉绿岩岩颈。

洞玄观遗址 在洞玄观遗址考古发掘现场，可以看到葛玄、葛洪于1700多年前在此炼丹时所用的炼丹井、洗药池，遗迹至今仍保存完好。葛玄（164～244年），字孝先，道教尊其为葛仙公，晚年来到方山隐居炼丹约七年，三国吴赤乌三年（240年），孙权召见葛玄，为他在方山建洞玄观，供其修道炼丹。葛玄于赤乌七年（244年）八月十五卒于方山。传说他是得道成仙升天了，后人将其得道升天处称葛仙台。

葛洪（284～364年）字雅川，葛玄重孙。他用葛玄亲手建的洗药池等物继续炼丹修道。据传方山炼丹修道全盛时有一宫、三观、六殿、十八堂。宋代杨修有《洞玄观》诗："葛玄功行满三千，白日骖鸾上碧天，留得旧时坛宇在，后人方信有神仙。"明代，洞玄观归朝天宫管辖，明正统十二年（1447年）时曾受赐《道藏经》一部。该观民国时期遭废。

1948年程裕淇与沈永和在方山做地质调查研究时，将洞玄观地段末被玄武岩覆盖、露出地面的地层命名为洞玄观层。洞玄观组（层）是火山喷发前中新世早期河流里沉积的一套岩石，由砾岩、砂岩、泥岩组成。

方山西坡 方山西坡山沟两侧山坡露出的是一套由砂砾岩、细砂岩、泥岩组成的岩石，即洞玄观组（层），它与南京地区含有雨花石的雨花台组的地质时代相当。1956年5月6日，南京师范大学的李立文带领学生来方山进行教学实习时，在洞玄观左侧山坡上，汤德贵找到一块哺乳动物牙床，牙床上有3颗牙齿，最长11厘米，牙齿形态完整。经中科院古脊椎动物研究所专家鉴定为安琪马化石，其后被列为新中国成立十周年以来古生物重大发现之一。安琪马是一种距今500多万年前中新世时期的食草型马，在长江中下游地区为首次发现。此外，南京稀古仓鼠在中新世洞玄观组（层）中也是首次发现。

江宁汤山方山国家地质公园一地质科普馆 该馆位于方山园区东入口处，分上下两层，面积800平方米，由影视厅和科普展示馆共8个部分组成，分别为：地质公园知识简介、方山是什么样的火山、火山喷发年代、方山火山喷发前的古地理环境、方山地质变迁、程裕淇与方山、文化方山、矿物岩石小课堂。共有展板62块、矿石与岩石标本100多块，展示内容丰富、形式多样、图文并茂、通俗易懂、生动有趣。岩石小课堂板块是专门为中小学生开辟的科普园地，部分展区还配有科普知识趣味问答，孩子们可以观看、触摸岩石、矿物标本，学习到地质方面的科普知识。

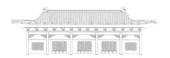

大塘金香草谷

　　大塘金香草谷景区位于南京市江宁区谷里街道正方中路 1520 号，南临正方大道，西接清兴东路，园区总面积 1380 亩，是大塘金省级森林公园的核心区，也是江宁区重点培植的文化产业园区，获评全国乡村旅游重点村、全国 AAA 级旅游景区、江苏省特色景观旅游示范区、全域旅游示范社区、中国美丽休闲乡村等称号。每年在大塘金香草谷举行的薰衣草节都能吸引成千上万的游客。

　　薰衣草是大塘金香草谷的特色。大塘金香草谷以薰衣草为特色资源，已建成薰衣草花田 400 亩，建设了香草酒店、香草餐厅、紫丘咖啡馆、游客服务中心、婚庆服务中心、香草手工坊、主题茶餐厅、四季阳光花园、森林教堂等服务设施，提供香草餐饮、产品售卖、手作体验、休闲娱乐、会议会务、旅游接待等相关服务。

◎四季阳光花园

四季阳光花园 四季阳光花园占地 2000 平方米，于 2017 年 5 月竣工，以阳光温室及真实植物造景，全年保持恒温恒湿，以热带、亚热带植物花卉搭配景观建设，设置了春意盎然、绿野仙踪、秋色宜人、冰雪奇缘四大场景。漫步其中，宛如穿越四季。

森林教堂 紧邻四季阳光花园，坐落于茂密树林的建筑就是森林教堂。教堂建成于 2017 年 6 月，占地 300 平方米。作为婚嫁和婚拍产业中的一座标志性建筑，教堂采用了庄重古朴的建筑形式，内部采用了自然淳朴的木质结构装饰，搭配上精美饰品，让新人回归自然，放松身心，尽情体验一场浪漫的法式结婚典礼。

欧若拉花园 欧若拉花园是景区为婚嫁和婚拍产业精心打造的爱情圣地。这里一年四季会布置不同品种的花卉，尤其在每年的 5～6 月，在欧若拉花园中薰衣草盛开，形成一片浪漫的紫色花海。薰衣草原产于地中海沿岸、欧洲各地及大洋洲列岛，如法国南部的小镇普罗旺斯，后被广泛栽种于英国及南斯拉夫。新疆的天山北麓与法国的普罗旺斯地处同一纬度带，且气候条件和土壤条件相似，是中国的薰衣草之乡，新疆的薰衣草已入世界八大知名品种之一。园区于 2012 年与新疆伊犁地区薰衣草种植基地合作，在江苏省农科院和新疆伊犁薰衣草种植基地多位专家的指导下，克服了重重难关，将高纬度地区生长的薰衣草成功地种植在了大塘金香草谷景区，成为谷里街道大塘金村一道独特而又靓丽的地标性景区。

南法山城小镇 道路边一排排五颜六色法式风格的建筑就是南法

山城小镇，小镇引进台湾薰衣草森林的规划设计与经营理念，通过建设 35 亩法式浪漫街，模拟法国知名鲜花小镇街景，营造浪漫静美的小镇风情，设置许愿教堂、香草餐厅、香氛生活馆、法式香草酒店等，传递生活之美，让游客体验异域风情，放松身心。

大塘金村　大塘金香草谷西面的大塘金村被誉为"南京山水芳香第一村"，这里是全市人民休闲养生首选地。相传清光绪年间，有金姓三兄弟寻游于此，在大塘中央的小岛上落户安家，全村除两户外姓，其余全是金姓，故取名为大塘金村。

大塘金村保留并发展了传统的采茶、耕种、生活等农耕农事、乡村生活体验活动，家家开展农家乐餐饮与民宿，开发乡村生活体验与服务配套。目前村庄内已有八家民宿投入运营，游客们可在此小憩，体验质朴农家生活，品味乡村土菜，享受乡间悠然暮色。

无想山景区

无想山景区位于南京市溧水区城南，总面积约 3 平方千米，平均海拔 100 米，景区丛山复湖，古迹遍布，青林翠竹，蔚为壮观。这里不仅拥有天池、无想湖、龙鸣潭等大小 10 多个湖泊，还拥有壮观的松林景观和南京地区最大的竹海景观，生活着猕猴、野猪等野生动物 29 目、90 科、328 种，并有榉树、枫香等植物 121 科、378 属、557 种；空气质量常年保持一级标准，宛如人间仙境。

无想山景区山清水秀，文化底蕴深厚。自古被誉为"溧水第一胜境"，南唐政治家韩熙载、北宋著名词人周邦彦、明初大学士陶安以及林古度、周亮工、道忞、袁枚等文人雅士等都曾于此游历，并留下了古无想寺、龙鸣潭、韩熙载读书台、摩崖石刻群等众多的名胜古迹。景区 2015 年被批准为国家森林公园，2017 年被批准为江苏省生态旅游示范区，2020 年被评为国家 AAA 级旅游景区，2021 年获批南京市中小学生研学实践教育基地，为南京地区寻古问幽、度假休闲、户外运动的胜地。

古无想寺　古无想寺位于无想山南麓，背靠无想山，左依龙鸣山，右接百虎山，前对毛家山，占地面积近 600 亩，周围 9 座山峦环绕，犹如一座莲花宝座。"山名无想寺因之，寺抱山中竟实奇"，无想寺是无想山的灵魂所在，是"南朝四百八十寺"的典型代表。"无想"源自《大云无想经》，意为心中没有杂念，无妄想。

据清顺治《溧水县志》卷三记载，（无想）寺未审创于何时，相传唐武德时重建无想禅院，历五代废。

◎古无想寺

宋咸淳间，有僧道甄复兴大刹，寺僧近千人。邑人赵参政请于朝，改赐名"禅寂禅寺"。寺门外有唐时古柏二株。寺院原建筑多废弃，毗卢殿西有宋时井沿 1 个、殿后残存旧时寺院围墙 3 段。2000 年后，复建毗卢殿 1 座、僧寮 2 进。因区分于后来新建的无想禅寺，人们以古无想寺称谓无想寺原址的寺院。

无想山天池　无想山天池位于无想山中海拔 156 米的吴王山山顶，面积约 1.2 公顷，水深近 10 米，是典型的火山地貌。据清光绪《溧水县志》记载，清顺治十年，寺僧崇全扩挖天池。天池面积约 18 亩，水深近 8 米。天池之水，清澈透明，常年不涸，沿南侧山溪水流经古无想寺，汇入无想湖，历史上曾为无想寺僧人的饮用水源。据有关专家考证，无想山天池为中国第四、江南第一的古火山口天池。

韩熙载读书台　韩熙载读书台位于古无想寺西面的山坡上，此处为一天然石台，面积约 150 平方米，后面据山而起，前、右两侧溪流围绕。相传南唐政治家韩熙载曾在此石台上筑室读书，与寺僧、药农友善。据清顺治《溧水县志》卷三记载："（无想）寺西有南唐韩熙载读书台，今亦废。"明初大学士陶安曾在《游龙鸣山记》中也记载："又西即韩熙载读书堂遗址，所植桧犹存。"现仅存筑室立堂的 6 个桩孔，从桩孔间距推测，原室为1进2间，一大一小，长约6米，宽约3米，系修身养性、读书冥想的好去处。

摩崖石刻群 摩崖石刻群位于百步云梯中段、石观音阁周围，由"丹鼎""凤泉"和"污尊铭"三处摩崖石刻组成，共33字，篆书。相传为明代嘉靖年间溧水知县王从善所书。王从善首次游览无想山时，有感于此地优美风景和文化底蕴，亲笔题写了文字，并命人将其摩崖于此，保存至今。其中，"凤泉"二字位于石观音阁西面石壁上方，每字均约50厘米见方；"丹鼎"二字位于石观音阁右前方石壁中，每字约20厘米见方；"污尊铭"位于石观音左前方石壁中，竖写7行，阔约1米见方，共计29字，现为南京市级文物保护单位。

百步云梯 百步云梯位于古无想寺与天池之间的山坡上，据清顺治《溧水县志》卷三"无想寺"中记载，（无想）寺后有百步石梯，僧弘定凿；相传为无想寺僧上山挑水而辟。石梯宽约1米，长约800米，起自无想寺后，通至天池。拾级而上，怪石嶙峋，溪水四溅，途经流云瀑、龙鸣潭、石观音阁、韩熙载读书台等景点。因该路是无想寺乃至无想山的文化脉络，遂以古名名之。

无想湖 登临水阁东眺，青山绿水，无想湖湖水如镜。蒙蒙细雨时，竹涧山、百虎山、顶公山笼罩着一层轻纱，山峦影影绰绰；湖面溅起层层涟漪，些许白鹭掠过，宛如一幅中国山水画，让人沉醉。

洞壁琴音 洞壁琴音位于秋湖山（古称青洪山），此为溧水古"中山八景"之一，形成于清乾隆年间。洞壁即开采石头后留下的石坑，下有清泉，雨水流于石缝，与泉面相激有声，悠悠然如琴之韵也，今石壁上方"洞壁琴音"四字仍在。洞壁琴音现为南京市级文物保护单位。

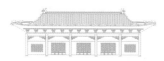

梦华苑
景区

梦华苑由周在春规划设计并全程指导建设，设计因地制宜，顺势而为，将位于万亩苗圃的最低洼出水口变为以春花秋色为主题的精品四季花园。景区紧邻S123省道、距离宁宣高速沙塘出口仅2千米，距S246省道约3千米，交通便利。园区由梦蝶湖、百草园、镜池花坡以及法式玫瑰园、樱花园、荷兰园等专类花园共同组成，配套有高迪乐园、鹿苑、鹦鹉园等。园内一草一木一石都是匠心设计，由国内外顶尖团队打造而成，景区已被列为国家AAA级旅游景区。

追梦园 追梦园也称榉树广场，前园种榉树，后园种朴树，表达了对外豁达大度、对内抱朴守拙的处事态度。园内有个梦蝶湖，造园之初发现其形状像一只展翅飞翔的蝴蝶，故名梦蝶湖，现已成为水系贯通的一个蝶状湖。湖边和小岛上缀满鸢尾花，又名蝴蝶花，花开之际，如翩翩蝴蝶遍地纷飞，美丽异常。

百草园 百草园继承绍兴曲水流觞的造园手法，融合英国爱丁堡皇家植物园、威斯利花园的园艺精髓，精心打造具有独特风格的园林。园内松柏苍劲，假山水、亭台错落有致，有羽毛枫、罗汉松、映山红等600余种珍稀植物。百草园四季分明，景色各异，是游客观赏植物多样性的佳地。

镜池 镜池水面平静，清澈如明镜，故名。传闻镜池下有三眼泉井，源源不断，使湖水永不枯竭。据说古时候秀才进京赶考、秀女进京参加选秀从镜湖经过，都会对着湖面照一照，整整衣冠，稍事休息，再做出发。池中碧水荡漾，岸边繁花似锦，湖内种植睡莲。

◎梦华苑景区

    法式玫瑰园   玫瑰园占地 100 多亩，主要由自然玫瑰园、古典玫瑰园、玫瑰花田、玫瑰书屋、皇冠亭组成。此园呈轴心线对称，两侧辅以花好月圆为主题的玫瑰亭、玫瑰廊、玫瑰架。自然玫魂园以奥斯丁玫瑰为主，鲜花、草坪、建筑构成春夏秋三季各异景观，富有浪漫情调，是举办西式婚礼的理想场所。

    荷兰园   荷兰园是一座以荷兰球根植物为主题的花园，园内种植郁金香、百合、风信子、葡萄风信子、朱顶红、大花葱、洋水仙、番红花、贝母等 10 余类球根植物。其中郁金香有 100 多个品种，每年三月中旬开始，各种颜色的郁金香竞相绽放，随风摇曳，呈现出一副花团锦簇、缤纷热闹的百花争艳景象，众多球根类花卉构成一幅色彩繁茂的画卷。

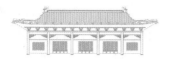

台湾创意农业旅游区

台湾创意农业旅游区是国家 AAA 级旅游景区，是一处浓缩台湾文化特色，兼具优美田园风光与精致人文景观的旅游区。旅游区规划 20 万亩，目前核心区有 6000 亩，旅游区内有可供参观的农艺馆、精品花卉馆和宝岛风情馆三个主题展馆。

农艺馆　农艺馆建筑面积 11000 平方米，由创意景观区、品种展示区、高新栽培区三个部分组成。创意景观区集中体现了南京"山、水、城、楼、林"的城市特色，同时整个展区融入了台湾种植科技。

在创意景观区，可以欣赏到由瓜、果、蔬菜等农副产品创意制作出来的各种作品，如孔雀开屏、五福送瓜、山河毓翠和中华门等。这些作品形象逼真，蕴含文化主题，有的寓意福寿安康，有的反映南京文化，各具特色。

在品种展示区，可以看到很多常见的蔬菜品种，有彩椒、西红柿、辣椒、茄子、横溪西瓜等。这些蔬菜品种虽然常见，但我们对这些蔬菜的营养价值、品种分类却不一定熟悉，在品种展示区，游客可以一一了解。尤其是横溪西瓜，江宁横溪西瓜种植历史悠久，自 20 世纪 80 年代起就已成为南京市早熟西瓜主产地之一，现在有"宝冠""早佳 8424"等品种，果肉呈粉红色，肉质松脆多汁，深受南京市民的欢迎。

在高新栽培区，我们可以了解到多种国内最先进的栽培模式，如袋培模式、雾培模式、管槽式基质栽培模式、深液流栽培模式、立柱式栽培模式等。这些新型的栽培模式不仅能节约能源，还可以提高农作物的产量，产品的质量和风味也更加优良。

精品花卉馆　精品花卉馆面积 6528 平方米，展馆以花为主题，营造了一个浪漫唯美的感性艺术馆，以园中园、景中景的手法，在有限的空间内创造无限的感性艺术。

展馆植被设计主导思想以适花则花、适草则草为原则，植被和亭廊、小品互相融合，相辅相成。精品花卉馆让花卉文化和精美的园林艺术在这里交相辉映，巧妙和谐地融合在一起。花卉馆内各个景点都以给人们展现花的相关历史文化为原则，如百花仙子雕塑、神农尝百草等；花卉栈道把游客带入一个茉莉花、蝴蝶兰、小丽花、香雪兰等汇成的海洋，让人们亲身体会花的魅力；展馆内量天尺、绯牡丹、虎刺梅、山影等热带植物把游客带入沙漠场景，感受沙漠热情。除了花卉，各种树木也不甘落后，鹅掌柴、旅人蕉、小天使、罗汉松、巴西木、幸福树、龙血树等在花卉馆内与各种花卉相映成趣。

宝岛风情馆　该馆建筑面积 7680 平方米，由台湾全景展示区、台湾特色文化展示区和台南特色果树种植区三部分组成，主要展示台湾全境地理形状、特色文化和特色植物。

台湾全景展示区是宝岛风情馆的中心展示区，展区于绿树掩映中

◎台湾创意农业旅游区

将湖光山色的宝岛台湾呈现在我们的眼前。展区根据台湾岛地形设计，自西向东依次展示了台北、台中、台南的自然、人文风貌。整个展区展示了妈祖文化广场、阿里山、日月潭、玉山等台湾标志性风景名胜区和地标性建筑。

台湾特色文化展示区展出的是与台湾文化有关的各种内容，有图腾柱、图腾雕塑柱、蓝鹊登梅、莺歌蝶舞、赛龙舟等。其中图腾柱和图腾雕塑柱展示的是台湾的妈祖文化；台湾蓝鹊是台北市的市鸟，梅花是报春花，代表"快乐、幸福、长寿、顺利与和平"五福，蓝鹊登梅寓意身体康健喜事多，年年好运当头，岁岁幸福快乐；赛龙舟作为端午节的一项重要活动，在台湾十分流行。

台南特色果树种植区展示了很多台湾特有的或者质地上乘的水果，有酒瓶椰子、高山茶、木瓜等。酒瓶椰子因树干短、形似酒瓶而得名；台湾高山茶外形美观整洁，色泽墨绿有光泽，冲泡后滋味醇厚，汤色橙黄，叶底柔嫩，绿叶镶红边，还有独特的清香、茶香、果香、焦糖香等味道。

牛首山
唐明文化旅游区

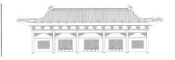

牛首山唐明文化旅游区位于江宁区祖堂山南麓，是南唐开国皇帝先主李昪和中主李璟的陵墓，所以又称南唐二陵。

南唐是我国历史上五代十国时期偏安江南的一个小国，建国于公元937年，定都南京，先后历三主，先主李昪、中主李璟以及后主李煜。其全盛时期统治范围包括今天的江苏、安徽、福建、江西、湖南以及湖北的部分地区。公元975年被北宋所灭，共存国39年。南唐二陵是新中国成立以来第一次用科学的方法发掘的陵墓，也是目前长江中下游地区最大、最古老的帝王陵寝。南唐二陵发掘于1950年，1985年正式对外开放，1988年被国务院公布为全国重点文物保护单位，是国家AA级旅游景区。

碑廊 碑廊上展示的是中主李璟和后主李煜的词，由现代著名书法家书写，第一幅是全国书法家协会原会长沈鹏的作品，第二幅是费新我的左笔书法。李璟和李煜在政治上没有什么作为，但是在词坛上却是久负盛名，他们的词为宋初婉约派词奠定了非常坚实的基础。中主李璟的词比较少，只有四首，而李煜留下的词比较多，有48首。李煜的词可以分为两个阶段，第一阶段主要描写他在宫廷花前月下的享乐生活，风格柔靡。而真正体现他在词作上才华的是他在亡国后两年内所写出来的。这一阶段的词体现了他的亡国之痛、思念故乡之情。最具代表性的就是《虞美人·春花秋月何时了》，这首词也是李煜的绝笔，李煜在写过这首词不久之后就被宋太宗赵光义毒死了，死后葬于河南洛阳的北邙山。南唐二陵葬的是他的祖父先主李昪和他的父亲中主李璟。

钦陵

钦陵是先主李昪和他的皇后宋氏的合葬墓，地址是先主李昪亲自选定的，钦陵后面的山叫作祖堂山，南唐时期叫作幽栖山，山上有幽栖寺，是李氏皇族用来避暑消夏的地方。李昪非常喜欢这里，于是就把这里选为死后的墓葬之地。钦陵建成于 943 年，长 21.48 米，宽 10.42 米，为砖石结构，分三进十三间。

陵墓中有一道明显的分界线，从分界线往前以及上部的顶是后来加固上去的，从分界线往后包括地上的砖石为一千多年前的原物。陵墓在还没有挖掘前只是一个小山包，当地人称为太子墩。据专家推测，钦陵在北宋时期就已经被盗过了。

整个钦陵是仿木建筑式样，墓内有柱、枋、斗拱等，上面均施以精美彩画。由于建筑大部分都是采用砖材或者石材，不能像木头一样直接在上面施彩画，于是就先刷了石灰粉，然后再施彩。陵墓刚打开的时候这些彩画非常的清晰，有朱红、赤黄、石青、石绿、赭色等，但是由于风化的原因，现在就只能看到一点朱红色了，主要以牡丹和柿蒂纹为主。

再来看陵墓上部的顶，是四角攒尖穹隆顶，也就是俗称的无梁殿，建造时从四个角慢慢往上收，最后用一块砖或者一排砖来封顶。在顶的底部有四个小孔，据专家推测可能是用来吊天花板的，当时上面可能还有一层天花板，并绘有精美的彩画，不过因为是木质的，都已经腐烂掉了。

旁边的小房间叫作侧室，是用来放陪葬品的地方。

第二进中最引人注目的是石雕，石雕雕刻精美，是南唐雕刻艺术的缩影。上部的图案是二龙戏珠，南唐时期的龙和明清时期不同：其一，南唐时期龙的眼睛细而长，更似丹凤眼，而到了明清时龙的眼睛就是大而圆的了，眼珠还瞪在外面；其二，南唐时的龙身体短而肥，是兽身，到了明清时龙的身体就比较长了，为蛇身；其三，南唐时龙为四爪，到了明清就成五爪金龙了。

石雕两边的两个武士叫作镇殿大将军，是守护陵墓的。将军头戴盔，身披甲，手持长剑，脚踏祥云。将军的盔甲都是雕有梅花的，人们称

◎无梁殿及石雕

之为梅花甲，梅花雕刻精美。原先的将军盔甲上贴金敷彩，金碧辉煌，可惜已被盗墓者盗走了。

在主室里首先可以看到一扇石门，石门凹凸不平的地方是被盗墓者砸的，石门上有圆形和方形的孔，原先是装门钉和拉环用的，由于是镏金的，也被盗墓者给盗走了。在主室的中央有六块青石板，称之为龙床，皇帝和皇后的棺木就放在上面，龙床边都是雕龙的，原先左右两侧各有四条，共八条，现在尚存六条。龙床中央的凹槽称为金井，相传皇帝死后灵魂升天，肉身就从这里回归自然。

在龙床上刻有卷草海石榴花纹，像一层地毯覆盖在上面，原先也都是有色彩的。古代人讲究"上具天文，下具地理"，这句话在这座陵墓里也有所体现。钦陵地面的地理图，专家推断可能是长江，对应的一个几字形应为黄河。在顶部还有天象图，第二块青石板上有红线和圆圈，一个圆圈代表一颗星星，在陵墓刚打开的时候，这样的星辰有一百多颗，但是由于风化的原因，大部分现在都已经看不到了。

顺陵

顺陵是中主李璟和他的皇后钟氏的合葬墓。建于 961 年，长 21.9 米，宽 10.12 米，为纯砖结构，分三进十一间。

顺陵与钦陵的内部结构大致相同，但是要比钦陵的建造简单、粗糙。墙上的彩画已经风化掉，墙上的装饰物斗拱也已经整片地脱落了，最明显的是在最后一道圆拱门前的石门石雕双龙戏珠、镇殿大将军也都没有了，那为什么这座陵墓建造得如此简单呢。原因大概有三个。第一，李璟当上皇帝之后，年年对外征战，导致国库亏空，无力建造更精致辉煌的陵寝。第二，当时北方的后周势力非常强大，李璟被打败后就向其称臣，被贬为南唐的国主，也就是说李璟不再是皇帝了，所以在他的石床上就没有雕龙了，我们也不可以称之为龙床了。第三，也是比较重要的一个原因，960 年赵匡胤陈桥兵变黄袍加身，在后周

◎顺陵

的基础上建立了北宋，在他的威胁下，961 年李璟迁都南昌，不久就病故在那里。据史料记载，当时是六月份，由于天气比较炎热，只得匆忙建造这座陵墓。钦陵是在李昇生前就开始建造，花了七年的时间，而顺陵是在李璟死后建造的，就只花了一年的时间，所以建筑规格和质量都不如钦陵了。

2010 年，南唐二陵发掘 60 周年之际，相关部门对南唐陵区进行了全面调查勘探时，在顺陵西北约 100 米的缓坡上发现了 3 号墓，墓室全长 6.84，宽 5.51 米，整个墓葬的规模比南唐二陵小了很多。专家根据墓葬的规模、出土文物等推断，其可能是李煜的皇后大周后的陵墓。

虽然南唐二陵被盗掘过，但是出土的文物仍然是研究我国文化艺术发展史的重要资料。南唐二陵共出土文物 643 件，主要以陶制品为主。陈列室内展出的是一小部分出土文物的仿制品，真品收藏于南京博物院。人物俑共出土 190 件，85 件男俑、105 件女俑，按俑的形态特征可以分为拱立俑、持物俑、舞蹈俑三大类。其中三尊舞蹈俑是比较具有代表性的，高鼻梁多胡须，我们推断其可能是少数民族或者外国人，是为皇帝表演的伶人。拱立俑雍容华贵，从装束上我们可以看出其是地位相当尊贵的妇女，她延续了唐代以胖为美的风格。众多形态各异的男女陶俑是当年南唐宫廷生活的缩影。

陵墓里还出土了比较具有代表性的神怪俑，有人首鱼身俑、双人首蛇身俑、双人首龙身俑等，他们是《山海经》里面记载的神，起到镇墓辟邪的作用。人首与蛇身、鱼身、龙身搭配，实际上都是人们幻想出的一种图腾形象，象征着驱邪避害、起死回生、生命永恒。人们想通过这些神异的人兽和灵物主宰万物，神怪俑的出现满足了他们的内心需求，当时的墓葬中频频出现神怪俑也证明了这一点。

此外还有陶动物俑 21 件，其中有我们常见的鸡、马、狗、蛙等，也有骆驼和狮子。最有趣的是李昇陵出土的陶鸡为雄鸡，做昂首啼鸣状，而李璟陵出土的鸡为母鸡，做蹲身孵卵状。

南唐二陵出土的最为珍贵的文物就是哀册了。从钦陵出土的玉哀册由 42 片组成一册，就是根据这些玉哀册，我们准确判定了这座陵墓建造的时间和陵墓的主人。

汤山温泉旅游度假区

　　汤山温泉旅游度假区是中国最古老的温泉养生地之一，位列全国四大疗养温泉区之首。它集人文景观和自然风光于一体，山、水、泉、林、湖错落分布，不仅坐拥15万亩山林、世界级地质断层，还拥有60万年前南京直立猿人头骨化石和距今600多年世界最大的阳山碑材等世界级的休闲旅游禀赋。

　　传说后羿射日的故事就发生在汤山。后羿登上汤山北面的"射乌山"，挽神弓搭神箭一连射下九个太阳，其中一个落进汤山的山洞里，从此，山中便流出了热乎乎的温泉。科学告诉我们，汤山温泉的形成可以追溯到1亿多年前的侏罗纪晚期，大气降水渗入地下深处，经过地热加热流出地表，便形成了温泉。古人见热水从山中流出，就称山为汤山，镇因山得名，叫汤山镇。

　　汤山历史悠久，文化源远流长，史前文化、六朝文化、明朝文化、民国文化在这里交相辉映。在考古发掘中这里曾发现不少原始先民的遗存，如桦墅近西岗一带出土过大量的石锛、石刀、石斧和陶器，被确定为距今4000～5000年的新石器时期的文物。而1993年在汤山葫芦洞出土的"南京猿人"头骨化石，则将汤山地区人类活动的历史推向60万年以前。在历史记载中，春秋战国时期，汤山地区先后为吴国、越国和楚国所辖，秦统一中国后推行郡县制，此地属江乘县。江乘县乃秦始皇东巡所置。晋人张勃在所纂《吴录》中载："丹阳江乘县有汤山，出温泉三所。"据此推测，由温泉而得名的"汤山"这一名称早在晋代以前甚至秦汉时期就可能已经出现了。南北朝时期汤山已经有了村落，唐宋时期逐步形成集市，称汤泉市。又有记载，南朝刘宋江夏王刘义恭来此游览，见山下有温泉出露，遂取名为"汤山"，并欣然作《汤泉铭》赞美："秦都壮温谷，汉京丽汤泉，炎德资远液，暄波起斯源。"此后汤山闻名于世。两宋时期，建汤泉市，历沿元、明，至清代中叶。清同治年间，改市为镇，因汤涧水流贯镇中，更名汤水镇。1934 年改名汤山镇。

汤山温泉是我国四大温泉之一，有 8 个泉眼，分布在山东坡及东南坡一带，日产泉水近万吨。泉水洁净透明，四季如汤，水温在 50℃～65℃，水中含氡、镁、钙、锶等 30 余种矿物质及微量元素，对治疗神经系统疾病、风湿性关节炎、腰肌劳损以及各种皮肤病、高血压、肾炎、消化不良等病症均有显著疗效。据史料记载，南朝梁时期有一位皇太后来汤山沐浴，治愈了皮肤病，皇帝遂封汤泉为"圣汤"，并在汤山东麓建圣汤延祥寺一座，以敬"泉神"。唐代著名画家韩之滉于德宗年间在升州（今南京）任职，他的女儿"有恶疾，浴于汤，应时而愈"。韩之滉以为是泉神赐福，为了酬谢泉神，用女儿妆奁费在汤山东南麓建汤王庙一座以祈拜。民国时期吴稚辉腿上生癣二十余年，多方医治无效，后在汤山居住月余，每天洗温泉澡，顽癣竟好了，于是出面向当时的江苏、浙江两省政府以及宋子文、蒋介石募捐上万元，修复南唐时代徐楷所建的汤泉馆，并在泉上建亭，把江夏王刘义恭所作的《汤泉铭》重刻碑嵌于石壁上。

汤山温泉旅游度假区先后被授予中国温泉之乡、中国旅游文化名镇、全国环境优美乡镇、国际最佳旅游度假胜地、全国温泉开发利用示范区、全国最受欢迎的文化旅游名镇等荣誉称号。2015 年，汤山温泉旅游度假区成为首批"国家级旅游度假区"之一。

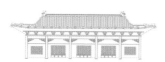

南京汤山矿坑公园

汤山矿坑公园位于江宁区汤山温泉旅游度假区美泉路以北、汤山山体以南。经过多年的开采，汤山南麓形成了自西向东一字排开的 5 个矿坑，亦即彩石宕口，占地面积约 40 公顷，原来为江宁县龙泉采石场，2004 年正式关停。2017 年 4 月矿坑公园项目启动设计，2017 年年底正式开工建设。整个公园的景观设计围绕汤山现有的资源及深厚的文化底蕴展开，充分利用区域内现有植被与矿山资源，通过一系列生态修复工程，最终形成一个"以山为幕"的特色公园。公园主要包括游客中心、特色餐厅、垂直落差达 88 米的假山瀑布、七彩走廊、崖壁温泉、无动力乐园、书店、花海等，是集生态、景观、活动、科教于一体的体验式矿坑景观公园。

三叠湖　三叠湖由三个湖泊组成，自上而下好似叠覆在一起，所以取名"三叠湖"。三叠湖一方面营造出自然舒适的美景，另一方面则是更多地体现了生态修复的意义。生态修复，是有计划、有步骤地修复被破坏的山体、河流、植被，通过一系列手段恢复城市生态系统的自我调节功能。在营造自然舒适的美景的同时，三叠湖还实现了雨水循环，从矿山下来的水每到达一个湖泊便过滤一次，经过层层沉淀，到达第三个湖泊时，便已被净化成澄净的湖水。同时，面对南京地区夏季的暴雨，因其自身具有自蓄空间，还可减缓流水的冲击。

七彩走廊　七彩走廊是矿坑公园的地标性建筑，由东南大学李飚设计。桥的顶盖部分和桥面都呈流线

◎南京汤山矿坑公园

弯曲，看起来舒适自然；桥面凸出的部分可以让人们更好地观赏风景。在桥的顶盖部分设有一串 LED 灯带，晚上看起来七彩斑斓，所以起名"七彩走廊"。

阡陌花海区 阡陌花海区是很多游客心仪的拍照打卡地。景区在原有的地形地貌上，在整片花海区域种植粉黛乱子草，9 月到 11 月开放的时候形成一片红色的花海，蔚为壮观。花海中穿插一条条小径，便于游客观赏的同时又增加了设计感。这种设计称为"星路"，起源于英国剑桥，在路的表面铺设大量的石英石，白天吸收光能，夜间就会发出蓝色的柔光，所以到了晚上会看得更加明显。星路本身是透水的，所以下雨天也不会受到影响。整条星路全长约 350 米，宽约 2 米，在坡地上蜿蜒曲折，在花丛中若隐若现。花海一方面营造了一个自然舒适的美景，另一方面也是生态修复的一种方式，其通过植物降解，提升土壤肥力。

壁泉温泉区 壁泉温泉区域规划面积约 4 万平方米，其中室内外温泉区景观设计约 1.4 万平方米，建筑规模约 4000 平方米，分为崖壁温泉、溶洞泡池、湖边泡池、树梢温泉、无边泡池等。尤其是崖壁温泉，在国内少见。

草甸剧场 从壁泉往西走看到的一大片露天草地就是草甸剧场，面积约 1000 平方米，呈环形铺陈。剧场背靠汤山，俯瞰温泉盛景，视野辽阔。

矿坑隧道 矿坑隧道长约 58 米，净高 2.5 米。矿坑隧道的亮点是整条隧道没有灯光，设计师特意设计了 20 多条不锈钢板，用反射的太阳光给隧道补光，营造了一种穿越时光的感觉。隧道的地面上记录了汤山地区采矿工业的发展历程，展示了汤山从一个采石重镇发展为旅游小镇的历程。

攒子涧 攒子涧是一处瀑布景观，整个瀑布从矿坑崖壁倾泻而下，垂直落差达 88 米，最宽处约 50 米，塑石覆盖面积近万平方米，是迄今为止国内落差最大的假山瀑布工程。攒子涧不仅是假山瀑布、艺术石雕刻，其实它还是一个雨水循环系统。假山瀑布的建造是完全依托于矿坑原始地貌的，其通过艺术石雕刻造型，采用先进的施工工艺，依据山体自然形状布置基础钢架结构，通过专业雕刻师对整体地形的把握和掌控，分区域进行雕塑造型，最大化复刻自然山石的天然纹理和造型，避免山石的单调呆板和人工痕迹，精心打造的山石每一处细节都独一无二，完美透彻地演绎自然山石的韵味和风姿。

天空走廊 沿着登山栈道向前走，可以看到一个小型的森林山谷——石趣谷，这里也是由宕口改造而来。漫步在栈道之上如同行走在星空中一般，所以这里又叫作天空走廊。废弃矿坑的改造赋予空中漫步更多仪式感与浪漫气息。

雨水花园 这里的树木是银杏树，银杏树不仅可以净化空气，具有抗污染、抗烟火、抗尘埃等功能，同时银杏有涵养水源、防风固沙、保持水土等功效，可以很好地改善生态环境。在雨洪管理方面，环境专家进行了一系列评估，确立了场地中重要的植被和土壤保护区，通过设置雨水花园、人工湿地等水环境管理措施，建立了一套雨水循环系统，实现了保留场地降水并有效控制降雨径流的目的。

矿野拾趣区 矿野拾趣区没有任何动力装置，因此又叫无动力乐园。无动力乐园为室外露天亲子乐园，占地面积约 3000 平方米，设有采矿盒子、大滑梯、秋千滑索、巨型蹦床、戏水池五大区域，设计的灵感正是来源于采石的工艺流程，从爆破开采、破碎、筛选、水洗、皮带运输最后到成品，一整套流程让孩子在游乐中体验采石的流程，在探索中激发创造力、想象力和合作能力。无动力游乐设施具有节能、主动娱乐和被动娱乐三个特征，在矿坑公园的无动力乐园中，设计师将这三个特点完美地结合在娱乐设施中，这是南京地区首家无动力乐园，适宜 7～50 岁的人来此进行亲子游乐或开展团建活动等。

星空餐厅 星空餐厅位于半山腰，由中国工程院院士孟建民主持设计，外观上呈现出"U"形，像一个巨大的飞船。整个餐厅采用超白玻璃材料，无论是吃饭还是休息都可以透过玻璃俯瞰山景，夜晚灯光亮起来的时候就更美了，这也是"星空餐厅"名称的由来。星空餐厅作为矿坑公园里的后现代风地标建筑，历时 2 年建设，2020 年"五一"期间正式营业。餐厅分上下两层，一楼室内部分是全景曲面落地窗，有玻璃栈道，整个氛围提取了日月星辰艺术形态、视觉元素；二楼则是 360° 景观台，白天可以一览矿坑全貌，夜晚更可在星空下品尝美食。

大凹剧场　"大凹剧场"名字来源于矿坑公园所在的位置"大凹村"，在规划建设期间对村民进行了搬迁。矿坑公园的建设改善了大凹村村民的生活环境，也带动了当地人的就业。大凹剧场占地面积约 1.5 万平方米，为优质露天草地，内有 900 平方米硬质水泥场地，是当年采石场遗留下来的矿坑。因为矿坑特有的回音壁效果，所以这里是举办音乐节活动最好的场所。每当音乐响起，歌声在矿坑中扬起，回荡在山谷中，久久不会消失。建成以后，在这里已经成功地举办了汤山第十届温泉节以及"矿坑音乐趴"，与江苏综艺频道合作举办了粉丝节、萌宠节等，活动期间每天都能吸引上千人前来观看。

伴山营地　伴山营地是一座烧烤露营基地，占地面积 3000 平方米，可以容纳 500 ～ 800 人露营，以户外烧烤、帐篷露营、团建拓展、亲子活动、露天电影等项目为主，配有小型超市、淋浴设施、帐篷及烧烤架租赁等，旁边的温泉泡脚池也给伴山营地增添更多的特色。在伴山营地，夜晚还会不定期举办篝火晚会以及电影节活动。想象一下在星空下看电影的场景，荧屏里是回忆中的经典，荧屏外是无际的星空，一定会带给游客不一样的观影感受。电影结束后，可选择宿营伴山营地或者回到温馨的家。留在矿坑的小伙伴们还可以体验夜游矿坑，在夜间灯光秀下，触摸最神秘、最浪漫的矿坑公园。

江苏园博园

江苏园博园位于南京市江宁区汤山街道，一期项目占地面积为 3.45 平方千米，是以第十一届江苏省园艺博览会为契机，以生态文明理念为引领，囊括古典园林、前沿科技、潮流业态等多元要素的国际化文商旅居综合体。项目坚持"绿水青山就是金山银山"的理念，以打造"百年工程"的长远眼光，在修复生态环境的同时，创"世界山地花园"，赋予了园博园更丰富的功能和更可持续的发展。

园博园选址紧邻汤山温泉旅游度假区，位于紫金山、栖霞山、宝华山、汤山四个风景区环抱圈内，是一处三面环山的开阔谷地，区位条件良好，自然禀赋优异。项目毗邻一个高速口、两个地铁站，接沪蓉高速、S002、S122、S337 等多条高速、国道、省道，交通通达。在生态修复、绿色发展的基础上，形成了"123456"的总体布局，即一个标志性建筑、两大光智工程、三大形象入口、四大精美花谷、五大精品酒店和六大配套设施。

园博园深入贯彻生态文明理念，对崖壁宕口进行综合治理、"按方抓药"，打造贴合自然的崖畔花谷；对工业遗产进行加固改造、保护利用，打造业态集聚的时光艺谷；对淤土泥潭进行系统重构、生态提档，打造灵动美丽的苏韵荟谷；对废弃矿坑进行科学修复、融合赋能，打造焕发新生的云池梦谷。四大花谷自西向东依次铺展，构成了园博园践行习近平生态文明思想的生动答卷。

园博园由南京市统一建设，汇集了江苏十三个设区市最具代表性的园林古建筑，生动展现"最江苏"的园林精粹。从诗词歌赋、画作文献中提取设计思路，将六朝文化、汉文化、江南文化等人文特色进行集成表达，原汁原味再现南京华林园、无锡寄畅园、扬州九峰园等经典园林景观。同时，召集了数百名薪火相传的古建筑工匠，选用传统的小青瓦、清水墙等材质和大漆、榫卯、砖雕等工艺，匠心打造一

◎江苏园博园

◎江苏园博园

砖一瓦、一草一木。

　　园博园创新融合文商旅居模式，落地数十个国内首家、省内首家、市内首家的"三首业态"，并贴合园林、工业、生态、地质、温泉等文化，嵌入五家国际高端酒店、两家特色酒店，打造"世界山地花园"。

　　2021年4月16日至5月19日，第十一届江苏省园艺博览会在这里成功举办，而后园博园经过5个多月的试运营，对设施、服务、业态等方面进行了一系列的优化调整，并于2021年9月29日开始正式运营，现在已经成为当下南京最热门的景区之一。

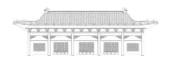

江苏广电
石湫影视基地

江苏广电石湫影视基地是江苏广电荔枝文旅品牌下的影视版块，又名江苏（国家）未来影视文化创意产业园，2007年由江苏省广播电视总台集团发起建设，是江苏省重点文化产业项目，现阶段开发面积2113亩。基地建有具有国际标准的大型摄影棚、民国影视街、教堂影视区、幸福山庄酒店，先后接拍《金陵十三钗》《推拿》《云上日出》《爱国者》《伪装者》《我的特一营》等一大批影视佳作；承接了江苏广电《非诚勿扰》《超凡魔术师》《了不起的孩子》《一站到底》《芝麻开门》《世界青年说》《勇者大冲关》等品牌IP栏目的录制；以婚影美拍为特色，重磅打造了集婚纱摄影、商业美拍、荔枝童拍于一体的美拍基地。

◎民国影视街区

PRODUCTION 片名

ROLL 卷号　SCENE 场号　SHOT 镜号　TAKE 次数

摄影师

导演 DIRECTOR

DATE 日期

教堂景区　教堂景区是电影《金陵十三钗》最主要的拍摄场景，电视剧《爱国者》《四十九日祭》《战长沙》等也曾在此取景。教堂外部采用哥特式风格，其原型为圣保罗堂，同时融合了北京东南西北四个教堂的建筑特色，故从教堂外部四个方向看去，教堂呈现出的四个不同的风格。教堂外 2 万平方米的四季草坪和万亩溧塘水库共同筑就了教堂景区独特的外景景致。2018 年，基地对教堂外部进行了整修，修复了战争场景中留下的弹孔，清除了岁月留下的尘埃，如今已成为南京影视剧拍摄最具特色的选地。

民国影视街区　民国影视街区占地 3.3 万平方米，总建筑面积 1.3 万平方米，街区主要是由 54 幢民国时期标志性建筑和三条街道——南京乌衣巷、中山路、中央路组成，基本还原了南京民国时期街景，包括江南水师学堂、中央银行、首都饭店、起士林西餐馆、新都大戏院等。一个建筑外观两个景的外部设计方便摄影组按需使用，故深受创作剧组喜爱，表现改革开放四十周年的主旋律电影《奔腾岁月》等数十部作品也在此拍摄。漫步其间，恍若穿越时光。

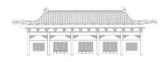

黄龙岘茶文化旅游村

　　黄龙岘茶文化旅游村位于南京市西南、马鞍山市东北，距离南京市区 30 千米、江宁城区 20 千米、马鞍山 12 千米，交通便利，区位优越。黄龙岘素有"金陵茶文化休闲旅游第一村"的美誉，至今共获得了"中国最美休闲乡村""中国乡村旅游模范村""全国乡村旅游重点村""中国美丽乡村百佳范例""乡村振兴旅游富民先进村"等国家、省、市、区级 100 多项荣誉，中央电视台多次进行专题报道。

　　村庄东临战备水库，西接牌坊水库，四周茶山、竹林环绕，环境优美，得天独厚。村内有茶园 2600 亩，茶香四溢，口味醇厚，深受南京及周边民众的喜爱。黄龙岘茶文化旅游村充分发挥其得天独厚的自然资源优势，深度挖掘茶文化内涵，打造了千亩茶园观光道、千年古官道、仙林竹荫道、诗画黄龙潭等"四道一潭四十景"以及以晏公典故为主的"龟山十二景"等，同步建设了乡村特色民宿、精致茶器香器伴手礼陶器铺、茶事体验馆炒茶坊、品茗观景平台、黄龙大茶馆、大学生创业基地梦想茶社、江苏书法学习体验馆等。

　　千亩茶园、茶缘阁　黄龙岘共有 2600 亩的茶园，首推黄龙岘绿茶，其主导产品分为"龙针"和"龙毫"两大系列。龙毫茶白毫显露，龙针茶外形光润，汤色绿明，香气高长，滋味鲜醇，叶底细嫩，色香味形俱佳，久负"江南第一针"之盛誉。茶园边的茶缘阁是一座专供访茶事、问茶道和茶园观光的游客歇脚、品茶、用餐的驿站。

　　龟山十二景　2016 年江宁美丽乡村提档升级，打造了龟山十二景。项目以保留龟山岛原生态风貌为原则，打造了龟山周边晏公遗风、松林归隐、龟岛渔埠、杉林探秘、绿野仙踪径、寄情山水、荷风栈道、

◎黄龙岘茶文化旅游村

石台观岛、柳岸春晓、茶田倩影、涉水漫步、堤顶远眺等十二处景观节点，让原本只可远观的龟山不再"一水相隔"，不仅能让游客走入其中近距离感受历史文化，还提供了多角度欣赏晏湖美景的途径。

晏湖驿站 晏湖驿站位于黄龙岘东入口处晏公湖畔，占地面积约为 4000 平方米，是江宁美丽乡村西部片区目前最大的综合性休闲驿站。晏湖驿站距离黄龙岘中心景区约 1 千米，交通便利，环境清幽，四周竹林环绕，是一个集观光游览、休闲健身、生态田园景观于一体的多功能休闲驿站。

茶乡星谷 茶乡星谷精品民宿群属于晏湖二期工程，位于江宁街道朱门社区汤村后山凹，民宿群是以竹林、田园、湖泊、山丘为载体，集住宿、餐饮、休闲等于一体的多元化休闲旅游度假胜地，总建筑面积为 1840 平方米。茶乡星谷周边群山环绕，层林叠翠，仿佛陷入山的怀里、竹的海里。穿梭在竹林之间，可以感受大自然最纯净的馈赠，这里每立方厘米的负氧离子含量高达 8065 个，是一座"天然氧吧"。茶乡星谷民宿以北斗七星为主题，七座独栋民宿的排列分布与北斗七星一一对应，视野开阔，独具意境。七栋民宿中，一栋、五栋、七栋以竹文化为主题，二栋、三栋、四栋、六栋则是以茶文化为主题。茶乡星谷高端精品民宿群的建成，标志着江宁美丽乡村西部片区民宿精细化、多元化的发展又迈上了一个新的台阶。

千年古官道　千年古官道位于小彤山下，春秋战国时期这里还是丛林峻岭、人迹罕至，后有皖南往南京城走亲的人或商家在这丛林之间踏出一条路。黄龙岘与南京市区相距仅30余千米，六朝时期黄龙岘成了古都建康达官贵人探险、涉猎、四季休闲的驿道，这里也因达官贵人的涉足，而被称为"官道"。此路虽为官道，但路况极为简陋，路宽不足3米，多为本地山石或鹅卵石铺就。由于黄龙岘是中华门通往皖南的必经之路，浙商、徽商多在此歇脚，路边驿栈的发展给黄龙岘带来了繁华，同时也为土著居民的衣食住行带来便利，是当地人生活的"保障线"。

现在景区对古官道进行疏通开发，以保护生态为前提，打造了一条外来机动车辆禁止通行的骑行线路，游客可骑自行车在景区内赏景吸氧，放松身心。

黄龙仙竹　在千年古官道的两边种植的是黄龙仙竹，占地面积约2000亩，是当地政府在开展封山造林的活动之下，为增加农民收入而组织村民扩种毛竹，从而形成了如此规模的成材竹林。黄龙"四宝"茶干、笋干、鱼干、萝卜干中的笋干，就是来自这片竹林。穿梭在竹林之间，游客可以尽情深呼吸，感受大自然最纯净的馈赠。这里负氧离子含量极高，方圆20千米没有工业污染源，可谓天然氧吧！

黄龙岘茶文化村正以建成江苏知名茶文化村为战略目标，在美丽乡村、文旅融合、环境优化、特色塑造、机制创新上有效推进，不断改善和提高村民生活品质，走出了一条生态美、人文美、生活美、发展美的新型乡村建设之路。

石塘人家

石塘人家位于南京市江宁区横溪街道，源于宋代，至今已有 1000 余年历史。石塘人家区域面积约 2.5 平方千米，村庄核心面积约 190 亩，村庄布局较为集中。2011 年下半年，横溪街道出资，邀请规划设计专家对整个村庄进行规划、设计和改造，改造后整个村庄呈现出统一的江南民居风格。自 2012 年的上半年开村起至今，石塘人家先后荣获"全国乡村旅游重点村""中国乡村旅游模范村""全国休闲农业与乡村旅游示范区""江苏省最美乡村""江苏省乡村旅游创新项目""江苏省研学旅游示范基地"等 20 多项省级以上称号。

目前，石塘人家有农家乐60家、民宿30家，村庄内还有2家酒店，可提供近800个床位、3000个餐位。同时配备20、100、400以及近千人不同规模的会场，可满足不同规格会议活动的需求。这里也是由江苏省工信厅牵头举办的"I创杯"互联网创新创业大赛的永久会址，每年的9月份都会在这里举办为期3天的赛事活动。此外，石塘人家还与著名跨国公司签订了战略协议，将公司高管会议、员工家庭日等活动放在这里。

除了发展会议会展经济，石塘人家还建有江宁区青少年社会实践基地，该基地于2012年创建，2014年建成投入使用，2018年进行提档升级。基地建有一幢3300平方米的行政教学楼及多功能报告厅、一座600平方米的区青少年党史国史主题教育馆、一幢能容纳300人食宿的学生公寓、一片标准天然草坪足球场、占地40亩的生态拓展训练区、15亩的真人CS演练区、50亩的天文公园、35亩的生命安全教育基地、32亩的海模训练区以及5千米彩色路面登山拉练步道。户外实践活动是南京市中小学生的必修课，在学生开学期间，很多学校组织学生到这里来进行户外拓展。这里也承接企事业单位的团建活动，受到市场的认可与好评。

红色李巷

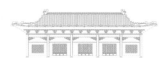

红色李巷村位于溧水东南部白马镇石头寨社区，距溧水城区 26 千米，距南京市区 60 千米。2017 年 10 月 3 日，红色李巷正式开村，2021 年被评为江苏省爱国主义教育基地，是第二批全国乡村旅游重点村。

红色李巷（地区），是新四军贯彻中央指示东进苏南抗日最先到达并建立模范根据地的中心区，是中共中央华中局在江南唯一具有省级党委概念的中共苏皖区委机关的长期所在地，也是苏南敌后各级抗日民主政权的最高领导机关——苏南区行政公署的诞生地。

1941 年年底至 1943 年 4 月，中共苏皖区委、苏南区行政公署、新四军第六师第十六旅旅部等苏南党政军首脑机关驻扎在李巷李氏宗祠，李巷成为苏南抗战的指挥中心。苏南党政军领导机关驻扎李巷期间，组织召开了苏南民运工作会议等一系列重要会议，发布了《苏南施政纲领》等一系列政策法令，组织开展了

◎红色李巷

减租减息等一系列工作，指挥了苏南反顽战役等一系列战役战斗。

在 1938 年至 1945 年的 7 年间，李巷形成了包括指挥中心、训练班、兵工厂、被服厂、医院等在内的完善体系，以李巷为中心，周边约 5 千米半径内集聚了数量较多的红色遗址。这个小村见证了新四军生活、生产、战斗、训练的完整历程。

红色李巷，离敌、顽、伪军"心脏"最近，从抗战初期直到抗战结束，李巷始终是新四军顽强的战斗堡垒。无论战斗多么残酷，形势多么艰险，李巷堡垒从未失去，被称为"苏南小延安"。

红色李巷现有七处价值较高的红色文化遗址，其中有李氏宗祠（新四军第六师第十六旅旅部、中共苏皖区委、苏南区行政公署驻地）、地下交通总站（溧水第一个农村党支部等旧址），还有陈毅、江渭清、钟国楚、李坚真、梅章等新四军将领及地方干部旧居。

2021 年，红色李巷新建四史教育馆、精神谱系馆、英雄人物馆、中国新四军历史研究馆等红色场馆以及李巷红色大剧院。四史教育馆通过图片、文字、3D 场景等形式回顾党史、新中国史、改革开放史、社会主义发展史，再现党的光辉历程和辉煌成就。精神谱系馆以时间顺序为轴，全面呈现了党在不同历史时期形成的建党精神、井冈山精神、长征精神、延安精神等，生动鲜活地展现中国共产党发展中的"精神谱系"，体现忠诚、担当、奉献的精神内核。英雄人物馆展现了 1919 年至今中国发展进程中涌现出的英雄模范人物。

近年来，红色李巷所在的石头寨社区以红色文化资源为乡村振兴赋能，带动蓝莓、黑莓种植产业蓬勃发展，吸引众多游客前来学习、观光、休闲，逐步探索出一条"生态美、产业兴、百姓富"的可持续发展之路。

高淳区东坝街道三条垄田园慢村坐落在风景秀丽的游子山脚下，处太湖流域上游，南临固城湖，是东坝街道的北大门，是第二批全国乡村旅游重点村。三条垄田园慢村区域有小茅山村、小茅山脚村、周泗涧村、大仁凹村、垄上村五个自然村。

三条垄田园慢村借助毗邻游子山国家森林公园、武家嘴农业科技园的优势，结合漫耕产业园等业态，积极探索村庄发展新模式，积极探索农村产权制度改革，在小茅山脚、大仁凹、周泗涧等村发展集餐饮、民宿、会议、休闲娱乐等于一体的旅游业。

三条垄区域民风淳朴，历史文化底蕴丰厚，民俗特色鲜明，村庄周边有成片茶园、果园、竹园，借助该优势，街道积极拓展品茶赏竹、景观稻田、果品采摘、农事体验、养身养老等休闲农业功能，促进一二三产融合，让游子山三条垄田园慢村成为品尝原味美食、品鉴原味文化、品赏原味乡村、品味原乡意境的乡村旅游目的地。

"采菊东篱下，悠然见南山"，陶渊明式的东方田园慢生活在此处得到淋漓尽致的呈现，实现了东方慢文化与新乡土时代的完美融合。

结合村域内小茅山、青山水库、有机稻田、生态湿地、旱园竹等自然资源，三条垄充分挖掘古墩墓遗址、泉水庵、百年朴树、廉政船板栈道等历史文化资源，形成"山、水、田、园、村、文"的格局。未来三条垄田园慢村将依托山水画意境，以"有机大米＋漫茶文化"为产业特色，以乡愁和农耕文化为情怀，打造更富特色的田园慢村。

◎周泗涧村船板栈道

金陵水乡
钱家渡

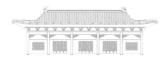

金陵水乡钱家渡位于江宁区湖熟街道和平社区，由江宁旅游产业集团旗下公司负责管理和运营，先后获得"江苏省乡村旅游重点村""江苏省特色田园乡村""江苏省生态文明教育基地"等称号。景区主要包括钱家渡和孙家桥两个自然村，村庄境内河网纵横、阡陌相连、圩田富饶，具有典型的江南水乡风貌。

钱家渡尊重原有生态肌底，凸显自然淳朴田园风光，依托湖熟文化、古渡口文化，充分发挥湖熟独有的圩区水资源优势和农渔产业优势，重点发展特色农旅产业，先后建设了乡村振兴学习堂、钱家渡采摘园、水产养殖中心、粮油体验铺等文化宣传体验项目。建有孙家桥游客服务中心、民宿接待中心两个旅游咨询点，设有游船、脚踏船、渡里市集、帐篷营地、烧烤、萌宠乐园等多种游乐项目，吸引了众多游客前来打卡。另外还有钱家渡起居文化馆、醉乡园、乡兴园等各富特色的餐饮点，有滨水民宿、枕水居民宿、青年旅社等住宿场所，可以满足游客吃住行游购娱各方面需求。

◎钱家渡特色田园乡村

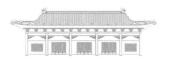

晶桥镇
石山下村

　　石山下村位于溧水区晶桥镇东南面，紧邻S246、S341省道，交通十分便利，具有良好的区位经济优势。石山下村建立于1245年，至今已有700余年，现存十三卷家谱，在古代曾有过辉煌的历史。全村现有农户161户，耕地面积1500亩，山林面积2500亩，是第三批省级乡村旅游重点村。

　　石山下村原名"青洪山村"，以村庄所依的青洪山命名，据记载，隋朝就已有康姓先民在此定居，南宋时刘氏先祖在此地定居。据青洪山村有背倚石山的特点，改名"石山下"。所以"石山下"这个古朴而美丽的名字，已有700多年历史了。

　　石山下村不仅蕴含了千年古韵，还有着自然的山水风光和传统的人文风情，是溧水传统乡村的典型代表。近两年随着"美丽乡村"的建设，新事物、新思潮与村庄建设相融合，让这座古村在不改本色的基础之上展现新貌。

　　刘氏宗祠　古代石山下村中有刘、付、徐三大姓，全村约630人，刘姓占全村户数70%，有过辉煌的历史，人才辈出。为了祭祀祖先，明朝时刘氏后人建造了刘氏宗祠，距今已有近四百年的历史。刘氏宗祠为三进三出的徽派建筑，砖木结构，白墙黑瓦，总面积达400平方米，其柱础石雕最具特色。祠堂中，有介绍村史的碑文，也有表明刘氏祖先功德的匾额竖于祠堂之上。东墙因为战争留下明显的毁损痕迹，但由于刘氏子孙积极保护维修，该祠堂至今仍能保持原貌。2006年，刘氏宗祠被南京市列为文物保护单位，也成了这个村子最有年头、最有威望的地标性建筑。

　　刘氏后人还保留了十三卷家谱,保持了祭祖的独特传统。每年春节、清明、十月朝,刘氏子孙会在此聚集一堂,挂宗谱,喝宗酒,祭拜祖先。因刘氏子系庞大,来祠堂喝宗酒的人必须为60岁以上老人。而刘氏各房还需举办"小宗酒",各自举行祭拜仪式,由每家轮流主持。这也是石山下一项有趣的传统文化活动。

　　在宗祠对面有一座洪山桥,连接了对面戏台,为每年祭祖仪式观戏所用。戏台设计具有古典样式,五开间硬山房用作表演更衣准备,戏台顶部为飘逸飞檐,底部采用极富乡土气息的粗犷垒石。戏台每年定期有大戏演出,它的建筑形制及持续利用也是石山下村传统文化传承的表现。

◎石山下

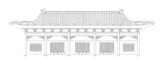

桠溪街道石墙围
精品民宿村

　　据说在隋唐时期，有一户人家避乱至此，后渐渐成村。由于村庄百姓生活富裕，经常遭盗贼抢劫，于是用砖石砌成围墙，留四门出入，居家青砖黛瓦，雕龙画凤，石墙围村因此而得名。

　　石墙围地处国际慢城核心区，周边有千亩向日葵、千亩茶园、千亩油菜田，还有大山水库、文峰宝塔、情深路、大竹园等名胜景观。依靠有山有水得天独厚的自然环境，石墙围一直大力发展民宿产业，是江苏省乡村旅游重点村、江苏省特色田园乡村。

　　2020年年底，围绕游客休闲、娱乐的需求，石墙围村举全村之力对村庄整体环境进行提升整治。村西建设花海丛林，做到四季有花；引动大山水库与周边水系，引入垂钓等水上活动项目。同时在蓝溪村的组织下成立了南京市高淳区蓝溪乡村旅游专业合作社，建立了"合作社＋协会＋农户"管理模式，将先进服务理念合理植入民宿经营，全方位、多角度提升服务软实力。2021年石墙围村成功申报了市职工疗休养基地。

　　石墙围村山湖资源和特色农产品比较丰富，多山、多林、多湖的自然条件不仅盛产有机水稻、茶叶、早园竹等农产品，更带来了原汁原味的农家味道。游走在石墙围，看到的是山水相融、树林成荫，遥望文峰塔，感受到的是浓郁青翠的绿水青山，体验的是"文峰塔下、石墙围里、归园田居、百姓生活"的悠闲自在。

公塘头村

公塘头地处江宁田园乡村发展中部地区、谷里街道东南部，包括公塘头村、张家宕、箩家宕 3 个自然村，占地面积约 54 公顷，自然资源独特，区位优势明显，周边旅游景点众多。公塘头村紧邻银杏湖大道，连接宁马、绕越、机场等高速路，交通十分便捷。2014 年，公塘社区按照"五位一体，统筹推进，特色鲜明"的建设思路开始打造美丽乡村公塘头示范村，以自然、原生态、注重旅游和地域乡土文化的深度融合为方向，以"幸福公塘"为主题，打造公塘头民宿村，新建游客服务中心，修建党群服务微家，改善村容村貌。2021 年，获评第二批江苏省乡村旅游重点村。

◎公塘头村

在人居环境治理上，公塘头村在注重保护村庄原貌的基础上，新铺沥青路 4.7 千米，改厕 181 户，修整、铺设雨污分流管网 4.3 千米，改造强弱电网线 3.4 千米，建污水处理站一座，3A 级公厕一座、公共文化广场 1 处、停车场 8 处，同时改造村内污水管网、排水系统、强弱电电线等项目，为乡村旅游业的发展搭好基础建设平台。

在乡村旅游经营上，为了方便游客，社区整合资源，开展公塘头党群微家、妇联微家、公塘头游客服务中心、公塘头银杏福合作社等特色服务。村内有多家农家乐餐饮经营，还有古井参观区、蔬菜采摘区、手绘民艺文化墙欣赏区等。游客可以在公塘头民宿一边喝茶一边看"落霞与孤鹜齐飞，秋水共长天一色"的美丽风景；也可以在农田间体验农事活动；在一千米长的文化展示墙观看本地民间艺人手工画出的我们儿时的动人画卷。

在民宿示范村打造上，公塘头村一方面创新业态盘活"资源"，打造特色主题民宿，总营业面积 4800 平方米左右，有良田 120 亩、客房 32 间、床位 55 张，其中田园风格客房 10 间，北欧简约风客房 22 间，各种房型、户型一应俱全。民宿还搭配了会务、儿童乐园、影音室、健身房、党建室、书吧、KTV 包房等相关配套设施，不断升级业态，赋予了民宿"综合体"特性，填补了南京乡村民宿主题式文旅综合项目的空白。另一方面，依托特色主题民宿，公塘头村以点带面，带动村民共同富裕，把乡村民宿产业打造为公塘社区的富民产业。截至 2021 年，公塘头民宿示范村民宿工商注册单位达到 22 户，有床位 181 张，民宿产业已形成规模化、品牌化。

公塘头村在自然环境、人居环境、人文环境、硬件设施、管理体制等方面综合发展，已成为江宁美丽乡村"百花园"中最鲜艳的一朵，是为游客提供休闲放松、学习娱乐等服务的综合体。

徐家院村

徐家院村位于谷里街道南部片区，地处江宁区全域旅游生态廊道的核心区域，总面积 694 亩。2017 年 8 月，徐家院成为江苏省首批特色田园乡村试点村，围绕"生态优、村庄美、产业特、农民富、集体强、乡风好"的总体目标，统筹考虑区域资源禀赋、产业现状、村庄基础、历史文化等，立足 694 亩土地空间和绿色蔬菜农业特色，确定了以绿色蔬菜为农业特色，以"渔耕樵读"为院落主题，以"耕读传家"和乡村书院为文化传承的特色田园乡村发展思路，突出改善村庄生态空间环境，把历史文化融入乡村人居环境建设和乡风文明大环境中。徐家院村先后获评中国最美村镇生态宜居奖、省级乡村旅游示范村、江苏省生态文明示范教育基地、中国美丽乡村百佳范例等荣誉，成为本地人自豪、城里人向往的梦里家园。

近年来，徐家院村坚持生态优先、整体推进和重点突破。在生态乡村建设上，以农村人居环境综合整治为抓手，围绕"三大四小"工程，即农村厕所、污水、垃圾"三大革命"，乡间小路、景观小品、小型池塘和小微菜园"四小实事"，持续强化村庄的生态环境修复改善工程。新建三星级标准化旅游公厕 3 座，积极推进农村垃圾分类"二次四分法"，实现垃圾分类社区全覆盖，垃圾处理量同比减少 60%，生活垃圾无害化处理率保持 100%。

在生态治水上，建成 2 座生活污水"微循环"设施以及雨污分流系统，通过省级水利项目开展中坝河小流域整治工程，实施河道疏浚整治工程，有效改善徐家院水环境，村庄水质显著提升，污水处理后可达

◎徐家院村

到一级 B 标准排放。扎实推进河长制，助力沿江生态保护"一号工程"，让农村再现自然、生态的乡土本色，不断提升谷里乡村的"颜值"。

在生态景观建设上，栽种林荫道路 1.4 千米，种植各品种郁金香约 30 亩，形成赏花经济链，年吸引游客 3 万余人。同时种植水蜜桃、无花果、梨树、枣树、桑树等经济林木共计约 300 亩，村庄整体绿化率达 35%。

在生态菜园建设上，对村民房前屋后的菜地进行微菜园改造，建设村庄"微田园"景观 3 处。通过秸秆回收利用，多用有机肥料、少用或不用化学肥料，采用诱虫灯、诱虫板等物理防治方法，促进徐家院环境的生态美。

徐家院村人以"工匠精神"全身心投入乡村振兴的宏伟事业，为乡村振兴探新路，让村庄更美、农业更旺、农民更富，让游人更喜爱。

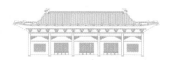

诸家古村落

溧水区诸家自然村隶属和凤镇张家村，是一个拥有近700年历史的古村落。村庄依凤栖山而建，临石臼湖而居，有市级文物保护单位——诸氏宗祠、保存完好的天后宫。2019年被评为南京市水美乡村，2020年被江苏省选定为传统村落，2021年创建省级特色田园乡村，2022年入选省级乡村旅游重点村。

诸家村发展水产养殖、乡村旅游等特色产业，通过人才引进、示范带动等方式，发展螃蟹、青虾等规模经营，乡村旅游带来的人均增收达2000元。

2018年诸家村引进民宿，将7栋诸家收储闲置房屋进行整体改造，2019年建成投运，很快成为"网红民宿"，被评为"南京十佳农民自办民宿"。

2021年村集体参与到乡村休闲旅游中，成立旅游公司，开办了民宿，集吃、住、玩、农产品销售等于一体。民宿总占地面积3639平方米，总建筑面积2160平方米，有客房21间、床位30张，餐饮区面积766平方米，含138个座位。

诸家古村利用石臼湖渔家文化建设特色民宿，打造旅游项目，通过区企合作，有效盘活集体资产，带动群众创业就业，帮助农民致富增收，走出了一条"集体经济强、村民收入高、乡村产业旺、社会效益好"的乡村振兴之路。

©诸家村夜景

龙尚民宿村

龙尚民宿村地处江宁区东北部的汤山街道。汤山的美丽乡村建设起步较早，是江宁区最早开展美丽乡村建设的街道之一。近年来，汤山街道深入贯彻落实乡村振兴战略，完成95个农村人居环境整治和121个农村污水治理项目；重点发展了民宿产业，形成孟墓、高庄、龙尚及园博园周边四大民宿组团，各类民宿多元发展，初具规模。

在乡村振兴和民宿发展的大背景下，龙尚村抓住机遇，以村民自建自营为主，以社会资本投入为补充，探索发展多元化、规模化的民宿业态。目前，龙尚民宿村有14家民宿，可入住房间162个，累计接待职工疗休养63批次，接待各类参观调研262批次。龙尚民宿村的经营模式多样，按照资本来源可分两大类，第一大类是以社会资本为主导或介入类，第二大类是以村民为主导或参与类。

漫谷漫心民宿　该民宿采取联营模式，由村集体与社会资本共同投资，优先雇佣当地村民，开业以来已帮助周边三十余名村民就业增收。

民宿总占地面积约5934平方米，总建筑面积3274平方米，拥有智能温泉客房59间、两个会场及多功能厅、独立宴会厅、大小中餐包间。承载着龙尚漫谷规划区的接待、住宿、餐饮、会议、拓展等多方面功能。

漫谷漫心民宿是江苏省、南京市党政机关会议定点场所；南京市职工疗休养基地。依托汤山漫谷的整体规划，打造漫谷漫心"漫"生活的生活模式。开业以来已承接近百场会议活动，广受好评。民宿配备儿童乐园、自助烧烤、游泳池、钓鱼池、锦鲤观赏、VR 体验、房车基地、团建拓展基地，致力于打造美丽乡村新生活示范区。

聚森客民宿　聚森客民宿系本地居民自建、自投、自营的民宿。该民宿共有 12 个房间和 1 个土菜馆，目前餐饮区有 6 个包间，住宿区域有 12 个房间、23 个床位，并有 3 个露天泡池供游客享受休闲时光。另外，这里还设立了沙坑、儿童游乐滑滑梯、小型 KTV 以及自助烧烤区等娱乐休闲功能区。

尚庄艺术民宿　这个民宿目前的运营方式为合营模式，由国有企业、村集体、社会资本多方合作、共同出资成立合资公司来开发、建设、运营，村集体通过股本分红获取收益。民宿建设面积为 2600 平方米，设有 23 个房间。建筑设计灵感源于江南山水，褐色的公共区域和纯白的客房都有着极具特色的线条，令人眼前一亮、过目难忘。民宿内设有自然课堂、岛上书屋、乡见花园等功能区，将艺术和乡间生活完美融合，致力于丰富每位住客的度假之旅。室内装潢设计以"乡艺艺术展的策展"为主线展开，通过对乡土民艺的集中展现使用，表达乡村中可提炼出的美好事物，唤起人们对乡土本质的认知。该民宿能够给游客提供集住宿、餐饮、自然课堂、活动体验于一体的度假之旅。

除了多样化的民宿，龙尚村为满足旅客和附近村民的健康需求，开设了健康小屋，提供免费测试血压、血糖、体重等指标的服务，让随时关注身体健康动态成为现实。龙尚村还将和医院、康养机构合作，打造"互联网＋医疗"，开展医养融合创新，实现线上线下融合，将基本医疗服务精准输入到社区，进一步方便旅客和村民就医。

龙尚村秉持"两山"绿色发展理念，进一步深化民宿产业发展，完善周边配套设施，扎实走好以生态优先、绿色发展为导向的高质量发展之路。

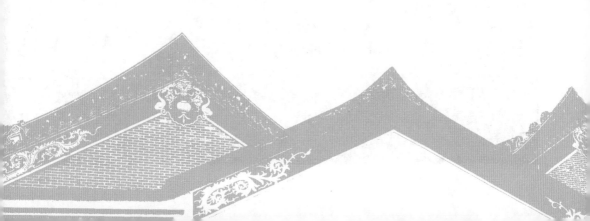

◎龙尚民宿

江北风情篇

江北休闲旅游区位于南京市长江以北，包括浦口区和六合区，北部丘陵岗地与安徽相连，中南部是老山和江滁平原，南部与滨江旅游带相邻。江北休闲旅游区地貌类型丰富，集低山、丘陵、平原、岗地、大江、湖泊和河流于一体。本区在文化上受江淮文化影响更大一些。

江北休闲旅游区依托2015年新设立的国家级新区——江北新区，旅游发展潜力巨大。江北新区是江苏省首个国家级新区，职能定位为中国重要的科技创新基地和先进产业基地，南京都市圈的北部服务中心和综合交通枢纽，南京市生态宜居、相对独立的城市副中心。它是南京面向内陆腹地的战略支点，拥有便捷的公路、铁路、水路枢纽，是长江经济带与东部沿海经济带的重要交汇节点，是长三角辐射中西部地区的综合门户，是南京北上连接中西部的重要区域。

本区自然资源丰富多样，人文资源特色显著。珍珠泉风景区以"山青、水秀、泉奇、石美"为特征，明清起便以"江北第一游观之所"的美誉蜚声大江南北；金牛湖是南京市最大的人工湖泊，湖四周群山环抱，山水灵动，如同一幅精美的画卷，有"南京西湖"之美称；老山国家森林公园以"林、泉、石、洞"著称，绵延百里，总面积是紫金山的四倍，登老鹰山顶远眺，长江水色、滁河风光、古城金陵一览

无余；温泉旅游的核心区域汤泉街道是全国第一批、省内第一家中国温泉之乡，素以"山水、生态"闻名，十里温泉资源丰富，品质优良；该区玄武岩火山地貌发育，桂子山的"石柱林"排列有序、气势雄伟；求雨山文化名人纪念馆藏林散之、萧娴、高二适、胡小石"四大家"书画珍品千余件；经典民歌《茉莉花》起源于金牛山脚下。

依托资源优势，江北的乡村旅游业蓬勃发展，浦口区不老村和大埝社区是全国乡村旅游重点村；六合区金磁村和浦口区的后圩村、侯冲社区、永宁街道是省级乡村旅游重点村。"村村有亮点，村村又不同"，江北乡村旅游逐渐成为江北休闲旅游区的新热点，形成了一批集田园观光、科普教育、娱乐休闲为一体的高品质乡村休闲旅游精品景点。

珍珠泉风景区

珍珠泉风景区位于南京江北新区浦口区定山西南麓，以"山青、水秀、泉奇、石美"为特征，明清两代即以"江北第一游观之所"的美誉蜚声大江南北，有着丰富的生态和文化旅游资源。在这里不仅可以看到优美的自然风光，感受深厚的人文历史，还可以在动物园、游乐园、野营区等地体验到或惊险刺激或悠然自得的休闲时光。珍珠泉风景区被评为国家水利风景区、国家 AAAA 级旅游景区，在南京乃至华东地区都具有一定影响力。

珍珠泉风景区的区位优势明显，地处"南京一小时都市圈"承东向西的枢纽位置，距离南京市区 10 千米，距南京站 18 千米，通过长江大桥、二桥、三桥，过江隧道、地铁三号线、十号线及宁天城际轨道与南京主城紧密相连，交通方式多样化，可达性良好。

珍珠泉风景区生态资源丰富，景区内泉眼众多，"一泉三景"可谓举世称奇。泉水每秒流量 0.37 立方米，水温常年保持在 22.5℃，水中含有丰富的钙、镁、铁等二十多种对人体有益的微量元素。源头之水常年不绝，最终汇成镜山湖的爱河，形成恋坝、淌银瀑、流珠峡等七级瀑布，汇成十里泉声。

珍珠泉风景区文化底蕴深厚，最具代表性的"泉文化"最早可追溯到南北朝时期，南朝史学家、文学家沈约留下了"归海流漫漫，出浦水溅溅"这等描述珍珠泉的脍炙人口的华章诗赋；中国佛教协会原主席赵朴初亦对珍珠泉发出"万斛跳珠明水镜，三层飞阁俯松涛"的由衷赞叹。

©珍珠泉风景区

◎媚泽亭

镜山湖 进入珍珠泉景区大门，映入眼帘的便是镜山湖。镜山湖由珍珠泉的泉水汇集而成，有 250 亩开阔水面，因湖面水平如镜，可映出景区内的山色，故而得名。镜山湖里生长着特有的珍珠鱼，适合修身养性、垂钓休闲。镜山湖上有竹筏、乌篷船、水上自行车、水上步行器、脚踏船等项目，经常有竹筏比赛等大型赛事活动。

珍珠泉 珍珠泉源头山岸边有著名书画家周怀民题写的"珍珠泉"三个大字。该泉是浅层地下水与循环上升的深层地下水渗和而成的承压上升泉，因为富水性强，出水量大，泉中不断涌出的气泡恰似一串串珍珠喷涌不绝，因而得名"珍珠泉"。同时它又叫"喜客泉"，每当游人击掌或引吭高歌时，随着声音越来越大，泉中"珍珠"愈冒愈烈，似在欢迎嘉宾的光临，由此而得名。珍珠泉还有一称呼叫"晴雨泉"，因泉中的泉眼多而细密，晴天远眺，浮出水面的气泡爆裂而产生的水珠如小雨点在水面跳跃。

媚泽亭　沿着源头向上攀登，可见一亭，这是重建的仿明代的媚泽亭。亭身宽敞，飞檐翘角，亭内立有徐恒在万历十八年撰写的碑文。

鱼乐轩　泉边的鱼乐轩是赏泉观鱼的最佳位置。珍珠泉泉水清澈，环境清幽，适合鱼儿生长。泉中有珍珠鱼、青鱼、草鱼和各色鲤鱼等数百条，在这里观鱼赏泉，别有一番乐趣。

孔雀园　孔雀是国家保护的珍贵野生动物。1996 年一百只孔雀落户珍珠泉，为了营造自然的生态环境，采取了自然放养的方式，1 万平方米的园子不网不罩，仅用漂亮的围栏加以分隔。在孔雀园可以了解孔雀的生活、繁殖情况，更能欣赏到孔雀开屏的独特神姿。

万米长城　1993 年，风景区利用当地山脉优越的条件，在风景区内定山山脊上修建了南京万米长城。定山历代是兵家必争之地，太平天国时期清军曾建"江北大营"于此。南京长城现有两千多米，沿芙蓉峰、妙高峰、狮子峰一字排开。城墙的长高宽均严格按北京长城 1：1 比例建造，其外观、气势都形象再现了北京长城八达岭段的精华。与北京长城所不同的是，南京万米长城是一个集观光游览、餐饮娱乐、购物健身于一体，充满山情野趣的大型综合性旅游项目。南京万米长城的大风关、望月台等城堡均比北京长城一般城堡大好几倍。墙体也分上下两层，上层供游人观景，下层为商品、客房、餐饮、文化展览等一系列旅游服务设施。周围的一些服务项目也颇具特色，如音乐台上的天然木鱼台按音阶排列，用小锤敲打即可奏出动人的乐曲；秦始皇蜡像馆有真人大小蜡像一百多个，再现了"荆轲刺秦王""修筑长城"等历史故事。

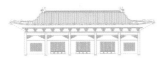

金牛湖景区

金牛湖景区位于六合区东北部，距南京市区50千米，北接安徽天长，东临江苏仪征。因与湖相伴的山体酷似临水而卧的水牛，所以被称为金牛山。曾有诗人作诗赞叹："北山南水差异著，六合地貌两相殊；唯有金牛兼双美，青山绿水入画图。"金牛湖四周群山环抱，湖水清可鉴人，空气清新，山灵水秀。湖中观景，不论远看还是近观，都是一幅精美的画卷，素有"南京西湖"之美称。水因山而灵动，山因水而增色，金牛山在这一湖碧水的滋润下灵气十足，生机勃勃。

金牛湖景区不仅景色宜人，更有着深厚的文化底蕴。经典民歌《茉莉花》就起源于金牛山脚下。金牛湖景区现为国家 AAAA 级旅游景区、国家水利风景区、省级森林公园、国家地质公园核心景区，是南京及周边城市游客休闲、旅游、度假首选之地。

金牛湖 湖因山而得名，金牛湖是南京市最大的人工湖泊，始建于 1958 年，湖面 2.5 万亩，相当于 3 个西湖、5 个玄武湖，湖容近 1 亿立方米，水源主要是地表水和雨水，集水面积 124.14 平方千米。金牛湖是开展大型水上体育运动、休闲娱乐项目的理想之地，2014 年曾作为第二届夏季青年奥林匹克运动会帆船比赛场地，2017 ～ 2019 年曾作为中华龙舟大赛南京·六合站比赛场地。金牛湖波光潋滟，湖岸曲折。泛舟湖上，随着船只的移步换景，人仿佛置身山水画卷之中；俯望清澈湖水，令人感到心旷神怡。

金牛湖不仅风光绮丽，而且水质优良。湖中盛产各类鱼虾，除鲢鱼、鳙（青）鱼、鲫鱼、鳊鱼"四大家鱼"外，还有银鱼、鳜鱼、甲鱼、螃蟹、湖虾等多种水产，是国家级无公害水产养、繁基地。久负盛名的"金牛湖砂锅鱼头"就是以金牛湖鳙鱼头作原料，以纯净无污染的金牛湖湖水为汤基，用特制的炉子和砂锅长时间文火炖制而成。鱼汤汤色奶白，鲜而不腥，肥而不腻，鲜美无比；鱼肉肉质细嫩，皮若海参，黏糯腻滑；鱼头鳃盖下，喉边与鳃连接处酷似"核桃肉"，嫩如猪脑，甘美无比；颅内的脑油肥嫩软烂，油而不腻，浓浓香味令人回味无穷。金牛湖砂锅鱼头具有暖胃、补脑、美容之功效，是金牛湖一绝。

金牛山 原名牛头山，海拔 196 米，因山形似牛戏水而得名。森林面积达 5000 亩，植被覆盖率达 96%，被誉为"天然氧吧"。山上长满了以松树和水杉为主的生态树，还有大量的椿、檀、红枫等阔叶树及野生竹林。林中生活着野鸡、野兔以及白鹭、灰天鹅等近百种野生动物。金牛山在金牛湖水的滋润下灵气十足，生机勃勃，山上嶙峋怪石，有巧夺天工的金龟探海、仙人洞、八哥笼、鲤鱼上山、情人石等奇石景观。

百鸟园 百鸟园是一座集驯养、娱乐、科普于一体的大型鸟类观赏园。目前共放养数十个品种、千余只鸟。百鸟园里许多鸟属于我国一、二类保护动物，如蓝孔雀、白孔雀、绿孔雀和不远万里来南京的黑天鹅。在这里，游客既可尽情欣赏五彩斑斓的珍奇鸟类，聆听悦耳的鸟鸣，也可以买一些鸟食与它们零距离接触。

放牧亭 金牛湖是旅游胜地，这座八角凉亭取名放牧亭，有金牛湖之湖光山色牧养中外游人之意。

猕猴园 猕猴属灵长目猴科猕猴属，为国家二级保护动物。猕猴喜欢群居，每群有一猴王。它们以树叶、嫩枝、野菜等为食，善于攀缘跳跃，会游泳和模仿人的动作，有喜怒哀乐的表现，深受游客的喜爱。

金牛山烈士纪念碑 金牛山烈士纪念碑位于后山。1941 年 4 月

17 日，新四军第二师第四旅第十二团在罗炳辉的指挥下歼灭了日本侵略者二百多人、伪军三百多人，长眠在金牛山地下的五十四个英灵至今仍保卫着这方神圣的土地。这场战斗作为以少胜多反袭击战的典型范例，收入《中国近现代史大典·军事篇》。为缅怀英烈，慰藉忠魂，激励当世，启迪后代，特树此碑。

《茉莉花》 金牛湖有着深厚的文化底蕴，经典民歌《茉莉花》就起源于金牛山脚下。1942 年的冬天，新四军淮南大众剧团在这一带开展抗日反扫荡宣传，年仅 14 岁的小文艺兵何仿经常到民间采风。有一天，在金牛山脚下，何仿遇到一位民间艺人用胡琴自拉自唱了一首《鲜花调》，他觉得曲调优美，随即用简谱记录了下来，并于 1957 年对《鲜花调》歌词进行加工整理，改编成民歌《茉莉花》。在香港和澳门回归的交接仪式上，中方乐队所奏的三首乐曲中有一曲就是《茉莉花》。现在，世界上无论何处，只要有华人的地方就有《茉莉花》，《茉莉花》已成为金牛湖走向全国、迈向世界的一个重要文化品牌！

金牛湖野生动物王国

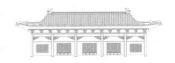

金牛湖野生动物王国占地 1608 亩，位于南京市六合区金牛湖西岸，外部辐射安徽天长和江苏扬州，向南快速路、地铁直达南京市区。园区取地金牛湖一冶山综合旅游度假片区，将冶山废弃的矿坑、宕口变废为宝，集中生态修复，构建国内首个集山地、宕口、矿坑为一体的野生动物的自然新家，兼顾经济发展和环境保护，是国家 AAA 级旅游景区。

金牛湖野生动物王国以大规模动物放养、零距离逗喂和自驾车观赏为特色，园区分为步行游览区和自驾（乘车）游览区两大部分，还建有可同时容纳千人的大型表演场地。

步行游览区

步行游览区位于动物王国南边，饲养了来自世界各地 300 余种、万余只珍稀野生动物。

天鹅湖 天鹅湖生活着来自世界各地的鸟类，有美国赤麻鸭、针尾鸭、翘鼻鸭、斑嘴鸭、红头潜鸭、红嘴潜鸭、鸿雁、斑头雁、黑天鹅、白天鹅、疣鼻天鹅、黑颈天鹅共 12 个品种、180 余只。这片水面在极大程度上模拟了野外的栖息环境，成群的水禽在湖面上玩耍嬉戏。

火烈鸟湖 湖上群飞群止的火烈鸟异常艳丽，场面壮观，除此以外还有白鹭、鸵鸟、孔雀等各色鸟类在此栖息、翩翩起舞。

袋鼠馆 来自南半球的红袋鼠和灰大袋鼠在这里

◎金牛湖野生动物王国

等待着与游客们亲切会面。红袋鼠是体型最大的袋鼠，也是大洋洲最大的哺乳动物及现存最大的有袋类。袋鼠馆使用最新的设计手法，在笼舍内增加园林特色布局，并且根据动物特性在动物运动场上建造木栈道，合理采用玻璃栏杆，使游客更容易观赏该区域内的动物。聪明、活泼的袋鼠跳跃在宽阔、绿油油的草地上更加显得可爱；游客可以在栈道上向下观赏，充分地了解袋鼠宝宝。

鹿趣园 动物王国在袋鼠馆旁的半山坡打造了一座鹿趣园，园区第一批引进了100多只梅花鹿。在鹿趣园，游客可近距离与鹿接触，在这里不仅可以追鹿、观鹿，还可以亲手喂鹿，享受放飞自我、亲近大自然的乐趣。

狐猴三岛 完整的热带雨林生态系统为大量稀有动植物提供了绝佳的栖息环境，其中包括数十种狐猴。走进狐猴的神秘世界，游客可以享受与狐猴亲密接触以及给狐猴喂食的乐趣。

青鱼池 青鱼池内有一条重316斤、长2.17米的青鱼。据专家考察，这应该是可考察的目前世界最大的活体青鱼。青鱼属鲤科，主要分布于我国长江以南的平原地区，青鱼又名"乌混""黑混"或"螺蛳混"，因其体黑、喜食螺蛳而得名，多栖息在水体的中下层，一般不游至水面，是各湖泊、池塘中的主要养殖对象，也是我国淡水养殖的"四大家鱼"之一。

萌宠乐园区 萌宠乐园区域散养近百只的松鼠猴，松鼠猴来自南美洲，主要生活在亚马孙河流域的雨林中。这群小可爱身体纤细，尾长，毛色金黄，性情活跃，是闲不住的小家伙。

丛林奇缘 这里生活着来自世界各大洲的灵长类动物，珍贵的金丝猴、最大的猴科灵长类动物山魈、体型最小的狒狒阿拉伯狒狒等在这里都可以找到。

激流峡湾 狭长的神秘峡湾里不仅生活着可爱的动物，也藏着迷人的风景。鹈鹕湾、鹈鹕岛坐落在如此怡人的环境中，连岛上成群的鹈鹕也成为点缀自然的一道风景。在鹈鹕餐厅用完餐，可以去观景平台和景观桥游玩消食，或者去观看一场趣味十足的海狮表演，享受一段宁静而愉悦的时光。

两栖爬行馆 两栖爬行馆不仅展示两栖爬行动物，里面有一个萤火虫广场，让您在观看冷血动物的同时欣赏到另一番迷人的景象。展馆为两层建筑，总建筑面积约3400平方米，主要展养蜥蜴类、蟒蛇类、龟类、鱼类、蛙类、鸟类等动物，设计风格贴近热带雨林，并根据动物分区进行针对性布景布局。

动物嘉年华 精彩纷呈的大马戏在动物嘉年华区域每天准时开场。大马戏位于园区西南方向，内部结构呈半圆斗兽场形式，能容纳2600多个观众同时观看，共享视觉盛宴。身怀"绝技"的动物们在大马戏城进行各种不可思议的表演，世界顶尖的马戏团、杂技团也会不定期前来向观众献艺，带来异彩纷呈的视觉盛宴，力求从多个维度带给游客无与伦比的感官体验。

儿童嘉年华 这里是小型动物们的家园，小熊猫、土拨鼠、豹猫、水豚、细尾獴、小浣熊等都近在眼前，只要伸出手就能摸一摸可爱的它们。

自驾游览区

自驾（乘车）游览区位于园区北部，大规模放养了各种野生动物，游客与兽同行，趣味逗喂，亲密互动。

草原部落 草原部落区拥有长达数千米的游览线路，利用丛林与湖泊等天然屏障代替栅栏，可以让游客在自驾观赏时全程360°视觉无障碍。沿着蜿蜒的道路穿越猛兽部落，全身心地融入自然，近距离观赏陆地大型猛兽的英姿；非洲草原上，温驯的动物悠哉地散着步，恣意地奔跑、嬉戏；葱郁的亚洲丛林间，神奇的动物若隐若现，待人们擦亮双眼探寻其中的奥秘。

猛兽部落 在这里，有草原霸主非洲狮、体形硕大的棕熊和黑熊、等级分明的野狼家族，游客可以惊奇地看到它们在野外捕食与生存的场景。

非洲草原 非洲草原上长颈鹿、斑马、羚羊从遥远的地方来到新的家园，成群结队地从眼前悠然走过。一不注意，可爱的它还会把脑袋探到车窗里来，与游客亲密接触。

亚洲丛林 郁郁葱葱的亚洲丛林里生活着多种多样的野生动物，优雅的梅花鹿、灵动的狐狸、好动的松鼠、活泼的猴子，车行其间，别有一番新奇体验。

熊山 熊山位于自驾区山上的猛兽区，由下沉式露天馆舍组成，可以依次参观棕熊之家、棕熊谷、景观瀑布，体验一把去大熊家做客的惊险与刺激。

◎ 自驾游览区

云幽谷旅游区

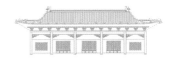

南京云幽谷旅游区坐落于南京汤泉旅游度假区境内，北依老山，南临长江，宁合高速、绕城公路、沿山大道、京沪高铁穿境而过，地理位置得天独厚，自然环境十分优美。

云幽谷旅游区面积4000亩，以"科技、文化、生态、休闲"为主题，是一个集休闲度假、生态观光、主题娱乐、特色演绎、农业科普、亲子研学及拓展培训为一体的多功能的旅游景区。经过多年发展，已成为一个旅游资源丰富、生态景观特色鲜明的国家高等级景区，也是汤泉省级旅游度假区核心点。先后获评国家AAAA级旅游景区、全国休闲农业与乡村旅游示范点、江苏省现代农业产业示范园区、南京市农业科技示范园区等众多称号，接待人次和旅游收入逐年提升，年接待游客量约65万人，年综合收入约4000万元。

景区旅游资源丰富多彩，分为快乐田园亲子主题乐园、绿丰源谷农业新区、云栖林舍民宿区等三大功能区域，特色项目有鹊桥、龙马遗址文化公园、欢乐剧场、红色教育基地、农业科技体验馆、蒙古大营、四季花海等。其中，鹊桥是南京市内规模较大的一座玻璃栈桥；龙马遗址文化公园是南京江北地区一处具有代表性的商周时期古文化遗址，距今有四五千年历史。

平山森林公园

南京平山森林公园景区位于六合区北郊 13 千米处，是在原来的平山林场基础上开发建设而成，景区核心面积 6.42 平方千米，现为国家 AAAA 级旅游景区和省级森林公园。公园与宁连、宁淮公路毗邻，交通便利。公园内山林起伏，佳木葱茏，百鸟放歌，白鹭飞舞，是六合区面积最大、生态环境保护最好的一座林场。林间空气清新，野芳幽香，獐、白鹭、刺猬、野狐等国家保护动物在树丛中穿梭。游人漫步峰谷蹊径，体验山间的清幽与静谧，沐浴林中的清风与花香，谛听大自然的天籁，尽享绿色与野趣。

平山　平山由众多大小山丘组成，占地 3 万多亩，林业资源丰富，满山覆盖混交林、次生林、茶园、竹林等，林木覆盖率达 85% 以上，生态环境极佳。平山森林公园山中套山，洼中套洼，水中套水，山、洼、水交融一体，相映成趣。平山是地壳运动的产物，多处形成稀奇古怪的石头可供观赏，如"仙人磨""椅子石""老虎石"等，惟妙惟肖。登临平安塔，极目远望，翠茗湖、双叠湖水平如镜；湖泊两侧山峦迭起，松林、茶园错落分布，美不胜收。

水漾年华情侣园　水漾年华情侣园是以"LOVE"为主题的休闲广场，紧邻翠茗湖，园内种有 1314 棵落羽杉、池杉，林下套种近百亩二月兰在 3 ~ 4 月绽放。配套有丛林穿越、吊椅、水上栈道等休闲娱乐设施及阳光草坪，可进行婚纱摄影、户外婚礼、团队拓展、亲子露营等活动。

翠茗湖　翠茗湖以平山翠茗茶而得名，始建于 2005 年 10 月，是公园内最大的人工湖。水面面积为 500 亩，蓄水量 196 万立方米，最深处水深 18 米。翠茗湖以亲水平台为分界线分为两片水域，浅水区域为网红打卡项目喊泉游玩区，深水区为各类脚踏船、电动船游玩区。

绿野有机茶园　茶园位于平山森林公园山顶之上，现有茶园 2500

亩。茶树被富含多种微量元素的地下优质矿泉水浇灌滋润，生长旺盛，芽叶饱满。茶叶色泽翠绿，形似松针，富含各种有益成分。平山雨花茶具有独特的品质与韵味，其香清秀高雅，香而不腻；其味鲜爽甘甜，回味悠长；其汤清澈明亮，赏心悦目；叶底柔嫩匀净，挑剔精良，一直受到广大消费者青睐和专家的认可。现已取得无公害、绿色食品、有机食品和 QS 四项认证多年，曾多次获国内外大奖，四次获得省"陆羽杯"特等奖，多次获得南京市雨花茶质量评比金奖。

平安塔　平安塔高 50 米，共九层，占地面积 1.95 亩，地上总建筑面积 700 平方米，地下 792 平方米。平安塔集观景、护林防火功能于一体，登顶俯瞰，平山林场及周边乡镇山林尽收眼底，一旦发生火灾可及时发现并采取措施。向南极目远眺，南京北部城区似在眼前，空气洁净时，长江大桥清晰可见。平安塔在集观光、防火功能于一体的同时，还开设有多功能展示厅、茶楼、文艺书法活动中心、便利店等设施，是游客主要游览景点之一。

樱花谷　樱花谷现有面积约 500 亩，种植有早樱、晚樱约 13000 株。在这里可以欣赏到单瓣与复瓣的樱花，它是集观光踏青、婚纱摄影为一体的游览胜地，更是摄影爱好者的天堂。

◎平安塔

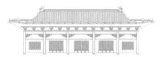

求雨山文化名人纪念馆

求雨山文化名人纪念馆坐落在南京浦口区主城风景秀丽的求雨山上，与江浦渡江英雄纪念碑毗邻。馆舍四周松竹滴翠，竹径引风，登楼远眺，千里长江尽收眼底。该纪念馆为"当代草圣"林散之选址，1992～2006年相继建成当代书画艺术大师林散之、胡小石、高二适、萧娴的纪念馆。"四馆"占地面积60亩，总建筑面积5200平方米，文化广场占地面积25000平方米，绿化覆盖率超过90%。馆藏一千余件大师级书画精品，其艺术价值和经济价值不可估量，声名远扬。

目前，求雨山文化园已成为江苏乃至全国独具特色的文化传统教育和革命传统教育的群体名人纪念馆，是文化建设的重要阵地，国家AAA级旅游景区，国家三级博物馆，中国华侨国际文化交流基地，江苏省爱国主义教育基地，是中外各界人士切磋书艺的理想场所和进行文化交流的一扇窗口，吸引国内外朋友从四面八方接踵而至，在造型各异的馆舍中欣赏研究大师们的力作，寻觅大师们的成长轨迹。

林散之纪念馆 林散之纪念馆于1997年11月20日竣工开馆，占地面积20亩，建筑面积2100平方米，展览面积480平方米，展线长157米。馆内建筑群呈明清园林风格，高低参差，错落有致。馆内主要建设有主展楼——散木山房、碑廊、求雨山书画院等。馆藏林散之书画作品500余件，其中一级文物1件、二级文物7件。

林散之（1898～1989年），浦口区乌江镇（今安徽和县）人，以诗书画"三绝"享誉海内外，尤以草书闻名于世，被称为"当代草圣"。林散之生前十分喜爱求雨山的翠竹，20世纪50年代至60年代，

◎林散之纪念馆

他在江浦县做副县长的时候就经常利用公休日到求雨山上欣赏四时风景，晚年选择于此地建馆。

"林馆"的碑亭亭额"束筹亭"三字，由林散之的学生、中国书协会员齐昆题写；林馆碑记由南京市作协原副主席、当代山水画大师李可染的女婿俞律撰文，由林散之的学生、市书协副主席庄希祖书写。主展楼楼额以林散之早期的书斋号"散木山房"命名，由我国当代杰出的女书法家、林散之生前好友萧娴题写。纪念馆展厅分两层，展厅内陈列了林散之不同时期、不同风格的书画代表作。

一楼展厅内的《论书绝句十三首》草书长卷创作于1977年，内容涉及书法史学、美学、笔法、墨法、章法以及画论等，是一件诗、书、论三绝的艺术珍品。作品结字平缓、端方，不作任何强势，给人以淡远、祥和之感，通篇章法自然、首尾呼应、随遇而安，表现出高超的驾驭笔墨的功夫。该长卷于2009年被国家文物局评定为国家一级文物。

二楼展厅内展出的是镇馆之宝——《江浦春修图》。这幅镇馆之宝创作于1955年，是林散之运用传统山水画表现技法反映现实主义题材的经典作品。林散之以细密精致的笔墨手法，刻画了当年兴修水利的火热场面，画中人物形态各异、栩栩如生。这是林散之一生唯一的一幅长卷水墨画精品，被史学界称为"当代'清明上河图'"，与张择端的市井风俗画有异曲同工之妙。时任江浦县农委会副主任的林散之，亲自加入了抢修圩堤的行列，因此他把自己也画了进去。

胡小石纪念馆 胡小石纪念馆于2006年5月16日开馆，占地面积 20 亩，主体建筑面积 1300 平方米，展览面积 533 平方米，为四合院形式的民国建筑风格。主体建筑分为展览区、胡小石墓和办公区。展览区由序言厅、主展厅、综合厅和多媒体厅组成，馆藏胡小石书法作品、信笺共计 300 余件，其中二级文物 4 件。

胡小石（1888～1962 年），名光炜，字小石，江苏南京人，是当代著名的古文字学家、史学家、教育家、学者、诗人、书法家。胡小石和张大千是同门师兄弟，都是李瑞清的高足。胡小石毕生致力于高等教育和社会科学研究工作，历任北京女高师、武昌高师、中央大学、

◎胡小石纪念馆

◎高二适纪念馆

金陵大学等校教授、系主任、文学院院长。新中国成立后，任南京大学文学院院长、图书馆馆长等职。胡小石学识渊博，于古文字、声韵、训诂、诸子百家、金石书画、诗歌、词曲、小说都有精深的造诣，尤以古文字、书法、楚辞和中国文学史研究见长，堪称一代宗师。

纪念馆展厅分两层，一楼是综合厅和多媒体厅，二楼是序言厅和主展厅。综合厅、多媒体厅展陈作品有《厌闻念我》、临汉简《元三年九月》《不寐》一首、《既秉匪为》。其中《厌闻念我》中"厌闻世上语，念我意中人"隶书五言联，是胡小石以汉代隶书为创作取向，以北朝碑版摩崖刻石为审美取向，将简书的灵动飘逸、行书的洒脱流丽融入隶书中创作的。整幅作品骨势洞达，厚重凝练，豪迈超逸，堪为佳构杰作。序言厅的"前言"由胡小石的学生、南京师范大学常国武撰文。二楼展出的作品有临《楚公钟》与《陈独秀论韵遗墨》。《陈独秀论韵遗墨》立轴由南京大学文学院捐赠，遗墨为陈独秀与语言学家黄淬伯书，论"古音阴阳入互用"之说。草书为陈独秀书写，楷书为黄淬伯誊抄，左右两侧的款识为陈中凡教授书写，右侧上方的"陈仲甫先生论韵遗墨"由胡小石书写。

高二适纪念馆　高二适纪念馆于 2000 年 1 月 8 日竣工开馆，占地面积10亩，建筑面积1200平方米，展览面积700平方米，展线长130米，主展厅依山而建，呈风车状，馆内主要建有主展厅、碑廊、高二适墓等。馆藏高二适书法作品 100 余件，其中一级文物1件、二级文物1件。

高二适（1903～1977年），江苏东台人，是当代著名的学者、诗人、书法家。高二适一生致力于文史哲的研究、诗词歌赋和书法艺术的创作，成果卓著。高二适的书法经历了兼取博采、蝉蜕龙变的演化过程，从其存世作品来看，于隶书、真书、行书、草书均有研究，尤对章草有极深的造诣。在 1965 年关于《兰亭序》真伪的论战中，他在那篇名的《〈兰亭序〉的真伪驳议》中说："吾素不乐随人俯仰作计。"当年，郭沫若的"《兰亭序》为后世依托"之说一出，赞同者颇多，而高二适不能随俗，独持己见，率先表示异议。高二适《〈兰亭序〉的真伪驳议》经章士钊转呈毛泽东阅后，毛主席赞成此发表，曾致函郭沫若等人，提出"笔墨官司，有比无好"，一时传为佳话。

馆内展出的高二适的作品有《诗代柬》《读书养气》《世上只要》《〈兰亭序〉真伪之再驳议》文稿等。其中《诗代柬》是1975年高二适给扬州篆刻名家桑宝松、好友方延午邀游的回信。信没有采用通常的文字形式，而是以一首七律诗表达了接受他们的盛情相邀，准备在烟花三月下扬州一游。整幅作品大小肥瘦，粗细干湿，点染曳带之间，或轻或重，或刚或柔，或方或圆，忽放忽收，密密疏疏，自然天成。重处如斧劈刀砍，轻处似蜻蜓点水，细如游丝者，宛转灵动而力能扛鼎。愈往后气愈足，字愈大，笔愈重，劲愈猛，愈奔放。高二适书法与林散之可谓异趣而同立，被誉为"一代草圣"。

《〈兰亭序〉真伪之再驳议》文稿以行书为主，夹杂楷书、草书，松紧疏密、大小粗细，随意点染，沉着痛快，气势高昂。这篇文稿着意于文辞而非书法，无安排的痕迹，多有涂抹修改之处，这样的文稿，正因其率意，更显自然之美，更具天机真趣，更有动人心弦的艺术魅力。这幅"再驳议手稿"为一级文物。

萧娴纪念馆　萧娴纪念馆于 1998 年 11 月 15 日竣工开馆，占地面积 10 亩，建筑面积 600 平方米，展览面积 400 平方米，展线长 100 米，主展厅仿汉唐风格，萧娴故居仿照其生前居住的南京百子亭后房屋式样建造，馆内主要建设有主展厅——蜕阁、萧娴故居、萧娴墓等。馆藏萧娴书法作品 100 余件。

萧娴（1902～1997 年），贵州贵阳人，是我国当代杰出的女书法家。主展厅的匾额是以萧娴的号"蜕阁"命名的，由其生前好友林散之题写。萧娴纪念馆内还有萧娴夫妇的合葬墓，合葬墓造型奇特，用三块大石头堆砌而成，这是根据萧娴"三石老人"的称号设计的。萧娴平生与"三石"结下了不解之缘，其篆书得力于《石鼓文》、隶书得力于《石门颂》、楷书得力于《石门铭》。纪念碑上的七言绝句是康有为看了萧娴 15 岁的临习作品后为她所作："笄女萧娴写散盘，雄深苍浑此才难。应惊长老咸避舍，卫管重来主坫坛。"意思是，萧娴临的《散氏盘》铭文书法线条苍浑遒劲，有大家风范，连他们这些老一辈的书法家都应该退避三舍了，并预感到萧娴是卫管再世，将来要做书法家的盟主。

老山国家森林公园

老山国家森林公园位于南京市江北新区浦口区，东接高新开发区，西联安徽，南临长江，北枕滁河，规划面积5063公顷。经过50多年的封山育林和人工造林，老山的森林覆盖率超过90%，负氧离子含量是主城区的100倍，空气质量在江苏省排第一位，被誉为"南京绿肺"和"天然氧吧"，是一块难得的净土。早在1991年便被评为国家级森林公园，后又获评江苏省科普教育基地、江苏省环境教育基地和国家AAA级旅游景区。2008年、2009年曾连续两年举办过"南京老山杯"全国山地自行车冠军赛。2014年被青奥会指定为山地车、公路车的赛场。

◎老山国家森林公园

老山以林、泉、石、洞著称，自然景观与人文景观融为一体，是一个集休闲度假、生态观光、运动健身、科普教育为一体的多功能景区。老山有大小山峰上百座，因本地方言"以小为老"，故而得名老山。最高峰大刺山位于老山中部，海拔442米，虽比南京紫金山低6米，但是老山绵延百里，总面积却是紫金山的四倍。

老山的动植物种类繁多，动物有200多种，其中鸟类164种，最具代表性的鸟类是被誉为"森林卫士"的灰喜鹊。灰喜鹊被列入《国

◎老山森林公园

家保护的有益的或者有重要经济、科学研究价值的陆生野生动物名录》，据统计，一只灰喜鹊一年能吃掉近一万五千只松毛虫，保护一亩松林。老山利用人工养殖与放飞养殖相结合，有针对性地进行林区的松毛虫防治，经过 30 多年的驯养、繁殖，现已有数万只灰喜鹊放飞在 12 万亩的森林中。此外，老山还有诸多国家级保护动物，如中华虎凤蝶、灵猫、牙獐、鹗、穿山甲、獾等。老山的植物种类有 148 科、1053 种，主要以松类和竹类为主，松涛竹海是一大景观。

老山国家森林公园中还建有金陵第一锣鼓、青春林、状元广场、张孝祥雕塑、清风林、老山云梯、状元亭、观光塔等一众自然和人文景观。其中，老山云梯是老山国家森林公园一处绝佳登高之处，有数千级台阶，直通老鹰山山顶。老鹰山因常年有许多老鹰在此聚集，又山体似展翅翱翔的老鹰，故而得名。老鹰山是老山众多雄伟的山峰之一，海拔 326 米，能见度好时，在老鹰山山顶可以眺望到老山全貌、长江水色、滁河风光、古城金陵，就连南京的地标性建筑紫峰大厦也能尽收眼底。在半山腰处有一座状元亭，再现张孝祥进京赶考之场景。老鹰山瞭望塔建于 1991 年，坐落在老鹰山山顶，塔呈六角形，高五层，集旅游观光与森林防火于一体。登塔观光，东望珍珠泉，南观长江一色，西看滨江新城，北赏水墨大埝、知青故里、滁河风光。

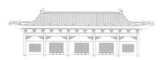

冶山国家矿山公园

冶山国家矿山公园位于南京市六合区，隶属于冶山铁矿。冶山古称八盘山，西周时期为采铜炼铁之地，至今已有 3000 多年历史，被誉为"中华冶炼的肇始地"。

汉初时吴王刘濞在此铸钱，后来又采铁铸造兵器，"冶山"因此得名，至今仍遗留有当年的矿坑遗址，被誉为开创我国冶炼史的里程碑，与湖南长沙并称为"开创我国冶铁史首页"。1964 年，程桥东周一号墓出土"生铁丸"，经考证，是世界上迄今为止发现最早的生铁实物，被郭沫若称为"中国的世界之最"。由此可证明，棠邑（今南京六合）先民们在 2700 年前就冶炼出了铁。据 1965 年华东冶金勘探公司 811 队的《冶山铁矿北矿区地质勘探总结报告书》记载，冶山铁矿大约形成于 1.16 亿年前的白垩纪，是中酸性岩浆与碳酸盐地层接触后在一定温度、压力条件下形成的铜铁共生矿床。

◎小火车

◎冶山国家矿山公园

　　冶山铁矿于 1957 年建矿，经过 60 多年的开采，取得了巨大的成就。现冶山铁矿的采掘深度已达地下 620 米，是中国矿山采冶史的缩影，其地下巷道直观、形象地展现了我国从先秦—秦汉—民国—现代采冶技术的发展历程，具有"采冶文化、采矿遗迹、铁矿采选"等特色资源和保存完好的矿床发现、开采史料，并有小火车专线，融科学考察、休闲娱乐、科普教育为一体，六合国家地质公园特色景区之一。

　　冶山国家森林公园现为国家 AAA 级旅游景区，景区内有大峡谷、铁矿博物馆、窄轨小火车等游览项目。大峡谷也称"吴王谷"，是历史上人工开采的遗迹，其东西走向 1000 多米，南北宽 200 多米，纵深 100 多米，是目前江苏省最大的人工大峡谷。冶山铁矿博物馆由原来的电影院改建而成，分为上下二层，共 2600 平方米，设十四个展厅，是广大游客及中小学生普及科学知识的教育基地。窄轨铁路始建于 1960 年，全程 46 千米，轨距 762 毫米，是全国仅存的两条窄轨铁路之一。目前开通的窄轨小火车速度为每小时 5 公里，往返时间大约 30 分钟，被誉为"江苏省最慢的小火车"。

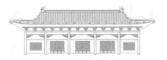

水墨大埝
旅游区

水墨大埝位于风景秀丽的老山北麓，2016年4月16日正式开园，是国家AAA级旅游景区、全国乡村旅游重点村。项目总规划面积约6平方千米，一期已建成约2平方千米。水墨大埝以"水墨骑行，乐动大埝"为主题，借助2014年南京青奥会自行车比赛场地，着力打造集自行车文化体验、户外休闲运动、乡村旅游度假于一体的美丽乡村生态旅游区。

景区按照功能划分成自然景观、休闲运动、商业配套、科普文化和度假游憩五大区块，以九曲水街为中心，以自行车文化体验馆、中华虎凤蝶自然博物馆、墨上花开美术馆、水墨大埝体育综合馆为基础配套，以黑石公园、动物乐园、越野自行车体验园、户外体育公园和军事体验园为体验参与项目，同时配以五大文化民宿集群，形成了"晓梦叠峦半山麓，车行九曲一暖泉"的景象。

自2017年始，国际攀岩世界杯、亚洲户外运动节、中国山地自行车公开赛、江苏省第十九届运动会青少年部攀岩赛、南京8小时自行车团队接力赛等一系列国内外大型赛事活动在此举办，为水墨大埝打造户外休闲运动品牌奠定了基础，其中连续举办四届的中国山地自行车公开赛更是让水墨大埝成为南京乃至江苏自行车户外体验训练的首选基地。

此外，水墨大埝还拥有集蝴蝶文化、温泉度假文化、酒文化、戏曲文化、禅茶文化于一体的特色民宿集群。

九曲水街 九曲水街主要是依托老山山体的自流水系，因水道蜿蜒九曲回转得名。水街全长500米，

◎九曲水街

河水临街流过，结合当地历史文化积淀，营造出小桥、流水、人家、古庵、古井的优美景观。水街利用丰富的水景元素变化，采用"简中"设计，整合原有民居，结合大埝的历史文化积淀，精心设计与雕琢，打造成为充满人文气息、历史积淀、文化古韵的特色商业休闲街区。其内有特色农家菜馆、文艺餐厅、品茗雅居、日式碳酸温泉等各具特色的商铺。

自行车文化体验馆　自行车文化体验馆采用"简中"设计，占地面积约 4500 平方米，整个展馆由两部分组成，第一部分重点展现自行车的发展史以及四种自行车竞赛类型；第二部分以多媒体形式展现自行车运动体验以及 VR 骑行、骑行发电、环游世界等体验项目，还可以观看精彩刺激的 5D 电影。该馆是自行车文化科普教育与研学旅行基地，为南京首家规模最大、功能齐全、设施完善、全面展示和表现自行车文化的综合性展馆。2016 年被评为江苏省科普教育基地。

中华虎凤蝶自然博物馆　中华虎凤蝶自然博物馆以"爱与生命"为主题，通过对中华虎凤蝶全虫态的展示以及对世界虎凤蝶家族的解密，以序厅、中华虎凤蝶全虫态、虎凤蝶属的研究三个常设展区，完整再现了中华虎凤蝶从产卵到羽化的全过程，标明了虎凤蝶属在世界各地区的分布，陈列了 5 种虎凤蝶及世界各地蝴蝶标本 380 余种。这里还是中华虎凤蝶的栖息地，每年春天可以在这里近距离观赏中华虎凤蝶。馆中设立了中华虎凤蝶科教体验室，构筑了观察发现、对话探讨的平台。

墨上花开美术馆　墨上花开美术馆将郊野与乡村的闲置公共空间转变成具有传播高雅文化、发扬在地文化、带动文化创意产业发展的艺术展陈空间，通过多点联动实现集聚的社会影响力，以艺术唤醒乡土。与城市美术展陈空间不同，墨上花开美术馆更主张天地大美、美在自然，打破室内与户外的隔离，将艺术展览与自然相融。

水墨大埝体育综合馆　水墨大埝体育综合馆于 2020 年建成并投入使用，总占地面积约 6000 平方米，建筑面积约 4500 平方米，配备室内泳池、戏水池、乒乓球室、健身房、会议中心、报告厅等综合性设施，可满足赛事举办、日常体验、亲子活动、业余训练等功能需求。

户外体育公园　户外体育公园是举办大型活动赛事的场所。这里设置了攀岩场、树上探险、篮球场、网球场、沙滩排球场、笼式足球场等，能满足不同运动爱好者的需求。

黑石公园　黑石公园占地共 50 亩，是老山地貌的延伸部分，在两亿年前，这里形成了沉积岩，岩石群露出地表，表面轻微风化，苔藓覆盖在表面呈黑色，俗称黑石。经专业地质考察探明，黑石是三叠纪周冲村组白云岩，岩石呈灰白色，黑石内部有微型溶洞，这里是一座大自然给予我们的奇妙黑石精品乐园。

动物乐园　动物乐园占地约 30 亩，主要饲养羊驼、金刚鹦鹉、孔雀、猕猴、天鹅等近 40 种动物，小朋友可以给小动物喂食，与它们亲密接触。

越野自行车体验园　自行车越野运动是一项适合青少年参与体验的项目，骑行游玩的花式较多。越野自行车体验园内的越野自行车道总长 8000 米，由山地土路、水泥硬道、涉水泥道、沥青路等构成，越野自行车道依山就势，伴水近林，蜿蜒曲折，完全掩映在山水林田之中，在此骑行不仅可以享受到极限运动的乐趣，更能与大自然亲密接触。

军事体验园　军事体验园以模拟军营为主题，聘请"军拓"资深教官，开设以军事体验和国防教育为主要内容的课程。军事体验园模拟真实战争场景，提供实战演习训练，可为不同的企业团体和个人客户提供多样的体验式拓展培训。

草圣书乡 旅游区

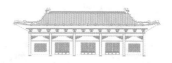

草圣书乡旅游区南临长江、北枕老山余脉，总占地面积约 960 亩，耗资近 5.5 亿、历时三年建设而成。项目围绕"当代草圣"林散之这一核心人文要素，充分利用当地特色资源，打造以书法文化为核心，以文化旅游、亲子研学为主要方向的特色旅游区。

一代草圣，丹墨书乡。"草圣书乡"文化园在书画文化交流方面具有深厚的地域优势和人文优势。南京浦口是全国民间文化（书法）艺术之乡，而乌江正是浦口书画文化的发源地，自古以来人文荟萃、人才辈出，如唐朝诗人张籍、北宋使官徐兢、南宋爱国词人张孝祥、书法家张即之、近代书豪范培开、当代草圣林散之等诸多名人皆与此地关系匪浅，在这块土地上留下了光辉足迹。"草圣书乡"文化园得名于"当代草圣"林散之，林散之是诗、书、画三绝的艺坛大家，在中国传统书画领域曾做出杰出贡献，"草圣书乡"以林散之故居为核心进行打造。

作为浦口区的文化地标、艺术名片，"草圣书乡"旅游区重点打造散之文化区、乡村风情区、艺术体验区、亲子游乐区、商业休闲区五大功能区。

江上邮局　该场馆得名于林散之的江上草堂。2019 年项目建成之时恰逢林散之逝世三十周年，为了纪念林散之，更好地传承书法文化，遂将主题邮局命名为"江上邮局"。江上邮局在售的邮票、邮册中不仅有草圣书乡独家定制的邮品，还有南京市和浦口区的特色邮品。

羽之国无动力乐园　乐园占地面积约 5783 平方

◎喜阅童画亲子书店

米，是目前浦口区最大的无动力乐园，以"在景中玩，在玩中乐，在乐中成长"为设计理念，按体验场景分为四大主题区，共 39 项游玩体验项目，集滑道、攀爬、秋千、戏水和沙地等多种体验项目于一处，为游客提供了亲子户外体验和科普教育的综合性场馆。

喜阅童画亲子书店 该场馆是国内首家在景区内运营的亲子书店，建筑面积约 300 平方米，以"情景、娱乐、网红"为设计思路，分为阅读区、娱乐区、活动区等多个功能空间，娱乐区配备乐高、四驱赛车等游乐项目，亲子阅读区利用阶梯式造型增加阅读空间，深受学生及家长的喜爱。

林散之艺术交流中心 该场馆由林散之的孙女林丽丹取名，林筱之亲笔题字，建筑面积约 2860 平方米，为景区提供了一个集艺术交流、艺术教育、艺术品交易和休闲旅游于一体的书画研学场馆。地下一层设有常展厅、临展厅、拍卖厅、藏品库四个功能区，常展厅以"翰墨丹青"为主题展示了两千多年的中国书画发展历程。其中，常展厅面积约 410 平方米，对中国传统书法和传统绘画进行展陈设计，通过高清展板、橱窗展示和室内造景等形式,向游客展示中华艺术的博大精深。临展厅面积约220平方米,可作为中小型展览活动使用。拍卖厅面积约150平方米,可与临展厅配合使用。一楼设有大师讲堂、国学教室等。二楼特别设置艺术交流空间。

三痴馆 展馆总面积约400平方米,是目前国内唯一一座从时间、空间、精神、意义等多方面着重介绍和展示林散之书画艺术成就、探讨其人文和历史意义的展馆。以林散之求学求艺之路为主线,由身根、艺源、心性、道法、佛心五个展区组成。

此外,草圣书乡旅游区还积极响应国家政府号召,重点打造三类活动:一是举办品牌赛事,如"草圣杯"全省少儿书画大赛;二是开展节庆活动,如"五一亲子艺术户外生活节""十一金秋童玩节";三是开发、定制亲子研学活动,如端午非遗课堂、清明踏青之旅等,促进文旅产业新发展。

草圣书乡旅游区自建设运营以来,已获评国家AAA级旅游景区、中国华侨国际文化交流基地、中国标准草书学社研究基地、江苏省华侨文化交流基地、南京市华侨文化交流基地、浦口区科普教育示范基地、浦口区中小学生实践教育基地等,社会影响力不断提升,艺术文化内涵更加丰富。

游客接待中心 游客中心建筑面积约1860平方米,共设三层。一层为功能区域,设游客接待区、沙盘展示区、江上邮局、文创售卖区等;二层为红色教育空间,以党建为引领,以时间为主线,全过程、沉浸式展现党的百年历程;负一层为景区大数据监控中心,按照现代智慧景区进行定位设计和重点打造,集监控、门禁和应急报警等功能于一体。

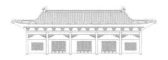

桂子山 石柱林景区

桂子山石柱林景区以石柱林景观著称，是江苏六合国家地质公园的核心景区之一，位于六合城北约 17 千米，与金牛湖景区紧邻，金江公路可直达，交通便捷。该地区原是一采石厂，1983 年南京大学地质系徐克勤在周边地区进行地质考察时，首次发现这里有比较规则的石柱林，后建议上级政府给予保护，并作为南京大学等高校的地质考察点。景区内密集分布高度 40 余米的石柱，形态规整，排列有序，仿佛石柱森林，气势磅礴。同时，这里也是石柱景观发现最早、保存最完好的地区。该地质景观被发现后，吸引了国内外地质界专家的浓厚兴趣。1996 年 8 月，石柱林被第三十届国际地质大会指定为代表考察地点，有意大利、丹麦等 13 个国家和地区的地质专家到现场考察，并给予了高度评价。2021 年被批准为国家 AAA 级旅游景区。

地质博物馆　该博物馆是庭院式园林建筑，位于冶山街道桂子山石柱林景区内，于 2008 年建成，建筑面积 1200 平方米，建筑色彩以黑、白、灰为主，给人一种曲径通幽的感觉。博物馆全景式展示了六合国家地质公园的科学与文化，是进行青少年科普教育的重要基地。2018 年博物馆全新布置后设有六个厅：第一个是多功能放映厅，以多媒体影像介绍六合及桂子山景区的地质布局和特点；第二个是立体沙盘展厅，按照等比例的设计展示了六合全区各个地质景观的全貌；第三个是火山与石柱林科普展厅，通过 23 块地质资料展板和部分实物，让游客充分了解到世界各地的火山分布、火山类型及特点、石柱林的形成过程及特点，增加游客对火山的感性认识；第四个是火山喷发演示厅，该厅在图片介绍火山科学知识的基础上，制作火山喷发实物模型，融合喷发系统、声光电系统、模拟岩浆流演示系统、热感系统等于一体，演示火山喷发实景，让游客有亲临火山喷发现场的真实感觉；第五个是雨花石科普展厅，展示了南京特产六合雨花石；第六个是地质公园小教室，有地质历史与古生物化石展示，还可以开展岩石矿物互动教学。

石柱林宕口（石柱熔岩观赏区） 距今约一千万年前，桂子山一带火山爆发，温度高达 1000 ～ 1200℃的玄武岩岩浆从地壳深处溢出地表，形成了熔岩流，当熔岩流遇见水开始冷却收缩，最后就形成了五边和六边的石柱，石柱簇集形成石柱林。"石柱"在地质学上称为"柱状节理"，桂子山的"石柱林"笔直坚固、排列有序、气势雄伟，极为壮观，无论从规模、高度还是观赏性上都可与美国黄石公园、爱尔兰和冰岛的玄武岩石柱林相媲美。石柱林崖壁高 30 余米，每根石柱宽 0.4 至 0.6 米，专家论证从地表延伸到地下 200 多米都是这种石柱，实属世界罕见。石柱林的景观"石柱参天"被评为"金陵新四十八景"之一。

◎桂子山石柱林景区

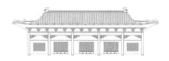

国家地质公园
瓜埠山景区

国家地质公园瓜埠山景区是国家 AA 级风景区，位于六合城南 10 千米处，南依滁河，北邻宁通、宁连高速公路，自南京驱车半小时即可到达。景区内有 4300 多亩的国有林地和古火山口遗迹、石柱林、太平寺、望江亭等名胜，游人在此除可观赏到江南难得一见的火山地质地貌和火山遗迹，还可凭栏远眺，览胜长江，或参与水果采摘品尝互动欢乐农家活动。

望江亭 太平山顶有一座亭子，气宇轩昂，这座亭子叫望江亭，传说乾隆皇帝南下江南，登临望江亭眺望长江，故得此名。

太平寺 据说乾隆皇帝曾下榻在太平寺寺庙之中，时值中秋节，寺庙住持和尚赖月，献上月饼供其食用。乾隆皇帝吃后龙颜大悦，非常高兴，连声称绝，问住持这个饼叫什么名字，赖月住持说没有名字，皇帝乾隆就亲自以住持的名字赐名，还亲手参加了制作，从此瓜埠赖月月饼闻名遐迩。

石柱林群 石柱林群位于六合玄武岩火山熔岩石柱林地貌群的最南端，是六合盾火山熔岩石柱林地貌群中较著名的一处，以规模宏大、形态多样而著称。这里原为三家采石场，于 1995 年停止开山采石，宝贵的地质遗迹部分得到幸存。在占地约 500 亩的山体上，一根根石柱有的冲天直立，有的层层叠起，有的呈放射状。这些石柱有棱有角，形状为五边形成六边形，一个挨一个紧密排列，垂直在岩层层面形成了"雄狮之塔""孔雀开屏"等景观，实属罕见，可与世界著名的熔岩石柱媲美。观察这些石柱，可以清晰判断出千万年前的岩浆是爆发的、溢出的还是像小溪一样流淌的，似乎时间被瞬间凝固。石柱林群为研究古火山喷发岩浆流动提供了天然记录，是供人们欣赏大自然杰作的景区，也是青少年科普教育的天然教室。

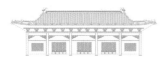

汤泉温泉旅游度假区

汤泉素以"山水、生态"闻名，十里温泉品质优良，日自涌量4050吨，年可采量达352万立方米，最高温度52℃，含有30多种对人体有益的微量元素和矿物质，达到医疗热矿水水质标准。观赏苗木遍布全境，老山原始森林横贯东西，三株银杏历经千年，区域森林覆盖率超过50%，是南京的"天然绿肺"。

龙洞观云　龙洞天然而成，洞口上方奇石峭立，形似雕工流畅、造型精美的龙首。进洞可见一宽敞大厅，面积约100平方米，高约35米。洞穴幽冥清静，其深莫测，洞顶石乳滴汁，其声叮咚，且有蝙蝠悬臂。穿厅探幽，岔洞旁出，倾斜而下，杳无穷尽，至今无人达到洞底。春夏季节，云雾低绕，尤其在白云出岫之时，山云连接，滚滚白云如海涛巨浪，云海中露出的峰尖宛如大海中的礁山，时隐时现。若身临洞口，飘飘然如入蓬莱仙境。

凤山积雪　凤凰山因形如凤凰而得名。清代，山上多长青松翠柏，主峰上有三株古松，粗壮高大，其中一株形若凤冠，每逢冬令瑞雪之时，松枝翠柏上的

落雪或有或无，翠白相间，远眺酷似凤凰，栩栩如生，故有"凤山积雪"一景。

石坝飞涛　石坝系一庞大崖石，宽约 6 米，长约 10 米，整个坝身凹凸不平，怪石嶙峋，横堵山渠之上。山渠承接老山大小十余处山坳之水，汛期滂沱大雨之后，山洪汇合山渠，汹涌澎湃，冲击石坝溅起万丈飞涛，远闻其声，如风吼雷鸣，近观其形，如万马奔腾。飞涛卷起珠帘，伴着薄纱般的迷雾，在阳光照射下似焰火腾空、彩虹落地。更有甚者，洪水从上游带来的沙石，浪击水拍，飞过石坝，犹如鲤鱼跳龙门，甚为壮观。

温泉吐雾　汤泉多温泉，且"泉暖而香，可以浴""浴则体浩，淑则齿洁"。温泉能"看水色知气象"：乳色加重，天将落雨；清澈见底，意味着天晴。隆冬雪天去洗澡，浸泡在热水池里，池面热气盈盈上升，遇到冷空气便变成白色的雾珠，如云似雾，恰如从温泉吐出。天空雪花飞舞，如柳絮随风，遇到热气融化后不见雪花，只见云雾。

尚书故宅　尚书故宅为张瑄未出仕时所建，有前后两进，前进平室二楹，后进楼宇三楹，楼中有张瑄像。庭院中有古桂一株，故设"桂香书屋"，为张瑄题名。屋内设几榻，置金刚经数卷。尚书故宅转而居浮屠后，其后裔仿原宅重建，故此处亦称"尚书故宅"。

松鼠部落　南京松鼠部落坐落于南京汤泉旅游度假区内，背靠老山，地理位置得天独厚，占地面积超 33 万平方米。项目游乐板块精准定位，为 3～12 岁小朋友打造寓教于乐的亲子体验空间，一期项目分为萌宠家园、远古发现、欢乐草原、丛林探险、水利工程、休闲配套六大主题游乐板块，园区有游客服务中心、商业街、美食部落、松鼠咖啡、海洋餐厅等配套项目，为游客们提供全套优质服务。

松鼠部落共有 50 余项风靡全球的游乐项目，是一座生长在自然生态中的户外亲子乐园。在贯彻国家大力支持的"新型教育"理念下，致力于构建生态型寓教于乐的户外生态、娱乐和教育空间，打造城市亲子家庭一站式"轻度假"目的地。

目前，汤泉街道是全国第一批、省内第一家"中国温泉之乡"，国家级环境优美乡镇，江苏省百家名镇。未来，汤泉将打造成为"汤泉温泉旅游度假区"，集中建设四条绿化渗透廊道，实现"山城共脉"格局；同时串联公共服务、居住生活、旅游休闲、科研设计等功能，实现城镇生活、沿山居住、温泉疗养、温泉度假、公共服务融合发展的新格局。

象山湖公园

象山湖公园位于老山景区中部片区南麓，东接佛手湖郊野公园，南靠浦口主城区，西至森林大道，北抵珍七路，总面积约 320 公顷，于 2017 年正式对外开放。公园呈现"一山（象山）一水（象山湖）一村落（不老村）"的格局，自然景观与人文景观相映衬，是一座融自然景观观赏、体育健身、休闲旅游于一体的综合型市民休闲公园。

"彩蝶纷飞花溪边，锦簇花开山谷间。"象山湖公园以花坡、花溪、花径的纯植物景观生态建设手法，充分利用天然泉水资源，建造老山景区的自然生态"千花谷"。

象山湖如一面明镜落于山间，水中倒影重峦叠嶂，如诗如画，令人心旷神怡。公园建有文化广场、台地花园、状元广场、三生广场、妙笔广场、象泉花径、浅山花谷、爱情隧道、草坪活力广场、儿童乐园、环湖步道等景点及配套设施，是百里老山有氧运动的示范基地。

2019 年 10 月 26 日，象山湖公园二期工程——老山生态运动广场正式开园，浦口区的广大市民自此又多了一个休闲运动的好去处。该运动广场以提高全民身体健康为出发点，以体育运动为主题，秉承"运动无极限、活力无极限、生命无极限"的设计理念，融合活力、时尚、科技与创新多种元素，重点打造集娱乐、健身和科技于一体的新型多功能运动休闲场所。

园区里面，树木掩映的千米环形跑道蜿蜒流畅，串联起篮球场、足球场、板网球场、轮滑场、智能运动设施检测区等运动场地，运动爱好者可以自由选择喜好的运动项目，场地可以满足不同层次的运动需求。百米老山有氧运动文化墙长卷以奥运发展历程回顾和老山有氧运动为主

◎象山湖公园

题展开，通过浮雕生动地展现了老山有氧运动小镇及大众休闲体育文化的特色形象。

象山水库　位于浦口区江浦街道白马社区，背靠老山，属通江小流域城南河上游，是一座以景观、调蓄等为主要功能的"小（1）型"水库，总库容142万立方米。依托象山水库这一主要水体，浦口区打造了象山湖水利风景区，总规划面积3.27平方千米。2019年12月，象山水库被正式认定为省级水利风景区。

除了广阔的象山湖，水利风景区内还有众多小型池塘、微湿地等微水体景观，建造有水库大坝、涵洞、溢洪道、倒虹吸等水利设施，区域呈现"一山一水两轴五片区多节点"的格局。

象山湖水利风景区以水文化为灵魂，以乡村体验为特色，集水利科普、观光游憩、休闲度假、生态旅游等多功能于一体。目前，景区内建有"象水廊"文化长廊和"浦小清"节水教育馆，通过展板和互动体验等方式，向市民科普水知识、传播水文化。

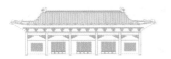

止马岭森林公园

止马岭海拔 174 米，又名芝麻岭，位于南京市六合区竹镇镇，毗邻安徽省来安县长山，为苏皖两省界山。止马岭周围是群山簇拥、漫山遍野的野生林，草木茂密，山幽林静，各种飞禽走兽栖息其间，一派原始的森林风光，是自然天成的人间佳境。止马岭已被苏皖两省定为自然保护区，止马岭保护区也是南京市唯一一片全境划为一级管控区的生态红线区域。山林间树木高大，古藤缠绕，浓荫四合，涓涓清泉从嵯峨的石间流出，长年不断，雅静宜人，是观景休闲的好去处。因其独特的山景野趣，止马岭赢得了许多南京市民的青睐。

止马岭

夏秋季节是止马岭植被最为茂盛的时候，水库靠近岸边的地方种有水杉，林间有麻栎、松树等。湿地里栖息着各种候鸟，成群的野鸭在湖面嬉戏。止马岭最美的季节是秋季，层林尽染，成熟的野果掉落在厚厚的落叶上，湖里的水捧起来就能喝。从山顶往下看，大片的原始森林呈现出金色、红色、紫色等不同颜色，被称为南京的"小九寨沟"。由于水体、植被保护完好，生态环境十分优越，以止马岭至大泉水库为轴心的 6.67 平方千米被市政府确立为南京市级风景名胜区，被市农林局命名为南京龙泉森林公园。

止马岭是南京市重要的植物种质资源库，有千年黄楝树、百年板栗林，共有 36 科、140 余种植物。除了植物，这里野生动物也非常多，尤其是鸟类，种群非常大。止马岭山脚下的人工水库叫彭港水库，湖内碧波荡漾，清澈可见游鱼。

森林公园火山石地上随处可见褐色、赤红色带着气孔的卵形奇石，这就是火山石。竹镇镇曾是一个火山活跃地区，尤以止马岭地区为甚，当火山喷发时，岩浆随着炽热的火山熔岩喷飞到空中，旋转跌落到火山灰中，表面冷却，岩浆团成了纺锤形或圆球形，通体浑黑，形似蛋类，大小不一。火山石密度很大，多在岩层褶皱处形成，内含大量的钠、镁、铝、硅、钙、钛、锰、铁、镍、钴和钼等几十种矿物质和微量元素，虽经千万年的岩石挤压、地质变迁，仍然保持着水珠似的浑圆形状。

池杉湖湿地公园

池杉湖湿地公园位于江苏六合程桥街道与安徽来安雷官镇交界处，总占地 5800 亩。公园地理位置优越，交通优势明显，距离南京市区 50 千米，自驾行程约 1 小时。

池杉湖湿地公园因生长在 1000 多亩水域中的 5 多棵池杉而得名，这片种植于 20 世纪 80 年代初的池杉林经过四十年的自然生长和发育演替，现已形成水中有林、林中有鸟的"水上森林"湿地景观，并成为长江下游沿江地区鸟类重要的集中栖居地。据统计，湿地公园共分布维管植物 60 科、154 属、194 种，鱼类 8 目、15 科、43 种，两爬类 4 目、8 科、18 种，兽类 5 目、5 科、13 种，鸟类 13 目、32 科、102 种，其中国家二级保护动物 13 种。

池杉　5 万余棵池杉遍布整个池杉湖，是华东地区面积最大、保存最好、生态最优的池杉林。池杉持续多年的水中生长，形成独特的"基部膨大如酒瓶，簇团丛生似盆景"的特点，具有很好的观赏性。白鹭飞过林间，禽鸟翻飞枝头，湖水清澈见底，游鱼悠然徜徉，色彩斑斓的赤麻鸭、绿头鸭亲密相依，雏鸭嬉戏，羽毛绚丽的白骨顶鸡悠闲觅食，形成了树生水中、鸟栖林中、鱼游湖中的独特生态景观。

池杉林随着四季变化呈现出不同的景色：春天池杉树抽出新枝嫩芽，新绿、嫩绿、鲜绿、翠绿海一样地蔓延，清晨的阳光穿过千万棵英姿飒爽的池杉，洒在蒲草丰茂的湿地草甸，嘤嘤芸芸仿若仙境；盛夏的池杉千顷碧波，杉叶田田，流光溢彩，荷韵游鱼，风送花香；秋日的池杉林像一把把红彤彤的巨伞，远远看去又像滚动着的火焰染红了晴空；冬日的池杉林雪花无声地落满枝丫，勾勒出一条条美丽的弧

◎池杉湖湿地公园

◎池杉树

线，湖水映照着浩瀚无际的池杉林，雪中的水上森林晶莹剔透、冰清玉洁。

荷花睡莲　漫步公园，游客能欣赏到 1200 多种精品荷花，其中很多都是国内的名优精奇特品种，还有来自世界各地的 300 多种国际精品睡莲种植在整个园区内。其中九曲花海种植的主要是观赏荷花，千亩荷塘种植的是籽莲，红莲湾是目前华东面积最大的红睡莲观赏地。池杉湖的荷花较其他地方的荷花更具特色，一是品种多，二是面积广，三是开得艳，四是品得到，因为都是亲水种植，可以沉浸式体验。盛夏的清晨，各色睡莲静静绽放于水面，与千亩荷塘中的成片荷花交相辉映，各有姿态，成为池杉湖中一道最为优美的风景，凸显池杉湖湿地公园"莲享世界，淳朴自然"的荷文化主题。

野生鸟类　据不完全统计，公园内已发现野生鸟类 102 种，其中不乏世界濒危的珍稀物种，如青头潜鸭以及珍稀鸟类震旦鸦雀、棉凫、绿鹭、黄嘴白鹭等。池杉湖还是多类候鸟的迁徙地，每年的秋冬季节会有各种候鸟来这里越冬，如鸿雁、灰雁、斑头雁、白天鹅以及鸬鹚等，常年栖息和每年迁徙于此的鸟类总数超过十万只，是名副其实的鸟类天堂。

太极岛萌宠园 园内放养了十多只羊驼，在这里可以亲密接触这些可爱的"神兽"。羊驼性情温驯，伶俐而通人性，形象憨态可掬，心情极好或不好，都会冲人狂喷口水，是最受人喜欢的萌宠动物之一。除了羊驼，萌宠岛上还有孔雀、鸸鹋、兔子、山羊等动物。

天鹅湖 湖面上生活着数十种国家一、二级保护动物，有大天鹅、小天鹅、黑天鹅、疣鼻天鹅、鸿雁、斑头雁、赤麻鸭、翘鼻麻鸭等。天鹅经常亭亭凫在湖面上，恬静得像朵睡莲；有时伸展着双翼，引翅拍水行进，犹如一叶叶扁舟、一张张风帆。抛一把天鹅爱吃的草料，它们便会争先恐后地游来与大家互动。天鹅喜欢群居在湖泊、水库、苇塘等湿地中，它们高洁的品性、美丽的身影使它们停留的地方也成为唯美的风景。

松鹤岛 松鹤岛取松鹤延龄之意，景区喂养了国家一级保护动物——丹顶鹤、白枕鹤等珍贵鸟类。松鹤岛的鹤一直由饲养员照顾训练，因此可以与人类和谐互动，如果遇到丹顶鹤心情好，还可以欣赏到丹顶鹤放飞的优美场景。丹顶鹤飞行姿态十分优雅，起飞和降落时仿佛一个舞者般鞠躬。非洲冠鹤也是个出名的"舞蹈家"，经常成群结队举行"舞会"。

鳄鱼潭 鳄鱼潭饲养着二十余只国家一级保护动物——扬子鳄。扬子鳄是世界上最小的鳄鱼品种之一，体型一般不会超过 2 米，行动迟钝，性情温顺，寿命 60 年左右，是中国长江流域特有的爬行动物，有 1.5 亿多年进化史，与恐龙属同一时代，因此人们称扬子鳄为"活化石"。

特色住宿 景区内有千亩荷塘船屋、观景木屋、水上别墅三种特色民宿。船屋位于千亩荷塘内，临水而建，木质结构，自然淳朴，周围尽是湿地风光，赏池杉魅影，观林鸟依依，身居其中会有与自然交融、与天地对话的旷意之感。目前船屋可容纳约 30 人入住。观景木屋位于生态餐厅的二楼和三楼，现有床位 60 张，背靠睡莲长廊，面朝千亩荷塘，屋内设施一应俱全。清晨，走出房间来到观景阳台上，能欣赏到千亩荷塘的美丽景色，直接与大自然来个亲密接触。下楼走到睡莲长廊，那又是另一番美景，含苞待放的睡莲似乎在等着你去点醒它们。水上别墅一共有 15 座，每个别墅有 2 张大床位。水上别墅内部装修豪华，设施齐全，屋内除了有休息区，还设有互动区，可以与亲人朋友一起坐下来谈天说地，拉开窗帘欣赏屋外的美景。

枫彩漫城

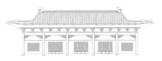

　　南京枫彩漫城景区位于南京市六合区竹镇镇大泉湖边。这里是江苏省标准空气质量对照区、天然氧吧，也是国家级水源保护区。南京枫彩漫城以彩色生态为主题，现已开放一期 1800 亩。从 2003 年开始，从世界各地精选了 100 多万株优质树种移植到枫彩漫城，形成了四季彩色的特色景观。

　　孔雀园　孔雀是吉祥幸福的象征。孔雀园中的几十只孔雀均为散养，游客可以走近它们，亲手喂食、与孔雀共舞、赏孔雀开屏。

　　大泉湖　大泉湖水域面积约 1700 亩，总库容 1434 万立方米，湖水清澈，水质优良，是六合区第三大水库，曾经是竹镇镇的重要饮用水水源地。1952 年，当地的村民发现了三个天然的泉眼，并依靠全村的力量一锹

一锹开挖，形成了今天的大泉湖。枫彩漫城就是围绕大泉湖开发打造的。

海棠园 海棠园占地 3600 平方米，共有 800 余棵海棠，包括红果海棠和黄果海棠等多个品种。海棠每年 4 月初开花，秋冬挂果。因为他们品种不同，所以开出来的花色也不相同，有红的、紫的、黄的，也有白色的。春季赏花，秋季尝果，到来年开春仍别有一番韵味。

常青园（长寿蓝杉） 常青园也就是蓝杉园，占地 2200 平方米。蓝杉原产于北美，为欧美传统彩叶树种。是世界上极少见的蓝色的观赏树种，春夏秋叶色为银蓝色，冬季为蓝绿色。蓝杉树形美观，四季常青，寿命可达万年。

玉兰园 玉兰园占地 4500 平方米，每年 3 月开花，花期 20 天左右。园内可观赏到紫色和白色两种玉兰花，美景相辅相成。

红枫观赏区（枫彩特色） 枫彩漫城的红枫绝大多数都是北美整株进口而来。树木跨海运输，需要把根部冲洗得干干净净，不带有一点泥土，且运输时间长，又要保证能成活，因此从运输到栽种成活每一棵都要花费近 4 万元的成本。成片的红枫林加上园区内特别点缀的金叶复叶槭、奥运松、蓝杉等彩色树种的点缀，更是具有层次感。每年 10 ～ 11 月份红叶变红，红色的玫瑰、蓝色的蓝杉、绿色的松林、血色的枫林，层次分明，错落有致，美不胜收。

金边剑麻 金边剑麻在枫彩漫城植满山丘，景色壮观。金边剑麻又名菠萝麻，是一种多年生热带硬质叶纤维作物。常年浓绿，花、叶皆美，树态奇特，数株成丛，高低不一，叶形如剑，开花时花茎高耸挺立，花色洁白。剑麻纤维质地坚韧，耐磨、耐盐碱、耐腐蚀，具有重要的经济价值。同时剑麻还有重要的药用价值，含有多种皂苷、蛋白质、多糖类化学成分，其叶具有降胆固醇、抗炎、抗肿瘤等药理作用。

梨花园 梨花园占地面积 9600 平方米，等待梨花盛开时，"忽如一夜春风来，千树万树梨花开"的景色呈现在园中。这里的梨树是进口而来的观赏树，所以花瓣大、花朵多，开花的时候叶子小，结果也很小，不可食用。

阳光草坪 枫彩漫城的阳光草坪全部按照高尔夫球场的标准打造，草皮下面铺的是一层细沙，非常柔软，就算小朋友们在上面打滚也是不会受伤的。这里是一个舒适放松的好场地，绿油油的阳光草坪，肆意躺坐其中，仰望云卷云舒，远离城市的喧嚣吵闹。

玫瑰花海 玫瑰花海是景区的核心体验项目之一，面积约为 550 亩，种植了特有的彩色玫瑰品种，花期长达 7 ～ 8 个月。5 月初是一

◎玫瑰花海

年中第一个盛花期，先是单瓣大红玫瑰开放，后为重瓣粉红玫瑰，重瓣粉红玫瑰大约在 10 月中旬前进入盛花期。花海区域采用奥地利自动化喷灌系统，无人机喷药。

漫城钟楼　观花长廊总长 450 米，将整个花海分为大花海和小花海。在观花长廊的南侧尽头连接着纯白色圣洁的钟楼，与整个长廊连成一体。钟楼高 34 米，塔钟直径 3.4 米，每当整点的时候，悠扬的钟声便会敲响。

阳光半岛　阳光半岛位于景区花海北边，三面环湖，一面临着玫瑰花海，是枫彩漫城景区内最佳赏景休闲地之一。与之隔湖相对的是华东地区最大的水中池杉林，他们成片地站在一起，傲立水中，气势不凡。这里常年居住着一群野生白鹭，风吹树林，白鹭戏水，郁郁葱葱的树冠上散落着或飞起或停落的白鹭，好一副美丽生态的和谐画面。在阳光半岛上，成片地种植着进口红枫，待到秋风吹来时，慢慢将树叶染红。湖面微风拂过，岛上红叶翻飞，玫瑰花海绚烂，大抵就是秋季最美的样子吧。

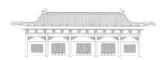

江浦街道
不老村

　　江浦街道老山不老村位于白马社区，地处江苏最大的国家级森林公园——老山国家森林公园南麓，位于风光旖旎的象山湖西侧，与古刹七佛寺毗邻，与宁滁快速通道相连，地理位置十分优越。村子南北皆山，中部细长凹地为一山间谷地，占地面积约500亩。不老村是浦口区着力打造的美丽乡村八颗珍珠之一。

　　区别于普通农家乐，不老村项目依托老山丰富的生态资源和良好的村落风貌，从内容设置、文化呈现、业态产品等方面进行升级，将原有村落进行全新规划，打造以各式主题民宿客栈为主，集食、宿、游、购、娱为一体的度假社交空间。目前一期占地面积约260亩，以民宿客栈群为主，辅以特色餐饮、文创商业等，有15家民宿客栈、20个餐饮空间、1个轰趴馆、5个文化创意空间、1个小型体验农场，以及垂钓、亲子乐园、盆景园、真人CS等4个户外项目，带动了23户原住民自主创业，全村带动直接就业200余人；二期占地160亩，将利用老山不可多得的山水资源，打造户外露营地以及丛林及水上项目等；三期占地约80亩，将打造以农耕体验、自然课堂为主要内容的农乐园项目。

　　不老村围绕"夜游""夜宿""夜美食"打造夜间文旅消费聚集

区，主要以夜间户外活动的开发，如非遗表演、产品市集等来赋能夜游线路，盘活乡村旅游的二次消费。推出更多吸引游客的差异化乡村夜游产品，如夜游会、星空露营大会、观星节、山间音乐秀、啤酒节、泡泡秀等，体现"乡村个性"，多方位提升游客的参与度、体验感。不老村的夜游项目更强调游客的参与性和互动性，不老村的乡村"夜经济"让游客日有所看、夜有所乐。

不老村提出了"用文化振兴乡村，振兴乡村文化"的特色方向，打造"不老文化"，突出党心不老、健康不老、爱情不老、文化传承不老，以全新的美丽乡村发展思路实现美丽乡村模式突破。

不老村以"农业＋文化＋旅游"的经营方式，成功实现了田园生产、田园生活、田园生态的有机统一。2017 年不老村成功获评中国最美村镇"50 强"；2019 年获评全国乡村旅游重点村；2021 年成功创建市级夜间文化和旅游消费集聚区。

◎江浦街道不老村

竹镇镇金磁村

金磁村位于六合区竹镇镇西南部，与安徽省来安县接壤，2006 年因竹镇镇区划调整，由原金磁村、双龙村、龙山村、东付村四个建制村合并形成了现在的金磁社区，社区总面积 13.8 平方千米，辖 33 个村民小组。2009 年开始，金磁村实施土地连片综合整治工程，土地整治面积 19100 亩，净增耕地 2700 多亩，新增建设用地指标近2000 亩，实现了整村搬迁、农户集中安置，目前社区共有耕地 19300 亩、林地 6720 亩，先后获评省级乡村旅游重点村、省级乡村振兴旅游富民先进村、省级最美乡村、省级生态村、省级和谐社区建设示范、省级生态循环试点村等一系列荣誉称号。

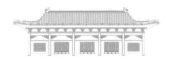

后圩村地处浦口区星甸街道西北，与安徽马鞍山、滁州接壤，南枕南京九峰山，北眺滁河，东隔万寿河与汤泉农场相望。全村区域面积 12000 亩。后圩社区作为涉农社区，主要产业为水产养殖业，水产品包括螃蟹、龙虾、青虾等。水产养殖园区地处圩区，养殖水面共计8000 余亩。

后圩村山清水秀，具有独特的地理、交通资源禀赋，南京主城区驾车由过江隧道沿 G42 高速公路于后圩匝道下可直达目的地，距离南京市区仅 30 分钟车程。

后圩村拥有绵延数十里的九峰山，山林面积达 4 万亩，百里滁河蜿蜒流过，穿境长度 8.7 千米。拥有占地 1.2 万亩的标准化水产养殖基地。圩内沟渠贯通、人工湿地众多。

2017 年 1 月，后圩村被命名为江苏省"民主法治示范村（社区）"；2019 年 12 月，后圩村被认定为全国乡村治理示范村；2021 年 1 月，入选第三批江苏省生态文明建设示范镇村；2021 年 5 月，后圩村入选江苏省乡村旅游重点村名录。

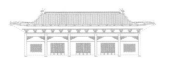

永宁街道
侯冲社区

侯冲社区位于南京市浦口区永宁街道，侯冲社区地处老山北麓、滁河南岸，自然环境得天独厚，气候宜人，风景优美。区域面积 14.8 平方千米，下辖 6 个片区。侯冲社区依山傍水，境内有延绵不断的老山，有蜿蜒曲折的沿山河，有侯冲水库，还有姚徐湾，是省级新农村生态家园示范村、江苏省乡村旅游重点村、南京市美丽乡村示范村。

侯冲村以经济建设为中心，以产业带动为手段，以构建美丽乡村为目标，逐步形成以苗木花卉为主，一二三产齐头并进、协调发展的新格局。

侯冲社区按照实际需求，完善部分组级道路硬质化、绿化、亮化建设，深入推进村庄"三清"工程，打造天蓝、山青、水绿、地净的品质侯冲，"美丽乡村"建设步伐不断加快。

与此同时，侯冲社区的产业结构布局也很鲜明。侯冲社区因地制宜发展现代高效农业，巩固强化现代工业，启动培育现代服务业，种植专业合作社、侯冲工业区和绿色建筑产业科技园产业结构鲜明，功能设

◎永宁街道侯冲社区

施完善，特色效益明显。

侯冲村以国家重点工程——宁西铁路拆迁复建为契机，依照"三集中"要求，以"集约用地、优化能源、节省建材、科学排污、绿色景观、和谐居住"为主要内容，规划兴建全省最大的环保型农民小区。小区共分两期，总占地 12 公顷，总建筑面积约 8 万平方米，容积率 1.2，可容纳 1000 户居民入住。小区广场、健身器材、秸秆气化站、太阳能路灯、太阳能热水器、人工湿地污水处理系统等设施一应俱全。除此之外，全村所有自然村落雨污水得到全面改造；村级主干道、组级道路硬质化、灰色化达到 100%，所有自然组都通上路灯，并配备了专职保洁员。

侯冲社区的乡村文化特色明显，侯冲村 logo、侯冲形象宣传片、魅力侯冲网站、廉政文化墙、科普文化广场、科普电子屏、党员干部远程教育平台等宣传教育载体基本建立健全，"庆国庆·我爱侯冲"征文比赛和"根在侯冲，梦在侯冲"乡村文艺活动持续开展，举办有"和谐农家""幸福家庭"评选。"江南一绝"——侯冲手狮舞起源于太平天国期间，发源于该村朱家营组，其在服装、舞美动作方面融入现代元素，表演形式丰富多彩，别具一格，场面壮观。侯冲手狮舞不仅是江苏省非物质文化遗产，还作为 2008 年中德文化交流节目赴德国莱比锡演出；2010 年，手狮舞作为南京市唯一节目入选全国首届农民艺术节，并荣获组委会最高奖项——精粹奖。

2016 年起，侯冲社区先后获评中国美丽休闲乡村全国民主法治示范村（社区）省级乡村旅游重点村。

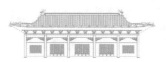

永宁街道
联合村

永宁街道联合村南望老山，北枕滁河，东临104国道，西靠合浦公路，面积11.3平方千米，辖25个村民小组。境内水网密布、田林交错，滁河乡村精品线路穿境而过，莲藕青虾产业特色鲜明，滁河故道自然资源独特，西埂莲乡旅游区、青虾养殖产业区、美丽乡村宜居区格局初现。

在振兴产业发展过程中，联合村充分发挥3000余亩水面养殖地理优势，发动周边青虾养殖传统优势，注册成立青虾养殖合作社，打造一流青虾养殖特色产业园。通过与江苏省淡水研究院合作，延伸青虾繁育、青虾养殖、青虾垂钓、青虾销售产业链；通过建档立卡，筛选职业经理人，引导周边养殖户入社；突出党支部引领作用，拟成立青虾养殖党支部，构建"党支部＋研究院＋合作社＋养殖户"产业路径，实现产业兴旺、集体增收、农民致富，让党旗在产业平台上高高飘扬，推动党建和农业产业互促互进、协调发展。

联合村以"荷"为媒，深挖"荷文化"产业链，配合区交通集团打造"旅游＋荷莲"特色文化产业，西埂莲乡旅游区成为乡村旅游的重要承载地。此外滁河乡村精品线路骑行慢车道、康东驿站不断完善配套服务，成为美丽乡村的旅游路、景观路、致富路。

在全村的共同努力下，联合村获评全国"一村一品"示范村镇（青虾）、2021中国最美村镇、江苏省特色田园乡村、省级乡村旅游重点村，入选江苏省传统村落名录。

后记

　　《文旅南京》一书是在南京市及各区文旅主管部门的大力支持下完成的。我任主编，负责《文旅南京》编写任务的统筹、逻辑框架的确定、统稿、核稿及定稿工作，并主要负责主城风貌篇的编写工作；张倩帆老师负责滨江风采篇的编写工作；台运红老师负责江南风韵篇的编写工作；沈逸君老师负责江北风情篇的编写工作；金丽娇老师协助负责主城风貌篇的编写工作。在编写过程中，编写小组建立了紧密的小组协作机制，及时分享编写建议，高效推进编写工作，秉承精益求精的工作态度对资料进行反复校对和核准，确保达到"新""全""准"的要求，高效完成了书稿的编写校对工作。非常感谢我的同事和朋友们，一起编写这本书是非常愉快的事情！

　　南京旅游学会邢定康会长、南京师范大学沙润教授、南京大学章锦河教授等专家为本书的撰写提供了智力支持，他们是我的前辈和老师，在此表示深深的谢意！

　　本书在编写过程中参考并借鉴了《导游南京》《畅游南京》等诸多著作和文献，限于篇幅在此就不一一列出。借此机会，向相关作者表示敬意和感谢！

　　最后还要感谢南京大学出版社的吴汀主任，巩奚若、黄隽翀老师，他们不仅为本书的出版付出了艰辛的劳动，在编写过程中也贡献了他们的智慧。

　　受编者水平、编制时间以及相关资料的限制，同时南京新景区在不断增加，老景区也在持续更新，疏漏之处在所难免，恳请广大读者批评指正！

　　期待《文旅南京》一书能为南京市旅游人才队伍培养、文旅服务品质提升做出有益的贡献！

王丽

2022 年 12 月